Kohlhammer

Die Herausgebenden

Prof. Dr. phil. Udo Wilken, Dipl.-Päd., Sonderschullehrer und Pastor a.D. Arbeits- und Forschungsbereiche in Verbindung mit der HAWK-Hochschule für angewandte Wissenschaft und Kunst in Hildesheim sind: Soziale Arbeit, Rehabilitation und Inklusion sowie Sozialethik.

Prof. tit. em. Dr. phil. Barbara Jeltsch-Schudel ist Sonderpädagogin und war Leiterin des Studienprogramms Klinische Heilpädagogik und Sozialpädagogik am Departement für Sonderpädagogik an der Universität Freiburg/Schweiz. In ihrer wissenschaftlichen Arbeit (Forschung, Lehre, Weiterbildung) beschäftigt sie sich mit der Situation von Familien mit Angehörigen mit Behinderung, mit Identität unter den Bedingungen einer Behinderung bezogen auf die ganze Lebensspanne, mit der Entwicklung von Kindern und Jugendlichen mit Down-Syndrom im Kontext sowie mit der Thematik der Rechte von Kindern mit Behinderungen.

Udo Wilken, Barbara Jeltsch-Schudel (Hrsg.)

Elternarbeit und Behinderung

Partizipation – Kooperation – Inklusion

2., erweiterte und überarbeitete Auflage

Verlag W. Kohlhammer

Dieses Werk einschließlich aller seiner Teile ist urheberrechtlich geschützt. Jede Verwendung außerhalb der engen Grenzen des Urheberrechts ist ohne Zustimmung des Verlags unzulässig und strafbar. Das gilt insbesondere für Vervielfältigungen, Übersetzungen, Mikroverfilmungen und für die Einspeicherung und Verarbeitung in elektronischen Systemen.

Die Wiedergabe von Warenbezeichnungen, Handelsnamen und sonstigen Kennzeichen in diesem Buch berechtigt nicht zu der Annahme, dass diese von jedermann frei benutzt werden dürfen. Vielmehr kann es sich auch dann um eingetragene Warenzeichen oder sonstige geschützte Kennzeichen handeln, wenn sie nicht eigens als solche gekennzeichnet sind.

Es konnten nicht alle Rechtsinhaber von Abbildungen ermittelt werden. Sollte dem Verlag gegenüber der Nachweis der Rechtsinhaberschaft geführt werden, wird das branchenübliche Honorar nachträglich gezahlt.

Dieses Werk enthält Hinweise/Links zu externen Websites Dritter, auf deren Inhalt der Verlag keinen Einfluss hat und die der Haftung der jeweiligen Seitenanbieter oder -betreiber unterliegen. Zum Zeitpunkt der Verlinkung wurden die externen Websites auf mögliche Rechtsverstöße überprüft und dabei keine Rechtsverletzung festgestellt. Ohne konkrete Hinweise auf eine solche Rechtsverletzung ist eine permanente inhaltliche Kontrolle der verlinkten Seiten nicht zumutbar. Sollten jedoch Rechtsverletzungen bekannt werden, werden die betroffenen externen Links soweit möglich unverzüglich entfernt.

2., überarbeitete Auflage 2023

Alle Rechte vorbehalten
© W. Kohlhammer GmbH, Stuttgart
Gesamtherstellung: W. Kohlhammer GmbH, Stuttgart

Print:
ISBN 978-3-17-043006-8

E-Book-Formate:
pdf: ISBN 978-3-17-043007-5
epub: ISBN 978-3-17-043008-2

Inhaltsverzeichnis

Einführung 9

I Lebenslagen und Gestaltungsformen des Lebens von Familien mit behinderten Angehörigen und Familien in schwierigen Lebenssituationen

Familie und Familien in besonderen Lebenslagen im Kontext sozialen Wandels – soziologische Perspektiven 15
Ernst von Kardorff & Heike Ohlbrecht

Mütter, Väter und Großeltern von Kindern mit Behinderung. Herausforderungen – Ressourcen – Zukunftsplanung 31
Monika Seifert

Die Situation der Geschwister – »Wir behandeln alle unsere Kinder gleich.« Von solchen und anderen Irrtümern in Familien mit behinderten oder chronisch kranken Kindern 43
Ilse Achilles

Familien mit geistig behinderten Eltern. Lebenslagen – Herausforderungen – Handlungsempfehlungen 54
Dagmar Orthmann Bless

Sich-Einlassen mit dem ›Fremden‹ im Anderen und im Eigenen: Eine Grundlage der Arbeit mit Familien in Armut und Benachteiligung 65
Hans Weiß

»Unter die Deutschen gefallen« – Aufmerksamkeiten von und auf Eltern von Kindern mit einer Behinderung in der Migrationsgesellschaft 81
Kerstin Merz-Atalik

II Lebenslaufbezogene Kooperationssituationen der Beratung und Begleitung von Familien

Ärztliche Aufgaben in der Beratung der Eltern 97
Andreas Seidel

Vertrauen und Zutrauen im Kontext von Entwicklungsdiagnostik in der Frühförderung 111
Ines Schlienger

Onlineberatung zur Entwicklung von Lern- und Verhaltensprogrammen bei Autismus Spektrum Störungen 122
Vera Bernard-Opitz

Verständigung und Verstehen: Herausforderungen an Jugendliche in der Adoleszenz, ihre Eltern und Fachpersonen 134
Barbara Jeltsch-Schudel

Der Übergang von der Schule in die Arbeitswelt 147
Gerd Grampp

Zu aktiver Freizeitgestaltung ermuntern 161
Cora Halder

Auszug aus dem Elternhaus: Wohnformen mit Assistenz oder wohnbezogene Assistenz? 173
Laurenz Aselmeier

Sexualerziehung, Partnerschaft und Kinderwunsch bei Menschen mit kognitiven Beeinträchtigungen 184
Udo Wilken

Mit Behinderung altern – Risiken der Exklusion und Chancen gesellschaftlicher Teilhabe 199
Reinhilde Stöppler

Begleitung in der letzten Lebensphase im Alter: Zur Rolle der Geschwister 209
Barbara Jeltsch-Schudel

III Lebenslaufbezogene Selbsthilfe, Elternbildung und soziale Schutzrechte

Eltern und Fachpersonen. Gedanken zu einer sensiblen Beziehung 227
Ursula Beck & Albert Meier

Eltern stärken. Förderung von Empowermentprozessen durch Elternseminare **238**
Etta Wilken

Rechtliche und gesellschaftspolitische Rahmenbedingungen für Familien von Kindern mit Behinderungen in den Ländern Österreich, der Schweiz und Deutschland **250**
Barbara Jeltsch-Schudel

Verzeichnis der Autorinnen und Autoren **264**

Einführung

Eltern behinderter Kinder, Familien in schwierigen Lebenslagen und Angehörige von Menschen mit Behinderungen sind mit vielen, verschiedenartigen und sich im Laufe des Lebens verändernden Herausforderungen konfrontiert, für die sie Gestaltungsformen und Lösungen finden müssen. Ein für alle Familienmitglieder lebbares und entwicklungsförderliches Zusammenleben ist dabei ebenso anzustreben, wie gleichzeitig gesellschaftliche Anforderungen erfüllt werden müssen. Diese sind oft widersprüchlich; sie definieren einerseits Situation, Funktionen und Aufgaben dieser Familien normativ und bieten andererseits Unterstützungsmaßnahmen zu verbessertem Umgang mit belastenden Situationen an. Was genau unter Belastung zu verstehen ist und wie Entlastung aussehen kann bzw. soll, kann sich je nach Perspektive – Betroffenheit, Fachgebiet, institutionellen Rahmenbedingungen – unterscheiden.

Dennoch herrscht wohl Einigkeit darüber, dass sich Möglichkeiten angemessener Unterstützung finden lassen, gerade auch unter Beizug verschiedener Sichtweisen und Beteiligungen. So etwa kann sich die Aktivierung und Organisation von Ressourcen durch Unterstützung, Assistenz und Beratung sowie durch Bildung von Netzwerken in der lebenslauforientierten Elternarbeit und bei der Zusammenarbeit mit Familien von behinderten Kindern als hilfreich und resilienzförderlich erweisen. Dabei können eine einfühlsame und verständige fachliche Beratung und eine respektvolle Begleitung helfen, offene Möglichkeiten der individuellen Entwicklung zu erkennen und soziale Teilhabechancen trotz bestehender Behinderungen oder benachteiligender Lebenssituationen zielgerichteter wahrzunehmen – und sie kann dazu beitragen, mögliche Grenzen und Begrenzungen nicht zu verdrängen.

Zudem hat sich eine lebenslaufbegleitende Eltern- und Familienarbeit nicht auf medizinisch-therapeutische und heil- bzw. sonderpädagogische Aspekte zur beschränken, sondern sie muss auch psycho-dynamische, sozial-strukturelle, sozial-rechtliche, gesellschaftspolitische und ökonomische Herausforderungen einbeziehen. Denn Familien können mit einer Vielzahl tendenziell überfordernder individueller und familialer Lebenserschwernisse konfrontiert sein, für die häufig weder persönliche Bewältigungsmuster noch intergenerationell tradierte Erfahrungen und Routinen bestehen, auf die zurückgegriffen werden könnte.

Damit einhergehende Irritationen erfordern von den Familien besonders in lebenslauftypischen Schwellensituationen Entscheidungen, um gegebene, behindernde Grenzen und gleichwohl vorhandene Optionen abwägen zu können. Auf Wunsch und nach Bedarf sollten Familien in solchen Situationen durch kompetente, interdisziplinär vernetzte und kooperierende Fachpersonen auf der Grundlage des Respekts vor der elterlichen Entscheidungsautonomie und mit zunehmendem Alter auch unter Berücksichtigung des kindlichen Willens begleitet werden.

Zusammenarbeit, Beratung, Begleitung, Therapie, Assistenz und Unterstützung – die alle Familienangehörigen, nicht nur Eltern und Kind im Blick haben – sind Angebote, welche die Entwicklung jener lebensweltbezogenen Empowermentprozesse fördern sollen, die zu einer gelingenden alltagsorientierten individuellen und familialen Lebensführung beitragen und welche geeignet erscheinen, Inklusion in die sozialen Lebensfelder von Betreuung, Erziehung und Bildung sowie von Arbeit, Wohnen, Freizeit und Partnerschaft sichern zu helfen. Letztlich beabsichtigt eine solchermaßen ressourcenorientierte Eltern-, Familien- und Angehörigenarbeit, das aktuelle individuelle Wohlbefinden der Betroffen und ihre Zugehörigkeit zu ihren gesellschaftlichen Kontexten zu fördern und unter dem Aspekt nachhaltiger Lebensqualität sowohl ihr Recht auf gesellschaftliche Teilhabe zu stärken sowie sie auch darin zu unterstützen und zu ermutigen, ihre individuellen Ansprüche auf Partizipation und Inklusion kompetent wahrzunehmen.

Die verschiedenen Beiträge dieses Buches haben zweierlei im Blick: Beschreibung und Analyse belastender Situationen von betroffenen Familien als Basis für Darstellung und kritische Reflexion möglicher Angebote unter Einbezug mehrerer unterschiedlicher Perspektiven und Zugänge verschiedener Fachdisziplinen.

Entsprechend der Logik theoriegeleiteter professioneller Arbeit werden in einem ersten Teil *Lebenslagen und Gestaltungsformen des Lebens von Familien* entfaltet, deren Situation von Behinderungen, Beeinträchtigungen und Benachteiligungen gekennzeichnet ist. Geprägt vom gesellschaftlichen Kontext, dem sozialen Wandel und den daraus resultierenden Implikationen haben sich diese Familien mit der Behinderung ihres Kindes auseinanderzusetzen und müssen sich zum Teil mit Armut und Migrationshintergrund zurechtfinden. Das Erleben und Umgehen mit den daraus entstehenden Anforderungen sind je nach Familienmitglied – Eltern, Geschwister, Großeltern – unterschiedlich.

Der zweite Teil dieses Bandes thematisiert *Lebensbezogene Kooperationssituationen der Beratung und Begleitung von Familien*. Im Laufe der Entwicklung eines Kindes stellen sich Familien immer wieder Herausforderungen, oft im Zusammenhang mit Übergängen. Beginnend mit der Diagnosestellung über Frühförderung, Kindergarten und Schule bis hin zu Themen der Arbeitswelt, der Freizeitgestaltung und zum Altern werden verschiedene Möglichkeiten von Zusammenarbeit, Entlastung, Unterstützung und Begleitung von Familien mit behinderten Kindern in ihren individuellen sozialen Kontexten durch Fachpersonen verschiedener Disziplinen dargestellt. Nicht nur üblicherweise vorgesehene und seit längerem bewährte institutionelle und professionelle Angebote werden dabei berücksichtigt, sondern auch aktuelle Themen sowie innovative Aspekte aufgegriffen.

Mit Beiträgen zu *Lebenslaufbezogener Selbsthilfe, Elternbildung und sozialen Schutzrechten* schließt das Buch. In diesem dritten Teil werden die Sichtweisen der Eltern akzentuiert, in Bezug auf Selbsthilfe und Austausch in Elternseminaren und in reflektierter Darstellung ihrer eigenen Situation. Eine Skizzierung der rechtlichen und gesellschaftlichen Rahmenbedingungen von Familien mit Angehörigen mit Behinderung in den deutschsprachigen Ländern rundet das Buch ab.

In der vorliegenden überarbeiteten, aktualisierten und erweiterten 2. Auflage von »Elternarbeit und Behinderung« wurde versucht, formal und inhaltlich gebotene Sensibilität zu berücksichtigen. Der sprachliche Umgang mit Gender wurde den Autorinnen und Autoren überlassen, die Literaturangaben jedoch soweit wie möglich ergänzt über die üblichen Formalia hinaus. Inhaltlich wurden die Beiträge von 2014 aktualisiert und überarbeitet. Einige neue Artikel beschäftigen sich mit Themen, die die komplexe Thematik der »Elternarbeit« erweitern.

Gelingende Beziehungen zwischen Familien mit Angehörigen mit Behinderung und in schwierigen Lebenssituationen und Fachpersonen anzustreben und aufzubauen, ist als wesentliche Zielsetzung für professionelle Eltern- und Angehörigenarbeit zu verstehen. Basis sind gegenseitiger Respekt und ein sensibler Umgang mit Unterschiedlichkeiten, wie kulturellem Hintergrund, Geschlecht, Alter. Eine sorgsame und aufmerksame Beachtung der jeweiligen Wertvorstellungen kann hier zu Verbesserungen und Entlastungen der betroffenen Familienmitglieder beitragen und ihre Lebensqualität erhöhen. Dabei dürften sich Inklusion und Partizipation als wesentliche Elemente gelingender Kooperation erweisen.

Die verschiedenen Perspektiven und Thematiken der hier gesammelten Beiträge mögen dazu hilfreiche Anregungen geben.

Hildesheim & Freiburg (Schweiz)   Udo Wilken & Barbara Jeltsch-Schudel

I Lebenslagen und Gestaltungsformen des Lebens von Familien mit behinderten Angehörigen und Familien in schwierigen Lebenssituationen

Familie und Familien in besonderen Lebenslagen im Kontext sozialen Wandels – soziologische Perspektiven

Ernst von Kardorff & Heike Ohlbrecht

Familie und Familien im gesellschaftlichen Diskurs

Diskurse über die Familie in der modernen Gesellschaft sind in ein schwer zu entwirrendes Geflecht alltagsweltlicher, politischer, normativer und ideologischer Dispositive verwoben. Jeder Mensch hat seine ganz persönliche Familiengeschichte, kann von beglückenden, unterstützenden und bereichernden, aber auch von enttäuschenden, beengenden oder bedrückenden Erfahrungen mit der eigenen Familie und Verwandtschaft berichten, weiß intuitiv, was Familie »ist«, und besitzt in der Regel recht klare Vorstellungen darüber, wie eine »richtige« Familie beschaffen sein, das Aufwachsen in einer »guten« Familie aussehen und was sie leisten sollte und wie der Staat die Familie unterstützen und entlasten und dabei zugleich ihre Autonomie wahren sollte. Diese Überzeugungen werden von der Mehrheit der Bevölkerung geteilt; das gilt auch für Alltagstheorien über Familie wie etwa die biologisierende Analogie, die Familie als universelle »Keimzelle« der Gesellschaft betrachtet und sie den höheren und »kalten« staatlichen Organisationsformen als ursprünglicheres, verlässliches und emotional schützendes Gebilde gegenüberstellt. Die hohe Wertschätzung der Familie[1] seitens der überwiegenden Mehrheit der Bevölkerung weltweit findet ihre Entsprechung und Legitimation in religiösen Glaubenssystemen und in der staatlichen Familienpolitik – wenngleich nicht immer aus denselben Gründen und Motiven.

Ein Blick in die aktuelle Empirie der Familienwirklichkeit(en) liefert ein differenzierteres Bild und verweist auf starke Veränderungen in den Familienformen, der Familiengröße, dem Grad der verwandtschaftlichen Unterstützung, den Zeitpunkten der Eheschließung oder der Einstellung zur lebenslangen Ehe und Partnerschaft (Ecarius & Schierbaum 2022). Diese Veränderungen lassen sich als Reaktionen auf Prozesse sozialen Wandels auf makrosozialer Ebene verstehen: hierzu gehören u. a. die demografische Entwicklung als besondere Herausforderung für die Familien, etwa im Bereich der Pflege alt gewordener Familienangehöriger bei abnehmender Kinderzahl und gestiegener Lebenserwartung; hinzu kommen der säkulare Trend zu Individualisierung und Singularisierung mit Folgen für die familiale Geschlechterordnung und die Kindererziehung, die veränderten Bedingungen der Arbeitswelt mit Folgen für das Verhältnis von Arbeits- und Familienzeit, die gestiegenen An-

---

1 In einer repräsentativen Befragung rangiert die Bedeutung der Familie mit 77 % auf dem ersten Platz vor dem Beruf mit 10 %, dem Freundeskreis mit 6 % und Hobbies und Interessen mit 5 % (bmfsfj 2020).

forderungen an die (Aus-)Bildung der Kinder mit der Folge höherer Ausgaben und verlängerten Zeiten des Verbleibens der jungen Menschen in der Herkunftsfamilie. Nicht zu unterschätzen ist der Einfluss der Medien auf familiale Lebensführung und Konsumpräferenzen; besonders bei Eltern aus den Mittelschichten wird eine »Bildungspanik« beobachtet (Bude 2011), die durch Staat und private Bildungsanbieter geschürt wird und mit Ängsten vor sozialem Abstieg und einem Verlust des Anschlusses an Aufstiegsperspektiven verbunden ist. Darauf reagieren Familien in Abhängigkeit von Bildungsstand, Milieuzugehörigkeit und ihren jeweiligen familialen Traditionen und Ressourcen mit unterschiedlichen und unterschiedlich erfolgreichen Anpassungsstrategien, flankiert von staatlichen Anreizsystemen, steuerlicher Entlastung und einem differenzierten Hilfesystem, das ein breites Spektrum von steuerlichen Anreizen von Kindergeld und der geplanten Kindergrundsicherung bis zu Familienberatungsstellen und familienentlastenden Angeboten umfasst.

Studien zu den *Lebenslagen von Familien*[2] verweisen auf soziale und gesundheitliche Ungleichheiten, vielfältige Krisenphänomene und besondere Belastungen, etwa von Alleinerziehenden und von Familien in Armutslagen oder in prekären Beschäftigungsverhältnissen im Niedriglohnsektor. Familien mit einem behinderten oder chronisch erkrankten Familienmitglied stellen hierbei eine besonders vulnerable Gruppe dar, die häufig Erfahrungen von Stigmatisierung und sozialer Ausgrenzung ausgesetzt ist (Nehring et al. 2015), oftmals im Gesundheits- und Versorgungssystem Benachteiligungen oder unzureichende Unterstützung erfährt, zusätzliche finanzielle Belastungen zu tragen hat, oft nur schwer an einschlägige Informationen gelangt und mit vielfältigen Barrieren zur gesellschaftlichen Teilhabe konfrontiert ist (bmas 2013; 2016; 2021). Dies wirkt sich belastend auf die Binnenstruktur des Familiensystems und die Beziehungen ihrer Mitglieder aus: zusätzlich zur persönlichen Auseinandersetzung mit der Sorge um das betroffene Familienmitglied, der Suche nach einer sinnhaften Einordnung der neuen und besonderen Lebenssituation in die Lebens- und Zukunftsgestaltung der Familie, den erforderlichen Umstellungen des Familienalltags, der individuellen Bilanzierung von Verlust- und Verzichtserfahrungen usw. kommt die Auseinandersetzung mit dem Angewiesensein auf professionelle Hilfen und damit einhergehenden Abhängigkeiten und Bedrohungen der familiären Autonomie hinzu. Weil Familien mit einem behinderten oder chronisch erkrankten oder pflegebedürftigen Familienmitglied aber in erster Linie *Familien* sind, zeichnen wir zunächst die großen Entwicklungstrends der modernen Familie allgemein aus soziologischer Perspektive nach.

---

2 Vgl. z.B. die bislang neun Familienberichte der Bundesregierung sowie die bislang drei Teilhabeberichte der Bundesregierung 2013 (S. 31 ff.), 2016 (S. 53 ff.) und 2021 (S. 66 ff.)

Der Einzelne und seine Familie im gesellschaftlichen Funktionszusammenhang

Jeder Mensch bleibt lebenslang Kind seiner Eltern und damit Mitglied einer unkündbaren Familie(nformation)³, in die sie/er zufällig hineingeboren wurde. Als »physiologische Frühgeburt« (Portmann 1969) bleibt das Neugeborene zunächst auf direkte Fürsorge angewiesen, als instinktoffenes »Mängelwesen« (Gehlen 1997) ist es auf Unterweisung, Schutz und Sorge im jeweils zuständigen Familien- oder Verwandtschaftsverband angewiesen; die Enkulturation, also das Vertrautgemachtwerden und das Einüben kultureller Traditionen, sozial geforderter Tugenden und der Üblichkeiten des gesellschaftlichen Alltags sowie die Aneignung komplexer Wissensbestände erfordern die Begleitung und Förderung seitens der Eltern, die dabei heute von einer Vielzahl von Ratgebern und dafür ausdifferenzierten Institutionen und Professionen unterstützt, aber auch gelenkt und ggf. unter Stress gesetzt werden. Zugleich bringen Kinder eine hohe Anpassungsfähigkeit, Lernpotentiale und die Anlage zur Bildsamkeit mit. Im Verlauf der »beiläufigen« familialen Sozialisationsprozesse und gezielter Erziehungsbemühungen werden dem Einzelnen die für das (Über-)Leben in der jeweiligen Gesellschaft wesentlichen Grundlagen vermittelt, die auch Optionen zur Entwicklung zu einer eigenständigen Person und die Voraussetzungen zur Ablösung und Neugründung einer eigenen Familie umfassen. Gleichwohl bleibt jeder Mensch seiner Herkunftsfamilie lebenslang emotional, etwa durch gesellschaftlich codierte Verpflichtungsgefühle und sozial sanktionierte Erwartungen zur Sorge und Solidarität verbunden und auch noch nach der Ablösung von der Herkunftsfamilie in Abgrenzung oder Ablehnung dauerhaft an sie gebunden. In seiner Identitätsfindung bleibt der/die Einzelne von familialen Traditionen und der darüber vermittelten gesellschaftlichen Werte-, Normen- und Wissensordnung sowie von ihren Gewohnheiten und Ritualen geprägt, die in Auseinandersetzung mit der gesellschaftlichen Umwelt individuell gestaltet und angeeignet werden müssen.

Eingebettet in übergreifende gesellschaftliche Werteordnungen, Normen- und Regelsysteme und gesetzliche Rahmungen stellt die Familie nach wie vor die *erste* und *zentrale* gesellschaftliche Sozialisationsinstanz dar, die für ein gelingendes Hineinwachsen der Individuen in die durchschnittlichen Anforderungen und Erwartungen der Gesellschaft an normkonformes Verhalten, zentrale Wissensbestände und nicht zuletzt für die Ausbildung der »Gewohnheiten des Herzens« (Bellah et al. 1985), der emotional verankerten Wahrnehmungsformen und kulturellen Interpretationsmuster gesellschaftlicher Wirklichkeit(en) und ihrer Dynamiken verantwortlich ist. Die Entwicklung und die Chancen des Einzelnen in der Gesellschaft hängen vom emotionalen Klima in der Familie, dem milieuabhängig vermittelten sozialen und kulturellen Kapital, der finanziellen Ausstattung und der gesell-

---

3 Oevermann (2001) charakterisiert die Familie durch die Aspekte Unkündbarkeit, Diffusität und Nichtaustauschbarkeit der Personen, unbedingte Solidaritätserwartung, Inzestverbote sowie die sexuelle Bindung der Partner.

schaftlichen Statusposition der Eltern sowie von ihrer Zugehörigkeit zu den gesellschaftlich bestimmenden oder eher marginal(isiert)en Gruppen oder zu den besonders auf Hilfen angewiesenen Familien ab.

Weil die Familie den ersten und nachhaltig prägenden sozioemotionalen Kontakt für jeden Menschen darstellt, Einstellungen und Verhaltensweisen nachhaltig prägt und der Ort für die Erfahrung von Gemeinschaft und für das Verhältnis zur sozialen Mitwelt ist, entzünden sich an säkularen Veränderungen der Familie immer wieder gesellschaftliche Kontroversen, die sich in der Auseinandersetzung um die »richtige« Familienpolitik niederschlagen. Dies verweist darauf, dass Prozesse des sozialen Wandels schnelleren und machtvolleren ökonomischen, technologischen und politischen Konjunkturen und Zeitperspektiven folgen als die widerständigeren und sich langsamer ändernden Formen des Familienlebens, das für sein Funktionieren auf Erwartungssicherheit in vertrauten Routinen angewiesen ist. Damit erweist sich Familie als strukturkonservative gesellschaftliche Institution, die sich gleichwohl mit den säkularen Veränderungen emotional wie auch strukturverändernd auseinandersetzen muss und dabei Transformationsprozessen unterliegt, sie aber auch selbst vermittels der Aneignung veränderter gesellschaftlicher Bedingungen aktiv gestaltet.

Aus der Perspektive der Gesellschaft und ihrer politischen Organisationsformen erfüllt Familie zentrale Funktionen bei der Reproduktion der jeweiligen normativen, sozialen, kulturellen und wirtschaftlichen Ordnung. Von daher werden das starke Interesse der Politik an der Familie – dokumentiert in neun Familienberichten der Bundesregierung seit 1965 – und die Heftigkeit familienpolitischer Kontroversen verständlich; dort wird grundsätzlich über ihren gesellschaftlichen Stellenwert, etwa für die Erziehung der Jugend, die demografische Entwicklung oder ihre Rolle für die Reproduktion der Arbeitskraft, für die Gewährleistung von Bildungsprozessen und eine gesunde Lebensweise im Prozess des sozialen Wandels verhandelt. Besonders in den Blick geraten dabei die »unbotmäßigen« Unterschichtfamilien, deren Erziehungspraxen und Wertorientierungen entlang der idealisierten Norm der erfolgreichen »Normalfamilie« kritisiert und mit regulierenden Interventionen (z. B. Bildungsgutscheine) und dem System der Familien- und Jugendhilfe »auf den rechten Weg« gebracht oder durch »nudging« und staatliche Programme und Kampagnen zu einer gesunden Lebensführung (Schönberger 2022) motiviert werden sollen. In allen staatlich organisierten Gesellschaften werden das Verhältnis zwischen Zielen und Umfang der Förderung von Familien, staatlicher Einflussnahme auf und Kontrolle der Familie sowie die Erwartungen und Ansprüchen an sie auf der einen und die Sicherung ihrer Autonomie auf der anderen Seite beständig neu justiert. Das gilt besonders für die Rolle der Geschlechter, die Erziehungsziele und -praktiken und die Förderung von Bildungsaspirationen und beruflicher Qualifizierung der Kinder, das Gesundheitsverhalten oder das Verhältnis von Arbeits-, (Aus-)Bildungs- und Familienzeit, aber auch für Erwartungen an Eigeninitiative und die Übernahme von Aufgaben in der Familie (wie z. B. Pflege) und der Zivilgesellschaft.

Eine kurze Skizze der Formierung der modernen Familie

Bis etwa zum 18. Jahrhundert war Familie in Europa zunächst vor allem eine wirtschaftliche Zweckgemeinschaft unter einem religiösen Baldachin; sie war überwiegend eine Arbeits- und Lebensgemeinschaft und unterlag der Kontrolle durch die lokale Gemeinschaft, die Kirche und den zuständigen Lehnsherrn oder Fürsten. Eheschließungen z. B. bedurften der Zustimmung durch weltliche Autoritäten und setzten ausreichende materielle Güter voraus. Auch der gefühlsbetonten Mutterliebe kam keine zentrale Rolle zu: eine lange, emotional beschützte Kindheit oder Adoleszenz sind ebenso erst ein Ergebnis der Moderne wie gezielte Bildungsanstrengungen, die vorher nur bei Adel und Klerus eine Rolle spielten. Die Familienform war vielfach das »Haus« (Familie als Produktions- und Lebensort), zu dem neben der Kernfamilie auch Verwandte, Mündel, Gesinde etc. gehörten, was zum Mythos der »Großfamilie« beigetragen hat; die Regel waren kleinere Familiengrößen mit drei bis vier Kindern; aufgrund der Säuglingssterblichkeit lag jedoch die Geburtenrate deutlich höher, und wegen der geringeren Lebenserwartung waren auch Mehrgenerationenfamilien eher die Ausnahme. Große Familien mit zehn und mehr Kindern sind ein Übergangsphänomen des entstehenden städtischen Proletariats. Erst das *Bürgertum* konnte die Familie als Gemeinschaft, Zufluchtsstätte und Erholungsraum idealisieren, vor allem aufgrund einer verbesserten ökonomischen Lage. Das Familienleben zog sich schrittweise aus der Öffentlichkeit und ihrer Kontrolle zurück, schloss sich gegen Familienfremde ab und bildete ein privatisiertes Familiendasein mit hohen Gefühlsbindungen. Im Zuge der Industrialisierung, der politischen Auflösung der Feudalgesellschaft, des Wachstums der Städte und veränderter Produktionsweisen kommt es zu folgenreichen Veränderungen der Familienformen, in deren Verlauf die bürgerliche patriarchal geprägte Familie immer mehr zum Modell für Familie wird, das schrittweise auch vom entstehenden Proletariat übernommen und ab Mitte des 20. Jahrhunderts zum allgemeinen normativen Leitbild und auch weitgehend zur tatsächlich gelebten Praxis wird, die dann im »Golden Age of Marriage« (Meyer 2002) nach dem Zweiten Weltkrieg ihren Höhepunkt erreicht. Parallel dazu liberalisiert sich die Partnerwahl und die Konstruktion von Ehe und Familie wird zu einem gemeinsamen »Projekt«, das über die sich seit dem späten 17. Jahrhundert entwickelnde Liebessemantik und die *romantische Liebesehe* zur Intimisierung der Familienbeziehungen beigetragen hat. Hinzu kommt seit Ende des 19. Jahrhunderts eine gezielte Familienpolitik, die das Ideal der bürgerlichen Wertvorstellungen und Verhaltensweisen, etwa mit Hilfe der Fürsorge (z. B. Familienbesuche; Sozialarbeit aus dem Geist bürgerlicher Mütterlichkeit und einem Bündnis zwischen Mutter und Arzt, Donzelot 1980), in den armen und bildungsfernen Schichten zu verankern sucht – eine Programmatik, die bis heute mit veränderter Terminologie, neuen Inhalten (v. a. Bildung und Gesundheit) Institutionen und Methoden der Familienpolitik sowie die sozialpädagogische Familienarbeit bestimmt.

Die gegenwärtig zu beobachtende Differenzierung und Dynamik der modernen (Klein-)Familie bezieht ihr Wandlungspotential wie ihre Strukturkonflikte noch aus drei weiteren Entwicklungen: (1) Aus der säkularen Tendenz einer zunehmenden

Individualisierung, die mit steigenden individuellen Ansprüchen *und* gesellschaftlichen Erwartungen an Selbstgestaltung und Handlungsautonomie verbunden ist. Dies hat zu einer stärkeren Bedeutung der familialen Beziehungsarbeit und einer Psychologisierung der Familie beigetragen. (2) Die Emanzipation der Frauen sowie die feministischen Bewegungen seit Ende der 1960er Jahre haben die Rechte der Frauen auf politische Beteiligung, Bildung und Erwerbstätigkeit durchgesetzt, das patriarchale Familienmodell und traditionelle Rollenbilder delegitimiert und die »natürliche« Geschlechterordnung als herrschaftslegitimierende Genderkonstruktion ansatzweise dekonstruiert. Auch wenn Kindererziehung, Gestaltung sozialer Kontakte, Gesundheitssorge und Pflege nach wie vor überwiegend von Frauen geleistet werden (vgl. Hobler et al. 2020), gilt dies nicht mehr als selbstverständlich und bildet ein beständiges, im Alltag oft aus pragmatischen Gründen latent gehaltenes Feld potentieller Konflikte, die allen Familienmitgliedern hohe Ambiguitätstoleranz und aufwändige und ggf. schmerzhafte Aushandlungsprozesse abverlangt. (3) Schließlich hat die Ausweitung der modernen Arbeitsgesellschaft die Balance zwischen Arbeits- und Familienzeit in Richtung einer einseitigen Belastung der Familien verschoben.

Familie aus soziologischer Perspektive

Aus soziologischer Perspektive ist Familie das Ergebnis einer gemeinsam von den Familienmitgliedern gestalteten beständigen *Herstellungsleistung* von Partner- und Sorgebeziehungen, Erziehungs- und Bildungsprozessen und sozialen Kontakten, mit der sie sich materiell, sozial, kulturell und generativ reproduziert, ein individuelles Familienklima erzeugt und Traditionen bildet; dabei greift sie auf ihre milieuspezifischen und von ihrer sozialen Lage abhängigen Ressourcen im Kontext des jeweils fördernden und begrenzenden gesellschaftlichen Bedingungszusammenhangs und ihrer rechtlichen Rahmung (Ehe- und Familienrecht; Kinder- und Jugendhilferecht) zurück. Als historisch und kulturell wandelbarer, privater Lebenszusammenhang und Lernort von Generationen und Geschlechtern bildet sie ein zentrales Strukturelement von Gesellschaft und gilt daher als *strukturierte und strukturierende*[4]*Institution*. So spielt die Familie neben dem Bildungssystem nach wie vor eine wichtige Rolle bei der Produktion und Verteilung sozialer Chancen: die PISA-Studien haben belegt, dass in Deutschland bildungsbedingter sozialer Aufstieg entscheidend von der Herkunft(sfamilie) abhängt (Jungkamp & John-Ohnesorg 2016; Maschmann 2021). Insgesamt spielt die Familienherkunft aber nicht nur in Bezug auf Bildung und den Zugang zu sozialen Beziehungen (Sozialkapital) eine wesentliche Rolle; sie vermittelt darüber hinaus einen milieutypischen Habitus, der

---

4 Die Strukturierung erfolgt u. a. in der laufenden Alltagskommunikation, etwa in Tischgesprächen (Keppler 1994), und durch Rituale und Regeln, die für das Familienleben »nomosbildend« wirken (Berger & Kellner 1965).

mit den darin verkörperten Formen der Selbstdarstellung aufstiegsbegünstigende oder -hemmende Codes erzeugt, die in der Gesellschaft als »feine Unterschiede« gelesen und, etwa bei Bewerbungen, folgenreich bewertet werden.

Aus *sozialpsychologischer Perspektive* wird Familie auch als *System* von gewachsenen Interaktions- und Kommunikationsbeziehungen betrachtet, dessen Dynamik emotionale Bindungen und die kognitive Weltaneignung prägt und sich durch mehr oder weniger durchlässige Grenzziehungen von der Umwelt abgrenzt und mit ihr in Austausch tritt. Der Öffnung der Familie gegenüber äußeren Einflüssen stehen Versuche des Staates gegenüber, die die Autonomie der Familie durch Überschreiten der Familiengrenzen etwa durch rechtliche Vorgaben (z. B. Jugendhilfe, Kinderschutz) einschränken oder regulieren, wie bei Pflegefamilien (Gehres & Hildenbrand 2022) und durch sozialpädagogische, psychologische, ärztliche und pflegerische Hilfsangebote in die Binnenstruktur der Familien intervenieren. Daraus ergeben sich komplexe Beziehungsdynamiken, die besonders Familien mit behinderten, chronisch kranken und pflegebedürftigen Familienmitgliedern zu anstrengenden Aushandlungsprozessen zur Wahrung ihrer Selbstbestimmung zwingen.

Ausgewählte Befunde zur Situation der Familien in der Bundesrepublik

Generelle Entwicklungslinien

Demographische Entwicklung, Wertewandel, Bildungsexpansion, das neue Selbstverständnis und -bewusstsein der Frauen im Zuge der Emanzipationsbewegungen und die zunehmende Individualisierung haben zu einer Pluralisierung der Lebens- und Familienformen seit den 60er Jahren des 20. Jahrhunderts geführt, eine Entwicklung, die bis heute andauert. Der Wandel der Haushalts- und Familienstrukturen zeigt sich unter anderem in der Anzahl von Alleinerziehenden, der Zunahme nicht-ehelicher Lebensgemeinschaften und von Patchwork- und Fortsetzungsfamilien und in jüngster Zeit von gleichgeschlechtlichen Paar- und Familienformen, kurz: von »Regenbogenfamilien« (2018: 130.00 Paare, Quelle: bmfsfj 2020, S. 51). Nach wie vor aber besitzt Familie mit oder ohne Trauschein eine hohe Wertigkeit und ist fester Bestandteil in den Lebensplänen vieler junger Menschen (Familienreport 2012); dabei folgt sie jedoch immer seltener dem Ideal der bürgerlichen Familie. Dies zeigt sich u.a. in der Schrumpfung der Haushaltsgröße, einem Rückgang der Eheschließungen (nicht notwendig aber der Paarbindungen), einer Zunahme von Scheidungen, einem Rückgang der Geburtenrate, einer Zunahme der Frauen- und Müttererwerbsarbeit, einer verkürzten Dauer partnerschaftlicher Bindung, oft in mehreren Intervallen (serielle Monogamie) sowie der Zunahme der Kinderlosigkeit. Bei aller Pluralisierung und Ausdifferenzierung der Lebens- und Familienformen zeigt sich gleichwohl, dass die Stabilität der Familie als Institution (nicht notwendigerweise die der einzelnen Familien) weit größer ist als gemeinhin angenommen wird.

Jurczyk und Klinkhardt (2014) haben die aktuell empirisch beobachtbaren Entwicklungstrends von Familien in acht Punkten zusammengefasst:

(1) Zunahme vielfältiger Lebensformen: z. B. Ein-Eltern-, Fortsetzungs-, Patchwork-Regenbogenfamilien; hohe Scheidungsraten (2020: 38,5 %, Quelle: Statista 2022), ca. 1,5 Mio. Alleinerziehende = 12 % alte und 18,6 % neue Bundesländer (Quelle: Destatis 2020).
(2) Erosion des konventionellen (männlichen) Ernährermodells (2013: 28 % alte Bundesländer, 12 % neue Bundesländer) und höhere Beteiligung der Frauen am Erwerbsleben mit 72,1 % (Erwerbstätigenquote 2021, Quelle: Destatis 2022), davon 49 % in Teilzeit- oder atypischer Beschäftigung.
(3) Entgrenzung von Erwerbsbedingungen: Destandardisierung der »Normalarbeitsbiografie«, Zunahme atypischer und diskontinuierlicher Beschäftigung.
(4) Eltern unter Druck – (Nicht-)Vereinbarkeit von Beruf und Familie: Entgrenzung und Flexibilisierung von Arbeitszeiten mit Auswirkungen auf die Work-Life-Balance (vgl. Hochschild 2002).
(5) Polarisierung der Lebenslagen: Zunahme von Familien- und Kinderarmut. Seit Beginn der 2000er Jahre lässt sich eine Zunahme der Einkommensungleichheit feststellen, die sich trotz kompensatorischer staatlicher Leistungen (bmfsfj 2021, S. 636 ff.) besonders am unteren Rand deutlich verschärft hat und Teilhabechancen von Familien und insbesondere von Alleinerziehenden in prekären Lebenslagen beeinträchtigt (Tophoven et al. 2018; Hilke 2021) und Familien mit behinderten Kindern trotz umfangreicher Förderangebote (vgl. bmfsfj 2021, Kap 5.2) benachteiligt.
(6) Kulturelle Diversifizierung – Familien mit Migrationshintergrund: ca. 35 % der Familien in Deutschland haben einen Migrationshintergrund (bmfsfj 2016), mit Blick auf unterstützungsbedürftige Familien etwa mit behinderten und kranken sowie pflegebedürftigen Angehörigen zeigen sich hier vor allem Probleme migrationssensibler Informationsangebote und Zugangsbarrieren (Hedderich 2018).
(7) Neue Gestaltungsräume von Kindheit: während die Lebenswelten und Erfahrungsräume von Kindern, besonders in den Mittel- und Oberschichten, vielfältiger geworden sind, der Zugang zu öffentlich geförderten vorschulischen Erziehungs- und Bildungseinrichtungen immer früher und in großem Umfang erfolgt, gehen damit zugleich erhöhte Anforderungen einher; zudem stellt der Einfluss der neuen Medien Kinder und ihre Eltern vor erhöhte Herausforderungen (Feierabend et al. 2016).
(8) Schwindende Passfähigkeit von Infrastrukturen für Familien: der »institional gap« zwischen Bedarf und problemangemessenen und akzeptierten Unterstützungsangeboten für Familien berührt nicht nur das quantitative Angebot, sondern auch inhaltliche Aspekte wie eine mittelschichtorientierte und nur teilweise auf spezielle Problemlagen und Diversität ausgerichtete Orientierung.

Im Jahr 2019 wuchsen deutschlandweit 74% der Kinder und Jugendlichen bei verheirateten Eltern auf, 11% in einer Lebensgemeinschaft und 19% bei einem alleinerziehenden Elternteil (Familienreport des Bundesministeriums für Familie, Senioren, Frauen und Jugend 2020). Der Anteil von Stief- und Fortsetzungsfamilien lässt sich aus der amtlichen Statistik nicht eindeutig ermitteln. Nach Schätzungen leben etwa 14% aller Kinder in Stieffamilien (Steinbach 2017). Trotz der zunehmenden Bedeutung alternativer Lebensformen macht die klassische Kleinfamilie (Ehepaare mit Kindern) immer noch ca. drei Viertel der Familien in Deutschland aus. Allerdings variiert der Anteil der so genannten Normal- bzw. Kleinfamilie auf Länderebene zwischen 51,3% in Mecklenburg-Vorpommern und 77,3% in Baden-Württemberg (Bundeszentrale für politische Bildung 2021).

Vereinfacht lassen sich die empirischen Trends dahingehend zusammenfassen, dass Familien biografisch immer später gegründet werden (das Durchschnittsalter der Mutter bei der Geburt des ersten Kindes liegt inzwischen bei 30 Jahren), sie werden häufiger wieder aufgelöst (mehr als jede dritte Ehe wird geschieden) und sie sind kleiner geworden (die durchschnittliche Kinderzahl beträgt 1,57 (bmfsfj 2020); aufgrund des gestiegenen Lebensalters zeigt sich zugleich ein erweiterter Generationenzusammenhang (»Bohnenstangenfamilie«, vgl. Burkart 2008).

Diese Entwicklungen sind das Ergebnis einer aktiven Auseinandersetzung der Familie mit den Prozessen sozialen Wandels, die die innere Verfasstheit der modernen Familie beeinflussen: als »Verhandlungsfamilie« muss sie eine komplexe Vermittlungsleistung im Spannungsfeld zwischen veränderten gesellschaftlichen Anforderungen, Ansprüchen an individuelle Selbstverwirklichung und Sicherung des »Systems« Familie und ihrer eigensinnigen Lebenswelt erbringen mit der sie zugleich neue Familienwirklichkeiten erzeugt und definiert.

Lebenslagen und Familienwirklichkeiten

Familienwirklichkeiten erschließen sich erst vollständig, wenn man sie im Kontext schicht- und milieuspezifischer Lebenslagen verortet, die ihre Ressourcenausstattung mit *materiellem, kulturellem* und *sozialem* Kapital (Bourdieu 1982) charakterisieren und damit die Handlungsspielräume der Familie(nmitglieder) umreißen. Es sind vor allem vier große Komplexe, die die Familienwirklichkeiten bestimmen und aus denen sich zugleich Hinweise auf Teilhabebeeinträchtigungen und darauf bezogene Unterstützungs-, Kompensations- und Entlastungsbedarfe ergeben. Es sind dies *erstens* die von *Armutslagen bedrohten oder betroffenen Familien(-konstellationen)*: z. B. Familien, in denen eine oder mehrere Personen längerfristig erwerbslos sind oder sich in prekärer Niedriglohnbeschäftigung befinden, Alleinerziehende oder Familien mit einem chronisch kranken oder behinderten Familienmitglied (bmas 2013; 2016; 2021). Der *zweite* Bereich betrifft den *Zugang zu und die Ausstattung mit Bildung und Qualifikation* und die *familialen Bildungstraditionen*, die die Teilhabe an gesellschaftlichem Aufstieg eröffnen oder verschließen. *Drittens* handelt es sich um die *gesundheitliche Lebenslage von Familien*, die von Arbeitsbedingungen, Wohnort und Umweltbelastungen und ihrer materiellen Lage, aber auch von ihrem Bildungsstatus und ihrer Lebensweise bestimmt wird: sozialepidemiologische Befunde zeigen, dass Menschen mit einem hohen sozialen Status über eine längere Lebenserwartung, bessere Gesundheit, höhere Lebenszufriedenheit und größere soziale

Unterstützungsnetze verfügen. Dies bedeutet, dass Familien in ihrer wichtigen Rolle als Träger wie als Produzenten von Gesundheit (von der Kinderziehung bis zur Pflege) als *Chancen- und/oder Risikostruktur* begriffen werden müssen (Ohlbrecht 2010, 2022). *Viertens* werden die Familienwirklichkeiten zunehmend von der Arbeitswelt und ihren Zeitstrukturen bestimmt, was sich wiederum auf die Familienorganisation und die gemeinsam gestaltbare Zeit auswirkt (vgl. bmfsfj 2012).

Familien mit beeinträchtigten und chronisch kranken Familienmitgliedern – zur Situation des Familienlebens unter erschwerten Bedingungen

Familien mit einem behinderten oder chronisch kranken Familienmitglied unterscheiden sich nicht grundsätzlich von anderen Familien; bei pflegebedürftigen älteren Menschen ergeben sich aufgrund der Berufsmobilität und der oft getrennten Wohnorte von Eltern und Kindern besondere Konstellationen (Jacobs et al. 2020). Die Sorge für oder die Pflege von Familienangehörigen, seien es behinderte oder kranke Kinder, Partner oder die eigenen Eltern liegt im gesellschaftlichen Erwartungshorizont, der auch von den Familien im Rahmen intra- und intergenerationeller Solidarität überwiegend geteilt und auch faktisch wahrgenommen wird (Szydlik 2001). Trotz aller Gemeinsamkeiten ergeben sich für die betroffenen Familien jedoch abhängig von der jeweiligen Konstellation (z. B. Zeitpunkt des Eintretens der Behinderung/chronischen Erkrankung/Pflegebedürftigkeit, der familialen Ressourcen, der Art der Behinderung/Krankheit, der Wohnsituation, etc.) *besondere* Herausforderungen, Aufgaben und Erschwernisse.

> Während für die Pflege im Alter eine Vielzahl individueller Vorbilder und gesellschaftlicher Modelle existieren, fehlen für die Auseinandersetzung und Bearbeitung des Lebens mit einem behinderten Kind oder einem beeinträchtigten Partner häufig Vorbilder in der eigenen Familie. Kritischer als in der Altenpflege stellt sich für Eltern behinderter Kinder die notwendige Öffnung der Familie für Fachkräfte dar, weil deren Interventionen die Binnenstruktur der Familie oft stark kontrollieren und verändern (Engelbert 1999); dies gilt selbst dann, wenn in der Fachdiskussion Eltern und behinderte oder kranke Familienmitglieder zunehmend als »Experten/innen in eigener Sache« in Rehabilitations- und Förderprozesse einbezogen und ihre Selbstbestimmung respektiert werden. Innovative Formen der Selbsthilfe, Internetforen und virtuelle Selbsthilfegruppen, Peer-Counseling sowie spezialisierte Beratungsformen, können diese Situation durch Informationsaustausch, wechselseitige Ermutigung und die Gewinnung neuer sozialer Kontakte zwar teilweise kompensieren, führen aber auch zu Sonderwelten.
>
> Die Geburt eines behinderten Kindes oder die plötzliche Diagnose einer lebensbedrohlichen Erkrankung stellt ein unerwartetes, als »Schicksal« gerahmtes, ggf. aber auch mit Schuldzuweisungen und Stigmatisierung an Eltern oder an die Lebensweise des Erkrankten verbundenes Ereignis dar, das anders als die Pflege der Eltern oft auf mangelndes Verständnis der Umwelt und sogar des Freundeskreises trifft. Hinzu kommt, dass die Mütter in der Regel ihre Berufstätigkeit aufgeben (müssen) und damit auf ihre traditionelle Rolle zurückgeworfen werden und die Rolle der Väter neu definiert werden muss.

Im Unterschied zu Familien mit einem behinderten Kind liegen für Sterben und Tod alter Menschen kulturelle Bewältigungsmuster und -rituale vor. Und während Pflegebedürftigkeit im Alter den unwiderruflich letzten Lebensabschnitt ankündigt, sind Erwartungen und Projektionen auf das Kind schon während der Schwangerschaft und über die ganze Kindheit und Jugend hinweg positiv und zukunftsgerichtet und zudem mit einer mehrheitlich von den Partnern gemeinsam geplanten familialen Kontinuierung verbunden. Dies erhöht den Druck auf werdende Mütter und auf Familien mit behinderten Kindern, besonders durch die in den positiven Zukunftssemantiken kodierten normativen und mehr noch normalistischen Erwartungen an die Entwicklungsverläufe von Kindern und Jugendlichen. Zwar ist heute die Toleranz gegenüber verschiedenen selbst gewählten Lebensformen und -entwürfen gestiegen, gegenüber einer Nichterfüllung von Leistungsnormen zugleich aber deutlich geringer geworden: angesichts des Bildungsdiskurses, des Individualisierungsdrucks und der Ängste um Statuserhalt steigen die Erwartungen an das »perfekte« Kind – jenseits aller kritischen Diskussionen in der Sonderpädagogik und einer positiven Semantik inklusiver Heterogenität. Im Kontext der Individualisierung sind die Vorstellungen von einem »perfekten« Kind auch als narzisstische Projektion der Eltern im Zuge der Singularisierung zu interpretieren. Während die an die Kinder intergenerational weitergegebenen »Aufträge« (nach sozialem Aufstieg: unsere Kinder sollen es einmal besser haben als wir selbst) wohl noch immer eine Rolle spielen, geht es in Zeiten größerer Statusunsicherheit einerseits um die Bewahrung des Erreichten, andererseits aber auch um die Konkurrenz im (medialen) Selbstdarstellungswettbewerb.

In einem erweiterten Verständnis von Inklusion beschränken wir uns nicht auf die Situation von Eltern behinderter Kinder und wählen in Übereinstimmung mit dem SGB IX und dem BTHG sowie dem Teilhabebericht der Bundesregierung (2013) den an der ICF orientierten Begriff der *Beeinträchtigung*[5]. Damit wird ein weiteres Spektrum betroffener Familienkonstellationen sichtbar, die mit jeweils unterschiedlichen Folgen und Aufgaben eines nachhaltigen Neuarrangements ihrer bisherigen Lebenssituation konfrontiert sind:

- Familien mit behinderten/beeinträchtigten (ca. 3 % nach Thimm & Wachtel 2002, ca. 6 % nach Cloerkes 2007) und chronisch kranken Kindern (ca. 10 % vgl. Warschburger & Petermann 2000).

  Jedes fünfte beeinträchtigte Kind im Alter von 14 bis 17 Jahren lebt mit nur einem Elternteil zusammen. Kinder mit Beeinträchtigungen sind seltener als Kinder ohne Beeinträchtigungen der Meinung, »dass in ihrer Familie alle gut miteinander auskommen« (bmas 2013, S. 74).
  Menschen mit Beeinträchtigungen können sich deutlich seltener auf Unterstützung durch Freunde und Bekannte verlassen als Menschen ohne Beeinträchtigungen; sie haben weniger Menschen, denen sie vertrauen, erfahren weniger Interesse und Anteilnahme und erhalten weniger Hilfe durch die Nachbarschaft (bmas 2013, S. 75, bmas 2021, Kap. 3). Weiter geben Menschen mit Beeinträchtigungen in allen Altersgruppen eine geringere durchschnittliche Zufriedenheit mit dem eigenen Familienleben an (für Eltern behinderter Kinder finden sich in der Kindernetzwerkstudie von Kofahl und Lüdecke 2014 subjektive Belastungsprofile der Eltern). Im Kontakt mit dem professionellen System und mehr noch mit den Kostenträgern berichten viele betroffene Familien von Hindernissen beim Zugang

---

5 Damit soll verdeutlicht werden, (a) dass Behinderungen nicht in der Person liegen, sondern Ergebnis der Interaktion zwischen Menschen und ihrem Umfeld sind; b) sollen alle Menschen mit körperlichen, seelischen oder geistigen Einschränkungen erfasst werden, also auch chronisch Kranke; c) soll der Fokus gezielt auf Teilhabebeeinträchtigungen gelenkt werden.

zu Leistungen, wobei darüber hinaus unzureichende Informationen eine große Rolle spielen.

Materielle Benachteiligungen treffen Familien mit behinderten Kindern in besonderer Schärfe. Zum einen sind arme Familien stärker von Behinderungen betroffen. Zum anderen sind die Möglichkeiten, Erwerbseinkommen zu erzielen, stärker eingeschränkt, weil die Mütter auf eine Berufstätigkeit verzichten (müssen); hinzu kommen zusätzliche Kosten aufgrund von Aufwendungen für besondere Fördermaßnahmen, Hilfsmittel, Wohnungsanpassung, etc.

- Kinder mit behinderten oder chronisch kranken Eltern

  Auch wenn hierzu keine verlässlichen Statistiken vorliegen, verweisen eine Reihe von Einzelstudien etwa zu Kindern psychisch kranker Eltern (Lenz & Wiegand 2017) auf die großen Belastungen und auf erhöhte Risiken für die seelische Entwicklung dieser Kinder, die in unterschiedlicher Ausprägung auch bei anderen Indikationen der Eltern bestehen (Kofahl & Lüdecke 2014). Aus den Praxiserfahrungen haben sich hier inzwischen professionelle und informelle Unterstützungsnetze und Modellvorhaben gebildet, wie z. B. die Bundesarbeitsgemeinschaft »Kinder psychisch erkrankter Eltern«.

- Familien, in denen ein (oder beide) erwachsenes Familienmitglied behindert oder chronisch erkrankt ist (vgl. Schönberger & v. Kardorff 2004).

  Angesicht von ca. 17 Mio. Menschen über 18 Jahren, die an dauerhaften gesundheitlichen Beeinträchtigungen und chronischen Krankheiten leiden (vgl. bmas 2013), ist das Thema chronisch kranker Familienangehöriger keineswegs ein gesellschaftliches Randthema.

So unterschiedlich und letztlich ganz individuell die Aufgaben und Anforderungen sind, mit denen sich die Familien in den beschriebenen Konstellationen auseinandersetzen müssen, und dies u. a. von Art und Schwere der Behinderung/Krankheit, ihren Verlaufskurven und vom Grad ihrer gesellschaftlichen Stigmatisierung abhängen, gibt es einige allgemeine Aufgaben, die bei allen Konstellationen zu bearbeiten sind. Corbin & Strauss (2010) gehen in ihrer inzwischen klassischen Studie an Familien mit chronisch erkrankten Menschen von drei großen Arbeitslinien aus:

- *Alltagsarbeit*: sie betrifft alle pragmatischen Umstellungen der bisherigen Familienroutinen und zwingt zur Neudefinition von Aufgaben innerhalb der Familie und zur Ausbildung von neuen Routinen;
- *Krankheitsarbeit*: sie umfasst alle auf die Behinderung/Krankheit bezogenen Aktivitäten, wie Wahrnehmung von Therapien, Fördermaßnahmen, Medikationsregimes und die Kontakte mit Fachkräften, und wirkt sich vor allem auf die Neuverteilung von innerfamiliären Zeitbudgets aus und fokussiert die Aufmerksamkeit und Sorge auf das kranke/behinderte Familienmitglied;
- *Biografiearbeit*: sie erfordert die Neukonstruktion von Lebensplänen, Zukunftsorientierungen, Sinnfindung und Einordnung der neuen Situation in die Familienwirklichkeit sowie eine Neudefinition der individuellen biografischen Entwürfe vor dem Hintergrund der bisherigen individuellen Biografien der Partner und der gemeinsamen Familiengeschichte.
- *Balancearbeit*: diese ergänzende übergreifende Arbeitslinie erfordert das beständige situationsgerechte Austarieren von Prioritäten zwischen Arbeitswelt, Fami-

lien- und Krankheitsarbeit und die Reaktion auf Krisen im Prozess der Care-Arbeit und auf Vorkehrungen um Dominoeffekte aufgrund von Überlastungen zu verhindern.

Eine besondere Herausforderung für Familien(angehörige) ergibt sich aus dem Management von normativen Übergängen im Lebenslauf, von denen insbesondere Eltern behinderter Kinder besonders stark betroffen sind (Schuleintritt der Kinder, Übergang von der Schule in eine Berufsausbildung, Ablösung vom Elternhaus und Umzug in eine betreute Wohnform etc.).

Alle diese Herausforderungen sind mit erheblichen Belastungen und gesundheitlichen Folgen für die Familienangehörigen und insbesondere die Frauen verbunden, die nach wie vor den Löwenanteil der Care-Arbeit leisten. Büker und Pietsch (2019) verweisen in ihrer Studie zu Müttern behinderter Kinder auf folgende Aspekte: »erhebliche körperliche Anstrengungen; der jederzeitige und andauernde Hilfebedarf des Kindes, auch während der Nacht; psychische Belastungen; fehlende Auszeiten für die eigene Regeneration; Auseinandersetzungen mit Kostenträgern und Behörden sowie Einschränkungen in der gesellschaftlichen Teilhabe. Als langfristige gesundheitliche Folgen wurden Verschleißerscheinungen des Bewegungsapparats, chronische Schmerzen, chronische Schlafstörungen, chronische Erschöpfung, depressive Verstimmungen, Zukunftsängste, abnehmende physische und psychische Belastbarkeit sowie soziale Isolation festgestellt« (S. 2).

Als weitere eigenständige Dimension stellt sich das Thema der *sozialen Einbindung* und *der sozialen Unterstützungsnetze* dar (vgl. Teilhabebericht 2021): bei vielen betroffenen Familien zeigt sich ein Rückzug von oft auch engen Freunden, besonders bei einer schweren Behinderung des Kindes oder etwa bei einer psychischen Krankheit eines Familienmitglieds.

Gegenüber ihrer Umwelt stehen die Familien darüber hinaus oft unter Erklärungs- und Rechtfertigungszwängen – letzteres trifft besonders auf Eltern behinderter Kinder zu, die sich angesichts der Möglichkeiten pränataler Diagnostik einem besonderen Druck ausgesetzt sehen. Als Reaktion darauf lässt sich bei vielen betroffenen Familien ein sozialer Rückzug bzw. eine soziale Neuorientierung beobachten, die teils als Reaktion auf die Stigmatisierung seitens der Umwelt verständlich werden, teils aus Themenverschiebungen, veränderten Prioritäten, neuen Fragen und Erfahrungen resultieren, die mit nicht betroffenen Familien und Freunden nur begrenzt geteilt werden können.

Familien mit beeinträchtigten Familienmitgliedern in der Inklusionsdebatte

Artikel 23 der UN-BRK bekräftigt, dass der Schutz von Partnerschaft, Ehe, Familie und Elternschaft Menschen mit und ohne Beeinträchtigungen in gleichem Maße zusteht (bmas 2013, S. 66). Zusätzlich sind Inklusion und Anerkennung von Heterogenität Bestandteil der ratifizierten UN-BRK und werden programmatisch im *Nationalen Aktionsplan Behinderung 2012–2020* als behindertenpolitische Zielsetzung formuliert. Für die Familienwirklichkeit der betroffenen Familien bedeutet dies zunächst die Sicherung gleicher Teilhabechancen in den Bereichen Bildung, soziale Sicherung, Förderung, Arbeitswelt und Freizeit. Die betroffenen Familien wünschen sich Normalität und Dazugehören, andererseits finden sie wirkliches Verständnis nur bei Gleichbetroffenen und oft nur in Sonderwelten. Darin drückt sich eine Paradoxie des Inklusionsgedankens aus. Auch wenn es vielen betroffenen Familien gelingt, zu einem routineförmigen und zufriedenstellenden Alltag mit einem beeinträchtigten Familienmitglied zu finden, lässt sich das Problem der sozialen Isolierung nicht durch Inklusionsrhetorik »heilen«. Selbst wenn, wovon wir noch weit entfernt sind, alle Barrieren in den Bereichen Hilfsmittelversorgung, inklusive Beschulung usw. beseitigt wären, befinden sich die Familien mit einem beeinträchtigten Familienmitglied in einer besonderen Situation, weil sie gerade auf den *spezifischen Austausch* mit Anderen angewiesen sind, deren Familienangehörige dieselbe Beeinträchtigung oder Krankheit haben. Eltern mit einem gehörlosen Kind haben andere Sorgen als die Eltern mit einem Kind mit apallischem Syndrom oder die Eltern eines autistischen oder blinden Kindes, Angehörige mit einem psychisch erkrankten Partner haben andere Probleme als die mit einem an Krebs erkrankten Familienmitglied. Dies verdeutlicht, dass der Sammelbegriff *Beeinträchtigung* vor dem Hintergrund des Diversitätspostulats die Anerkennung von Verschiedenheit in den Mittelpunkt stellt und damit Stigmatisierung vermeidet, zugleich aber für das Familienleben entscheidende Unterschiede und die besonderen Bedürfnisse der jeweiligen Familienkonstellationen eher verdeckt. Diese Paradoxien können nicht aufgelöst, aber durch neue und gezielte Hilfeformen umgangen werden. Case-Management, Sicherung der Autonomie der Familien durch Partizipation im Prozess der Hilfegestaltung seien hier als Schlagwörter einer Hilfe aus einer Hand genannt.

Literatur

Bellah, Robert N.; Madsen, Richard; Sullivan, William M.; Swidler, Ann & Tipton, Steven M. (1985). *Habits of the heart: individualism and commitment in American life.* Berkley.
Berger, Peter L. & Kellner, Hansfried (1965). Die Ehe und die Konstruktion der Wirklichkeit. Eine Abhandlung zur Mikrosoziologie des Wissens. *Soziale Welt,* 16, 220–235.
Bourdieu, Pierre (1982). *Die feinen Unterschiede. Kritik der gesellschaftlichen Urteilskraft.* Frankfurt/Main, Suhrkamp.
Bude, Heinz (2011). *Bildungspanik. Was unsere Gesellschaft spaltet.* München, Hanser.
Bundesministerium für Arbeit und Soziales (bmas) (Hg.) (2013). *Teilhabebericht der Bundesregierung über die Lebenslage von Menschen mit Beeinträchtigungen.* Bonn.
Bundesministerium für Arbeit und Soziales (bmas) (Hg.) (2016). *Zweiter Teilhabebericht der Bundesregierung über die Lebenslagen von Menschen mit Beeinträchtigungen.* Bonn.
Bundesministerium für Arbeit und Soziales (bmas) (Hg.) (2021). *Dritter Teilhabebericht der Bundesregierung über die Lebenslagen von Menschen mit Beeinträchtigungen.* Bonn.

Bundesministerium für Familie, Senioren, Frauen und Jugend (bmfsfj) (Hrsg.) (2012). *Familienreport 2012*. Berlin.
Bundesministerium für Familie, Senioren, Frauen und Jugend (bmfsfj) (Hrsg.) (2012). *Zeit für Familien*. Achter Familienbericht.
Bundesministerium für Familie, Senioren, Frauen und Jugend (bmfsfj) (2016). *Familien mit Migrationshintergrund. Analysen zur Lebenssituation, Erwerbsbeteiligung und Vereinbarkeit von Familie und Beruf*. Berlin https://www.bmfsfj.de/resource/blob/93744/3de8fd035218de2 0885504ea2a6de8ce/familien-mit-migrationshintergrund-data.pdf [Zugriff: 15.05.2022].
Bundesministerium für Familie, Senioren, Frauen und Jugend (bmfsfj) (2020). *Familie heute. Daten. Fakten. Trends*. Familienreport 2020. Berlin.
Bundesministerium für Familie, Senioren, Frauen und Jugend (bmfsfj) (2021). *Neunter Familienbericht. Eltern sein in Deutschland*. Deutscher Bundestag Drucksache 19/27200. https://www.bmfsfj.de/resource/blob/179392/195baf88f8c3ac7134347d2e19f1cdc0/neunter-famili enbericht-bundestagsdrucksache-data.pdf [Zugriff: 15.05.2022].
Bundeszentrale für politische Bildung (bpb) (2021). *Familienhaushalte nach Ländern und Familienform*. https://www.bpb.de/kurz-knapp/zahlen-und-fakten/soziale-situation-in-deutsch land/61600/familienhaushalte-nach-laendern-und-familienform/. [Zugriff 06.07.2022].
Burkart, Günter (2008). *Familiensoziologie*. Konstanz, UVK-Verl.-Ges.
Büker, Christa & Pietsch, Severin (2019). *Gesundheitsbezogene Lebensqualität von Müttern mit einem pflegebedürftigen Kind* (Abschlussbericht, GesuLeM). Bielefeld.
Cloerkes, Günther (2007). *Soziologie der Behinderten*. Heidelberg, Winter.
Corbin, Juliet & Strauss, Anselm (1993) und (2010). *Weiterleben lernen. Verlauf und Bewältigung chronischer Krankheit*. Bern, Verlag Hans Huber.
Donzelot, Jacques (1980). *Die Ordnung der Familie*. Frankfurt a.M.
Ecarius, Jutta & Schierbaum, Anja (Hg.) (2022, 2. Aufl.). *Handbuch Familie*. 2 Bde, Wiesbaden
Engelbert, Angelika (1999). *Familien im Hilfenetz. Bedingungen und Folgen der Nutzung von Hilfen für behinderte Kinder*. Weinheim.
Feierabend, Sabine; Plankenhorn, Theresa & Rathgeb, Thomas (2016). *JIM-Studie 2016. Jugend, Information, (Multi-)Media. Basisstudie zum Medienumgang 12- bis 19-Jähriger in Deutschland*. Stuttgart. http://www.mpfs.de/fileadmin/files/Studien/JIM/2016/JIM_Studie_2016.pdf [Zugriff: 16.06.2022].
Gehlen, Arnold (1997, 13. Aufl.). *Der Mensch: Seine Natur und seine Stellung in der Welt*. Wiesbaden: Quelle & Meyer.
Gehres, Walter & Sauer, Stefanie (2022, 2. Aufl.). Adoptiv- und Pflegefamilien. In Ecarius, Jutta & Schierbaum, Anja (Hg.) (2022). *Handbuch Familie*. Wiesbaden, 701–720.
Hedderich, Ingeborg (2018). Migration – Flucht – Integration: Kenntnisstand und Herausforderungen. *Schweizerische Zeitschrift für Heilpädagogik*, 24(1), 6–12. www.szh-csps.ch/z2 018-01-01/pdf [Zugriff 16.06.2022].
Hilke, Maren & Schütte, Johannes (2021). Polarisierte Gesellschaft und polarisierte Kindheiten? *Sozial Extra*, 45, 7–12. https://doi.org/10.1007/s12054-020-00342-y [Zugriff 16.06.2022].
Hobler, Dietmar; Lott, Yvonne; Pfahl, Svenja & Schulze-Buschoff, Karin (2020). Stand der Gleichstellung von Männern und Frauen in Deutschland. *WSI-Mitteilungen, Nr. 56*.
Hochschild, Arlie R. (2002). *Keine Zeit. Wenn die Firma zum Zuhause wird und zu Hause nur Arbeit wartet*. Opladen, Leske + Budrich.
Jacobs, K., Kuhlmey, A., Greß, S., Klauber, J. & Schwinger, A. (Hrsg.) (2020): *Pflegereport 2020*. Wiesbaden.
Jungcamp, Burkhard & John-Ohnesorg, Marei (Hg.) (2016). *Soziale Herkunft und Bildungserfolg*. Berlin, Friedrich-Ebert Stiftung.
Jurczyk, Karin & Klinkhardt, Josefine (2014). *Vater, Mutter, Kind? Acht Trends in Familien, die die Politik kennen sollte*. Gütersloh.
Keppler, Angela (1994). *Tischgespräche*. Frankfurt/M., Suhrkamp.
Kofahl, Christopher & Lüdecke, Daniel (2014). *Familie im Fokus – Die Lebens- und Versorgungssituation von Familien mit chronisch kranken und behinderten Kindern in Deutschland*. Ergebnisse der Kindernetzwerk-Studie. Berlin, AOK-Bundesverband.

Lenz, Albert & Wiegand-Grefe, Silke (2017). *Kinder psychisch kranker Eltern*. Leitfaden Kinder- und Jugendpsychotherapie, Bd 23. Göttingen, Hogrefe Verlag.

Maschmann, Thomas (2021): *Bildungsaufstieg, Biografie und familiäre Figuration*. Wiesbaden, Springer-VS.

Meyer, Th. (2002): Private Lebensformen im Wandel. In Geißler, Rainer (Hg.). *Die Sozialstruktur Deutschlands. Die gesellschaftliche Entwicklung vor und nach der Vereinigung*. Wiesbaden, Westdeutscher Verlag, 401–433.

Nehring, Ina, Riedel, Claudia, Baghi, L., Moshammer-Karb, T., Schmid, R. & Kries, Rüdiger v. (2015). Psychosoziale Lage von Familien mit chronisch kranken Kindern: Eine Befragung betroffener Eltern in Selbsthilfegruppen. *Das Gesundheitswesen*, 77(02), 102–107. Stuttgart, New York, Georg Thieme Verlag KG. https://www.doi.org/10.1055/s-0034-1372573 [Zugriff 16.06.2022].

Oevermann, Ulrich (2001). Die Soziologie der Generationenbeziehungen und der historischen Generationen aus strukturalistischer Sicht und ihre Bedeutung für die Schulpädagogik. In Kramer, Rolf-Torsten; Helsper, Werner & Busse, Susann (Hg.). *Pädagogische Generationsbeziehungen*. Opladen, Leske + Budrich, 78–128.

Ohlbrecht, Heike (2010): Soziale Exklusionsbedrohung, Armut und Gesundheit in Familien – zu den veränderten Bedingungen alltäglicher Lebensführung. In: Ohlbrecht, Heike & Schönberger, Christine (Hg.). *Gesundheit als Familienaufgabe*. Weinheim [u.a.], Juventa, 47–67.

Ohlbrecht, Heike (2022, 2. Aufl.). Familie und Krankheit. In Ecarius, Jutta & Schierbaum, Anja (Hg.) (2022). *Handbuch Familie*. Wiesbaden, 669–687.

Portmann, Adolf (1969). *Biologische Fragmente zu einer Lehre vom Menschen*. Basel [u.a.], Schwabe.

Schönberger, Christine & Kardorff, Ernst v. (2004). *Mit dem kranken Partner leben. Anforderungen, Belastungen und Leistungen von Angehörigen Krebskranker*. Opladen, Leske + Budrich.

Schönberger, Christine (2022, 2. Aufl.). Familie und Gesundheit. In Ecarius, Jutta & Schierbaum, Anja (Hg.) (2022). *Handbuch Familie*. Wiesbaden, 589–609.

Statistisches Bundesamt (Destatis) (2020). Bevölkerung und Erwerbstätigkeit. Haushalte und Familien. Ergebnisse des Mikrozensus. Fachserie 1, Reihe 3.

Statistisches Bundesamt (Destatis) (2022). Erwerbstätigenquoten 1991 bis 2021. https://www.destatis.de/DE/Themen/Arbeit/Arbeitsmarkt/Erwerbstaetigkeit/Tabellen/erwerbstaetigenquoten-gebietsstand-geschlecht-altergruppe-mikrozensus.html [Zugriff: 16.06.2022].

Statista (2022). Scheidungsquote in Deutschland von 1960 bis 2020. https://de.statista.com/statistik/daten/studie/76211/umfrage/scheidungsquote-von-1960-bis-2008/ [Zugriff: 16.06.2022].

Steinbach, Anja (2017). Mutter, Vater, Kind: Was heißt Familie heute? *APuZ – Aus Politik und Zeitgeschichte*. https://www.bpb.de/shop/zeitschriften/apuz/252649/mutter-vater-kind-was-heisst-familie-heute-essay/ [Zugriff 06.07.2022].

Szydlik, Marc (2001). Generationensolidarität, Generationenkonflikt. In Allmendinger, Jutta (Hg.). *Gute Gesellschaft? Verhandlungen des 30. Kongresses der Deutschen Gesellschaft in Köln*. Opladen: Leske + Budrich, 573–596.

Thimm, Walter & Wachtel, Grit (2002). *Familien mit behinderten Kindern. Wege der Unterstützung und Impulse zur Weiterentwicklung regionaler Hilfesysteme*. Weinheim [u.a.], Juventa.

Tophoven, Silke; Lietzmann, Torsten; Reiter, Sabrina & Wenzig, Claudia (2018). *Aufwachsen in Armutslagen. Zentrale Einflussfaktoren und Folgen für die soziale Teilhabe*. Gütersloh.

Warschburger, Petra & Petermann, Franz (2000). Belastungen bei chronisch kranken Kindern und deren Familien. In Petermann, Franz (Hg.). *Lehrbuch der Klinischen Kinderpsychologie und -psychotherapie*. Göttingen, Hogrefe, 479–511.

Mütter, Väter und Großeltern von Kindern mit Behinderung. Herausforderungen – Ressourcen – Zukunftsplanung

Monika Seifert

Familien mit Kindern mit Behinderung sind genauso vielfältig wie Familien ohne behinderte Angehörige. Ihre Lebenslagen und Lebensentwürfe repräsentieren die gesamte Bevölkerung. Was sie von anderen Familien unterscheidet, ist die Vielzahl zusätzlicher Aufgaben und spezifischer Anforderungen im Zusammenleben mit einem behinderten Kind und die größere Abhängigkeit der Lebenschancen dieser Kinder und der Lebensbedingungen der Familien von Entscheidungsträgern in Politik und Verwaltung. Individuelle Ansprüche der Eltern an ihr eigenes Leben wie die Realisierung persönlicher Interessen, Achtsamkeit gegenüber der eigenen Gesundheit und der psychischen Befindlichkeit und Erwartungen an die eigene Lebensplanung, privat und beruflich, treten in den Hintergrund. Erfahrungen des Ausgeschlossenseins sind keine Seltenheit (Kofahl & Lüdecke 2014; Burtscher et al. 2015; Rahab 2018).

Trotz gravierender Veränderungen in ihrem Alltag gelingt es einem großen Teil der Familien, sich mit der neuen Situation zu arrangieren und das familiale Gleichgewicht wiederherzustellen (vgl. Heckmann 2004; Engelbert 2012). Unterschiedliche Entwicklungsverläufe sind bedingt durch die Lebenslagen der Familien, die Qualität der binnenfamilialen Beziehungen, die subjektive Wahrnehmung der Behinderung und der veränderten Lebenssituation sowie durch kulturell und milieubedingte Werte (vgl. Seifert 2002). Von besonderer Bedeutung für ein gelingendes Zusammenleben ist die soziale, materielle und professionelle Unterstützung, die der Familie zuteilwird. Zur Bewältigung der alltäglichen Herausforderungen mit dem behinderten Kind entwickeln die Beteiligten vielfältige Kompetenzen (vgl. Ziemen 2002). Häufig werden die Erfahrungen als Gewinn für die eigene Entwicklung erlebt, auch bei schweren Beeinträchtigungen des Kindes (vgl. Eckert 2014; Praschak 2003; Seifert 1990 und 1997). Sie setzen Empowermentprozesse in Gang, die im Engagement für die Rechte von Menschen mit Behinderung und ihren Familien ihren Niederschlag finden (vgl. Seifert 2011).

Wissenschaftliche Studien zur Situation betroffener Familien befassen sich überwiegend mit innerfamilialen und sozialen Aspekten (vgl. Seifert 2022), z.B. mit der Wahrnehmung der Behinderung, mit Herausforderungen im Alltag, mit Bedürfnissen und Belastungen von Müttern und Vätern sowie der Geschwister, mit der Bedeutung sozialer Netzwerke, mit Bewältigungsstrategien und Ablöseprozessen, mit der Kooperation mit Fachkräften und der Vereinbarkeit von Familienalltag und Erwerbstätigkeit. Vereinzelt werden spezifische Problemlagen thematisiert, z.B. in Familien in Armut und Benachteiligung und Familien mit Migrationshintergrund sowie in Einelternfamilien und Familien mit Kindern mit komplexem Unterstützungs- und/oder Pflegebedarf. Auch Familien, deren Söhne und Töchter im Erwachsenenalter noch in ihrer Herkunftsfamilie leben, erfahren erst seit wenigen Jahren stärkere Beachtung. Vor diesem Hintergrund wird in diesem Beitrag ein Einblick in die Situation von Müttern, Vätern und Großeltern von Kindern mit Behinderung gegeben, ohne Anspruch auf Vollständigkeit.

Zur Situation von Müttern

Während früher die Betreuung eines behinderten Kindes oft zum Lebensinhalt der Mütter wurde, haben die meisten Mütter heute ein anderes Rollenverständnis und entwickeln andere Lebensperspektiven. Ihre Vorstellungen sind eingebunden in gesellschaftliche Veränderungsprozesse, die Müttern generell mehr Chancen für eine selbstbestimmte Lebensplanung eröffnen, aber zugleich den Erwartungsdruck und die Belastungen erhöhen (vgl. Wachtel & Weiß 2002). Die von den meisten Frauen angestrebte Verknüpfung von Familienarbeit und Erwerbsarbeit und die gestiegene gesellschaftliche Erwartung einer optimalen Förderung des Kindes konfrontieren die Mütter mit widersprüchlichen Anforderungen – vor allem wenn die Männerrolle tradierten Vorstellungen verhaftet bleibt und veränderte verwandtschaftliche Strukturen immer weniger Unterstützung bieten können.

Im Fall der Behinderung eines Kindes gelten die Probleme verstärkt. Die Bedürfnisse des Kindes bestimmen den Alltag der Mütter in noch stärkerem Maß und weit über die Kleinkindphase hinaus. Die bedingungslose Übernahme der kindbezogenen Verpflichtungen entspricht den gesellschaftlichen Erwartungen und führt in der Konsequenz zu einer Zementierung der traditionellen geschlechtsspezifischen Rollenverteilung.

Die psychosoziale Situation von Müttern behinderter Kinder ist wesentlich durch die Auseinandersetzung mit der Behinderung geprägt. Typische Erfahrungen werden von M. Jonas (1990) in einen gesellschaftlichen Zusammenhang gestellt und aus feministisch-psychoanalytischer Perspektive als dreifaches Verlusterleben charakterisiert: als kindzentriertes, identitätszentriertes und sozialzentriertes Verlusterleben. In diesem Kontext bedeutet die Geburt eines behinderten Kindes für die Frau den Verlust des ›idealen‹ Kindes, das sie gewünscht hat. Ambivalente Gefühle kennzeichnen ihre psychische Befindlichkeit: Zuneigung und Hoffnung vermischen sich mit Enttäuschung, Wut und Ablehnung – bis hin zu Todeswünschen gegenüber dem Kind. Negativ besetzte Emotionen wecken wiederum Schuldgefühle, da sie dem von der Gesellschaft erwarteten und von der Frau verinnerlichten Bild einer guten Mutter entgegenstehen.

> »Mit seinem Verhalten macht er es mir unmöglich, eine liebevolle, einfühlsame Mutter zu sein. Ich verstehe sein Schreien nicht, weiß nicht, was ich noch machen könnte, um ihn zu beruhigen. Nichts ist mit tollster Mutter der Welt, stündlich versage ich, tue irgendwas, das ihn zum Weinen bringt. Total übermüdet und mit verwundeten Nerven, beziehe ich jede Unmutsäußerung auf mich und fühle mich als Rabenmutter.« (Dreyer 1987, 21)

Um dem Ideal einer »guten Mutter« dennoch nahe zu kommen, wird die optimale Förderung des Kindes zum handlungsleitenden Prinzip. Die damit verbundene Konzentration auf den häuslichen Bereich und die Kindererziehung hat eine Reduzierung differenzierter Sozialkontakte und selbstbestimmter Alltagsgestaltung zur Folge. Das komplexe Verlusterleben der Frauen kann in einem Trauerprozess, der zirkulierend in jeweils veränderter Ausdrucksform und Intensität immer wieder durchlebt wird, aktiv bewältigt werden – mit dem Gewinn neuer Autonomie: Die Frau versucht, die Bedürfnisse des Kindes und ihre eigenen Wünsche miteinander in Einklang zu bringen, was nur mit sozialer und struktureller Unterstützung gelingt.

Eine (Wieder-)Aufnahme einer Erwerbstätigkeit erweist sich oftmals als wichtige Ressource im Bewältigungsprozess. Das Erfahren eigener Lebensbereiche, die Distanz zum Familienalltag und das Erleben persönlicher Wertschätzung und Anerkennung außerhalb des familialen Kontextes wirken einer »Generalisierung des Belastungsgefühls« entgegen (Bremer-Hübler 1990, 291). Allerdings ist der Wiedereinstieg der Frauen in den Beruf in der Regel mit deutlichen Abstrichen verbunden, z. B. durch Reduktion des Umfangs der beruflichen Tätigkeit, Wechsel in eine Teilzeitbeschäftigung, Verzicht auf Schicht- und Bereitschaftsdienst, auf Fortbildungen oder einen beruflichen Aufstieg. Im Einzelfall werden auch niedrig qualifizierte und schlecht bezahlte Jobs angenommen, die nicht der Ausbildung der Frauen entsprechen (vgl. Büker 2010).

Besonders belastet sind alleinerziehende Mütter mit einem behinderten Kind. Ihre Lebenslage ist überwiegend durch schlechte finanzielle Bedingungen und unzureichende Wohnverhältnisse gekennzeichnet. Gelingt der Einstieg ins Berufsleben, sind die Anforderungen bei fehlender sozialer Unterstützung häufig extrem, psychische und psychosomatische Beschwerden keine Seltenheit (vgl. Verband Alleinerziehender Mütter und Väter 1997). Als besonders schwierig erleben die Frauen, alles allein regeln zu müssen, keinen Ansprechpartner bei Problemen zu haben und allein verantwortlich für das Kind zu sein. Zur Kontaktpflege mit neuen Partnern fehlt es oft an Zeit und Energie, die Entlastungspotenziale sind unzureichend, Isolationstendenzen kaum aufhaltbar. Permanente Überforderung kann die Beziehung zwischen Mutter und Kind beeinträchtigen. Trotz dieser Erschwernisse bewältigt ein großer Teil der alleinerziehenden Mütter die Beanspruchung ebenso gut wie die in Partnerschaft lebenden Frauen (vgl. Engelbert 1999).

Zur Situation von Vätern

Auch Väter durchlaufen einen intensiven Prozess der Auseinandersetzung mit der Behinderung des Kindes. Geschlechtsspezifische Unterschiede zeigen sich insbesondere in Bezug auf die Ursachen von Stressempfinden und die Bedeutsamkeit von Ressourcen (vgl. Engelbert 1999): Das Stressempfinden von Vätern ist stärker als bei Müttern vom Ausmaß der Beeinträchtigungen beeinflusst. Als Coping-Ressourcen halten Väter vor allem die materiellen Lebensbedingungen für wichtig, während für Mütter binnenfamiliale Ressourcen im Vordergrund stehen, z. B. die Partnerschaft.

Probleme ergeben sich durch gesellschaftliche Rollenzuschreibungen und Wertvorstellungen (vgl. Hinze 1992). So kann die mit der männlichen Rolle verknüpfte Erwartung der Sachlichkeit und Selbstkontrolle zu einer Verdrängung der Gefühle führen und ein »nicht perfektes« Kind als Bedrohung der gesellschaftlichen Anerkennung erlebt werden. Erfahrungen zeigen allerdings, dass das Zusammenleben mit einem behinderten Kind auch bei Vätern häufig zu einem Wertewandel und zu einer Umorientierung bzw. Neufindung von Lebenszielen führt. Zunehmend mehr Väter beteiligen sich aktiv am Familienalltag. Manche Familien kommen dem Leitbild einer innerfamiliären Partnerschaft bzw. der Realisierung der geteilten Elternschaft näher als Familien ohne ein behindertes Kind (vgl. Kallenbach 1997).

Perspektivisch können die alltäglichen Herausforderungen die Beziehung der Eltern festigen oder zu Entfremdung führen. Als günstige Bedingungen für eine Stärkung der Partnerschaft erweisen sich die gemeinsame Bewältigung des Alltags, gleiche Interessen bei Freizeitaktivitäten und eine offene Kommunikation über die eigene Befindlichkeit und die des anderen. Manche Väter fühlen sich angesichts der zwangsläufig engen Bindung zwischen Mutter und Kind an den Rand gedrängt – in Bezug auf ihre Vaterrolle und auf ihre Rolle als Partner.

> »Meine Frau kapselte sich total ab mit dem Kind – keiner kam an sie heran. Wir konnten einfach nicht mehr miteinander reden – weder über Toffel und seine Behinderung noch über uns und wie wir diese Situation bewältigen sollten.« (Küpper 1994, 33)

> »Unser gemeinsames Erleben ist notgedrungen sehr reduziert. [. . .] Immer eingeschnürt sein in das Korsett des pflegenden und betreuenden Elternteils. Nie ein Ventil haben können. Nie die Feste feiern können, wie sie fallen. Alles planen, jeder Geschlechtsverkehr hat seine Zeit.« (Gaderer 1994, 19)

Nicht selten kommt es zur Trennung. Die Ursache ist in der Regel nicht allein das als Belastung erlebte behinderte Kind. Oft war die Paarbeziehung aus anderen Gründen nicht mehr intakt und die Behinderung des Kindes hat den letzten Anstoß für die Trennung gegeben. Nach der Trennung übernehmen in der Regel die Mütter die Betreuung des Kindes. Väter werden häufig zu »Teilzeit-Vätern«, die den Kontakt zum Kind zwar noch aufrechterhalten, aber nicht mehr direkt in den Alltag eingebunden sind.

Zur Rolle von Großeltern

Die Rolle von Großeltern in Familien mit behinderten Kindern blieb in der Fachliteratur lange Zeit unbeachtet. Erst seit wenigen Jahren wird ihr Beitrag zur Bewältigung der familialen Herausforderungen gewürdigt, überwiegend durch Erfahrungsberichte. Dabei wird deutlich, dass die Behinderung eines Enkelkindes für die meisten Großmütter und Großväter eine Herausforderung ist, auf die sie nicht vorbereitet sind:

> »Wir hatten bis zur Geburt von Lena keine Erfahrungen mit Down-Syndrom-Kindern gehabt, einfach keine Ahnung oder Vorstellung. Das steckt man nicht so einfach weg. Die Sorge, wie so ein Enkelkind das Leben unseres Kindes verändern wird. Und wie wird sich der Bruder von Lena entwickeln können? Es geht um die ganze Familie.« (Hoffmann 2006, 72)

Auch Großeltern durchlaufen einen Prozess der Auseinandersetzung mit der Behinderung, erleben Phasen der Hoffnung, der Verzweiflung, verdrängen oder bagatellisieren die Beeinträchtigungen. Manche entziehen sich den Anforderungen:

> »Mein Vater sagte, wer ein behindertes Kind zur Welt bringt, ist selber schuld, und das war der letzte Dialog, den ich mit meinem Vater hatte – vor neun Jahren.« (Hoffmann 2006, 72)

Im Einzelfall ist in den Einstellungen von Großeltern gegenüber Menschen mit Behinderung noch das Denken der NS-Zeit wirksam, das Großmütter und Großväter in jungen Jahren geprägt hat und eine vorbehaltlose Zuwendung zum behinderten Enkelkind erschwert.

Andere engagieren sich, soweit es ihre Zeit und ihr Gesundheitszustand zulassen, insbesondere wenn sie am gleichen Ort wohnen. Sie entlasten die Familie, fördern die Entwicklung des Enkelkindes, stärken sein Wohlbefinden in liebevoller Beziehung – eine selbstlose Unterstützung, die vor allem für Alleinerziehende von unschätzbarem Wert ist. Die gemeinsame Gestaltung des Alltags mit dem behinderten Kind wird von Großeltern oft als Bereicherung empfunden, als Anstoß zum Infragestellen bisheriger Einstellungen und Verhaltensweisen. Viele möchten mehr über die Behinderung des Enkelkinds erfahren. Sie sind an Überlegungen zur Wahl der Therapien, des Kindergartens, der Schule, der Freizeitaktivitäten beteiligt. Die Verantwortung für den jeweils eingeschlagenen Weg bleibt bei den Eltern. Das Abgeben der Verantwortung bereitet manchen Großeltern jedoch Schwierigkeiten, was zu andauernden Konflikten mit den Eltern des Kindes führen kann.

Unterstützung bei dem oft anstrengenden und immer verlässlichen Engagement für die behinderten Enkelkinder bieten Großelterngruppen. Hier haben Großmütter und -väter Gelegenheit zum Austausch, können offen über Probleme reden und erhalten Hinweise, die für ihre Aktivitäten mit dem behinderten Enkelkind hilfreich sind.

Wissenschaftliche Untersuchungen zu der »besonderen« Beziehung zwischen Großeltern und Enkelkindern mit Behinderung sind rar, nicht nur in Deutschland. Ein Blick in nordamerikanische Studien zur Rolle von Großeltern zeigt, dass die Unterstützungsleistungen der Großeltern für das behinderte Kind und seine Geschwister und die emotionale Verbundenheit zwischen den Generationen nur unzureichend Beachtung finden. Die Bedeutung des großelterlichen Engagements wird überwiegend unter dem Fokus der Entlastung der Mütter betrachtet (vgl. Mitchell 2008). Zentrale Aussagen sind:

- Großeltern erfüllen im Alltag der Familien eine wichtige Rolle, indem sie praktische Unterstützung im Alltag leisten und emotionalen Rückhalt bieten.

- Großeltern geben nicht nur Unterstützung, sie können bei den Eltern auch Stress auslösen. So kann lang andauernde Trauer über den Verlust des Enkelkinds, das sie erwartet haben, die Bereitschaft zur Unterstützung schmälern. Permanente Spannungen und Konflikte belasten die Beziehung zur Familie.
- Großeltern von Kindern mit Behinderung haben spezielle Informationsbedürfnisse, z. B. über die Behinderung des Kindes, die vorhandenen Dienste und Einrichtungen und medizinische Grundlagen, um die Pflege des Enkelkinds sachgerecht durchführen zu können. Diese Aufgabe wird von Institutionen und Vereinen bislang nur unzureichend geleistet.

Die Aussagen sind den Erfahrungen in Deutschland vergleichbar. Um wirksam Unterstützung geben zu können, bedürfen sie jedoch der Differenzierung, z. B. nach Geschlecht, Alter, sozioökonomischem Status, ethnischem und kulturellem Hintergrund, unter Einbeziehung des gesamten familialen Beziehungssystems und Veränderungen in der Lebensspanne.

Ressourcen

Familien mit Kindern mit Behinderung können ihre Belastungen erfolgreicher bewältigen und ihre Kinder besser unterstützen, wenn sie über soziale Ressourcen verfügen und diese auch in Anspruch nehmen (vgl. Heckmann 2004). Dabei stehen nicht die instrumentelle Unterstützung, sondern »die emotional bestätigenden und Stress abpuffernden Wirkungen sozialer Integration« im Vordergrund (ebd., 181). Neben hilfreichen Beziehungen zu Verwandten, Freunden, Nachbarn und Bekannten wird die Teilnahme an Selbsthilfegruppen für viele Familien zur Kraftquelle. Im Austausch mit Gleichbetroffenen bekommen sie nützliche Informationen zu bestehenden Angeboten und zu Strategien zum Einfordern von Rechtsansprüchen. Sie erhalten emotionale Unterstützung für den Umgang mit Schwierigkeiten in ihrem Alltag und finden in einem gemeinsamen Empowerment-Prozess Partner/innen für sozialpolitisches Engagement und Öffentlichkeitsarbeit zur Verbesserung der gegenwärtigen Situation (vgl. Wagner-Stolp 2003). Zunehmend bedeutsam werden Internet-Plattformen für Eltern behinderter Kinder (vgl. Preiß 2009). Sie fungieren nicht nur als Informationsquellen, sondern kommen auch dem Bedürfnis von Familien nach Peer-Kommunikation und Vernetzung entgegen, im Sinne einer »virtuellen Selbsthilfe«. Allerdings ist diese Form der Information und Kommunikation nicht allen Müttern und Vätern zugänglich. Darum kann auf das herkömmliche Angebot der professionellen Beratung nicht verzichtet werden. Beide Angebote ergänzen sich und können voneinander profitieren.

Unerlässlich für die Familien sind materielle Hilfen und formale Angebote, z. B. Dienste und Einrichtungen. Das Hilfenetz für behinderte Kinder, Jugendliche und ihre Familien ist gut ausgebaut. In allen Lebensbereichen und Lebensphasen gibt es

Unterstützungsangebote. Von der Vielfalt der Angebote profitieren jedoch nicht alle Familien (vgl. Engelbert 1999 und 2012; Thimm & Wachtel 2002):

- Familien entlastende bzw. unterstützende Dienste sind nicht flächendeckend verankert.
- Strukturelle Unterschiede der regionalen Hilfesysteme führen zu Ungleichbehandlung hinsichtlich der Chancen für gemeinsames Spielen und Lernen.
- Die Zersplitterung des Hilfesystems erschwert die Orientierung. Die Zusammenarbeit von Jugendhilfe, Behindertenhilfe, Schule, Pflege und Gesundheit ist unzureichend. Schnittstellenprobleme und Abgrenzungs- bzw. Zuständigkeitsstreitigkeiten bewirken, dass Eltern behinderter Kinder häufig um ihre Rechte kämpfen müssen.
- Informationsdefizite haben ungleiche Zugangschancen zum Hilfesystem zur Folge, z. B. bei niedrigem Bildungsstand der Eltern. Insbesondere Familien in Armut und Benachteiligung und Familien mit Migrationshintergrund werden von den Angeboten kaum erreicht (vgl. Weiß 2003; Willms-Faß 2009; Seifert 2012; Seifert & Harms 2012).

Überfordernde Lebensbedingungen können – im Verbund mit weiteren Risikofaktoren auf Seiten der Eltern oder des Kindes – zu »kontraproduktiven Erziehungsversuchen« führen, die häufig in Gewalt, Isolation, Zuwendungsentzug, Beschimpfung und Demütigung des Kindes münden (Willms-Fass 2009, 192). Negative Auswirkungen auf die kindliche Entwicklung sind vorprogrammiert (vgl. Seifert 2004).

Von besonderer Bedeutung für die gesellschaftliche Teilhabe von Familien sind die infrastrukturellen Bedingungen im jeweiligen Sozialraum, z. B. Dienste und Einrichtungen, allgemeine freizeitbezogene Angebote für Kinder, Jugendliche und Erwachsene und Orte der Begegnung (vgl. Bundesvereinigung Lebenshilfe 2018). Gleichermaßen bedeutsam sind zivilgesellschaftliche Akteure wie gemeinnützige Organisationen, Verbände, Vereine, Selbsthilfegruppen, Bürgerinitiativen und Freiwilligenengagement sowie Nachbarschaftshäuser, Stadtteilzentren und Mehrgenerationenhäuser. Sie ermöglichen die aktive Beteiligung von Familien mit Kindern mit Behinderung an Transformationsprozessen in Städten und Gemeinden und stärken damit die Chance, dass ihre Lebenswirklichkeiten und ihre Interessen Beachtung finden und das soziale Miteinander gelingt.

Erwachsenwerden des Kindes

Das Erwachsenwerden von Kindern mit Behinderung stellt Mütter und Väter vor neue Herausforderungen. Sie erleben es oft als schwierig, die Balance zu finden zwischen ihrer lebenslangen Verantwortung und dem Wunsch des erwachsen gewordenen Kindes nach einem möglichst selbstbestimmten Leben, das auch Risiken impliziert (vgl. Seifert 2001). Die Bedenken sind bei kognitiven Beeinträchtigungen der Töchter und Söhne besonders ausgeprägt. Sie finden ihren Niederschlag in verzögerten Prozessen der Ablösung und mangelnder Bereitschaft, das erwachsene Kind aus dem Elternhaus zu entlassen.

Schätzungsweise 40 bis 50% der Erwachsenen mit kognitiven Beeinträchtigungen leben auch noch im fortgeschrittenen Erwachsenenalter in ihrer Herkunftsfamilie, überwiegend bei den Eltern, im Einzelfall auch bei Geschwistern (BMAS 2013, 79). Über die Lebensbedingungen in den Familien, die Zufriedenheit der Beteiligten und Zukunftsplanungen gibt es nur wenige Untersuchungen. Studien aus den 1990er Jahren beurteilen die Lebenssituation von Erwachsenen mit Behinderung im Elternhaus überwiegend kritisch (vgl. Theunissen 2000; Seifert 2001). Die familiären Sozialisationsbedingungen galten als defizitär, von Fremdbestimmung geprägt, vor allem in den Bereichen Freizeit, Kontakte, Sexualität, Zukunftsplanung und Konsumverhalten (vgl. Schatz 1998). Neuere Studien verweisen darauf, dass es eine Vielfalt von Familienkonstellationen gibt mit unterschiedlichen Lebensstilen und unterschiedlichen Zukunftsvorstellungen. Sie versuchen, Bedingungsfaktoren zu identifizieren, die das Zusammenleben in der Familie prägen und die Ablösung erschweren oder erleichtern, und zeigen Wege des Übergangs in andere Wohn- und Lebensformen auf (vgl. u. a. Borchers 2012).

Nach den Ergebnissen einer Elternbefragung in Berlin sind die befragten Mütter und Väter überwiegend der Meinung, dass ihre erwachsenen Kinder (mit kognitiven Beeinträchtigungen) mit dem Leben in der Herkunftsfamilie zufrieden sind (Seifert 2010). Problematisch eingeschätzt werden die mangelnde Förderung der Selbstständigkeit, Selbstbestimmung und Eigenverantwortung im Elternhaus und das Fehlen sozialer Kontakte. Auch innerfamiliäre Beziehungen werden teilweise als konfliktreich beschrieben.

Ca. 30% der in der Berliner Studie befragten Eltern sprechen sich für das dauerhafte Wohnen ihrer behinderten Söhne und Töchter in der Familie aus. Regionale Erhebungen kommen zu vergleichbaren Ergebnissen (vgl. Metzler & Rauscher 2004; Stamm 2008). Insbesondere Familien mit starkem innerem Zusammenhalt wünschen sich ein dauerhaftes Zusammenleben auch bei schweren Beeinträchtigungen des Familienmitglieds (Hellmann et al. 2007; Reich & Schäfers 2021). Wohnangeboten für Menschen mit Behinderung außerhalb des Elternhauses stehen sie eher skeptisch gegenüber; sie fürchten, dass individuelle Bedürfnisse dort nur unzureichend berücksichtigt werden.

Die Deutung des Wunsches, dauerhaft zusammenzuleben, hat im Fachdiskurs in den letzten Jahren einen Wandel erfahren. Im Zeichen des Normalisierungsprinzips bemühten sich die Fachkräfte, die Eltern frühzeitig dazu zu motivieren, für den Sohn oder die Tochter eine Wohnmöglichkeit außerhalb der Familie zu suchen – im Interesse einer selbstbestimmten Lebensführung. Nicht selten fühlten sich Eltern durch das Postulat der Ablösung unter Druck gesetzt, insbesondere wenn die infrage kommende Wohneinrichtung weit vom Heimatort entfernt war.

In Orientierung am Leitprinzip der Inklusion richtet sich der professionelle Blick in der Arbeit mit Menschen mit Behinderung heute nicht mehr nur auf das Individuum, seine Lebensgestaltung und seinen Unterstützungsbedarf, sondern bezieht die individuelle Lebenswelt und den weiteren Sozialraum mit ein. Der damit verbundene Anspruch, gewachsene soziale Netze zu stärken, hat zu einer differenzierteren Wahrnehmung der Lebensentwürfe von Familien und der Bedeutung der familiären Beziehungen auch für erwachsene Menschen geführt (vgl. Lindmeier 2012). Die Konsequenz ist, dass Fachkräfte den »einseitig« auf Ablösung ausgerichteten Blick erweitern und lebensweltbezogene Aspekte in ihre Arbeit mit den Eltern integrieren müssen, insbesondere den Erhalt familiärer Beziehungen und gewachsener sozialer Netze (vgl. Fischer 2014). Entsprechend dem im Bundesteilhabegesetz verankerten Postulat der Personenzentrierung ist in jedem Fall von den individuellen Lebensentwürfen und Bedürfnislagen der Familien auszugehen, unter aktiver Beteiligung des behinderten Angehörigen.

Zukunft vorbereiten

Wenn es Eltern gelingt, bei dem Gedanken an die Zukunft nicht primär darauf zu schauen, was dem Kind – und den Eltern – verloren geht, wenn Vater und Mutter die Sorge für den Sohn oder die Tochter in andere Hände legen, sondern die Tatsache in den Vordergrund zu stellen, dass es nun erwachsen geworden ist und wie jeder andere Mensch ein Recht auf ein möglichst eigenständiges Leben hat, eröffnen sich neue Handlungsperspektiven. Es geht dann nicht allein um die Bewältigung der Ablösung, sondern um die Vorbereitung der Zukunft des Kindes als integrales Element verantwortlicher Elternschaft. Damit verknüpft sind auch persönliche Interessen – konkret: die Erkenntnis, dass auch Eltern, speziell die Mütter (die nach wie vor den Großteil der Sorgearbeit leisten) eigene Bedürfnisse haben, auf die sie nicht lebenslang verzichten müssen.

Bei der Entwicklung von Zukunftsperspektiven sind Menschen mit Behinderung und ihre Familien auf Unterstützung angewiesen: durch Austausch mit Gleichbetroffenen, durch Fachkräfte in unterschiedlichen Arbeitsfeldern und durch Angebotsstrukturen, die den Auszug aus dem Elternhaus erleichtern. Voraussetzung für eine gelingende Zusammenarbeit und Kommunikation zwischen Fachkräften und Angehörigen ist die Anerkennung der Eltern als Partner und die Wertschätzung ihrer Lebensleistung. Planungen, Entscheidungen und Problemlösungen sollten – soweit möglich – in einem Trialog zwischen dem behinderten Menschen, seinen Eltern und dem/der professionellen Unterstützer/in erfolgen. Bei Menschen mit schweren Beeinträchtigungen, die sich nicht oder nur bedingt verbal artikulieren und keine eigenständigen Zukunftsvorstellungen entwickeln können, stellt der Gedanke an die Loslösung besondere Anforderungen an die Beteiligten (vgl. Fischer 2009). Die meist enge emotionale Verbundenheit zwischen Eltern und Kind wirkt erschwerend auf Veränderungen der gegenwärtigen Situation.

Der Auszug aus dem Elternhaus eröffnet den beteiligten Familienmitgliedern Chancen zur Neugestaltung. Für den behinderten Menschen bietet der Wechsel des Lebensraums neue Erfahrungen, neue Kontakte und vielfältige Anregungen zur Weiterentwicklung seiner Fähigkeiten und seiner Persönlichkeit. Für Eltern bedeutet die räumliche Trennung eine Erweiterung ihrer Freiräume und ihrer persönlichen Lebensperspektiven. Sie tragen nicht mehr die alleinige Verantwortung, bleiben aber lebenslang Begleiter und Anwalt ihrer Söhne und Töchter. Durch regelmäßigen Kontakt bieten sie ihnen die Sicherheit vertrauter Beziehungen, Stabilität und Verlässlichkeit. Sie sind die Garanten dafür, dass kein Bruch in ihrer Lebensgeschichte passiert, indem sie die gemeinsamen Erfahrungen an die Betreuer/innen und Begleiter/innen vermitteln. Sie setzen sich für die Interessen ihrer Söhne und Töchter ein, wenn diese nicht zu ihrem Recht kommen und die erfahrene Benachteiligung nicht selbst artikulieren können. Wenn Eltern erleben, dass die individuellen Bedürfnisse ihrer Kinder im neuen Lebensbereich Beachtung finden, gewinnt der eigene Alltag oftmals eine neue Qualität:

»Ich muss sagen, ich genieße es. Es ist schön, wenn er [am Wochenende, M.S.] zu Hause ist, aber ich bin ganz froh, wenn ich ihn am Sonntag wieder abgeliefert habe. Das ist Freiheit für mich, die ich nie hatte.« (Hahn et al. 2004, 280)

»Ich hatte dann auch noch mal eine Zeitlang ein schlechtes Gewissen, nicht weil ich sie weggegeben habe, sondern weil ich so glücklich darüber war, so zufrieden.« (Hahn et al. 2004, 280)

Literatur

Borchers, Anja (2012). Wie soll es weitergehen? Unterstützung bei Auseinandersetzung mit Zukunftsfragen. *Das Band*, H. 3, 10–16.
Bremer-Hübler, Ulrike (1990). *Stress und Stressverhalten im täglichen Zusammenleben mit geistig behinderten Kindern. Eine empirische Studie zur Situation der Mütter.* Frankfurt am Main.
Büker, Christa (2010): *Leben mit einem behinderten Kind. Bewältigungshandeln pflegender Mütter im Zeitverlauf.* Bern.
Bundesministerium für Arbeit und Soziales (BMAS) (2013). *Teilhabebericht der Bundesregierung über die Lebenslagen von Menschen mit Beeinträchtigungen. Teilhabe – Beeinträchtigung – Behinderung.* Berlin.
Bundesvereinigung Lebenshilfe. (Hg.) (2018). *Familien unterstützen. Ideen und Praxisbeispiele für Haupt- und Ehrenamtliche.* Marburg.
Burtscher, Reinhard; Heyberger, Dominique & Schmidt, Thomas (2015). *Die »unerhörten« Eltern.* Marburg.
Dreyer, Petra (1988). *Ungeliebtes Wunschkind. Eine Mutter lernt, ihr behindertes Kind anzunehmen.* Frankfurt.
Eckert, Andreas (2014). Familien mit Kindern mit einer Behinderung. Leben im Spannungsfeld von Herausforderung und Zufriedenheit. *Teilhabe*, 53, H. 1, 19–23.
Engelbert, Angelika (1999). *Familien im Hilfenetz. Bedingungen und Folgen der Nutzung von Hilfen für behinderte Kinder.* Weinheim.
Engelbert, Angelika (2012). Familie. In: Beck, Iris, & Greving, Heinrich (Hg.). *Lebenslage und Lebensbewältigung.* Stuttgart, 96–104.
Fischer, Ute (2009). Autonomie in Verbundenheit. Eine qualitative Längsschnittuntersuchung zur Ablöseproblematik in Familien mit Töchtern und Söhnen mit einer schweren geistigen Behinderung. In Janz, Frauke & Terfloth, Karin (Hg.). *Empirische Forschung im Kontext geistiger Behinderung.* Heidelberg, 55–72.

Fischer, Ute (2014). Autonomie in Verbundenheit. Der Übergang vom Elternhaus in eine außerfamiliäre Wohnform. *Teilhabe*, 53, H. 4, 161–168.
Gaderer, M. (1994). Das Leben mit meiner behinderten Tochter – ein Leben in zwei Welten. In Kallenbach, Kurt (Hg.). *Väter behinderter Kinder. Geschichten aus dem Alltag.* Hamburg, 14–25.
Hahn, Martin Th.; Fischer, Ute; Klingmüller, Bernhard; Lindmeier, Christian; Reimann, Bernd; Richardt, Michael & Seifert, Monika (Hg.) (2004). *Warum sollen sie nicht mit uns leben? Stadtteilintegriertes Wohnen von Erwachsenen mit schwerer geistiger Behinderung und ihre Situation in Wohnheimen.* Reutlingen.
Heckmann, Christoph (2004). *Die Belastungssituation von Familien mit behinderten Kindern. Soziales Netzwerk und professionelle Dienste als Bedingungen für die Bewältigung.* Heidelberg.
Hellmann, Michaela; Borchers, Andreas & Olejniczak, Claudia (2007). Perspektiven alternder Menschen mit schwerster Behinderung in der Familie. http://www.ies.uni-hannover.de/filead min/download/Behindert_in_Familie_01.pdf. Zugegriffen am 18.05.2022.
Hinze, Dieter (1992): Väter behinderter Kinder – ihre besonderen Schwierigkeiten und Chancen. *Geistige Behinderung*, 31, H. 2, 135–142.
Hoffmann, A. (2006). Die Sicht der Älteren: Großeltern und ihre Enkel. In Bundesvereinigung Lebenshilfe für Menschen mit geistiger Behinderung e. V. (Hg.). Unser Kind. *InfoMagazin der Lebenshilfe für junge Eltern.* Marburg, 72–73.
Jonas, Monika (1990). *Behinderte Kinder – behinderte Mütter? Die Unzumutbarkeit einer sozial arrangierten Abhängigkeit.* Frankfurt.
Kallenbach, Kurt (1997): *Väter schwerstbehinderter Kinder.* Münster.
Kofahl, Christopher & Lüdecke, Daniel (2014): *Familie im Fokus. Die Lebens- und Versorgungssituation von Familien mit chronisch kranken und behinderten Kindern in Deutschland.* Berlin: Bundesverband AOK. https://www.nifbe.de/images/nifbe/Aktuelles_Global/2015/2014_AOK_KNW.pdf. Zugegriffen am 18.05.2022.
Küpper, K. (1994): Toffels Konfirmation. In Kallenbach, Kurt (Hg.): *Väter behinderter Kinder. Geschichten aus dem Alltag.* Hamburg, 31–39.
Lindmeier, Bettina (2012): »Und dann geht er seinen Weg«. Erwachsene mit geistiger Behinderung im Elternhaus. *Orientierung*, H. 3, 4–9.
Metzler, Heidrun & Rauscher, Christine (2004). *Wohnen inklusiv. Wohn- und Unterstützungsangebote für Menschen mit Behinderungen in Zukunft.* Stuttgart.
Mitchell, Wendy (2008). The role played by grandparents in family support and learning: considerations for mainstream and special schools. *Support for Learning*, 23, H. 3, 126–135.
Praschak, Wolfgang (2003). Das schwerstbehinderte Kind in seiner Familie. In Wilken, Udo, & Jeltsch-Schudel, Barbara (Hg.). *Eltern behinderter Kinder. Empowerment – Kooperation – Beratung.* Stuttgart, 31–42.
Preiß, Holger (2009). Internet-Plattformen für Eltern behinderter Kinder. Unterstützende Ressourcen für die Bedürfnisse nach Information und Kommunikation. *Teilhabe*, 48, H. 2, 90–98.
Rahab, Dorothee (2018). Einelternfamilien mit behindertem Kind. In Bundesvereinigung Lebenshilfe (Hg.). *Familien unterstützen.* Marburg, 108–123.
Reich, Katrin & Schäfers, Markus (2021). Lebensqualität und Lebensperspektiven von Familien mit behinderten Angehörigen im Erwachsenenalter. *Teilhabe*, 60, H. 3, 100–106.
Schäfers, Markus (2018). Familien mit behinderten Angehörigen im Erwachsenenalter. In Bundesvereinigung Lebenshilfe (Hg.): *Familien unterstützen. Ideen und Praxisbeispiele für Haupt- und Ehrenamtliche.* Marburg, 53–68.
Schatz, Günther (1998, 2. völlig neu bearb. Aufl.). Geistig behinderte Erwachsene und ihre Herkunftsfamilien. Ein Beitrag zur Verdeutlichung der Notwendigkeit und des Stellenwerts emanzipatorischer Familienarbeit. In Jakobs, Hajo; König, Andreas & Theunissen, Georg (Hg.): *Lebensräume – Lebensperspektiven. Ausgewählte Beiträge zur Situation Erwachsener mit geistiger Behinderung.* Butzbach-Griedel, 126–149.
Seifert, Monika (1990). Person oder nicht Person – das ist nicht die Frage. Vom Zusammenleben mit einem schwerst mehrfachbehinderten Kind. *Geistige Behinderung*, 29, H. 4, 261–268.

Seifert, Monika (1997). Was bedeutet ein geistig behindertes Kind für die Familie? *Geistige Behinderung*, 36, H. 3, 237–250.
Seifert, Monika (2001). Zur Rolle der Familie. Im Kontext von Autonomie und Abhängigkeit geistig behinderter Menschen. *Geistige Behinderung*, 40, H. 3, 247–261.
Seifert, Monika (2002): Unser Kind ist behindert. Zur Situation einer Familie nach der Geburt eines behinderten Kindes. In: Dasen, Véronique (Hg.). *Geburt und frühe Kindheit: interdisziplinäre Aspekte*. Freiburg (Schweiz), 89–106.
Seifert, Monika (2003). Mütter und Väter von Kindern mit Behinderung. Herausforderungen – Erfahrungen – Perspektiven. In: Wilken, Udo & Jeltsch-Schudel, Barbara (Hg.). *Eltern behinderter Kinder. Empowerment – Kooperation – Beratung*. Stuttgart, 43–59.
Seifert, Monika (2004), Wenn Anforderungen zur Überforderung werden. Ablösung vom Elternhaus – im Interesse des behinderten Kindes. *Geistige Behinderung*, 43, H.4, 312–321.
Seifert, Monika (2010). *Kundenstudie. Bedarf an Dienstleistungen zur Unterstützung des Wohnens von Menschen mit Behinderung*. Berlin.
Seifert, Monika (2011). Eltern-Sein als »Profession«. In: Fröhlich, Andreas; Heinen, Norbert; Klauß, Theo & Lamers, Wolfgang (Hg.). *Schwere und mehrfache Behinderung – interdisziplinär*. Oberhausen, 201–218.
Seifert, Monika (2012). Lebenslagen und Lebensbewältigung von Familien mit Kindern mit einer Behinderung. In Bundesarbeitsgemeinschaft der Kinderschutz-Zentren (Hg.). *Kinderschutz auch für Jungen und Mädchen mit Behinderung. Herausforderungen für Jugend- und Behindertenhilfe*. Köln, 17–44.
Seifert, Monika (2022). Familie: Inklusion, Behinderung und Hilfesysteme. In Ecarius, Jutta & Schierbaum, Anja (Hg.). *Handbuch Familie*. Band I: Gesellschaft, Familienbeziehungen und differentielle Felder. 2., überarb. u. akt. Aufl. Heidelberg.
Seifert, Monika & Harms, Janna (2012). Migration und Behinderung. Teilhabebarrieren und Teilhabechancen aus Sicht der türkischen Community in Berlin. *Teilhabe*, 51, H. 2, 71–78.
Stamm, Christoph (2008). *Erwachsene Menschen mit geistiger Behinderung im Elternhaus. Zur Situation von Familien, in denen erwachsene Menschen mit geistiger Behinderung leben – eine empirische Studie im Kreis Minden-Lübbecke*. Siegen.
Theunissen, Georg (2000). Verhaltensauffälligkeiten – Ausdruck von Selbstbestimmung? Dargestellt und diskutiert am Beispiel der Ablösung vom Elternhaus. In: Theunissen, Georg (Hg.). *Verhaltensauffälligkeiten – Ausdruck von Selbstbestimmung? Wegweisende Impulse für heilpädagogische, therapeutische und alltägliche Arbeit mit geistig behinderten Menschen*. Bad Heilbrunn, 107–124.
Thimm, Walter, & Wachtel, Grit (Hg.) (2002). *Familien mit behinderten Kindern. Wege der Unterstützung und Impulse zur Weiterentwicklung regionaler Hilfesysteme*. Weinheim.
Verband Alleinerziehender Mütter und Väter, Landesverband NRW e. V. – VAMV (Hg.) (1997). *Alleinerziehende Mütter und Frauen mit behinderten Kindern. Wie sie leben – Wie sie kämpfen – Was sie fordern*. Essen.
Wachtel, Grit & Weiß, Hans (2002). Familien mit behinderten Angehörigen – kulturell und historisch bedingte Vielfalt. In: Bundesvereinigung Lebenshilfe für Menschen mit geistiger Behinderung (Hg.). *Familien mit behinderten Angehörigen. Lebenswelten – Bedarfe – Anforderungen*. Marburg, 95–111.
Wagner-Stolp, Wilfried (2003). Elternselbsthilfe und Lebenshilfe – eine Beziehung, die in Spannung hält. In: Wilken, Udo & Jeltsch-Schudel, Barbara (Hg.). *Eltern behinderter Kinder. Empowerment – Kooperation – Beratung*. Stuttgart, 204–229.
Weiß, Hans (2003). Begegnung mit dem »Fremden«: Zur Arbeit mit Familien in Armut und Benachteiligung. In: Wilken, Udo & Jeltsch-Schudel, Barbara (Hg.). *Eltern behinderter Kinder. Empowerment – Kooperation – Beratung*. Stuttgart, 117–131.
Willms-Faß, Antje (2009). Behinderte Kindheit. Situationsanalyse von Kindern mit Behinderungen und deren Familien in einem sozialen Brennpunktbezirk. *Teilhabe*, 48, H. 4, 190–196.
Ziemen, Kerstin (2002). *Das bislang ungeklärte Phänomen der Kompetenz. Kompetenzen von Eltern behinderter Kinder*. Butzbach-Griedel.

Die Situation der Geschwister – »Wir behandeln alle unsere Kinder gleich.« Von solchen und anderen Irrtümern in Familien mit behinderten oder chronisch kranken Kindern

Ilse Achilles

Wie schade, dass es keine Patentrezepte gibt. Familien mit einem behinderten oder chronisch kranken Kind könnten sie gut gebrauchen. Wie schade auch, dass wissenschaftliche Studien für unser Leben nur bedingt relevant sind. Selbst Erfahrungen, die andere gemacht haben, helfen uns selten weiter. Aber vielleicht wirken Irrtümer als Augenöffner. Was andere Menschen falsch eingeschätzt oder gar gemacht haben, muss man nicht wiederholen. Schließlich gibt es genug Möglichkeiten, neue Fehler zu machen!

Ich habe in den letzten Jahren sehr häufig Referate und Seminare zum Thema »Geschwister behinderter und chronisch kranker Kinder« gehalten. In den anschließenden, mitunter sehr intensiven Diskussionen konnte ich Einblick nehmen in das Denken und Verhalten betroffener Eltern. Aufgrund der Behinderung meines Sohnes gehören zu meinem Freundeskreis mehrere Familien mit behinderten Töchtern oder Söhnen. Die meisten von ihnen sind erwachsen. An deren Geschwistern habe ich erleben können, wie unterschiedlich sich die Belastung durch die Behinderung auswirkt. Für manche Geschwister war die besondere Situation in der Familie eine Chance zu persönlichem Wachstum. Sie wurden lebenspraktischer, sozial kompetenter, selbstbewusster. Für andere war der Alltag mit der behinderten Schwester oder dem Bruder eine Bürde, an der sie vermutlich lange tragen.

Natürlich wollen Eltern wissen: Woran liegt es, ob die Entwicklung der Geschwister positiv oder eher schwierig verläuft? Wo sind die Risiken, wo die Ressourcen? Machen wir etwas falsch, wo wir es doch immer so gut meinen? Ursache mancher Probleme sind oft bestimmte Einstellungen zum Leben, zur Partnerschaft, zur Erziehung. Da gibt es reichlich Fallstricke und Sackgassen, wie ich aus eigener Erfahrung weiß. Hier ein paar der häufigsten Irrtümer:

Irrtum No. 1: Wir behandeln alle unsere Kinder gleich

Das behaupten viele Eltern und halten das für ein besonders gelungenes Erziehungskonzept; glücklicherweise lässt sich das gar nicht durchführen. Kinder sind einmalig, jedes muss nach seinen Bedürfnissen behandelt werden. Mal braucht das eine mehr Zuwendung, mal das andere mehr Grenzen. Und es wäre schlimm, wenn wir auf die unterschiedlichen Befindlichkeiten unserer Kinder nicht eingehen würden. Elterliche Liebe ist kein Grießpudding, den man exakt portioniert verteilen kann. Es ist also richtig und gerecht, Kinder unterschiedlich zu behandeln.

Selbstverständlich geschieht das auch in Familien mit einem behinderten oder chronisch kranken Kind – dort allerdings oft zu Lasten der gesunden Geschwister. Das »Sorgenkind« steht immer im Mittelpunkt. In Seminaren, in denen es ausdrücklich um die Situation der Geschwister geht, erzählen Eltern von ihren gesunden Kindern in einem Satz, von ihrem behinderten Kind den ganzen Abend lang! Beispiel: »Meine große Tochter weigert sich neuerdings, ihren behinderten Bruder mit auf den Spielplatz zu nehmen. Das kann ich gar nicht verstehen. Schließlich ist Peter, der behinderte Junge, so besonders auf seine Schwester angewiesen. Wissen Sie, er kann nämlich... dies und das nicht. Leidet an... Hat mit drei Jahren erste Laufen gelernt... usw.« Die große Schwester, um deren Situation es hier gehen soll, ist schon im ersten Kennenlern-Gespräch wieder an den Rand der elterlichen Aufmerksamkeit gerückt.

Es zeigt sich deutlich, dass Eltern von ihren gesunden Töchtern und Söhnen in erster Linie Rücksichtnahme erwarten. Beispiel: Peter ist sieben und sitzt im Rollstuhl. Lisa ist vier und muss warten, bis Peter aus dem Rollstuhl gehoben und ausgezogen ist, bevor ihr jemand hilft, sie von ihren Winterstiefeln zu befreien. Würde Lisa deswegen quengeln, hieße es wahrscheinlich: »Nun stell dich nicht so an, du weißt doch, dass Peter Hilfe braucht.« Ungleichbehandlung ist also die Regel. Zur Gefahr wird sie, wenn sie ständig zu Lasten des nicht behinderten Geschwisters geht

Irrtum No. 2: Das Wichtigste im Leben unserer Kinder sind wir Eltern

Das stimmt natürlich, aber doch nur zum Teil. Die Eltern – und ganz besonders die Mutter – gelten als die Hauptdarsteller im Alltagsdrama Kindheit. Sie sind verantwortlich für die körperliche, psychische und soziale Entwicklung ihres Kindes. Von Geschwistern war in diesem Zusammenhang bis vor mehr als dreissig Jahren höchst selten die Rede. Sie galten als Nebendarsteller, als Statisten, die keine wichtige Rolle spielten.

Doch immer mehr kommen Fachleute darauf, wie wichtig gerade Geschwister für die Persönlichkeitsentwicklung eines Menschen sind.

Die amerikanische Autorin Francine Klagsbrun (1993) hat das so formuliert:

> »Geschwisterbindungen reichen in die ersten vorsprachlichen Tage der Kindheit zurück und bestehen oft bis ins hohe Alter. Sie sind die dauerhaftesten aller Bindungen. Eltern sterben, Freunde verschwinden, Ehen lösen sich auf. Aber Geschwister können sich nicht scheiden lassen. Und selbst, wenn sie 20 Jahre nicht mehr miteinander sprechen, bilden Blutsverwandtschaft und gemeinsame Geschichte ein unauflösliches Band.«

Wenn es um die prägenden (und nicht um die versorgenden) Einflüsse in der Kindheit geht, dann scheint mir die Interaktion der Geschwister mindestens so wichtig wie die der Eltern. Jeder, der mit Geschwistern aufgewachsen ist, kann lebhaft Geschichten erzählen z. B. vom großen Bruder, der so gemein sein konnte, aber im Notfall prompt zur Stelle war. Oder von der kleinen Schwester, die den Vater so geschickt um den Finger wickeln konnte, dass sie vorgeschickt wurde, wenn die Geschwister von den Eltern einen Sondergefallen erbitten wollten. Geschwister sind sich viel näher, als Eltern annehmen. Zwischen ihnen liegen nur wenige Jahre Altersunterschied, nicht gleich eine ganze Generation wie zu den Eltern.

Können Mutter und Vater ihren Aufgaben nicht nachkommen – durch Krankheit, Scheidung, Tod –, dann rücken die Kinder meist noch näher zusammen und stützen sich oft bis ins Alter.

Irrtum No. 3: Eine gute Mutter ist selbstlos

In den meisten Fällen ist die Mutter immer noch diejenige, die im Zentrum von Familie und Haushalt steht. Und meist hat sie den Anspruch an sich, diese Rolle so perfekt wie möglich auszufüllen. Damit ist sie überfordert, besonders wenn sie ein behindertes oder chronisch krankes Kind im Haus hat. Da bleibt wenig Zeit für Entspannung und eigene Interessen. Schade. Hier passt das schöne Wortspiel von der Mutter, die so selbstlos für die Familie da ist, dass sie ihr Selbst bald los ist. Mütter sind also gut beraten, öfter mal an ihr eigenes Wohlbefinden zu denken. Geht es einer Mutter gut, ist sie zufrieden in ihrer Rolle und hat sie das Gefühl, dass sie ihren – wenn auch schwierigen – Alltag meistert, dass sie Liebe und Anerkennung findet, dann geht es in der Regel auch den anderen Familienmitgliedern gut. Ist sie aber verzweifelt, unglücklich, fühlt sich übergangen, dann wirkt sich auch das auf die Familie aus.

Deswegen haben Mütter eines behinderten oder chronisch kranken Kindes geradezu die Pflicht, sich abzulenken, Freude zu tanken, neue Energien zu speichern, indem sie sich mit Freunden treffen, vielleicht – wenn's geht – teilzeitmäßig wieder berufstätig werden. Sie brauchen die Bestätigung von außen als Ausgleich zum stressigen Familienalltag. Das nützt dem Familienklima mehr als ständiges Aufopfern.

Irrtum No. 4: Väter halten sich gern raus

Das stimmt für die meisten Väter ganz und gar nicht. Alle Eltern wünschen sich, wenn sie ein Kind erwarten, dass es ein besonders schönes, kluges, gesundes Kind wird. Wenn das dann nicht so ist, müssen sich Väter – wie Mütter – auf die veränderte Situation einstellen. Ein behindertes oder chronisch krankes Kind zu haben, ist eine Verletzung, eine Enttäuschung und schließlich eine Dauerbelastung, mit der sich die ganze Familie immer wieder arrangieren muss. Wobei das für Väter häufig schwieriger ist als für Mütter. Väter bleiben meist berufstätig, während Mütter die Sorge um das kranke Kind in tausend Handgriffen in die tägliche Arbeit einbeziehen und dadurch mit der Krankheit oder der Behinderung vertraut werden. Vätern gelingt das – mangels Gelegenheit – häufig weniger gut. Was über die Zufriedenheit der Mutter mit ihrer Rolle gesagt wird, gilt natürlich auch für den Vater. Setzt er sich auseinander mit der Krankheit seines Kindes, nimmt er aktiv an der Bewältigung der Alltagsprobleme teil und versteht er es trotzdem, sich eine positive Lebenseinstellung zu bewahren – umso besser für die Familie. Die beste Garantie für das Gelingen des Alltags sind Hobbys und Freizeitunternehmungen, einzeln und möglichst oft auch zu zweit. Eltern dürfen als Persönlichkeiten nicht völlig hinter ihrer Mutter- und Vaterrolle verschwinden.

Irrtum No. 5: Rivalität ist gemein

Kommt drauf an. Normalerweise wird in einer Geschwisterbeziehung der Kampf um die Gunst der Eltern und um die angesehenste Position in der Geschwisterreihe ausgetragen. Dabei geht es um Selbsterfahrung, um Durchsetzungsvermögen und Konkurrenzverhalten, um Identitätsfindung, Abgrenzung und Nähe. Im »Trainingscamp Familie« lernt man, was man später im Leben braucht, um gut zurecht zu kommen.

Ist die Schwester oder der Bruder behindert, können die Geschwister nicht offen gegeneinander antreten. Die Spielregeln gelten hier nicht mehr. Studien haben ergeben, dass Eltern auf Zornesausbrüche ihrer Kinder weniger tolerant reagieren, wenn sich die Wut gegen die behinderte Schwester oder den kranken Bruder richtet. Sie verlangen von ihnen – manchmal ohne große Worte, sondern ganz selbstverständlich – Loyalität und Rücksichtnahme. Unter dieses moralische Gebot stellen die Kinder aber auch sich selbst: Man muss eben lieb und rücksichtsvoll sein. Oft wird das kranke Geschwister aber auch idealisiert und gilt per se als unschuldig: »Sophie ist so klein und schwach, wir müssen uns eben immerzu um sie kümmern«, sagt ein zehnjähriges Mädchen über ihre Schwester. Wobei die Familie total übersieht, dass Sophie durchaus in der Lage ist, ihren Kopf durchzusetzen und das auch tut.

Geschwister behinderter Kinder lernen schnell, eigene Bedürfnisse zurückzustellen. Sie passen sich an. Das macht sie – meist unbewusst – wütend. Ihre Wut dürfen sie aber nicht auf die behinderte Schwester oder den behinderten Bruder richten. Denn die/der ist ja hilflos oder in einigen Fähigkeiten so eingeschränkt, dass man sie/ihn nicht für sein Tun verantwortlich machen kann, sondern unterstützen muss. Beispiel: Claus, 6, sagt über seine 10-jährige behinderte Schwester: »Sie zieht mich auch oft an den Haaren. Aber anmeckern oder hauen darf ich sie nicht, weil sie ja nichts versteht.« Die Kinder wissen aus Erfahrung, dass ihre Eltern Zornesausbrüche bei ihnen missbilligen.

Unterdrückung von Aggression bedeutet aber immer auch Unterdrückung anderer Formen von Spontaneität, von Witz, Humor und Albereien. Das heißt, Kinder, die sich jede Aggressivität gegen die kranke Schwester oder den behinderten Bruder verbieten (oder verboten bekommen), können gar nicht frei und spielerisch mit ihnen umgehen. Eltern sollten sich klar machen, dass Rivalität in moderater Form in Beziehungen zwischen behinderten und nicht behinderten Geschwistern ein Zeichen für Normalität ist.

Irrtum No. 6: Unsere Kinder nehmen die Behinderung ihres Geschwisters gar nicht so genau wahr und sie wollen auch nichts Näheres darüber wissen

Das Gegenteil ist richtig. Schwester und Bruder eines behinderten oder chronisch kranken Kindes werden sehr viel früher mit Leid konfrontiert als Kinder, deren Geschwister gesund sind. Sie erfahren früh, was es heißt, krank und auf Hilfe angewiesen zu sein. Sie müssen früh Rücksicht üben, Verantwortung übernehmen und lernen, mit allerlei Einschränkungen zu leben. Dazu kommt, die Kinder spüren deutlich die Diskrepanz zwischen dem, was ihre Familien täglich praktizieren und was gesellschaftliche Norm ist. Zuhause wird das Geschwisterkind geliebt und gepflegt. »Draußen« aber herrscht ein anderer Ton. Einer, der leider allzu oft noch von der Abgrenzung bis zur Ablehnung behinderter Menschen geprägt ist. Sie erleben gesellschaftliche Diskriminierung oft hautnah.

Außerdem nehmen sie die Blicke, die ihr behindertes Geschwister auf sich zieht, überdeutlich wahr. Manche Geschwister fühlen sich von dieser Art Aufmerksamkeit bedroht, ziehen sich in sich zurück, werden depressiv. Bei anderen wecken die Ungerechtigkeiten Kampfgeist. Sie setzen sich für die Rechte Benachteiligter ein, gewinnen an persönlicher Reife und Durchsetzungskraft.

Es ist für die Geschwister sehr wichtig, die Wahrheit über das Ausmaß der Krankheit oder der Behinderung zu erfahren. Vielen Eltern fällt es schwer, mit ihren Töchtern oder Söhnen darüber zu sprechen. In einer Untersuchung der amerikanischen Psychologin Frances K. Grossman (1972, 249 ff.) wird das Gespräch über eine Krankheit oder Behinderung eines Geschwisters mit der sexuellen Aufklärung verglichen. Die Teilnehmer an der Studie sagten, die Entstehung der Krankheit hätte sie brennend interessiert, aber sie hätten ihre Eltern nicht so genau zu fragen gewagt. Und vielen Müttern und Vätern ist diese Art von Aufklärung ebenso unbequem wie Gespräche über Sexualität. Sie denken: »Wenn das Kind nicht fragt, will es auch gar nichts Genaueres wissen« und beginnen von sich aus das Gespräch nicht. Das ist falsch. Auch mit kleineren Kindern, die ihre Ängste und ihr Unverständnis nicht verbalisieren können, muss öfter darüber gesprochen werden: »Klaus kann das nicht, weil er . . .«

Das Gespräch, die gründliche Aufklärung über die Behinderung oder Krankheit ist nicht nur wichtig, um die Ängste der Geschwister abzubauen. Es dient auch dazu, die Kinder so zu informieren, dass sie Freunden, Schulkameraden, notfalls Leuten auf der Straße Rede und Antwort stehen können. »Als mal jemand zu meinem Bruder ›Trampel‹ sagte, weil er seinen Kakao verschüttete, habe ich ganz cool gesagt: Der ist kein Trampel, der hat eine feinmotorische Störung. Und Sie können froh sein, dass Sie keine haben«, erzählt eine Zwölfjährige selbstbewusst.

Irrtum No. 7: Die gesunden Geschwister sind dankbar dafür, dass nicht sie krank oder behindert sind

Leider, die Erkenntnis: »Ich bin gesünder, kräftiger, klüger als meine Schwester« vergrößert nicht etwa die Lebensfreude, sondern ist häufig Grund zur Scham für Geschwister. Warum hat die Behinderung die Schwester getroffen? Warum hat sie ein so schweres Schicksal? Oft wird das behinderte oder kranke Kind idealisiert. Beispiel: Jessica, 9, sagt: »Alle mögen meine Schwester. Sie ist so zart und klein.« In manchen Familien gilt das Sorgenkind grundsätzlich als unschuldig: »Du weißt doch, Veronika meint das nicht so. Sie versteht das ja nicht.« Solche Konstellationen sind Nährböden für Schuldgefühle. Dazu ein Beispiel aus meiner Familie: Vor vielen Jahren erzählte mir meine jetzt 55-jährige Tochter Anya, sie habe als Kind geglaubt, der liebe Gott hätte pro Familie ein bestimmtes Quantum an Intelligenz verteilt. Und weil sie und ihre Schwester davon wohl reichlich mitbekommen hätten, sei für ihren kleinen geistig behinderten Bruder nichts übriggeblieben. Das heißt, als 7-, 8-, 9-jähriges Mädchen hatte Anya nicht etwa ein Gefühl der Freude und des Stolzes, wenn sie mit einer guten Note nach Hause kam oder von uns gelobt wurde. Sondern sie hatte ein schlechtes Gewissen. Sie glaubte, dass ihre guten Leistungen zu Lasten ihres Bruders gingen.

Ein Mädchen, dessen Zwillingsschwester wegen eines angeborenen Herzfehlers in der Klinik eine schwere Operation über sich ergehen lassen musste, erzählte mir auf einem Seminar: »Ich habe mir damals gewünscht, ich hätte den Herzfehler und nicht sie. Es hat sich alles um sie gedreht.« Die entgeisterte Mutter darauf: »Wie undankbar du bist! Wie kannst du so etwas sagen? Statt froh zu sein, dass du gesund bist! «

Das Mädchen meinte es ganz ernst – und nicht etwa aus übergroßer Liebe zur Schwester. Es schilderte die Situation so: Die Familie lebt in einem kleinen Ort in Oberbayern. Als ihre Schwester nach München in die Klinik kam, um endlich operiert zu werden, war die Mutter über Wochen am Stück in München und der Vater fuhr so oft wie möglich hin. Sie, die Schwester, blieb währenddessen in dem etwa 100 Kilometer entfernten Heimatort, wurde von einer Tante versorgt, ging weiter in die Schule, schrieb den Lehrstoff und die Hausaufgaben für die Schwester mit, übermittelte beides in die Klinik, damit die Schwester in der Schule nicht ins Hintertreffen kam.

Beschenkt wurde in der ganzen Zeit nur die kranke Schwester, ihr galt die Aufmerksamkeit aller. Sie war das Gesprächsthema nicht nur in der Familie, auch im Freundeskreis, in der Schule, im ganzen Ort. Ist es verwunderlich, dass sich in dieser Situation das Mädchen durchaus öfter mal an die Stelle seiner Schwester wünschte?

Eltern laufen Gefahr, gerade in Krisensituationen nur Augen und Gedanken für das kranke oder behinderte Kinder zu haben. Darüber vergessen sie, dass auch ihre gesunden Kinder Liebe und Zuwendung brauchen.

Häufig werden die gesunden Töchter und Söhne die Angst nicht los, selbst krank zu sein oder zu werden. Mehr als die Eltern ahnen, nehmen Töchter und Söhne die Ähnlichkeit zwischen sich und dem kranken oder behinderten Geschwister wahr. Gesichtszüge und Gestik von gesundem und krankem Kind gleichen sich oft sehr. Was Kinder aus »normalen« Familien für selbstverständlich halten, nämlich die Familienähnlichkeit, kann auf Kinder mit einem kranken Geschwister bedrohlich wirken. »Ich sehe aus wie mein Bruder. Er hat eine Hirnhautentzündung gehabt, vielleicht bin ich auch anfällig für so eine Krankheit...« »Meine Schwester hat das Down-Syndrom. Werde ich auch einmal ein behindertes Kind bekommen?« Je früher die Kinder Bescheid wissen, je ehrlicher die Eltern mit ihnen reden, umso besser kann in den meisten Fällen die Familie die Behinderung akzeptieren und damit umgehen.

Irrtum No. 8: Je schwerer die Behinderung oder Krankheit, um so größer die Belastung für die Familie

Das stimmt überhaupt nicht. Erstaunlicherweise kommt es bei dem guten oder weniger guten Verarbeiten der Behinderung eines Kindes nicht darauf an, wie sehr der Junge oder das Mädchen beeinträchtigt ist, sondern allein auf die Einstellung der Eltern. Manche sind über die Lernbehinderung ihres Kindes am Boden zerstört, während andere mit einem schwer mehrfach behinderten Kind gut zurechtkommen. Das Fatale dabei ist, vermitteln Mutter und Vater ihren Kindern: »Wir sind wirklich eine schwer vom Schicksal geschlagene, unglückliche Familie«, so werden die Töchter und Söhne auch so denken, nämlich: »Das Leben ist ungerecht zu uns, wir sind arm dran, wir kommen zu kurz.« Eine solche Einstellung verstellt den Blick auf die schönen Seiten, die auch das Leben mit einem behinderten Kind hat. Ein behindertes oder chronisch krankes Kind ist ja nicht nur Belastung, es ist – wie zum Beispiel mein Sohn – ein Mensch mit großer Herzlichkeit, voller Liebe, mit Freude am Leben.

Geben die Eltern ihren Kindern aber vor: »Wir packen das schon, auch wenn's schwer ist«, so wachsen die Kinder mit diesem Mut machenden Beispiel heran und verkraften die Belastung besser. Um das zu erreichen, haben Eltern geradezu die Pflicht, sich Anregungen und Freude zu holen, wo immer es geht. Sport, Hobbys, Treffen mit Freunden – das sollten feste Bestandteile im Leben auch mit einem behinderten oder chronisch kranken Kind bleiben.

Irrtum No. 9: Wir schaffen das allein

Leider völlig verkehrt. In vielen Familien gibt es diesen falschen Stolz: »Wir brauchen keine Hilfe. Wir kommen mit der Situation allein zurecht.« Damit überfordern sich die Eltern. Es tut dem Familienklima gut, wenn man sich von Großeltern, Verwandten, Freunden und Familien entlastenden Diensten helfen lässt. Wo gibt es Ferienfreizeiten, Kurzzeitpflegeplätze? Vielleicht lassen sich auf diese Weise ein paar Tage oder ein Wochenende schaffen, an denen die nicht behinderten Geschwister ihre Eltern – oder einzeln Mutter oder Vater, wenn es anders nicht geht – einmal allein für sich haben, ohne dass das behinderte Kind stets als erstes gehört wird und im Mittelpunkt steht.

Ein behindertes oder chronisch krankes Kind zu haben, ist für jede Ehe oder Partnerschaft ein Härtetest. Die Probleme können so anwachsen, dass es nötig wird, sich psychotherapeutische Hilfe zu suchen. Das ist nicht peinlich, sondern vernünftig! Für Geschwister gibt es besondere Seminare und Freizeiten, bei denen sie mit ähnlich Betroffenen zusammenkommen, gemeinsam wandern, zelten, klettern und sich dabei eventuellen Frust von der Seele reden können. Oft entstehen aus diesen Begegnungen feste Freundschaften, die die Kinder stabilisieren, weil sie nun jemanden kennen, der in einer ähnlichen Situation ist und sie versteht.

Irrtum No. 10: Wenn wir mal nicht mehr leben, kümmert sich unsere Tochter um unseren behinderten Sohn

Diese Hoffnung ist weit verbreitet – und trotzdem unberechtigt. Viele Eltern sehen aber keinen anderen Weg. Sie bereiten beizeiten alles vor. Sie bauen in ihrem Haus eine Einliegerwohnung aus, damit die Tochter/der Sohn später mit ihrer/seiner Familie im Erdgeschoss leben kann – und der behinderte Sohn oder die kranke Tochter oben. Sie machen sich nicht klar, mit welch schwerer Bürde sie ihre gesunden Kinder durch diese lebenslange Fürsorgepflicht belasten. Die Heranwachsenden spüren die Erwartung ihrer Eltern, auch wenn die häufig gar nicht so klar in Worte gefasst wird. Sie können sich nun nicht mehr frei entscheiden. Ein Jahr ins Ausland? Wäre schön, aber man kann doch die Eltern mit dem behinderten Geschwister nicht allein lassen. Umzug in eine andere Stadt? Geht nicht. Das würde den Eltern und dem Geschwister Kummer machen. Einen Partner, eine Partnerin finden, der/die Berührungsängste hat im Umgang mit Behinderten oder Kranken – unmöglich. Ihre Auswahl an möglichen Freunden ist eingeschränkt. Ihre Chancen, ihr Leben nach eigenen Wünschen zu gestalten, werden durch die elterlichen Erwartungen konterkariert. Sehr viel besser geht es allen, wenn die Eltern für das behinderte Kind rechtzeitig einen Platz in einer Wohngemeinschaft oder in einem Wohnheim sichern. Dort kann es von den Geschwistern besucht werden, es kann mit ihnen oder zu ihnen in den Urlaub fahren, aber die individuelle Lebensgestaltung bleibt jeder Schwester, jedem Bruder und auch dem behinderten oder chronisch kranken Herangewachsenen selbst überlassen.

Irrtum No. 11: Experten wissen am besten, was zu tun ist

Das stimmt nur, wenn PädagogInnen, PsychologInnen, TherapeutInnen eng und gut mit den Eltern zusammenarbeiten. Leider ist das keine Selbstverständlichkeit. Viele Eltern können erschreckende Geschichten von Fehldiagnosen, falschen Behandlungen, Bevormundung durch Experten berichten. Allzu häufig werden Mütter und Väter für unwissende Emotionsbündel gehalten, die ihre Kinder völlig falsch einschätzen und überbehüten und vor allem eins sind: im Weg! Eltern mögen manchmal schwierig sein, sie mögen von Pädagogik, Psychologie und Medizin keine Ahnung haben, aber die meisten haben ihr Kind über viele Jahre genau beobachtet und wissen, was ihm guttut, wo es seine Fähigkeiten hat, wie und wodurch es gefördert werden könnte. Experten sollten die intuitive Kraft der Eltern viel mehr schätzen und sie in ihre Überlegungen, in ihre Diagnosen und Therapien einbeziehen.

Weil das dafür nötige Vertrauensverhältnis oft nicht zustande kommt, fühlen sich viele Eltern besser aufgehoben in Selbsthilfegruppen, von denen es mittlerweile für fast jede Krankheit oder Behinderung eine gibt. In diesem Kreis wird man nicht geringgeschätzt oder belehrt, sondern ohne große Worte verstanden und bekommt wichtige Informationen. Wobei – wie so oft im Leben – auch hier ein »Entweder-Oder« falsch ist, ein »Sowohl-als-auch« viel besser. Optimal ist es also, wenn Selbsthilfegruppen mit Experten Hand in Hand arbeiten, wie es ja oft praktiziert wird.

Elf Irrtümer, aus denen man Lehren ziehen kann – wenn man will. Und auf dieser Basis nun doch ein Patentrezept: Um das Leben mit einem behinderten oder chronisch kranken Kind und seinen Geschwistern zu meistern, nehme man:

- eine Mutter, die sich geliebt und anerkannt fühlt, die sich als Zentrum der Familie empfindet, das aber nicht für eine Last hält. Die jede Menge Außenkontakte

hat, die so selbstbewusst ist – das ist das Gegenteil von selbstlos –, dass sie Freundschaften pflegt und sich Vergnügen gönnt, um Freude und Energie zu tanken, wo und wann immer das möglich ist. Denn das gibt ihr die Kraft und den Schwung, in ihrer Familie eine optimistische Grundstimmung zu verbreiten.
- einen Vater, der sich den alltäglichen Problemen stellt und die Mutter entlastet, wo es geht. Und der ebenfalls darauf achtet, dass seine Lebensfreudebatterie nicht schwächelt, sondern regelmäßig neu aufgeladen wird. Weil er durch seine Berufstätigkeit tagsüber wenig Zeit hat, engagiert er sich z. B. im Elternbeirat (auch der nicht behinderten Kinder!) und zeigt dadurch, wie sehr ihm das Wohlergehen seiner Töchter und Söhne am Herzen liegt. Er hat ein offenes Ohr für Frau und Kinder und unternimmt gern etwas mit ihnen.
- Verbündete. Das können Großeltern sein, Freunde, Nachbarn, LehrerInnen, aber auch eine Organisation wie das »DS Down-Syndrom Netzwerk Deutschland e.V« oder »Herzkind e.V.«. Wichtig ist, dass man sich Hilfe holt, denn je mehr Entlastung es für eine Familie gibt, umso eher lassen sich Konflikte vermeiden.
- Experten. Wenn sie so aufgeschlossen und verständnisvoll sind, dass Eltern und Kinder ihnen vertrauen und gut mit ihnen zusammenarbeiten können, sind sie eine große Hilfe.
- Zeit. Davon bitte reichlich! Kinder sollten möglichst nie zu hören bekommen: »Ich habe jetzt keine Zeit« – die Geschwister behinderter oder chronisch kranker Kinder erst recht nicht. Sie stecken so oft zurück, da ist die Ansprechbarkeit der Eltern für sie von allergrößter Wichtigkeit. Doch da liegt noch vieles im Argen. So gaben Kinder mit einer kranken Schwester oder Bruder bei einer Umfrage an, dass sie weniger Hilfe bei den Hausarbeiten bekommen als ihre Mitschüler, die kein krankes oder behindertes Geschwister zu Hause haben.

Man nehme diese Zutaten, würze mit Humor und Geduld, sorge dafür, dass die Familie nicht von Arbeitslosigkeit und finanzieller Not bedroht ist, rühre vorsichtig um – und heraus kommt eine Nährlösung, mit der Eltern, ihre behinderten und nicht behinderten Kinder in Harmonie und zur gegenseitigen Freude und Förderung leben können.

Wir arbeiten an dieser Rezeptur schon eine ganze Weile. Köcheln wir einfach weiter! Wenn das Patentrezept nicht gelingen will, dann entsteht mit dessen Zutaten doch immer öfter eine alltagstaugliche Hausmannskost!

Literatur

Achilles, Ilse (2013, 5. Neuaufl.). »*... und um mich kümmert sich keiner«*. München
Grossman, Frances K. (1972). *Brothers and Sisters of Retarded Children: An Exploratory Study.* Oxford, England: Syracuse U. Press
Klagsbrun, Francine (1993). Der *Geschwisterkomplex.* Frankfurt

Infos für Eltern und Geschwister

Stiftung FamilienBande. Unter www.stiftung-familienbande.de findet man aktuelle Hinweise zu Büchern, Veranstaltungen, Ferienfreizeiten, Chats.

Familien mit geistig behinderten Eltern. Lebenslagen – Herausforderungen – Handlungsempfehlungen

Dagmar Orthmann Bless

Familien mit geistig behinderten Eltern sind in verschiedener Hinsicht etwas »Besonderes«. Diese Familienkonstellation ist selten. Nur wenige Mitmenschen – Fachpersonen eingeschlossen – verfügen über unmittelbare persönliche Erfahrungen damit. Zudem löst Elternschaft bei intellektueller Beeinträchtigung häufig starke Emotionen aus. Diese bewegen sich zwischen Unverständnis und Ablehnung einerseits und engagiertem Partei-Ergreifen andererseits, dabei oft einseitig für die »Partei« der beeinträchtigten Eltern oder für die der Kinder. Auch die Tatsache, dass Kinder geistig behinderter Eltern oftmals langfristig nicht bei ihren Eltern leben, insbesondere dann, wenn die notwendige Unterstützung für die Familien fehlt, unterscheidet diese Familienform von anderen.

Im Folgenden werden zunächst die spezifischen Lebenslagen und Herausforderungen von Familien mit geistig behinderten Eltern etwas genauer betrachtet. Auf dieser Basis lassen sich dann Handlungsempfehlungen für die Familien-Politik und für die sozialpädagogische Praxis diskutieren.

Häufigkeit von Elternschaft bei intellektueller Beeinträchtigung

Gemäß internationalen Angaben werden etwa 1 bis 3 von 100 Personen mit intellektueller Beeinträchtigung im Laufe ihres Lebens auch Eltern. In Bezug auf die Inzidenz (Auftretenshäufigkeit pro Jahr) wird geschätzt, dass zwischen 0.1 auf 1000 und 2 auf 1000 Geburten pro Jahr eine Frau mit geistiger Behinderung betreffen (Morch et al. 1997; Orthmann Bless 2013; Tøssebro et al. 2017; Weiber et al. 2011; Willems et al. 2007). Sicher ist, dass innerhalb der Gruppe der Menschen mit intellektueller Beeinträchtigung Elternschaft überwiegend bei Personen mit leichteren geistigen Beeinträchtigungen (IQ-Bereich 50–69 gemäß ICD-10-GM) auftritt, während Elternschaft bei schwerer geistig behinderten Personen sehr selten ist.

Für Deutschland kann auf Grundlage der Bevölkerungsstatistik und unter Rückgriff auf internationale Schätzungen folgende Annahme getroffen werden: Gemäß Statistischem Bundesamt lebten im Jahr 2021 in Deutschland ca. 13.86 Millionen Kinder und Jugendliche unter 18 Jahren (Statistisches Bundesamt/Destatis 2022). Bei einer angenommenen Prävalenz von 1 auf 1000 hätten aktuell in

Deutschland ca. 13.860 Kinder und Jugendliche eine Mutter bzw. Eltern mit intellektueller Beeinträchtigung. Bezogen auf das Jahr 2021 wären unter der gleichen Prämisse in Deutschland ca. 795 Kinder von Müttern mit intellektueller Beeinträchtigung geboren worden.

Rahmenmodell für Elternschaft bei intellektueller Beeinträchtigung

Was bedeutet es für Familien, wenn ein oder beide Elternteile eine intellektuelle Beeinträchtigung aufweisen? Die Basis für die Auseinandersetzung mit dieser Frage bildet ein eigens entwickeltes Rahmenmodell (Orthmann Bless et al. 2015). Es gründet auf allgemeinen Modellen von Elternschaft (Belsky 1984; Johnson et al. 2014) und stellt die personalen und sozialen Besonderheiten von Personen mit intellektueller Beeinträchtigung in den spezifischen Fokus von Elternschaft und die diesbezüglichen Anforderungen (Abb. 1).

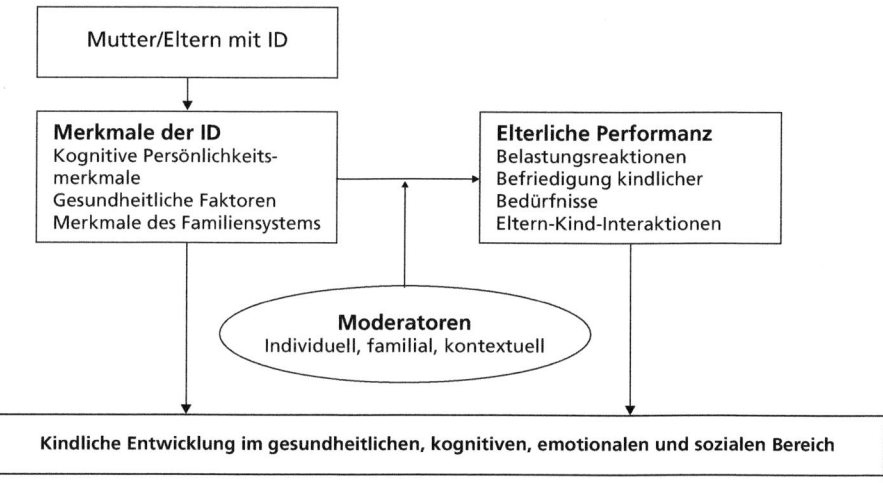

Abb. 1: Intellektuelle Beeinträchtigung (ID) im Kontext von Elternschaft

Kindliche Entwicklung differenziert sich im Zusammenspiel von Anlage und Umwelt. Die Eltern sind dabei gegenüber ihrem Kind die zentralen Repräsentanten beider Ebenen. Bestimmte Merkmale der Eltern können einerseits direkt bestimmte Aspekte der kindlichen Entwicklung beeinflussen, etwa über Vererbungsprozesse. Andererseits bestimmen elterliche Charakteristika im Zusammenwirken mit Umweltbedingungen (kontextuellen Ressourcen) das elterliche Verhalten, die sogenannte elterliche Performanz. Die elterliche Performanz ist somit ein zweiter wesentlicher Einflussfaktor auf die kindliche Entwicklung. Individuelle, familiale und kontextuelle Ressourcen moderieren die Auswirkungen elterlicher Merkmale und elterlicher Performanz auf die kindliche Entwicklung (Abb. 1).

Unter den Bedingungen einer intellektuellen Beeinträchtigung sind in Bezug auf die Lebenslagen von Familien mit geistig behinderten Eltern drei Spezifika zu beachten:

(1) Sowohl die Intelligenz als auch die adaptiven Kompetenzen der Eltern sind eingeschränkt.
Intelligenz bildet eher die generelle (latente) geistige Kapazität im Sinne des abstrakt-logischen Denkens, Planens und Problemlösens ab. Adaptive Kompetenzen sind erworbene konzeptuelle, soziale und praktische Fähigkeiten, welche Menschen in die Lage versetzen, Anforderungen des täglichen Lebens möglichst autonom zu bewältigen (AAIDD 2022; Tassé et al. 2012). Sie umfassen z. B. Fähigkeiten der Kommunikation, der Orientierung in der Gemeinschaft, in Bezug auf Gesundheit und Sicherheit, Selbstfürsorge und soziale Anpassung und fokussieren damit stärker auf die Performanz in konkreten Alltagssituationen.

(2) Es besteht bei Personen mit intellektueller Beeinträchtigung eine erhöhte Vulnerabilität für bestimmte psychische und somatische Erkrankungen.
Im Vergleich zur allgemeinen Bevölkerung erhöhte Prävalenzraten bestehen z. B. bei Epilepsien, Herz-Kreislauf-Erkrankungen, Diabetes mellitus, Depressionen und Angststörungen (Häßler 2011). Wenn sozial randständige Lebensbedingungen vorliegen, ist auch ein allgemein schlechterer Gesundheitszustand zu beobachten. Bei Personen mit intellektueller Beeinträchtigung besteht zudem die Gefahr von Einschränkungen in der gesundheitlichen Versorgung.

(3) Bei Familien mit intellektuell beeinträchtigten Eltern liegen gehäuft solche Merkmale vor, welche als Risiken für elterliche Überforderung und damit für Kindeswohlgefährdung gelten.
Nach gegenwärtigem Erkenntnisstand sind dies vor allem: soziale Isolation, eigene Vernachlässigungs- und Misshandlungserfahrungen der Eltern, demografische Merkmale wie geringes Einkommen, niedriges Bildungsniveau, prekäre Beschäftigungssituation, physische und psychische Erkrankungen der Eltern, Verhaltensprobleme oder Behinderungen der Kinder, Sucht und familiäre Gewalt (Deegener & Körner 2016). Viele dieser Merkmale treten bei Familien mit intellektuell beeinträchtigten Eltern gehäuft auf.

Insgesamt ist davon auszugehen, dass sich die erschwerte Ausgangssituation für die Bewältigung elterlicher Rechte und Pflichten meist aus dem Zusammenwirken dieser drei Faktoren ergibt. Die kognitiven und adaptiven Einschränkungen sind dabei für die geistige Behinderung konstituierend und somit bei allen Eltern mit intellektueller Beeinträchtigung (in unterschiedlich starker Ausprägung) anzutreffen. Bei den gesundheitlichen Belastungen und bei den familiären Risiken handelt es sich hingegen nur um erhöhte Wahrscheinlichkeiten, also um Merkmale, die häufiger als in der allgemeinen Bevölkerung, aber nicht bei allen Familien mit geistig behinderten Eltern vorliegen.

Bewältigung elterlicher Anforderungen

Bei Eltern mit intellektueller Beeinträchtigung besteht, wie in der allgemeinen Bevölkerung auch, eine große Variabilität in Bezug auf die elterliche Performanz. Allerdings ist bei ihnen häufiger als in der allgemeinen Population mit Problemen zu rechnen. Für die Bewältigung elterlicher Aufgaben sind dabei die adaptiven Kompetenzen der Mutter sowie die Gesamtlebenssituation (familiäre Konstellation, physische und psychische Gesundheit, biografische Belastungen, soziale Unterstützung) offenbar entscheidender als das Ausmaß der Intelligenzminderung (Orthmann Bless et al. 2017).

Gemäß internationalen Studien haben viele Eltern mit intellektueller Beeinträchtigung deutliche Schwierigkeiten bei der adäquaten Sorge für die Gesundheit und Sicherheit der Kinder. Auch das Management von Erziehungsschwierigkeiten fällt schwer. Mütter mit intellektueller Beeinträchtigung empfinden bei der Bewältigung von Erziehungsaufgaben zudem häufig starken Stress (Aunos et al. 2008; Feldman et al. 2002; Meppelder et al. 2015).

Von entscheidender Bedeutung für die Bewältigung elterlicher Aufgaben unter den Bedingungen von geistiger Behinderung ist offenbar die soziale Unterstützung für die Familien (Wilson et al. 2014). Bei Vorhandensein von adäquater Unterstützung reduziert sich der mütterliche Stress, der Erziehungsstil wird konsistenter und kindliches Problemverhalten nimmt ab. Soziale Unterstützung wirkt sich auch positiv auf die psychische Gesundheit der Eltern aus und moderiert Effekte der sozioökonomischen Benachteiligung. Wenn Eltern mit geistiger Behinderung auf soziale Unterstützung zugreifen können, verbessert sich die Qualität der häuslichen Umgebung, die sie selbst ihren Kindern bieten können (Aunos et al. 2008).

Derzeit wächst ein erheblicher Teil der Kinder von Eltern mit intellektueller Beeinträchtigung längerfristig nicht bei seinen Eltern auf. Hauptgrund dafür sind elterliche Performanzprobleme, dabei v. a. eine unzureichende Befriedigung kindlicher Grundbedürfnisse, mangelhafte Qualität der häuslichen Umgebung und hohes Stresserleben. Diese Probleme treten häufiger und massiver bei Fehlen von sozialer Unterstützung auf, sind aber auch bei adäquater Unterstützung nicht immer vermeidbar (Orthmann Bless 2016). Eine häufige Form der Fremdplatzierung sind Pflegschaftsverhältnisse.

Kindliche Entwicklung unter den Bedingungen von intellektueller Beeinträchtigung der Eltern

Die Entwicklung der Kinder intellektuell beeinträchtigter Eltern stand bisher weniger im Fokus als die Performanz der Eltern. Gemäß aktuellem Forschungsstand entwickelt sich ein Teil der Kinder geistig behinderter Eltern altersgerecht. Insgesamt treten jedoch gesundheitliche, kognitive, sprachliche und sozial-emotionale Entwicklungsprobleme bei dieser Gruppe von Kindern häufiger auf als in der Grundgesamtheit (Emerson & Brigham 2014; McConnell et al. 2003; Powell & Parish 2017).

Zwei aktuelle Untersuchungen aus Deutschland und aus der Schweiz (Orthmann Bless & Hellfritz 2021; Orthmann Bless & Hinni 2021) ermittelten in Bezug auf die gesundheitliche Situation und das persönliche Wohlbefinden keine gravierenden Unterschiede zwischen Kindern geistig behinderter Mütter und der Grundgesamtheit aller Kinder. In Bezug auf die Kompetenzentwicklung im Vergleich zur Norm zeigte sich in allen Entwicklungsbereichen eine große Variabilität in Bezug auf Entwicklungsstände und Entwicklungstempi. Vergleicht man Kindergruppen, so bestätigten sich auch in diesen Studien signifikante Unterschiede zur Grundgesamtheit, insbesondere in den Bereichen Sprache und Kognition.

Bei der Einordnung von Befunden zur Entwicklung der Kinder ist folgendes zu beachten. Aspekte der kindlichen Entwicklung, dabei z. B. die gesundheitliche Situation oder die Kompetenzentwicklung im Vergleich zur Norm, sind per se kein Maß für die durch die Eltern erbrachten Erziehungsleistungen, auch nicht für die Angemessenheit des kindlichen Umfeldes oder die Qualität einer spezifischen Unterstützung. Die kindliche Entwicklung differenziert sich nicht nur durch die genannten Umwelteinflüsse, sondern ist von einer Fülle weiterer Faktoren abhängig, darunter von der genetischen Ausstattung. Es ist normal, dass sich Kinder unterschiedlich entwickeln, und auch bei optimaler Förderung und Unterstützung gibt es Kinder, deren Entwicklung im Vergleich zur Norm beeinträchtigt ist. Aus dem aktuellen Entwicklungsstand eines Kindes (oder einer Gruppe von Kindern) kann weder abgeleitet werden, ob dieses Kind (diese Gruppe von Kindern) bisher angemessen gefördert wurde, noch, ob unter veränderten Lebensbedingungen die Entwicklung anders verlaufen wäre. Informationen zur Entwicklung von Kindern intellektuell beeinträchtigter Eltern sind dennoch unverzichtbar. Kinder sind ein zentraler Teil der Eltern-Kind-Systeme (der Familien), und ein vollständiges Bild darüber verlangt auch nach einer Betrachtung dieses Teils. Zudem sind kindliche Entwicklungsparameter ein Einflussfaktor für elterliche Performanz. Wissen über die Wahrscheinlichkeit von Entwicklungsbesonderheiten ist somit wichtig für eine Abschätzung benötigter fachlicher und materieller Ressourcen für die Begleitung der Familien.

Handlungsempfehlungen für die (Familien-)Politik und für die sozialpädagogische Praxis

Gleiche Rechte – Gleiche Pflichten

Sämtliche Überlegungen zu den folgenden Handlungsempfehlungen gehen von dem Grundsatz aus, dass für Eltern mit intellektueller Beeinträchtigung sowohl die gleichen Rechte als auch die gleichen Pflichten gelten wie für alle anderen Eltern auch.

Die gleichen Rechte ergeben sich aus verschiedenen nationalen (z. B. in Deutschland: Grundgesetz, Bundesteilhabegesetz, Sozialgesetzbuch u. a.; in der Schweiz: Bundesverfassung der Schweizerischen Eidgenossenschaft u. a.) und internationalen Rechtsgrundlagen. In der UN-Behindertenrechtskonvention (UN-BRK) (Art. 23) wird die Gleichberechtigung von Menschen mit Behinderung in allen Fragen der Familie und Elternschaft bekräftigt, dabei insbesondere hinsichtlich der Freiheit, eine Familie zu gründen und Kinder zu bekommen. Ebenso ist in der UN-BRK das Recht von Eltern mit Behinderung auf angemessene Unterstützung bei der Wahrnehmung ihrer elterlichen Rechte und Pflichten festgelegt. Zudem ist präzisiert, dass ein Kind in keinem Fall aufgrund der Behinderung eines Elternteils oder seiner selbst von den Eltern getrennt werden darf. Bei Familien mit geistig behinderten Eltern besteht eventuell eine erhöhte Gefahr, bestimmte Rechte oder Rechtsgrundsätze eher zu verletzen als bei anderen Personengruppen. Dazu gehören etwa das Recht auf gemeinsame Lebensvollzüge von Eltern und Kindern (Schutz der Familie) sowie der Grundsatz der Verhältnismäßigkeit bei allen Eingriffen in die persönliche/familiäre Autonomie. Die Gefahr von Verletzungen dieser (gleichen) Rechte kann aus bestimmten Spezifika von Familien mit geistig behinderten Eltern resultieren, wie etwa aus der Seltenheit des Phänomens, aus erschwerten Voraussetzungen der Eltern für die Bewältigung von Erziehungsaufgaben oder aus gesellschaftlichen Vorurteilen. Deshalb ist bei allen Entscheidungen, die diese Familien betreffen, der Grundsatz der Rechtsgleichheit besonders im Auge zu behalten.

In Bezug auf die gleichen elterlichen Verpflichtungen ist folgendes zu beachten: Elternschaft als soziale Rolle stellt komplexe Anforderungen an die erwachsene Person, die in ihrer Gesamtheit höher sind als Anforderungen in anderen für das Erwachsenenalter typischen Lebensbereichen (Orthmann Bless 2021). Anders als bei vielen beruflichen Tätigkeiten oder in Bezug auf selbstständiges Wohnen kann bei Elternschaft weniger eine (kognitive) Entlastung durch die Ausbildung von Routinen, durch Einarbeitung und Gewöhnung erfolgen. Elterliche Beanspruchung nimmt sogar mit der sich ausdifferenzierenden kindlichen Entwicklung eher zu. Zudem kann ein gewisser Standard in Bezug auf die Qualität elterlichen Verhaltens nicht unterschritten werden. Anforderungen an Eltern können nicht beliebig an die Kompetenzen der Person angepasst werden. Die Orientierung am Kindeswohl bleibt oberstes Gebot für den Standard des »good enough parenting« (Winnicott). Dies gilt für alle Eltern. Wenn bei bestimmten Risikokonstellationen, zu denen auch eine intellektuelle Beeinträchtigung der Eltern gehört, Unterstützung bei der Bewältigung elterlicher Anforderungen notwendig wird, muss diese dem Ausgleich oder der Anpassung elterlicher Kompetenzen dienen. Die Anforderungen an Eltern hingegen sind unveränderlich.

Merkmale und Formen wirksamer Unterstützung

Laut internationalem Kenntnisstand (Llewellyn et al. 2010) ist eine wirksame Unterstützung von Familien mit geistig behinderten Eltern mit diesen Merkmalen und Anforderungen verbunden:

1. Hilfen für Familien mit intellektuell beeinträchtigten Eltern müssen langfristig, intensiv und alltagsnah ausgestaltet werden.
Diese Anforderungen ergeben sich aus der Spezifik der elterlichen Beeinträchtigung. Bei Vorliegen einer intellektuellen Beeinträchtigung sind die Schwierigkeiten bei der Bewältigung elterlicher Aufgaben nicht passager, sondern in der Regel langandauernd bzw. dauerhaft. Dies unterscheidet Familien mit geistig behinderten Eltern von anderen Familientypen, bei denen oft mit einer kurzfristigeren Überwindung von Problemen zu rechnen ist (z. B. bei sehr jungen Eltern).
2. Hilfen für Familien mit intellektuell beeinträchtigten Eltern sollten immer aus Perspektive der Eltern und der Kinder betrachtet werden.
Bei Familien mit Kindern bilden Eltern und Kind(er) eine untrennbare Einheit. Elterliche Rechte und Pflichten sind immer auf das Kind bezogen. Es handelt sich immer um Dyaden, in denen die freie Entfaltung einer Persönlichkeit unter Berücksichtigung der Bedürfnisse der jeweils anderen Persönlichkeit(en) gewährleistet sein soll. Wenn Unterstützung notwendig wird, sollte dies deshalb unter einem advokativen Blick sowohl auf das Elternrecht als auch auf das Kindeswohl geschehen.
3. Familien mit intellektuell beeinträchtigten Eltern können über den gezielten Aufbau von Kompetenzen der Eltern selbst oder über sozialen Support von außen unterstützt werden.
Der Ausbau eigener Kompetenzen stärkt die Autonomie beeinträchtigter Eltern. Es entspricht auch dem Normalisierungsprinzip, dass Eltern mittels eigener Kompetenzen ihren Pflichten gerecht werden. Für sozialen Support spricht die empirisch belegte Tatsache, dass der Kompetenzerwerb von Eltern mit intellektueller Beeinträchtigung Grenzen hat, sowohl den Umfang als auch die Stabilität und Generalisierbarkeit der Kompetenzen betreffend (Coren et al. 2010). Diese Grenzen zu erkennen und zu akzeptieren, ist Ausdruck professioneller Verantwortungsübernahme, auch im Hinblick auf das Kindeswohl. Das Gewähren von sozialer Unterstützung entspricht dem gesellschaftlichen Fürsorgeauftrag (Solidaritätsprinzip).

Empfehlungen für den strukturellen und inhaltlichen Auf- und Ausbau von Hilfesystemen

Grundsätzlich können Familien mit geistig behinderten Eltern in verschiedenen Strukturen bzw. durch verschiedene Maßnahmen begleitet werden. Es können solche sein, die spezifisch für diese Familienform entwickelt wurden, oder solche, die für einen breiteren Adressatenkreis (z. B. Familien in erschwerten Lebenslagen) konzipiert wurden.

Das Unterstützungssystem für Familien mit geistig behinderten Eltern ist derzeit (Stand 2022) im deutschsprachigen Raum sehr unterschiedlich ausgebaut. In Deutschland existiert mit der Begleiteten Elternschaft eine spezifisch für diese Familienform konzipierte, überregional etablierte Hilfestruktur (http://www.begleiteteelternschaft.de/; Düber et al. 2020). Deren ambulante und stationäre Leistungen dienen dazu, Familien mit geistig behinderten Eltern eine dauerhaft gemeinsame Lebensperspektive unter Sicherung des Kindeswohls zu bieten. Eine externe Evaluation (Orthmann Bless 2016) bestätigte, dass diese Zielsetzungen gut erfüllt werden, auch für Familien mit älteren (Schul-)Kindern. In der Schweiz gibt es bis dato – anders als in Deutschland – noch keine spezifischen, längerfristig nutzbaren, flächendeckenden Hilfestrukturen, die über den Charakter von Einzelfalllösungen hinausgehen.

Die Ausgestaltung der Strukturen und Maßnahmen ist immer auf regionale, geografische und sozialpolitische Rahmenbedingungen abzustimmen. Folgende generelle Empfehlungen können ausgesprochen werden.

Ambulante Strukturen am Wohnort: Es werden Strukturen benötigt, in denen intellektuell beeinträchtigte Eltern gemeinsam mit ihren Kindern langfristig leben können, und zwar so normal wie möglich – gemessen an den diesbezüglichen Normen unserer Gesellschaft. Diesen Anforderungen entsprechen am besten ambulante Strukturen am Wohnort bzw. in Wohnortnähe der Familien. Erste Wahl ist die zugehende Unterstützung der Familien in ihren eigenen Wohnungen.

Flexible Anpassung an Hilfebedarfe: Es ist davon auszugehen, dass der Bedarf der Familien in Abhängigkeit von den eigenen Ressourcen und jenen ihres privaten Umfeldes interindividuell sehr verschieden und auch über die Zeit unterschiedlich ausgeprägt ist. Unterstützungssysteme müssen deshalb flexibel auf unterschiedliche bzw. sich verändernde Bedürfnisse reagieren können. Das ist bei der zugehenden Hilfe am Wohnort gut möglich. Bei erhöhtem Hilfebedarf kann die Unterstützung intensiviert werden, indem beispielsweise eine zeitweise Inobhutnahme der Kinder auf Wunsch der Eltern bzw. bei vorübergehenden Notlagen und eine stärkere Entlastung von Haushaltsverpflichtungen, etwa durch ein Verpflegungsangebot, vorgehalten werden. Strukturell ist das zum Beispiel möglich, indem ein Träger mehrere Familienwohnungen sowie eine oder mehrere Servicewohnungen im gleichen Haus inklusive 24-Stunden-Service anbietet. Auch Kinder-Wohngemeinschaften, die im selben Gebäude wie Elternwohnungen eingerichtet und vom selben Träger abgedeckt werden, sind eine gute Alternative bei (zeitweise) hohem Unterstützungsbedarf.

Normalisierungsprinzip auch bei hohem Hilfebedarf: Auch bei intensiveren Hilfen sollten die Familien so weit wie möglich in privaten Familienwohnungen am (bisherigen) Wohnort leben können. Wohnheime, die für manche Erwachsene mit geistiger Behinderung einen angemessenen Lebensort bieten, sind für Familien mit Kindern dauerhaft nicht geeignet. Diese Strukturen entsprechen weniger dem Normalisierungsprinzip. In für Erwachsene konzipierten Wohnheimen ist es sehr schwierig, den Kindern entwicklungsanregende Kontakte mit anderen Kindern und mit (nicht beeinträchtigten) Erwachsenen zu ermöglichen. Mit dem Älterwerden der Kinder erhöht sich zudem die Gefahr der Stigmatisierung durch diesen ungewöhnlichen Lebensort.

Spezialisierung auf fachlicher Ebene: Für geistig behinderte Eltern und ihre Kinder wäre es kontraproduktiv, spezielle Strukturen im Sinne von besonderen Wohneinrichtungen zu bauen. Die fachliche Spezialisierung von Trägern, Fachdiensten und Fachpersonen auf die Unterstützung von Familien mit intellektuell beeinträchtigten Eltern ist jedoch vorteilhaft, um den spezifischen Bedürfnissen dieser seltenen Familienkonstellation gerecht werden zu können. Die Eltern benötigen auf Grund ihrer geistigen Behinderung meist Unterstützung sowohl bei der Bewältigung des Alltags (z. B. Kochen, Wohnungs- und Kleiderpflege, gesundheits- und sicherheitsrelevantes Verhalten, Selbstfürsorge, Orientierung im sozialen Nahraum, Kommunikation mit Personen und Ämtern etc.) als auch bei der Bewältigung der spezifischen elterlichen Aufgaben, nämlich Versorgung und Pflege, Schutz und Förderung des Kindes (konkret z. B. gesunde Ernährung des Kindes, witterungsgerechte Kleidung, sicheres Wohnumfeld, adäquater Umgang mit Regeln und Verboten, Gesundheitsfürsorge, altersentsprechende Kommunikation mit dem Kind und Anregung seiner Entwicklung). Die professionelle Unterstützung erfolgt jeweils in Form von Anbahnen und Anleiten, Kontrollieren und Motivieren sowie Begleiten und Übernehmen. Der Unterstützungsbedarf in beiden genannten Bereichen ist von der Qualität her als qualifizierte Assistenz, d. h. als umfassende pädagogische Unterstützung zur Wahrnehmung der Elternrolle (Begleitete Elternschaft, vgl. Deutscher Bundestag 2016), einzustufen. Diese Leistung sollte durch (sozialpädagogisch) spezifisch qualifizierte Fachpersonen erbracht werden.

Förderung kindlicher Entwicklung im Rahmen allgemeiner Strukturen: Einige, aber bei weitem nicht alle Kinder von geistig behinderten Eltern werden spezieller Förderung bei der kognitiven, sprachlichen oder sozial-emotionalen Entwicklung bedürfen. Dabei sollten den Kindern – sparsam und gezielt – solche Angebote unterbreitet werden, welche die Eltern auch mit Anleitung, Motivation und Begleitung nicht hinreichend selbst anbieten (können). Gemäß den vorliegenden Befunden betrifft dies im Kleinkind- und Vorschulalter vor allem die in den Alltag integrierte sprachliche Förderung. Bei etwas älteren Kindern kann die zunehmend fehlende Variation in der täglichen Stimulation durch die Eltern durch Kultur- und Bildungsaktivitäten ausgeglichen werden. Für Jugendliche ist es zudem wichtig, gezielt Hilfen zur Förderung zunehmender Selbstverantwortung und Unabhängigkeit in einem schützenden und stützenden Rahmen anzubieten. Zentrale Aufgaben der Begleiteten Elternschaft im Zusammenhang mit der kindlichen Entwicklung betreffen in allen Altersbereichen auch Fürsprache und Vermittlung, etwa im Wohnumfeld, in Bildungseinrichtungen und bei Behörden. Diese Förderung der kindlichen Entwicklung kann im Rahmen der allgemein vorhandenen pädagogischen, sozialen und therapeutischen Strukturen erfolgen. Ein auf Kinder von intellektuell beeinträchtigten Eltern spezialisiertes Hilfesystem ist nicht erforderlich.

Literatur

AAIDD, American Association on Intellectual and Developmental Disabilities. (2022). *Intellectual disability. Definition, classification and systems of supports* (12th ed). Washington, D.C.: AAIDD.

Aunos, Marjorie; Goupil, Georgette & Feldman, Maurice A. (2008). Mothering with Intellectual Disabilities: Relationship Between Social Support, Health and Well-Being, Parenting and Child Behaviour Outcomes. *Journal of applied research in intellectual disabilities: JARID*, 21(4), 320–330.

Belsky, Jay (1984). The Determinants of Parenting: A Process Model. *Child Development*, 55(1), 83.

Coren, Esther; Thomae, Manuela & Hutchfield, Jemeela (2011). Parenting Training for Intellectually Disabled Parents: A Cochrane Systematic Review. *Research on Social Work Practice*, 21(4), 432–441.

Deegener, Günther & Körner, Wilhelm (2016, 4. Aufl.). *Risikoerfassung bei Kindesmisshandlung und Vernachlässigung. Theorie, Praxis, Materialien.* Lengerich, Pabst Science Publishers.

Deutscher Bundestag. (2016). *Entwurf eines Gesetzes zur Stärkung der Teilhabe und Selbstbestimmung von Menschen mit Behinderungen.* (Bundesteilhabegesetz – BTHG). https://dip21.bundestag.de/dip21/btd/18/095/1809522.pdf

Düber, Miriam; Remhof, Constance; Riesberg, Ulla; Rohrmann, Albrecht & Sprung, Christiane (Hg.) (2020). *Begleitete Elternschaft in den Spannungsfeldern pädagogischer Unterstützung.* Weinheim, Beltz.

Emerson, Eric & Brigham, Philip (2014). The developmental health of children of parents with intellectual disabilities: Cross sectional study. *Research in Developmental Disabilities*, 35(4), 917–921. https://doi.org/10.1016/j.ridd.2014.01.006

Feldman, Maurice A.; Varghese, Jean; Ramsay, Jennifer & Rajska, Danuta (2002). Relationships between social support, stress and mother-child interactions in mothers with intellectual disabilities. *Journal of applied research in intellectual disabilities: JARID*, 15(3), 314–323.

Häßler, Frank (2011). *Intelligenzminderung. Eine ärztliche Herausforderung.* Berlin: Springer.

Johnson, Brian D.; Berdahl, Laurie D.; Horne, Melissa; Richter, Emily A. & Walters, Meaggan (2014). A Parenting Competency Model. *Parenting*, 14(2), 92–120.

Llewellyn, Gwynnyth; Traustadottir, Rannveig; McConnell, David & Bjorg Sigurjonsdottir, Hanna (Hg.) (2010). *Parents with Intellectual Disabilities.* Chichester, UK: John Wiley & Sons.

McConnell, David; Llewellyn, Gwynnyth; Mayes, Rachel; Russo, Domenica & Honey, Anne (2003). Developmental profiles of children born to mothers with intellectual disability. *Journal of Intellectual & Developmental Disability*, 28(2), 122–134. https://doi.org/10.1080/1366825031000147067

Meppelder, Marieke; Hodes, Marja; Kef, Sabina & Schuengel, Carlo (2015). Parenting stress and child behaviour problems among parents with intellectual disabilities: the buffering role of resources. *Journal of Intellectual Disability Research*, 59(7), 664–677.

Mørch, Willy-Tore; Skår, Jens & Andersgard, Alice B. (1997). Mentally retarded persons as parents: Prevalence and the situation of their children. *Scandinavian Journal of Psychology*, 38(4), 343–348.

Orthmann Bless, Dagmar (2013). Zur Häufigkeit von Schwangerschaften und Geburten bei Frauen mit geistiger Behinderung. *Vierteljahresschrift für Heilpädagogik und ihre Nachbargebiete*, 82(1), 22–34.

Orthmann Bless, Dagmar (2016). *Eltern mit geistiger Behinderung und ihre Kinder unterstützen. Evaluation zur Begleiteten Elternschaft in Deutschland: Befunde aus der SEPIA-D-Studie.* Freiburg, Schweiz: Heilpädagogisches Institut der Universität Freiburg.

Orthmann Bless, Dagmar (2021). Kognitive Anforderungen bei Elternschaft unter besonderer Berücksichtigung von Eltern mit intellektueller Beeinträchtigung. In Orthmann Bless, Dagmar (Hg.). *Elternschaft bei intellektueller Beeinträchtigung.* Weinheim, Beltz, 11–34.

Orthmann Bless, Dagmar; Chevalley, Ana & Hellfritz, Karina-Linnéa (2015). Zur Entwicklung von Kindern intellektuell beeinträchtigter Eltern. Internationaler Forschungsstand. *Zeitschrift für Heilpädagogik,* 66, 364–371.

Orthmann Bless, Dagmar & Hellfritz, Karina-Linnéa (2021). Kognitive und adaptive Kompetenzen von Kindern intellektuell beeinträchtigter Eltern. In Orthmann Bless, Dagmar (Hg.). *Elternschaft bei intellektueller Beeinträchtigung.* Weinheim, Beltz, 66–84.

Orthmann Bless, Dagmar & Hinni, Chantal (2021). Von der Geburt bis zum zweiten Lebensjahr. Ergebnisse einer Längsschnittstudie zur Entwicklung von Kindern intellektuell beeinträchtigter Mütter in der Schweiz. In Orthmann Bless, Dagmar (Hg.). *Elternschaft bei intellektueller Beeinträchtigung.* Weinheim, Beltz, 107–127.

Orthmann Bless, Dagmar; Hinni, Chantal & Hellfritz, Karina-Linnéa. (2017). Fachbeitrag: Zwei Mütter – zwei Kinder. Eine vergleichende Fallstudie zur Entwicklung von Kindern intellektuell beeinträchtigter Eltern. *Vierteljahresschrift für Heilpädagogik und ihre Nachbargebiete,* 87(1), 27.

Pixa-Kettner, Ursula (2007). Elternschaften von Menschen mit geistiger Behinderung in Deutschland. Ergebnisse einer zweiten bundesweiten Fragebogenerhebung. *Geistige Behinderung: Fachzeitschrift der Bundesvereinigung Lebenshilfe für Menschen mit Geistiger Behinderung e.V,* 46(4), 309–321.

Powell, Robyn M. & Parish, Susan L. (2017). Behavioural and cognitive outcomes in young children of mothers with intellectual impairments. *Journal of Intellectual Disability Research,* 61(1), 50–61.

Statistisches Bundesamt. (2022). *Statistisches Jahrbuch 2021. Bevölkerung, Familien, Lebensformen.* Wiesbaden. https://www.destatis.de/DE/Themen/Gesellschaft-Umwelt/Bevoelkerung/Bevoelkerungsstand/Tabellen/liste-altersgruppen.html

Tassé, Marc J.; Schalock, Robert L.; Balboni, Giulia; Bersani, Hank Jr; Borthwick-Duffy, Sharon A.; Spreat, Scott; Thissen, David; Widaman Keith F. & Zhang Dalun (2012). The construct of adaptive behavior: its conceptualization, measurement, and use in the field of intellectual disability. *American Journal on Intellectual and Developmental Disabilities,* 117(4), 291–303.

Tøssebro, Jan; Midjo, Turid; Paulsen, Veronika & Berg, Berit (2017). Prevalence, Trends and Custody Among Children of Parents with Intellectual Disabilities in Norway. *Journal of Applied Research in Intellectual Disabilities: JARID,* 30(3), 533–542.

Weiber, Ingrid; Berglund, Johan; Tengland, Per-Anders & Eklund, Mona (2011). Children born to women with intellectual disabilities – 5-year incidence in a Swedish county. *Journal of Intellectual Disability Research,* 55(11), 1078–1085.

Willems, Dick L.; de Vries, J.-N.; Isarin, Jet & Reinders, Johannes S. (2007). Parenting by persons with intellectual disability: an explorative study in the Netherlands. *Journal of Intellectual Disability Research,* 51(7), 537–544.

Wilson, Suzanne; McKenzie, Karen; Quayle, Ethel & Murray, George (2014). A systematic review of interventions to promote social support and parenting skills in parents with an intellectual disability. *Child: Care, Health and Development,* 40(1), 7–19.

Sich-Einlassen mit dem ›Fremden‹ im Anderen und im Eigenen: Eine Grundlage der Arbeit mit Familien in Armut und Benachteiligung[6]

Hans Weiß

»Es ist zunächst nicht leicht, eine Gewohnheit. wenn auch nur partiell – außer Kraft zu setzen, in der man historisch verankert ist.« (Meyer-Drawe 2001, 33)

Problemaufriss

In der Arbeit mit Eltern und Familien behinderter und entwicklungsbeeinträchtigter Kinder begegnen Fachleute Unbekanntem, dessen Vertrautwerden ihnen prinzipiell zugänglich ist, und Fremdem, das sich ihrer Verfügbarkeit verschließt, in einem mehrfachen Sinn: Hinsichtlich eines Kindes z. B. mit Behinderung stehen Eltern und Fachleute in unterschiedlichen Wirklichkeiten – hier die Lebenswirklichkeit der Eltern, dort die Arbeitswirklichkeit der Professionellen (die selbst meist kein Kind mit Behinderung haben und denen eine solche Elternschaft letztlich ›fremd‹ bleiben muss). Dieser Unterschied birgt nicht zu unterschätzende, jedoch durchaus auch produktive Spannungs- und Konfliktpotenziale, wenn damit sensibel umgegangen wird.

Weitere Spannungs- und Konfliktpotenziale entstehen häufig, wenn sich Familien in ihrer soziokulturellen Lebensform von der mittelschichtspezifisch-(klein-)bürgerlichen Lebensform der Fachleute deutlich unterscheiden, z.B. Familien in gravierender Armut und sozialer Randständigkeit. Es begegnen sich dann ganz unterschiedliche ›Welten‹, die sich gegenseitig fremd sind. Im Umgang mit diesem wechselseitig Fremden und seinen Herausforderungen tendieren Fachleute zu unterschiedlichen Verhaltensmustern, wobei zwei Extremformen der Bewältigung zu unterscheiden sind: (1) »*Aneignung als Bändigung der Fremdheit*« (Fragner 1995, S. 13) und (2) »*Enteignung als Auslieferung an das Fremde*« (ebd., S. 14).

Aneignung ist der Versuch, die Anderen, die Fremden sich zu Eigen zu machen, sie dem eigenen Bild anzugleichen. Beispielsweise geschieht dies dann, wenn Fachleute danach trachten, mittelschichtspezifische Werte und Normen, ihre Erziehungsvorstellungen einer Familie überzustülpen und damit deren Lebenswelt zu kolonialisieren – ohne den subjektiven Sinn und die lebensweltliche ›Logik‹ der ihnen

---

6 Meiner ehemaligen Kollegin Prof. Dr. Ursula Stinkes verdanke ich wertvolle Anregungen.

fremden Lebenspraxis zu bedenken, zu beachten und zu achten. Solche Übergriffe rufen bei den Betroffenen Widerstand und Rückzug hervor.

Enteignung hingegen erfolgt dort, wo das Eigene aufgegeben wird und das Fremde an dessen Stelle tritt. In der Frühförderung entstehen Enteignungsprozesse, wenn sich die Fachperson z.B. in der Kooperation mit einer Familie in prekären Lebensverhältnissen so mit den Familienmitgliedern, etwa der Mutter, und ihren Problemen identifiziert, dass sie ihre eigene fachliche Position verliert.

Balancierungsprozesse zwischen Aneignung und Enteignung im Sinne der Achtung der Lebenswelt sozioökonomisch benachteiligter Familien bedürfen lebensweltbezogener professioneller Sensibilität. In einer tiefergehenden reflexiven Auseinandersetzung mit der Lebenswelt und Alltagskultur benachteiligter Familien und deren Kindern stoßen Fachleute notwendigerweise auch auf eigene, damit unter Umständen kollidierende lebensgeschichtlich und lebensweltlich bedingte Bedürfnisse, normative Vorstellungen und Gewohnheiten. Lassen sie sich auf eine Auseinandersetzung mit derartigen Spannungen und Kollisionen ein, wird es – gerade im Kontrast mit der Lebenswelt und Alltagskultur benachteiligter Familien – notwendig und möglich, sich (noch) unbekannter Seiten des eigenen sozioökonomischen und -kulturellen Standortes, also der biografisch gewordenen Situierung im gesellschaftlichen Raum, und der damit verbundenen normativen Vorstellungen bewusst(er) zu werden.

Die angedeuteten Spannungs- und Konfliktpotenziale sind eingebettet in eine umfassendere, auch strukturelle Problematik der Passung zwischen den Hilfesystemen einerseits und den Bedürfnissen und Ressourcen von Menschen in Armut und Benachteiligung andererseits. Gerade bei Familien mit behinderten oder entwicklungsverzögerten Kindern, die in Armut und Benachteiligung leben, greifen allem Anschein nach die oftmals mittelschichtorientierten Hilfesysteme nur unzureichend, d.h., die Beratungs-, Bildungs- und Unterstützungsangebote werden den spezifischen Bedürfnissen dieser Familien nicht immer gerecht. Während der bisherigen Corona-Pandemie ist dies wie in einem Brennglas deutlich geworden. Je weniger Ressourcen diese Familien haben, desto größer sind ihre Probleme, Zugang zu Hilfesystemen zu finden und für sich hilfreich in Anspruch nehmen zu können. Dagegen konnten Engelbert (1999) zufolge Mütter mit höherem sozialen und kulturellen Kapital, speziell mit größeren »beruflichen bzw. allgemeinen Handlungskompetenzen« und einem darauf aufbauenden Selbstbewusstsein (280), aus der Frühförderung und anderen sozialen Diensten besonderen Nutzen für sich und ihre Familie ziehen.

Vor diesem Hintergrund möchte ich versuchen, Probleme und Handlungsorientierungen der Arbeit mit Eltern und Familien behinderter und entwicklungsauffälliger Kinder vor allem in Frühförderung, Kindertagesstätte und Schule aufzuzeigen. Besondere Beachtung soll dabei die Bedeutung und Entwicklung einer angemessenen professionellen Sensibilität erhalten. Im Blickwinkel stehen Familien, deren Lebenswirklichkeit gekennzeichnet ist durch unsichere wirtschaftliche Verhältnisse und knappe finanzielle Mittel (oftmals abhängig von staatlicher Unterstützung), kleinere und schlechter ausgestattete Wohnungen, oft in benachteiligten Wohnvierteln, soziale Isolation und Diskriminierung, niedrigen Bildungs- und Erwerbstatus der Eltern, unzureichende digitale Kommunikationsmöglichkeiten (wie in der Pandemie deutlich geworden), stressbelastetes Familienklima etc. Es sind also Familien mit vielfältigen Problemen – einschließlich derjenigen, die sie evtl. mit Institutionen, z. B. der Schule, haben und die auch für die Einrichtungen konflikthaft sind. Schwierigkeiten und Belastungen in der (Beratungs-)Arbeit mit Familien in Armuts- und Benachteiligungssituationen sind also von beiden Seiten her zu sehen.

Die sozial-kulturell andere Welt im Erleben und Verhalten der Fachleute

Wie schon angedeutet, befinden sich Fachleute als Angehörige (klein-)bürgerlicher Lebenswelten in einer sozialen und kulturellen Distanz zu den ihnen fremden Lebenswelten sozial benachteiligter und randständiger Menschen. Sie nehmen deren (sub-)kulturelle Orientierungen und Handlungsmuster meist nur von außen und durch eine mittelschichtgeprägte Brille gefärbt wahr. Daher sind ihnen diese Menschen mit ihren Wertvorstellungen, Normen und Lebenspraktiken letztlich unverständlich. Da deren Handlungsmuster und Handlungsweisen jedoch das eigene »Unbehagen in der Kultur« (Freud) vielleicht aktivieren, kann dies bei den Fachleuten Abwehr gegen das herausfordernd Fremde erzeugen und zu den erwähnten Aneignungsstrategien führen.

Diese Gefahr wird oftmals noch erhöht, wenn pädagogische Fachkräfte aus einem einseitig vom Kind her orientierten Blickwinkel mit Eltern zusammenarbeiten und diese verengt in ihrer *Funktion* als Mutter oder Vater ihres Kindes betrachten, jedoch nur bestenfalls nachrangig, wenn überhaupt als Personen mit eigenen Bedürfnissen und Vorstellungen im Kontext ihrer Lebensgeschichte und Lebenswelt. Nur fokussiert auf das Kind, lassen sich unter Umständen viele Punkte finden, die Eltern im Sinne des Kindes verändern sollten. Ein solch ausschließlich kindzentrierter Blickwinkel führt dazu, dass die Fachpersonen nicht hinreichend darauf achten, wie weit von den Eltern erwartete Veränderungen unter den restriktiven Bedingungen ihrer Lebenswelt überhaupt möglich sind. Gerade darin liegt eine nicht zu unterschätzende Ursache für Belastungen in der Zusammenarbeit mit Eltern.

Besonders deutlich ist mir dies in einem Interview mit einer Mutter geworden, die es mit viel Energie geschafft hatte, mit ihrer großen Familie aus einer Notunterkunft in eine Sozialwohnung umzuziehen. Aus finanziellen Gründen (»mein Mann schafft des nicht allein«) musste sie nachmittags als Reinigungskraft arbeiten. Von ihren fünf Kindern besuchten drei die Sprachheilschule und die beiden jüngsten einen Ganztagskindergarten bzw. eine Ganztagskrippe. Am Ende des Gesprächs berichtete die Mutter, dass ihr die Lehrerin ihrer Tochter nahelegte, die Reinigungsarbeit aufzugeben. Das wäre für die Kinder besser. Die Mutter empfand dies als Einmischung in ihre private Situation und meinte, sichtlich erregt: »Die hat leicht reden, ich bin auf das Geld angewiesen.« Allein von den Kindern her betrachtet, mag die Äußerung der Lehrerin verständlich gewesen sein, sie berücksichtigte jedoch nicht die Situation der Familie, und man merkte der Mutter die Verletzung an.

Es griffe zu kurz, derartige Probleme und Gefahrenmomente den Fachleuten primär persönlich zuzuordnen; sie sind vielmehr auch im Kontext konzeptioneller und struktureller Bedingungen der (Beratungs-)Arbeit mit Eltern zu sehen. Die *Kindorientierung* bedarf hier der Ergänzung durch eine *Eltern- und Familienorientierung*. In systemischen Beratungskonzepten wird in diesem Zusammenhang von *Allparteilichkeit* gesprochen. Sie umzusetzen, also zwischen beiden Orientierungen eine Balance zu halten, kann für pädagogische und therapeutische Fachpersonen spannungsvoll und konfliktreich sein, besonders dann, wenn sie, wie in der familienorientierten Frühförderung, in einem engen und dichten Verhältnis zur Familie stehen. In der Intensität der Zusammenarbeit und in der Wahrnehmung solcher Spannungen zwischen Kindorientierung einerseits und Eltern- und Familienorientierung andererseits liegt aber auch eine Chance, solche Probleme genauer zu erkennen und mit ihnen produktiver umgehen zu lernen. Es ist ein wichtiges Merkmal von Fachlichkeit und Professionalität in der Arbeit mit Familien, die Wahrnehmung der Bedürfnisse des Kindes mit den Möglichkeiten der Eltern und Familie abzustimmen.

Die sozial-kulturell andere Welt im Erleben und Verhalten von sozial benachteiligten Familien

Fachpersonen in der Kooperation mit Familien in Problemlagen müssen davon ausgehen, dass sie mit ihren fachlichen Interventionen in diesen Familien zwiespältig erlebt werden. Sie repräsentieren eine Welt mit Werten, Normen und Anforderungen, an denen diese Familien oftmals gescheitert sind; jener Welt begegnen sie deshalb mit Skepsis und Misstrauen. Lehrer*innen vertreten mit der Schule eine ›Mittelklasseinstitution‹, mit der diese Eltern selbst einerseits häufig vielfältige Erfahrungen des Scheiterns, der Diskriminierung und Stigmatisierung sowie der Scham verbinden, andererseits auch – zumal in Förderschulen – Erfahrungen, dass ihnen in ihrer Schulzeit pädagogische Zuwendung und Verständnis zuteilwurde. Beide Erfahrungsstränge können in der Zusammenarbeit mit der Schule ihrer Kinder reaktiviert werden.

Derlei hochambivalente Erfahrungen der paternalistischen Bevormundung und Kontrolle wie auch der Hilfe haben Menschen in gravierenden und oft Generationen überdauernden Armutsverhältnissen häufig schon von Kindesbeinen an gemacht – sei es direkt oder in der Identifikation mit ihren Eltern. Als lebensgeschichtlich verfestigte Erfahrungen sind sie Teil ihres Menschen- und Weltbildes, genauer des Bildes von der ›anderen‹ Welt.

Buchholz, Gmür und Höfer (1984, 230–257) kommen in einer schon älteren, gleichwohl auch heute noch anregenden Studie zur Enthaltsamkeit von Unterschichtfamilien »gegenüber Angeboten der Erziehungs- und Familienberatung« (234) zu einem bemerkenswerten Ergebnis: Unterschichtfamilien (so die in der Studie verwendete Bezeichnung) nehmen Beratung nicht nur deshalb weniger in Anspruch, weil der Zugang dazu für sie schwieriger ist als für Mittelschichtfamilien, sondern auch deshalb, weil sie diese – »überspitzt formuliert« – »*weder als notwendig noch als sinnvoll definieren*« (232; Hervorh. im Original). Einige in der Studie aufgezeigte Gründe der Nicht-Inanspruchnahme von Beratung seien genannt:

> »Unterschichtfamilien entscheiden sich gegen Beratung, weil sie [...]« (Buchholz et al. 1984, 237)

- »[...] ein Bild von Beratung haben, in dem der Berater nicht als ausreichend kompetenter Experte gesehen wird« (250);
- »[...] eine Distanz zum Akademiker ›Berater‹ spüren, die ein ausreichendes Verstehen ihrer Lebenswelt einschränkt« (251);
- »[...] in der Interaktion mit dem Berater nicht die ihrer Ansicht nach notwendige, gleichberechtigte Auseinandersetzung erwarten« (253);
- »[...] vermuten, daß Beratung auch von ihnen Veränderungen verlangen muß, d. h., daß Beratung neben zeitlichen auch psychische Kosten entstehen läßt. Diese Kosten sind wiederum mit Ängsten und Widerständen verbunden und werden (verglichen mit dem zu erwartenden Erfolg) als zu hoch angesehen« (255).

Zwar ist der Personenkreis »Unterschichtfamilien« in der Studie von Buchholz et al. (1984) relativ weit gefasst und gehört einer mehr als eine Generation zurückliegenden Altersgruppe von Eltern an. Gleichwohl bieten die darin erörterten Gründe der Nicht-Inanspruchnahme von Beratung wichtige Einsichten, wie sozial deklassierte Familien Beratung erleben und einschätzen. Setzt man diese Gründe in Bezug zu den in Kapitel 2 erörterten Erlebens- und Umgangsweisen der Fachleute hinsichtlich der für sie ›anderen‹ bzw. ›fremden‹ Lebenswelt dieser Familien, ergeben sich bedeutsame Zusammenhänge: Die sozial-kulturelle Distanz der Fachleute wird in der Tat die angemessene Wahrnehmung der familialen Lebenswelt einschränken und lässt sie – in gewisser Weise begründet – in den Augen der Familien als inkompetent erscheinen. Zugleich können Anforderungen an die Eltern, ihr Erziehungsverhalten – und das heißt oftmals auch zentrale Aspekte ihrer Lebensführung – zu ändern, als bedrohlich erlebt werden, vor allem dann, wenn sie aus einer einseitigen Kindorientierung gestellt werden, die Veränderungsmöglichkeiten aufseiten der Eltern unzureichend berücksichtigt, und wenn Eltern diese Anforderungen nicht mit der Hoffnung verbinden, dass sie aus der Beratung auch für sich persönlich Nutzen ziehen können.

Die hohen Ambivalenzen, die diese Familien professioneller Beratung und Hilfe entgegenbringen, hat Winfried M. Zenz (2002, 133) prägnant zusammengefasst:

> »Hilfe per se wird hochambivalent erlebt: Einerseits wird sie erwartet und dringend gesucht. Sie ist verbunden mit der Hoffnung auf Veränderung und Besserung der individuellen Lebenssituation; behaftet auch mit der Sehnsucht, im Helfer endlich den Menschen zu finden, von dem man evtl. erstmalig angenommen und bedingungslos verstanden wird. Zudem ist Hilfe ›gutes Recht‹, welches einem zusteht. Und andererseits macht Hilfe Angst: Angst vor Abhängigkeit, vor einer Bestätigung des persönlichen Dilemmas und vor öffentlicher Stigmatisierung; aber auch Angst davor, wieder enttäuscht, abgelehnt und ver-

lassen zu werden und sich wiederum als ohnmächtig zu erleben: Eine Wiederholung lebensgeschichtlicher Erfahrung wird nicht nur befürchtet, sondern als fast sicher angenommen.«

Angesichts dieser paradoxen Situation einer Angst der Eltern vor zugleich ersehnter Hilfe lässt sich erahnen, worauf sich Fachleute in den Spannungsfeldern und der Beziehungsdynamik der (Beratungs-)Arbeit mit sozial benachteiligten Familien einzustellen haben.

Grundzüge der Kooperation mit sozial benachteiligten Familien

Zu Stellenwert und Wirksamkeit der Arbeit mit Familien in Armut und Benachteiligung

Zwar werden Prinzipien wie Erziehungs- und *Bildungspartnerschaft* oder *Familienorientierung* vielfach beschworen. Gleichwohl zeigen sich, nicht zuletzt auch vor dem Hintergrund zunehmender personeller Engpässe und Einsparungen im Sozial- und Bildungsbereich, Tendenzen, die Umsetzung von Familienorientierung einzuschränken. So ist Frühförderung im häuslichen Kontext (Hausfrühförderung) vielfach abgebaut und in den Kita-Bereich verlagert worden; dies ist dann problematisch, wenn die »Frühförderung mit den Eltern« (Speck & Warnke 1983) als ursprüngliches Modell von Frühförderung zum Auslaufmodell wird. Dabei zeigt die internationale, insbesondere US-amerikanische Forschungslage, dass der längerfristige Einbezug der Eltern, insbesondere jener in benachteiligten Lebenslagen, in die Förderung ihrer entwicklungsgefährdeten Kinder, ihre Unterstützung zu einem responsiven Verhalten den eigenen Kindern gegenüber einen nachhaltigen Faktor der Wirksamkeit der Entwicklungförderung darstellt (vgl. Peterander & Weiß 2017); Mahoney (2016) spricht in diesem Zusammenhang von »Parenting Model«.

Wegen der erwähnten Spannungs- und Konfliktpotenziale ist für Kita und Schule ein Bedeutungsaspekt der Zusammenarbeit gerade auch mit sozial benachteiligten Familien nicht hoch genug einzuschätzen: Halbwegs gelingende Kooperation trägt bei zum Schutz des Kindes »im Fall von Konflikten vor innerer Zerrissenheit und Loyalitätskonflikten« (Dusolt 2018, 12). Kinder müssen als sensible Seismographen bereits präkonflikthafte Spannungen zwischen Eltern und Kita- bzw. Schulpersonal, aber auch oftmals zunehmende eigene diskrepante Erfahrungen zwischen ihrer Lebenswelt und der jeweiligen Bildungsinstitution wahrnehmen, aushalten und verarbeiten.

Eine solche innere Zerrissenheit als Schüler aus einem deklassierten Arbeitermilieu schildert der französische Soziologe Didier Eribon (2016) in seiner ›Autosoziobiografie‹ »Rückkehr nach Reims« mit eindrücklichen Worten:

> »Bald gab ich mir selbst die Schuld, bald meiner Familie. (Aber war sie verantwortlich? Und wofür?) Ich war hin und her gerissen, vollkommen verunsichert« (Eribon 2016, 65).
>
> »Wenn ich mich nicht selbst vom Schulsystem ausgrenzen wollte – beziehungsweise wenn ich nicht ausgegrenzt werden wollte –, musste ich mich aus meiner eigenen Familie, aus meinem eigenen Universum ausgrenzen. Diese beiden Sphären zusammenzuhalten, zu beiden Welten gleichzeitig zu gehören, war praktisch unmöglich« (Eribon 2016, 159).

Vielleicht kann man aus Eribons Resümee der eigenen schmerzlichen Erfahrungen mit der Schule auch Resignation herauslesen, gleichwohl wäre es eine verkürzte Interpretation seiner »Autosoziobiografie« (Rieger-Ladlich & Grabau 2018), sie in erster Linie so zu verstehen. Aus einer dezidiert gesellschaftskritischen Position geht es ihm vielmehr um eine politisch wirksame Analyse klassenspezifischer Benachteiligungen durch das Bildungssystem (darauf komme ich zurück).

Die folgenden Überlegungen befassen sich mit Grundzügen einer möglichst kooperativen und soziokulturfairen Arbeit mit benachteiligten Familien aus einer Perspektive, welche die Bedeutung und Wirksamkeit dieser Arbeit betonen möchte und dabei die damit verbundenen Hilfemöglichkeiten nüchtern differenziert einschätzt. Mit Blick auf Familien, die vor allem in den innerstädtischen Ghettos US-amerikanischer (Groß-)Städte zum Teil unter belastenden Bedingungen leben, wie sie für mitteleuropäische Verhältnisse nur schwer vorstellbar sind, betont Halpern (2000, 378) die Bedeutung »maßvoller« Erwartungen bezüglich der Veränderungen durch familienzentrierte ›frühe Hilfen‹:

> »In der Arbeit mit Familien, besonders aber in der Arbeit, die sich auf solch grundlegende Bereiche wie das elterliche Verhalten richtet […], sind Veränderungsprozesse als langsam fortschreitend, fragil und umkehrbar zu betrachten. Fortschritt muss in kleinen Einheiten gefasst und gemessen werden. Veränderung braucht Zeit, weil sie teilweise oder weitgehend durch die Beziehungen eintritt, die sich mit dem Helfer entwickeln, und solche Beziehungen erhalten ihre Stabilität und Bedeutung nur allmählich« (freie Übersetzung: H. W.).

Jedoch hoben Eltern, die über ihre Erfahrungen in amerikanischen Frühberatungsprogrammen befragt wurden, die Möglichkeit hervor, »eine unterstützende und Anteil nehmende Person zu haben: jemanden zum Reden, jemanden, der einem Mut machte, der zuhörte und dem man vertrauen konnte« (Halpern 2000, 376).

Handlungsorientierende Überlegungen zur Kooperation mit Familien in Armut und Benachteiligung

Aus den bisherigen Überlegungen ergeben sich vier wichtige Orientierungspunkte für die (Beratungs-)Arbeit mit und in benachteiligten Familien.

1. Die Arbeitsbeziehung als Grundlage einer verständigungsorientierten Kooperation

Entwicklungsprozesse der Kinder und Veränderungen in der Familie, speziell im elterlichen Erziehungsverhalten, gründen auf halbwegs verlässlichen, respekt- und vertrauensvollen Beziehungen zwischen Eltern, Kind und Fachperson (Weiß 2002).

Allerdings kann der Aufbau solcher Beziehungen schwierig sein – nicht nur weil ganz unterschiedliche ›Welten‹ aufeinanderstoßen, sondern auch weil Eltern in diesen Familien oft selbst – aufgrund eigener belasteter Beziehungserfahrungen schon in ihrer (frühen) Kindheit – Schwierigkeiten haben, Beziehungen aufzubauen und zu erhalten.

Wenn Fachleute dies bedenken, wird es ihnen vielleicht eher möglich sein, den notwendigen ›langen Atem‹ zum Beziehungsaufbau aufzubringen. Gerade in der Anfangszeit der Zusammenarbeit ist es wichtig, nicht gleich ›mit der Tür ins Haus zu fallen‹, d. h. die Familie mit allen möglichen, auf das Kind bezogenen Anliegen zu konfrontieren, sondern zu versuchen, einen Zugang zur familiären Lebenswelt zu bekommen und den Eltern die Möglichkeit zu geben, die Fachkraft als *Person* kennen zu lernen. Eltern in gravierenden Armutssituationen erkennen zwar meist sehr schnell, ob sich ein*e Frühförder*in, Erzieher*in oder Lehrer*in ausschließlich am Kind interessiert zeigt oder auch ein offenes Ohr und ein ernsthaftes Interesse für ihre Anliegen hat, ihnen wirklich zuhören. Sie haben in ihren bisherigen Erfahrungen mit Institutionen und Professionellen so etwas wie einen ›siebten Sinn‹ dafür entwickelt. Dennoch brauchen sie Zeit, soziale Distanz zu Fachleuten abzubauen.

Förderlich für den Aufbau einer Arbeitsbeziehung ist es auch, die Modalitäten der Kooperation auf die lebensweltlichen Bedingungen einzustellen. Dazu ein Beispiel: Früherzieher:innen beklagen, dass Familien verabredete Termine, z. B. von einer Woche auf die andere, nicht immer einhalten. Dies auf die ›Unzuverlässigkeit‹ der Mütter zurückzuführen ist oft zu einfach. Für die Mütter engt sich in der Bewältigung ihrer Aufgaben und Probleme des Lebens und Überlebens von einem auf den anderen Tag der Zeithorizont oftmals stark ein. Deshalb kann der Zeitraum von einer Woche für sie schon nicht mehr überschaubar sein. Werden jedoch diese Mütter am Tag vor dem vereinbarten Termin angerufen, gehen oftmals ärgerliche Erlebnisse, vor einer verschlossenen Wohnungstür zu stehen, deutlich zurück. Im Laufe der Kooperation kann der Zeitraum für Absprachen erweitert werden.

2. Achtung der Eltern als Eltern und ihrer Lebensform: Zum Umgang mit unterschiedlichen Wertvorstellungen

a) Doppelte reflexive Distanz
Eine tragfähige Arbeitsbeziehung kann sich nur dann entwickeln und fortbestehen, wenn die Fachperson Eltern in prekären Lebenslagen nicht nur in ihrer Mutter- oder Vaterrolle wahrnimmt, sondern als eigene Person(en) in ihrer Art zu leben (be-)achtet und prinzipiell mit Respekt begegnet. Dazu gehört auch, sich in die Lebenswelt dieser Familien und deren Hintergründe annäherungsweise hineinzudenken, was jedoch nur gelingen kann, wenn man ihnen in der Zusammenarbeit nicht unreflektiert die eigenen mittelschichtorientierten Wertvorstellungen und Normen überstülpt. Dies kann aber nicht heißen, dass die Fachperson ihr eigenes Werte- und Normensystem sozusagen an der Garderobe des Beratungsraumes abgibt, was – wenn überhaupt – nur mit einem Verlust an Echtheit möglich wäre. Hilfreich sind hier immer noch die mittlerweile über vier Jahrzehnte alten kritischen Anregungen einer Arbeitsgruppe in einem sozial benachteiligten großstädtischen

Neubaugebiet: Es sei notwendig, persönliche Werte und Normen nicht *unkontrolliert* in die Bewertung der Eltern und Familie, ihrer Lebenswelt, ihrer Deutungs- und Handlungsmuster, und in die Bewertung der Erziehungssituation des Kindes einfließen zu lassen. Vielmehr kommt es darauf an, mögliche überfordernde Ansprüche an die Eltern und an die Familie und mögliche unangemessene Einschätzungen ihrer Situation und falsche Voraussetzungen der eigenen Vorgehensweise immer wieder selbstkritisch – auch in Intervision und Supervision – aufzuspüren (vgl. Arbeitsgruppe »Familienzentrum Neuperlach« 1980, 89). Dazu bedarf es einer *doppelten reflexiven Distanz:* einer reflexiven Distanz zu den eigenen Wertvorstellungen und Normen sowie einer reflexiven Distanz zu den kulturellen Lebensmustern der Familie und ihrer Mitglieder (vgl. Weiß 2012).

Zu dem eigenen Werte- und Normensystem, zum eigenen Lebenskonzept in Distanz zu treten, kann bereits damit beginnen, kritisch nach dessen Allgemeingültigkeit zu fragen. Dann muss man feststellen, dass die normale bürgerliche Lebensform in der sog. Ersten Welt schon aus ökologischen Gründen keineswegs als Universalmodell taugt. Würden alle Menschen dieser Welt so leben, müsste dies auf relativ kurze Sicht zu einer unumkehrbaren Zerstörung unserer Lebensgrundlagen führen.

In reflexive Distanz zu den subjektiven Deutungs- und Handlungsmustern der Familien zu treten heißt, diese Muster als Ausdruck lebensweltlich geprägter und lebensgeschichtlich gewordener Strategien zu begreifen, mit denen diese Familien ihre oftmals prekären Lebenssituationen zu bewältigen suchen.

Eine solche Sichtweise kann zum einen dazu beitragen, sog. ›overlooked positives‹, d.h. Verhaltensmerkmale, die bei sog. ›Problemfamilien‹ leicht übersehen werden, zu entdecken und ins Gespräch mit den Eltern zu bringen. Der Hinweis einer Frühförderin, die über langjährige Erfahrungen mit sozial benachteiligten Familien verfügt, mag hier von Interesse sein: »Ich finde in jeder Familie etwas, das positiv ist, und wenn's nur die Katze ist.« Das sensible Aufspüren solcher Momente, mögen sie auch vordergründig als belanglos erscheinen, kann ein Kristallisationspunkt zur Bildung einer ersten Verständigungsgrundlage sein. Voraussetzung ist allerdings, dass solche positiven Äußerungen nicht nur taktisch gemeint sind, was die Familien wohl auch schnell als nicht authentisch erkennen würden.

Zum anderen kann eine auf doppelter reflexiver Distanz gründende Sichtweise dazu beitragen, sich die ›guten Gründe‹ des Denkens und Handelns von Menschen unter deprivierten Lebensverhältnissen bewusst zu machen, auch wenn sie den eigenen normativen Vorstellungen nicht entsprechen mögen.

Auch dazu ein Beispiel: Eine alleinerziehende Mutter ernährte ihren schon 1½-jährigen Sohn immer noch ausschließlich an der Brust trotz bereits auftretender Mangelerscheinungen. Die mit ihr zusammenarbeitende Frühförderin, durch den Kinderarzt und das Gesundheitsamt vermittelt, suchte ›gute Gründe‹ für die Handlungsweise der Mutter zu finden, z. B. die Vermutung, die Mutter könnte meinen, sie schenke ihrem Kind das Beste, was sie ihm geben könne, oder die Annahme, in ihrer finanziell sehr eingeschränkten Situation sei das Stillen die kostengünstigste Ernährung ihres Jungen. Diese ›guten Gründe‹, vorsichtig der Mutter als Hypothesen angeboten, können ein Gespräch mit ihr ingangsetzen, in dem sie sich nicht beschämt und angeklagt fühlt.

b) Habitus und Habitussensibilität

In reflexive Distanz sowohl zur eigenen Lebenswelt und deren Orientierungen als auch zur Lebenswelt der Menschen zu treten, für die man beruflich verantwortlich ist, stellt einen der gelebten Praxis nachgängigen Schritt dar (vgl. Meyer-Drawe 2001, 14); gelebte und reflektierte Praxis (vgl. ebd.) sind nicht identisch. Gleichwohl kann eine doppelte reflexive Distanz die Entwicklung eines kultivierten Vorurteilsbewusstseins unterstützen. Sie kann dazu beitragen, sich der eigenen Vorurteile gegenüber fremden Lebenswelten bewusst(er) zu werden und diese mit dem Ziel zu bearbeiten, eine möglichst große Offenheit und Sensibilität gegenüber Menschen aufzubauen, deren Ort im sozialen Raum sich deutlich von dem eigenen unterscheidet. Schlägt sich eine solche Sensibilität im eigenen professionellen Verhalten nieder, wäre sie Teil nicht nur reflektierter, sondern gelebter Praxis. Dies aber ist eine komplexe, anspruchsvolle Aufgabe; denn Menschen entwickeln in ihrer Lebensgeschichte auch vorurteilsbehaftete Wahrnehmungs-, Denk- und Handlungsweisen entsprechend ihrer Verortung innerhalb bestehender sozialer Ungleichheitsverhältnisse (in einem Spektrum von benachteiligt bis privilegiert). Diese verfestigen sich habituell, werden also gewissermaßen zu verinnerlichten – und durch die aktuelle Lebenslage innerhalb des Spektrums sozialer Ungleichheit meist bestärkten – Gewohnheiten in Lebensstil und Alltagskultur. Sie werden Teil des Habitus dieser Menschen im Sinne des französischen Soziologen Bourdieu. Ihm zufolge »ist der Habitus ein durch die Sozialisation ausgeprägtes, relativ beständiges System von strukturierten und strukturierenden Handlungsdispositionen, welches als ›Erzeugungs- und Ordnungsgrundlage für Praktiken und Vorstellungen‹ (Bourdieu 1987, 98) fungiert. In diesem Sinne generiert der Habitus die Alltagskultur bzw. den Lebensstil – und stellt somit eine besondere Tiefenstruktur im Bereich der ohnehin tief im Subjekt sedimentierten Handlungsdispositonen dar« (Sander & Weckwerth 2015, 5).[7]

Erste Ergebnisse der in den letzten Jahren entstehenden Habitusforschung im Bereich Schule deuten an, dass die jeweiligen Lehrpersonen, die überwiegend zum oberen oder mittleren Feld des sozialen Ungleichheitsspektrums gehören, Schüler:innen mit ähnlichen (sich entwickelnden) Habitusmustern sozial näher stehen. Schüler:innen mit niedrigem sozioökonomischen Status treffen bei ihren Lehrer:innen somit »weitgehend durchgängig auf Habitusmuster […], die anders als ihre eigenen Habitusmuster sind. Die wahrgenommene Distanz und Fremdheit geht dabei noch mit der fehlenden Anerkennung der eigenen Kultur durch die Schule einher sowie mit der Anforderung, sich der fremden, schulischen Kultur anzupassen« (Lange-Vester 2015, 367).

Wie lässt sich die soziale Distanz, »die in der Verschiedenheit der Habitusmuster zum Tragen kommt« (Lange-Vester 2015, 370), abbauen oder – vielleicht vorsichtiger formuliert – wie lässt sich mit ihr den Kindern, Jugendlichen, Eltern gegenüber

---

7 Die tief sedimentierten lebensstil- und alltagskulturbezogenen Handlungsdimensionen und Muster der Selbst- und Weltdeutung – einschließlich der Deutung des Fremden im Selbst und der Welt – gehen gewissermaßen in ›Fleisch und Blut‹ über, werden ›verleiblicht‹, bestimmen z. B. das Auftreten eines Menschen in einer Weise, dass soziale Herkunft und Lage oft auf den ersten Blick erkennbar werden.

fairer umgehen, als dies oftmals in Schule und weiteren Institutionen geschieht? In der Literatur wird dazu eine Habitussensibilität gefordert und in Professionen, die direkt mit Menschen zu tun haben wie Soziale Arbeit oder Pflegeberufe, als »weiterer Kern professionellen Wissens« veranschlagt (Sander & Weckwerth 2015, 6). Ähnlich wichtig sehen Lange-Vester und Teiwes-Kügler (2014, 177) Habitussensibilität für Lehrpersonen an und umschreiben sie folgendermaßen:

> »Habitussensibilität verstehen wir als eine Art ausgeprägtes Gespür für das Gegenüber, als eine Schlüsselkompetenz und Voraussetzung im pädagogischen Alltag von Lehrkräften, die dem ›Verstehen‹ im Sinne von Pierre Bourdieu (1997) sehr nahe kommt. Gemeint sind die Fähigkeit und Bereitschaft, sich gedanklich an den Ort zu versetzen, den ein Schüler oder eine Schülerin im sozialen Raum einnimmt« (zit. nach Thümmler 2022, 224).

Ein »ausgeprägtes Gespür für das Gegenüber«, ein Einstimmen auf den Ort, den Kinder, Eltern und Familien als Kooperationspartner:innen im sozialen Raum einnehmen, sind zentrale und anspruchsvolle Kompetenzen in der Zusammenarbeit mit Menschen in anderen Lebenswelten. Die Aneignung solcher Kompetenzen z. B. im frühpädagogischen oder schulischen Bereich ist eine komplexe Aufgabe: Sie müssen in den Habitusmustern von (jungen) Menschen verankert werden, biografisch bereits verfestigte Einstellungen und Positionierungen im sozialen Raum gegebenenfalls infrage gestellt und aufgebrochen werden. Dies gelingt in dem Maße, indem im Professionalisierungsprozess stehende Menschen die Chance erhalten und ergreifen, sich mit unterschiedlichen Lebenswelten im sozialen Spektrum – einschließlich Familien in gravierender sozialer Benachteiligung – möglichst intensiv nicht nur kognitiv auseinanderzusetzen, sondern sich auch auf der emotionalen Ebene darin einzulassen. Hier wird wiederum eine doppelte Perspektive deutlich, die im Unterschied zu der oben beschriebenen doppelten reflexiven Distanz über eine ereignis- und fallbezogene Reflexion in der konkreten Arbeit hinausgeht und sich den notwendigen »Luxus« einer tiefer gehenden Auseinandersetzung mit fremden Lebenswelten wie auch der eigenen Herkunft und aktuellen Lebenssituation leistet. Ramona Thümmler (2022) hat in der Frage »Habitussensibilität lehren und lernen?« (225) diese beiden Perspektiven so umschrieben: »Kannst du dir vorstellen, wie es ihm geht? Plurale Lebenswelten erschließen« (ebd.) und »Wo komme ich eigentlich her? Reflexion durch Biographiearbeit« (227).

Beide Perspektiven stehen in engem Bezug zueinander und für beide kann die Arbeit mit einschlägiger Literatur (vgl. Thümmler 2022, 226 f.) eine gute Grundlage bieten, z. B. mit der erwähnten, auch in Deutschland bekannt gewordenen Autosoziobiografie »Rückkehr nach Reims« (Eribon 2016). Eine ähnliche Zielsetzung, nämlich die Auseinandersetzung mit den Selbsterfahrungen des Aufstiegs von Arbeiter:innenkindern in die höher gebildeten gesellschaftlichen Milieus, verfolgt der ebenfalls von Bourdieu mit beeinflusste französische Schriftsteller Henri Louis, z. B. in seiner ins Deutsche übersetzten Autobiografie »Das Ende vom Eddy« (2016). Dazu gehören auch Schriftsteller:innen im deutschen Sprachraum, z. B. Christian Baron (2020): »Ein Mann seiner Klasse«.

Ein literarisches Vorbild für Eribon, Louis und andere ist die mittlerweile auch in Deutschland relativ bekannte Schriftstellerin Annie Ernaux. Mit ihrem ebenfalls autobiografischen Werk »Die Jahre« (deutsch 2017) und anderen im Wesentlichen autobiografischen Veröffentlichungen gilt sie als Begründerin eines literarischen Genres. In diesem verbinden Autor:innen, auch unter dem Einfluss von Bourdieu stehend, die Aufarbeitung lebensgeschichtlicher Erfahrungen mit dem politischen Anspruch, zum Abbau gesellschaftlicher Ungerechtigkeit und Benachteiligung beizutragen. Erlebtes, Widerfahrenes aufzuarbeiten und das Persönliche in größere gesellschaftliche Zusammenhänge einzuordnen (siehe die schon verwendete Bezeichnung »Autosoziobiografie«) steht dabei unter der gedanklich vorgestellten Perspektive gesellschaftlicher Gerechtigkeit, weswegen solche Publikationen auch als »Autofiktionen« bezeichnet werden. Den damit verbundenen erkenntnismäßig-reflexiven Anspruch bringt Ernaux (2022) mit folgenden Worten zum Ausdruck:

> »Ich habe das Gefühl, dass ich den Dingen, wenn ich sie aufschreibe, stärker auf den Grund gehen kann, als wenn ich sie nur erlebe.«

Wer sich mit solchen Autosoziobiografien beschäftigt, bekommt die Chance, andere, fremde Welten jenseits der eigenen (klein-)bürgerlichen Welt zumindest literarisch kennenzulernen und mit den Autor*innen deren Erlebtem und Widerfahrenem offen und differenziert kritisch »auf den Grund [zu] gehen«. Damit soll jedoch nicht der Anspruch verbunden sein, das Erlebte und Widerfahrene des Anderen zur Gänze verstehen zu wollen; denn dies liefe in der Konsequenz auf eine *»Domestizierung der Andersheit des Anderen«* (Meyer-Drawe 2001, 32, im Original kursiv), somit auf dessen Aneignung, hinaus. Es müssen nicht (nur) positive, zustimmende Identifikationsprozesse mit den Sichtweisen der Autor:innen sein. Entscheidend ist hier die Auseinandersetzung mit dem Fremden im Gegenüber und der »Fremdheit im Eigenen« (Waldenfels 1998, 136), also mit der lebensgeschichtlichen Gewordenheit und lebensweltlichen Verankerung unterschiedlicher Habitusmuster. Literaturseminare mit Autosoziobiografien können, auch in Verbindung mit der eigenen Lebensgeschichte und Lebenswelt, eine wichtige Hilfe darin bieten, Habitussensibilität zu entwickeln. Dabei ist die Auseinandersetzung mit der eigenen Biografie und deren Verortung im sozialen Raum auch für jene wichtig, die selbst aus benachteiligten Verhältnissen stammen. Denn es ist nicht selbstverständlich davon auszugehen, »[…] dass pädagogische Fachkräfte aus unteren Herkunftmilieus aufgrund ihrer früheren Mileuzugehörigkeit sozusagen ›von Haus aus‹ über eine besondere Sensitivität für Menschen in Armut und Benachteiligung verfügen. Unbearbeitete Konflikte und Scham können auch Ressentiments bewirken und Distanz schaffen« (Weiß 2020, 106).

Eine derartige literaturbasierte Auseinandersetzung mit anderen, fremden Lebenswelten und der eigenen lebensgeschichtlichen und aktuell lebensweltlichen Verankerung im sozialen Raum kann und soll weitere Wege zur Entwicklung einer Habitussensibilität nicht ersetzen, z. B. konkrete Begegnungen mit Menschen aus benachteiligten Lebenslagen im Rahmen von Praktika und Hospitationen sowie den gedanklichen Austausch in Gruppen. Jedoch vermag autosoziobiografische Literatur Leser:innen nicht nur kognitiv, sondern mit ›Kopf und Herz‹ anzusprechen.

3. Die Lebenswelt als zentraler Bezugspunkt in der (Beratungs-) Arbeit

Eltern in ökonomisch und psychosozial hochbelasteten Lebenslagen sind häufig so in ihren existenziellen Problemen im Hier und Jetzt – in finanzieller Unsicherheit und Schulden, der Sorge, die Wohnung zu verlieren, im (drohenden) Verlust des Partners usw. – gefangen, dass ihnen wenig psychische Energie bleibt, auf die Bedürfnisse und Probleme ihrer Kinder hinreichend zu achten. Erzieher:innen oder Lehrer:innen, die sich mit kindbezogenen Anliegen an die Eltern wenden, müssen daher davon ausgehen, dass ihre Anliegen in der elterlichen Bedeutungshierarchie einen nachrangigen Platz einnehmen und von den Eltern als Belastung empfunden werden. Andererseits haben sie von ihrem professionellen Selbstverständnis und ihren Arbeitsbedingungen her meist nur begrenzte Möglichkeiten, da aktiv zu werden, wo es den Familien am dringlichsten erscheint und wo aus fachlicher Sicht Hilfe primär ansetzen muss: bei den ganz konkreten Dingen des Alltags (Zenz 2002, 136).

Mit diesem Dilemma kann die Fachperson am besten in der Weise umgehen, dass sie ernsthaft versucht, die lebensweltlichen Nöte und Bedürfnisse der Eltern in den Blick zu nehmen und darauf einzugehen, auch wenn es dabei nicht primär und unmittelbar um das Kind und seine Erziehung geht. Diese *lebensweltliche Handlungsorientierung* schließt auch konkrete Hilfestellungen in den Alltagsproblemen ein, sei es bei der Stellung eines Antrags auf finanzielle Hilfen, bei der Suche nach einem Hortplatz für ältere Kinder oder einer geeigneteren Wohnung. Gemeint ist dabei nicht, dass Frühförder:innen oder Lehrer:innen Sozialarbeit im engeren Sinn übernehmen, auch wenn »sozialarbeiterische Elemente« (Naggl & Thurmair 2000, 230) darin enthalten sein können. Häufig geht es ›nur‹ darum, die lebensweltlichen Probleme und Anliegen der Eltern, das, was sie bedrängt, aufzunehmen, sie gegebenenfalls zu ermutigen, sich weitere Hilfe zu beschaffen und sie durch *begleitende* Weiterverweisung darin zu unterstützen. Es macht einen großen Unterschied, ob man eine Mutter oder einen Vater einfach an eine für sie fremde Beratungsstelle weiterverweist oder an die ›Frau Meier‹, verbunden mit dem Hinweis, dass man diese persönlich kennt. Ersteres wird von den Eltern schneller als ›Abschieben‹, letzteres eher als Ausdruck eines persönlichen Interesses für ihre Anliegen verstanden.

Ein solches Eingehen auf ihre lebensweltlichen Bedürfnisse können Eltern als wichtige faktische und emotionale Stütze erleben. So berichtete die erwähnte Mutter von fünf Kindern im Interview auch, dass sie von der mit ihr in der Frühförderung zusammenarbeitenden Logopädin bei der Suche einer Sozialwohnung viel Unterstützung erfuhr. Aus deren Sicht bestand diese ›lediglich‹ darin, die Mutter immer wieder zu ermutigen, gegenüber dem Wohnungsamt nicht locker zu lassen. Einmal legte sie auch dem Wohnungsamt schriftlich dar, wie wichtig aus fachlicher Perspektive der Umzug aus der Notunterkunft in eine Sozialwohnung für die Entwicklung der fünf Kinder sei.

4. Zusammenarbeit bei kindbezogenen (Erziehungs-)Problemen

Hat sich eine halbwegs tragfähige Arbeitsbeziehung entwickelt und zeigt die pädagogische Fachperson ehrliches Interesse für die lebensweltlichen Belange der Familie, so werden Eltern auch offener, wenn Frühförder*in, Erzieher*in oder Lehrer*in Anliegen, die sich auf das Kind beziehen, ansprechen oder zur Stärkung der Erziehungskompetenzen der Eltern beizutragen suchen. Dies wird vor allem dann erleichtert, wenn die Fachperson nicht einseitig das Erziehungsverhalten der Eltern ändern will, »sondern einfach als Gesprächspartner*in bereit ist, den Eltern zuzuhören, für ihre Lage Verständnis zu zeigen und eventuell im Gespräch mit den Eltern gemeinsam zu einem besseren Verstehen des Kindes beizutragen. Eltern, die ihr Kind verstehen, werden auch besser mit ihm umgehen können« (Klein 1985, 74).

Die Intention, »zu einem besseren Verstehen des Kindes beizutragen«, ist auch deshalb wichtig und zugleich schwierig umzusetzen, weil es sich in sozial gravierend benachteiligten Familien häufig um Eltern handelt, deren grundlegende Bedürfnisse in ihrer Kindheit nicht angemessen erfüllt wurden und die sich daher oft schwertun, die Bedürfnisse ihrer eigenen Kinder hinreichend zu erkennen.

Hier versucht eine *interaktions- und beziehungsfokussierte* (Früh-)Beratung anzusetzen, nämlich den Eltern (der Mutter) in unterschiedlichen Interaktionssituationen mit ihrem Kind, z.B. beim Essen, bei der Pflege und besonders im Spiel, behutsame, konkrete und verständliche Hinweise etwa zu folgenden Fragen zu geben: Was will vermutlich das Kind in dieser Situation ›sagen‹? Warum zeigt es gerade jetzt dieses Verhalten (Weinen, Widerstand und Abwehr oder auch Freude)? Warum hat es kein Interesse für den angebotenen Spielgegenstand? (Hat es womöglich Hunger oder liegt es in nassen Windeln?)

Eine solche »Deutungshilfe« (Speck 1985, 56) kann die Mutter dort für sich als hilfreich empfinden und annehmen, wo sich ein gewisses Vertrauensverhältnis entwickelt (hat). Nur in dem Maße, in dem sie sich in ihren Bedürfnissen wahrgenommen, be- und geachtet erlebt und sich nicht unter einem pauschalen Druck gestellt sieht, sich in allem Möglichen verändern zu müssen, kann sie offener für ihre eigenen und die Bedürfnisse ihres Kindes werden.

Schlussbemerkungen

Mit Praxisberatung und Supervision möchte ich noch einen wichtigen Aspekt ansprechen. Fachpersonen, z.B. der Frühförderung und (Förder-)Schulen, können unter Umständen mit dermaßen prekären Lebens- und Erziehungsverhältnissen eines Kindes konfrontiert werden, dass die Forderung nach einer Balance zwischen Kindorientierung und Eltern- bzw. Familienorientierung für sie zynisch klingen mag. Herausgefordert von der Situation und zugleich darin verwickelt, werden sie in der notwendigen Parteinahme für das Kind kaum mehr Möglichkeiten haben, die Bedürfnisse und Nöte der Eltern wahrzunehmen. Gerade hier bedarf es einer interdisziplinären und interinstitutionellen Kooperation, aber gegebenenfalls auch supervisorischer Hilfen.

Mit meinen Überlegungen möchte ich keinesfalls der Illusion Nahrung geben, dass die Arbeit mit Familien in gravierender Armut und Benachteiligung ein – im platten Sinne – Erfolg versprechendes ›Geschäft‹ wäre, dessen Probleme bei Beachtung bestimmter Handlungsorientierungen einfach ›in den Griff zu kriegen‹ seien. Fachleute in dieser Arbeit haben sich nicht nur vor resignativen, habitusunsensiblen Vorurteilen wie etwa ›bei diesen Eltern kann man ohnehin nichts machen‹ zu schützen, sondern auch vor wie auch immer gearteten Heilserwartungen und utopischen Veränderungswünschen, die dann doch wieder zu Enttäuschungen ihrer selbst und der Familien führen müssten. Es gehört gerade zu einer angemessenen Professionalität in diesem Arbeitsfeld, Habitussensiblität und darauf aufbauend eine differenzierte Sichtweise der Einflussmöglichkeiten und Grenzen zu entwickeln.

Literatur

Arbeitsgruppe »Familienzentrum Neuperlach« (1980). Eine Beratungsstelle für sozioökonomisch benachteiligte Familien in München. In: Gerlicher, Karl (Hg.). *Prävention. Vorbeugende Tätigkeiten in Erziehungs- und Familienberatungsstellen.* Göttingen, 68–96.
Baron, Christian (2020). *Ein Mann seiner Klasse.* Berlin, Claassen.
Buchholz, Wolfgang; Gmür, Wolfgang & Höfer, Renate (1984). *Lebenswelt und Familienwirklichkeit.* Frankfurt a. M., New York.
Dusolt, Hans (2018, 4. überarb. Aufl.). *Elternarbeit als Erziehungspartnerschaft.* Weinheim, Basel.
Engelbert, Angelika (1999). *Familien im Hilfenetz. Bedingungen und Folgen der Nutzung von Hilfen für behinderte Kinder.* Weinheim, München.
Eribon, Didier (2016). *Rückkehr nach Reims.* Berlin: Suhrkamp.
Ernaux, Annie (2017). *Die Jahre.* Berlin.
Ernaux, Annie (2022). Ein literarisches Ereignis. In *Druckfrisch,* gesendet am 22.05.2022. ARD-Mediathek.
Fragner, Josef (1995). Das Bild des Fremden in uns. *Behinderte in Familie, Schule und Gesellschaft,* 18, 6, 11–20.
Halpern, Robert (2000). Early childhood intervention for low-income children and families. In Shonkoff, Jack P.; Meisels, Samuel J. (Hg.): *Handbook of early intervention.* Cambridge, 361–386.
Klein, Gerhard (1985). *Lernbehinderte Kinder und Jugendliche. Lebenslauf und Erziehung.* Stuttgart et al.
Lange-Vester, Andrea (2015): Habitusmuster von Lehrpersonen – auf Distanz zur Kultur der unteren sozialen Klassen. *Zeitschrift für Soziologie der Erziehung und Sozialisation,* 35, 4, S. 360–376
Lange-Vester, Andrea & Teiwes-Kügler, Christel (2014). Habitussensibilität im schulischen Alltag als Beitrag zur Integration ungleicher sozialer Gruppen. In Sander, Tobias (Hg.). *Habitussensibilität. Eine neue Anforderung an professionelles Handeln.* Wiesbaden, 177–207.
Louis, Édouard (2016). *Das Ende vom Eddy.* Frankfurt a. M.
Mahoney, Gerald (2016). The Parenting Model of Early Intervention/Das Elternmodell in der Frühförderung. In Steffens, Markus, Borbe, Cordula & Jendricke, Victoria (Hg.). *Familie und psychische Gesundheit – Anspruch und Wirklichkeit.* Frankfurt a. M., 109–131.

Meyer-Drawe, Käthe (2001). *Leiblichkeit und Sozialität* (3. Aufl.). München, Wilhelm Fink.
Naggl, Martin & Thurmair, Monika (2000). Frühförderung für Kinder in Armutslagen: Handlungsmöglichkeiten und bewährte Praxis. In Weiß, Hans (Hg.). *Frühförderung mit Kindern und Familien in Armutslagen.* München, Basel, 209–235.
Peterander, Franz & Weiß, Hans (2017). Wirksamkeit Familienorientierter Frühförderung. *Frühförderung interdisziplinär*, 36, 1, 34–36.
Rieger-Ladlich, Markus & Grabau, Christian (2018). Didier Eribon: Porträt eines Bildungsaufsteigers. *Zeitschrift für Pädagogik*, 64, 788–804.
Sander, Tobias & Weckwerth, Jan (2015). *Soziale Sensibilität und Habitussensibilität.* In Routinen der Krise – Krise der Routinen – 37. Kongress der Deutschen Gesellschaft für Soziologie, Bd. 37. https://publikationen.soziologie.de/index.php/kongressband_2014/article/view/38
Speck, Otto (1985). Spezielle Früherziehung – Basale Hilfe beim Lebensstart unter kritischen Bedingungen. *Frühförderung interdisziplinär*, 4, 49–57.
Speck, Otto & Warnke, Andreas (Hg.) (1983). *Frühförderung mit den Eltern.* München, Basel
Thümmler, Ramona (2022). Habitussensibilität und Subjektive Theorien im Kontext (sonder-)pädagogischer Interaktionen. In Leitner, Susanne & Thümmler, Ramona (Hg.). *Die Macht der Ordnung. Perspektiven auf Veränderung in der Pädagogik.* Weinheim, Basel, 218–231.
Waldenfels, Bernhard (1998). *Grenzen der Normalisierung.* Frankfurt a. M.
Weiß, Hans (2002). Was wirkt in der Frühförderung? – Eine Analyse aus einem pädagogischen Blickwinkel. *Frühförderung interdisziplinär*, 21, 74–87.
Weiß, Hans (2012). Zusammenarbeit mit Eltern in schwierigen sozialen Lagen. In Hess, Simone (Hg.). *Grundwissen Zusammenarbeit mit Eltern in Kindertageseinrichtungen und Familienzentren.* Berlin, 62–73.
Weiß, H. (2020). Die Arbeit mit Eltern in prekären Lebenslagen – eine spannungsreiche Aufgabe für inklusive Kindertageseinrichtungen. In Müller, Gabriele & Thümmler, Ramona (Hg.). *Frühkindliche Bildung zwischen Wunsch und Wirklichkeit. Neues zur Kindheits- und Familienpädagogik.* Weinheim, Basel: Beltz Juventa, 102–118
Zenz, Winfried M. (2002). Zwischen Macht und Ohnmacht. Die Beziehungsdynamik von Helfer und Familie bei Kindesvernachlässigung und ihre Folgen für lösungsorientiertes Arbeiten. In Zenz, Winfried M.; Bächer, Korinna & Blum-Maurice, Renate (Hg.). *Die vergessenen Kinder. Vernachlässigung, Armut und Unterversorgung in der BRD.* Köln, 130–142.

»Unter die Deutschen gefallen[8]« – Aufmerksamkeiten von und auf Eltern von Kindern mit einer Behinderung in der Migrationsgesellschaft

Kerstin Merz-Atalik

> »Migration war immer ein bedeutender Motor gesellschaftlicher Veränderung und Modernisierung. Migrant/innen können in dieser Perspektive als Akteure gesehen werden, die neues Wissen, Erfahrungen, Sprachen und Perspektiven in unterschiedliche soziale Zusammenhänge einbringen und diese mitgestalten« (Mecheril et al. 2010, 8).

Dieser Beitrag soll die Aufmerksamkeiten auf die Bedeutung der migrationsbedingten Vielfalt in unserer Gesellschaft und ihren Institutionen (vgl. Merz-Atalik 2014a; 2014b) für die Zusammenarbeit mit Familien und Eltern von Kindern mit einer Behinderung oder Beeinträchtigung lenken. Dabei soll der Fokus auf der Frage liegen, wie sich Perspektiven und Handlungskonzepte in den Einrichtungen und von den überwiegend deutschen Mitarbeiterinnen und Mitarbeitern in den Institutionen der Bildung und Beratung bzw. Betreuung von Menschen mit Behinderungen zu einer Haltung entwickeln kann, die migrationsbedingte Vielfalt wertschätzt. Es geht einerseits darum, die oftmals vernachlässigten positiv zu konnotierenden Effekte und Chancen der migrationsbedingten Vielfalt für das pädagogische, therapeutische oder sozialarbeiterische Handeln hervorzuheben und andererseits die vermeintlichen Fallstricke einer verengten Perspektive auf den Migrationskontext, die Kultur oder Ethnie aufzuzeigen. Zudem sollen auch konkrete Hinweise für die Entwicklung von inklusiven Kulturen und Strukturen sowie für die interpersonale Kommunikation und Beratung in einer Migrationsgesellschaft[9] herausgearbeitet werden. Eine Qualitätsentwicklung innerhalb der Organisationen und Institutionen im Sinne aller Beteiligten ist nur denkbar, »wenn es gelingt, eine Lernkultur zu etablieren, in der die Repräsentanten unterschiedlicher kultureller und professioneller Herkunft voneinander und miteinander lernen« (Hegemann 2004, 89). In diesem Sinne ist das Ziel der Kooperation die Entwicklung und Pflege einer inklusiven Kultur innerhalb der Einrichtungen, die zudem dem Bild der lernenden Organisation entspricht (ebd.).

---

8   Titel eines Buches von Chima Oji: Unter die Deutschen gefallen. Erfahrungen eines Afrikaners. 2. Auflage 2001.
9   Im Sinne von generellen, differenzsensiblen Konzepten, statt defizitorientierten Perspektiven auf eine vermeintliche Minderheit der Gesellschaft.

Die wahren kulturellen Konfliktlinien: »Temperamente« in der Zusammenarbeit von Professionellen und Eltern/Familien

Die Zusammenarbeit von professionellen Helferinnen und Helfern mit Eltern ist generell von sehr differierenden Temperamenten bestimmt. Dies basiert auf zum Teil grundlegend anderen Gesetzmäßigkeiten, Rahmenbedingungen und Eigenlogiken, Rollen und Verantwortlichkeiten, welche die Personen innerhalb des Systems Familie bzw. die professionell Handelnden in einer Institution bzw. Organisation haben. Allgemein unterscheidet man vier Merkmale der Beschreibung von Temperament: 1. Die Aktivität, also Kraft, Stärke und Geschwindigkeit von Aktionen, Denken und Sprechen. 2. Die Reaktivität, die ebenso das Tempo und die Stärke umfasst, in der man auf bestimmte Reize reagiert und wie offen man für die Reize ist. 3. Die Emotionalität und damit die Häufigkeit und Stärke, in der Gefühle geäußert werden und Stimmungen auftreten bzw. wechseln. Und 4. die Soziabilität, das Bedürfnis nach Nähe zu anderen und die Art und Weise mit diesen umzugehen.

Wenn wir auf der Basis dieser Definition und Systematik einmal die Temperamente von Eltern, die sich für die Entwicklung, das Wohlbefinden und die Akzeptanz ihrer Kinder einsetzen, dem Temperament einer Einrichtung oder Institution innerhalb der Frühförderung oder (frühkindlichen) Bildung gegenüberstellen, wird sehr schnell deutlich, dass hier unterschiedliche Bedürfnis-, Interessens- und Temperamentlagen aufeinandertreffen. Die folgende Tabelle soll diese idealtypisch kontrastieren.

Tab. 1: Systematische Kontrastierung der Temperamente von Eltern und Professionellen

Eltern/Erziehungsberechtigte	Professionelle Helfer/PädagogInnen
• Rolle und Verantwortung für das eigene Kind im Familiengefüge	• Rolle und Verantwortung für mehrere Klienten im System
• Familiär bedingte Rolle und Funktion in der Gesellschaft	• Professionelle Rolle und Funktion im System, der Organisation, der Gesellschaft
• Zeitlicher Druck, es geht um das »Jetzt« (stärkerer Gegenwartsbezug) im unmittelbaren Umfeld	• Zeitdruck eher geringer, es geht auch um die »Nachhaltigkeit« (stärkerer Zukunftsbezug) im beruflichen Feld
• Die Sorge um das eigene Kind sind häufig tendenziell der persönlichen oder familiären Bedürfnisbefriedigung übergeordnet	• Die Fürsorge für die Klienten ist tendenziell der persönlichen oder familiären Bedürfnisbefriedigung untergeordnet
• Persönlich und emotional stark involviert; subjektiv(er) in den Empfindungen	• Persönlich und emotional distanziert(er), neutral(er) in den Empfindungen
• Unmittelbare/existentielle Effekte auf Zufriedenheit	• Weniger existenzielle/keine unmittelbaren Effekte auf Zufriedenheit
• Zeitlicher Dauer-Einsatz für das eigene Kind (Familienbezug)	• Zeitlich limitierter Einsatz für die Klienten (Klientenbezug)
• Erhebliche Effekte der Interventionen und Entscheidungen für das persönliche Leben	• Eher geringere Effekte der Interventionen und Entscheidungen für das persönliche Leben.

Die Lage der Eltern von Kindern mit Behinderungen und Beeinträchtigungen ist bestimmt durch eine empfundene Notlage oder einen Bedarf, der auf eine kurzfristige Lösung oder einen positiven Wirkungseffekt setzt. Es geht um das eigene Kind, von dem auch die persönliche Bedürfnisbefriedigung als Eltern und jene der Familie abhängig ist. Dies setzt ungemeine Aktivitätsbereitschaft in Gang, die teilweise auch mit geringer Kenntnis und Akzeptanz von gesetzlichen, administrativen und institutionellen Grenzen oder einschränkenden Rahmenbedingungen einher geht. Die emotionale Beteiligung, der Wunsch nach der möglichst erfolgreichen Entwicklung des Kindes, nach Partizipation in der Gesellschaft, nach Soziabilität, nach ungeteilter Zuwendung und unbegrenzter Solidarität, nach der Anerkennung der Behinderung ihres Kindes als Normal- und nicht als »Sonder«-fall bestimmen die Temperamente der Eltern. Einrichtungen und Institutionen hingegen sind häufig sehr eng in ihren organisatorischen, professionellen oder gesetzlichen Strukturen gefangen und können daher nicht mit dem gleichen Temperament auf die Erwartungen der Eltern reagieren. Von der Entwicklung einer Form der Zusammenarbeit, die das Prädikat »Erziehungspartnerschaft« verdient, sind wir leider an vielen Stellen noch weit entfernt. Dies ist natürlich nicht in einer mangelnden Motivation der Träger oder der Mitarbeiter/innen begründet, sondern vielmehr den Ablauforganisationen, den beschränkten materiellen und personellen Ressourcen und systembedingten Strukturen und Rahmenbedingungen geschuldet. Dennoch kann man hier eine Form von *Kulturkonflikt* erkennen, die eher durch die *Begegnung von System und Person* bestimmt ist als durch die ethnischen Kulturen oder einen Migrationshintergrund der verschiedenen Beteiligten.

Vielfach wird die Begegnung mit Eltern mit einem Migrationshintergrund und der Zugang zu ihnen als schwierig und verunsichernd beschrieben. Amirpur (2019) kommt auf der Basis einer Studie zu der Erkenntnis, dass es zu einer negativen Verstärkung der Strukturkategorien von Migration und Behinderung kommen kann. Sie macht eine Reihe von strukturellen migrationsspezifischen Barrieren sowie rassistische Diskriminierungen dafür verantwortlich. Insbesondere das gegenseitige Verständnis und die entgegengebrachte Akzeptanz gegenüber der Person des Beraters (vgl. Boltz 2004) oder die Intervention, Methoden und Therapien betreffend (vgl. Merz-Atalik 1997) werden als zusätzlich erschwerend wahrgenommen. Darüber hinaus gibt es auch zahlreiche Hinweise darauf, dass es für Familien mit Migrationshintergrund höhere Barrieren im Zugang zu den Beratungs- und Hilfeangeboten gibt (u. a. durch Sprachbarrieren, Hemmungen, Unkenntnis der Systeme oder generelle Schwellenängste vor Institutionen). Die Situation zwischen den institutionellen Einrichtungen (als soziale Sicherungsinstrumente des Staates und der Gesellschaft) und den Familien ist allgemein durch die unterschiedlichen »Temperamente« und durch generelle Machtverhältnisse bestimmt. Dazu kommt das Verhältnis zwischen den Professionellen als (in der Regel) Angehörigen der Majorität in der Gesellschaft und den Eltern als Angehörigen einer Minorität. Zusätzlich erschweren sprachliche und kulturelle Verständigungsprobleme (vgl. Merz-Atalik 2008) die Kommunikationssituation. Daher bedarf es – neben den in vielen Einrichtungen bereits eingesetzten Sprachmittlern – auch einer Schulung des pädagogischen, sozialarbeiterischen und therapeutischen Personals zu den sozialen Hintergründen von Familien im Einzugsgebiet der Einrichtung sowie zu einer Form der differenzsensiblen, anerkennenden Kommunikationskultur.

Allgemein differenzsensible Kommunikation im Hinblick auf Transkulturalität zur Vermeidung von Ethnisierung und Kulturalisierung von Differenzen

Der Kulturbegriff in den Sozial- und Erziehungswissenschaften basierte in der Vergangenheit lange Zeit auf der Vorstellung vermeintlicher Einheiten, in dem er also « … kollektive Vorstellungen über rassenbezogene, geografisch-territoriale, ethnische, historische, linguistische, ethisch-religiöse oder kulturelle Zugehörigkeiten definierte und die Differenzen als auch daraus resultierende Phänomene der Interaktion und Kommunikation beschrieb. Im Feld des *Inter*kulturellen [Hervorhebung der Verf.] wurden vorrangig Strategien der Annäherung und Verständigung zwischen diesen kulturellen Inseln beschrieben« (Merz-Atalik 2014, 165). Die immer noch so häufig geäußerte Frage »Fühlen sie sich mehr als Türke oder als Deutscher?« basiert auf dieser kollektiven Vorstellung von kulturellen Inseln und dem daraus gezogenen Resümee, man könne nur entweder »zwischen den beiden Stühlen sitzen« oder müsse sich für »einen« entscheiden. In der Literatur zur Professionalisierung für inter- oder transkulturelle Kompetenzen und Kommunikation ist heute in der Regel diese bi-polare Vorstellung von Kultur (Eigen- und Fremdkultur) überwunden und man geht von eher hybriden Formen kultureller Identitäten, u. a. als Auswirkungen des kosmopolitischen oder transnationalen sozialen Raumes oder einer »Pluri-Lokalität« (Amirpur 2019, 53) aus. Mit dem Bild der Stühle gesprochen bedeutet dies, dass alle Menschen – nicht nur jene mit einem Migrationshintergrund – auf mehreren oder auch wechselnd auf einzelnen Stühlen sitzen können.

In der Auseinandersetzung mit den besonderen Herausforderungen der (Zusammen-) Arbeit mit Menschen mit Migrationshintergrund wuchs die Erkenntnis, dass Migration « … nicht erst seit der sogenannten Gastarbeitergeneration in den 1960er Jahren zu einer Pluralisierung und zu hybriden Formen von ethnisch-kulturellen Identitäten geführt [hat], denen man mit den Konzepten von ›Kulturbegegnung‹ oder ›Kulturkonflikt‹ (wie in der Interkulturellen Pädagogik der 1980er und 1990er Jahre) nicht mehr entsprechen kann« (a.a.O.). Ausgehend von einer hybriden Ausprägung von kulturellen Identitäten und Lebenswelten entstand die Vorstellung einer transkulturellen Identitätsentwicklung (vgl. Welsch 1995), die davon ausgeht, dass auch Migranten sich aktiv und individuell mit der Migrationssituation und den Einflüssen auseinandersetzen und keine linearen Konsequenzen für die Interaktion und Kommunikation mit bestimmten Herkunftsgruppen gezogen werden können. Die Vorstellung einer spezifischen, gruppenbezogenen Kommunikationskompetenz entsprechend der Herkunftsländer ist dadurch weitgehend obsolet geworden. Statt einer interkulturellen – also zwischen den Kulturen zu verortenden – Kommunikation wird zunehmend eine kultur- und diversitätssensible und den individuellen transkulturellen Identitäten von Menschen entsprechende Kommunikationskompetenz gefordert. Takeda (2012) macht vier Vorschläge zur Förderung der für diese transkulturellen Kommunikationssituationen erforderlichen Kompetenzen[10]:

1. Differenzieren statt polarisieren;
2. Entkategorisieren und entschematisieren;
3. Historisieren statt essentialisieren;
4. Kontextualisieren statt kulturalisieren.

Entlang dieser Systematik soll im Folgenden aufgezeigt werden, welche Werte, Haltungen und Praktiken die Kooperation mit Eltern in einer Migrationsgesellschaft bestimmen sollten. Der Fokus liegt dabei auf dem Versuch, eine die Inklusion – im Sinne eines nie endenden Prozesses der Steigerung von Partizipation (vgl. Booth/Ainscow 2011) – unterstützende Basis herauszuarbeiten.

Differenzieren statt polarisieren

Es geht darum, Menschen mit einem Migrationshintergrund nicht als die Anderen oder Fremden wahrzunehmen, denn diese »Polarisierung kann, indem sie das Eigene gegenüber dem Fremden aufwertet, zur Hierarchisierung führen« (Takeda 2012, 81). Takeda warnt vor der Gefahr, durch die polarisierende Wahrnehmung von Migrant und Nicht-Migrant in ein »oberflächliches kulturgebundenes Beziehungsgeflecht« (2012, 82) zu geraten und sich dann darin positionieren zu müssen. Bereits der Begriff »Migrant« an sich basiert auf einer binären Vorstellung von Migrant und Nichtmigrant (vgl. Mecheril et al. 2010) und konstatiert, dass es unwiderrufliche Differenzen geben würde. »Dieser Blick auf ›die Anderen‹ trägt u. a. zur Verfestigung von Wir-die-Einteilungen bei. Dadurch wird eine Homogenisierung der jeweiligen Gruppe betrieben« (Kalpaka 2004, 41) und die sogenannten »Anderen« im Interaktionsprozess erst produziert bzw. reproduziert. Die Tatsachen, dass erstens Menschen mit Migrationshintergrund (auch jene aus bestimmten Herkunftsgebieten) keinesfalls homogene Gruppen darstellen, sowie zweitens die sogenannten Einheimischen ebenfalls durch die Diversifizierung unserer Gesellschaft durch Globalisierung, Mobilität und Migration beeinflusst sind, werden dabei oft nicht angemessen realisiert. Amirpur kommt bei einer Studie zu türkischen Familien mit einem behinderten Kind sogar zu der Erkenntnis, dass es kaum Unterschiede zwischen migrierten und nichtmigrierten Eltern gibt. Unabhängig vom Migrationskontext seien die Familien auf ihrer Suche nach Aufklärung zu behinderungsspezifischen Fragen, nach Angeboten familiärer Entlastung sowie auf der Suche nach differenzierten Konzepten der Förderung und Betreuung. Ihre Forderungen an das

---

10 Die Ausführungen und die Systematisierung in Takeda (2012) beziehen sich auf die Förderung transkultureller Kompetenz mit einem Fokus auf das Bildungssystem.

Hilfesystem bezüglich der Weitergabe von Informationen seien identisch (Amirpur 2019).

Zuschreibungen und damit verbundene Hierarchisierungen unterliegen implizit dem Kommunikationsprozess und determinieren (mehr oder weniger bewusst) die Kommunikation. Daher geht es darum, das Gegenüber als Mensch und damit als gleichwertig zu sehen sowie ihn in seiner unvergleichbaren Differenz wahrzunehmen. Es geht also um das Interesse an der »phänomenalen Welt des Klienten« (Ohnacker 1985; nach Merz-Atalik 1997, 20). Deshalb sieht dieser Beitrag davon ab, unter dem möglichen Titel »Zusammenarbeit mit Eltern mit Migrationshintergrund« eine polarisierende Perspektive zu bedienen, sondern widmet sich vielmehr den Herausforderungen einer Migrationsgesellschaft, die für alle Eltern von Kindern mit Behinderungen oder ohne und für alle Einrichtungen in der Einwanderungsgesellschaft von Bedeutung sind.

Für die konkrete Kommunikation bedeutet es, dass sich die Professionellen aktiv mit ihren eigenen Schablonen und Stereotypen auseinandersetzen. Erst wenn diese aus dem Status des Unbewussten heraustreten, aktiv hinterfragt werden, ist es möglich, sie zu reflektieren und ggf. zu überwinden. »Nicht die Fragen: ›Was ist mir fremd?‹ und ›Wie gehe ich mit dem Fremden um?‹, sondern die Fragen: ›Warum ist es mir fremd?‹ und ›Wie gehe ich bzw. wie gehen wir mit unseren Fremdheitskonzepten um?‹ sollten für die Kommunikation in inter- und transkulturellen Situationen aufgeworfen und beantwortet werden« (Merz-Atalik 2008; 37).

Zielgruppenspezifische Beratungs- und Selbsthilfeangebote (z. B. Gesprächsgruppen oder Kaffee-/Teestuben für türkische Eltern) bergen, wenn sie sich ausschließlich an eine ausgewählte Herkunftsgruppe oder nur an Menschen mit Migrationshintergrund alleine richten, neben der Chance der einfacheren sprachlichen Verständigung auch Gefahren der Isolation von sozialen Kontakten, Informationen und Erhöhen gar die Barrieren für die gesellschaftliche Partizipation (vgl. Amirpur 2019). Daher sollten die Ziele solcher zielgruppenspezifischen Angebote kritisch reflektiert, mögliche negative Konsequenzen (wie z. B. die Selbstethnisierung oder die Isolation von deutschen und anderen Familien) bedacht und ggf. alternative Organisationsformen in Erwägung gezogen werden.

Entkategorisieren und entschematisieren

Jede Kommunikation ist durch implizite Erwartungen und Zuschreibungen bestimmt (vgl. Merz-Atalik 2008). In der Auseinandersetzung mit den Familien mit einem Migrationshintergrund geht es darum, die »vereinfachten Kategorien und Schemata zu überwinden« (Takeda 2012, 82). Viele Informationsmaterialien für Familien mit behinderten Kindern fokussieren stark eine bestimmte Herkunftsgruppe und neigen dazu, einen ethnisierenden Blick zu produzieren. Dies kann leicht zu schematisierenden Umgangsformen und Deutungsmustern in der Interaktion und Kommunikation führen, die eine unvorbelastete Perspektive auf das Individuum und die individuelle Situation erschweren. Zudem bergen die Schematisierungen und Kategorisierungen die Gefahr, dass die Kommunikation durch die Beziehungsebene belastet wird, weil das Gegenüber sich nicht auf den wesentlichen Kommunikationsinhalt (Sachebene) einlassen oder konzentrieren kann, weil er bspw. den Erwartungen des Gegenübers entsprechen oder widersprechen möchte (Beziehungsebene). Vor einem sitzt in der Beratungssituation nicht der »Albaner[11] mit einem Kind mit einer Behinderung«, sondern der »Vater von einem Kind, der für sein Kind und seine Familie durch die Beratung, Therapie oder die Betreuung Unterstützung erhofft«. Wie diese Unterstützung aussehen kann, wie sie für diesen Vater und diese Familie akzeptabel ist, welchen Stellenwert die Situation als Migrant in Deutschland für die Lebenssituation und die Behinderung evtl. hat, das muss in der Kommunikation im Einzelnen erörtert werden und kann nicht linear aus dem Migrationshintergrund abgeleitet werden. Eine solche professionelle und differenzierende Perspektive sollte die Grundlage jeglichen Handelns im Umgang mit Menschen, auch unabhängig von einem Migrationshintergrund, sein. Bi-polare Kategorien wie: traditionell und modern, östlich und westlich, städtisch und ländlich, patriarchalisch und gleichgestellt etc. behindern einen offenen Dialog auf Augenhöhe mit den einzelnen Menschen und den Familien. Es ist deshalb unabdingbar, Konzepte und Verhaltensweisen anzustreben, »die die Situation der einzelnen nicht nach einem einheitlichen Muster zu bewerten suchen, sondern die ein Erfassen der zentralen Details auf dem Hintergrund interkulturellen Wissens« (Rauscher 2003, 415) und Ausdruck einer kultur- und differenzsensiblen Umgangsweise darstellen. Die Institutionen tun dabei gut daran, für ihre Mitarbeiter/innen Möglichkeiten der Information und der Professionalisierung sowie der Auseinandersetzung mit den ihnen »fremden« kulturellen, ethnischen, sozialen Lebenswelten ihrer Klientel im direkten Umfeld zu gewähren und anzubieten (z.B. durch Besuche von Moscheen, Synagogen, Treffpunkten im Umfeld, Kultureinrichtungen, etc.).

»Professionelle Handlungen und Strukturen werden im Zuge dieser Reflexivität daraufhin befragt, inwiefern sie zu einer Ausschließung des und der Anderen beitragen« (Mecheril 2010, 190). Mecheril geht davon aus, dass weder der Ausschluss noch die Erzeugung des Fremden, Anderen vermeidbar wären. Sie sollten vielmehr aktiv angenommen und beschrieben, bedacht und ggf. verändert werden. Erst das Bewusstwerden von Handlungsschemata ermöglicht deren Hinterfragung und ggf. das Überwinden derselben. Ein reflexives professionelles Selbst kann jedoch nur in einem reflexiven professionellen Feld entstehen (vgl. ebd.). Dazu sollten Institutionen Angebote und Atmosphären schaffen und unterstützen, die eine professionelle kritisch-konstruktive Handlungsreflexion ermöglichen (z.B. durch kollegiale Supervision und Beratung).

Historisieren statt essentialisieren

Wir sind uns häufig unserer eigenen handlungsleitenden Werte und der Deutungsmuster nicht bewusst. Wir setzen sie als globalisierte Grundwerte in der Ge-

---

11 Wenn man dies durch ein anderes Herkunftsland ersetzt – bspw. Engländer – wird auch deutlich dass es sich hier bei der differenzierenden Wahrnehmung nur um bestimmte, bereits stereotypisierte Herkunftskulturen handelt.

genwart und in unserer heutigen Gesellschaft und reflektieren oftmals nur ungenügend ihre Historizität. Dies kann dazu führen, wenn wir »fremden« Werten und Kulturen begegnen, dass wir Werte wie Freiheit, Demokratie oder Selbstbestimmung gerne als westliche oder europäische (vgl. Takeda 2012) bezeichnen und als Ausdruck und Leistung unserer eigenen Kultur wahrnehmen. »In dieser sprachlichen und kulturellen Aneignung schwingt ein Moment der Essentialisierung mit, die sich über das historische Ringen um diese Werte hinwegsetzt und die Kompetenz zu deren Verbreitung und Umsetzung gleichsam monopolisiert« (a.a.O., 85). Nehmen wir zum Beispiel den Aspekt der Gleichstellung von Mann und Frau. Nicht nur in Familien mit einem Migrationshintergrund ist die Pflege- und Erziehungsarbeit von Kindern mit einer Behinderung vorwiegend in weiblicher Hand. Auch in Deutschland gelten Pflege- und Erziehungsberufe als weibliche Berufsfelder und das trotz einer (weithin angenommenen) Gleichstellung von Mann und Frau. Kulturelle, religiös oder sozial motivierte Werte und Normen variieren ebenso stark zwischen deutschen Familien und sind häufiger von sozialen und bildungsbezogenen Faktoren abhängig als von den Migrationskontexten. Ein Migrationshintergrund darf nicht vorschnell dazu verleiten, dass man eine von der eigenen abweichenden Werte- oder Normenvorstellung und die damit zusammenhängenden Verhaltensweisen und Erwartungen ethnisiert oder kulturalisiert.

Kontextualisieren statt kulturalisieren

»Im herrschenden Diskurs steht ›die Kultur der Anderen‹ im Mittelpunkt. Weder die eigene noch die Kultur der Einrichtung noch die Dominanzkultur oder der eigene Blick auf die andere Kultur sind die vorherrschenden Themen« (Kalpaka 2004, 41). Kalpaka beschreibt die Gefahr der Selbstethnisierung und Selbstkulturalisierung. Immer wieder auf den kulturellen Hintergrund angesprochen und manchmal sogar reduziert, erfolgt eine Form von Selbstzuschreibung. Die Effekte der Selbstkulturalisierung sind problematisch, da sie die Handlungsflexibilität einschränken und einen Zugang zu den Klienten oder Eltern deutlich erschweren.

Es bedarf einer stärker kontextbezogenen Wahrnehmung der Handlungen, Aktionen und Reaktionen des Gegenübers, das bedeutet « ... statt von der vermeintlichen Kultur, von dem Tun der Menschen unter bestimmten Lebensbedingungen auszugehen. [...] Das Handeln spiegelt meistens Antworten und (Überlebens-)Strategien der Menschen wider, die ihnen im ›Feld der Möglichkeiten und Zwänge‹ sinnvoll und machbar erscheinen« (a.a.O. 40). Die Lebenswirklichkeit der Familien ist häufig viel stärker durch eine »Kultur der Unterprivilegierung mit all ihren Begleiterscheinungen wie Arbeitslosigkeit, Armut, schlechte Wohn-, Gesundheits- und Bildungsvoraussetzungen (Hegemann 2004, 87)«, aber auch durch die Veränderung von sozialen Netzwerken und Solidargemeinschaften wie der Familie bestimmt als durch die kulturellen Begleiterscheinungen der Migration. Dies möchte ich am Beispiel von sozialen Netzwerken vertiefen. Viele Familien mit Migrationshintergrund leben bereits in der zweiten oder dritten Generation in Deutschland. Andere jedoch haben einen Teil der Familie und damit auch der sozialen Unterstützungssysteme im Herkunftsland zurückgelassen. Sie haben durch den Wechsel des Lebensmittelpunktes an einen anderen geografischen Ort oftmals die gewachsenen Strukturen in ihrem sozialen Umfeld abgebrochen oder die Pflege derselben ist aufgrund der räumlichen Distanz schwieriger geworden. Dieser Kontext, der durch eine stärkere Vereinzelung von Familien und ggf. einer drohenden oder bereits bestehenden sozialen Isolation gekennzeichnet ist, ist jedoch kein kulturell bedingter. Es handelt sich um die sozialen Folgen der Migration, die jedoch auch bei Familien ohne einen Migrationshintergrund (z. B. durch den Wohnortwechsel und eine nationale Binnenmigration, durch beruflich oder familiär bedingte Trennungen der Familien, etc.) auftreten. Dies auf die Tatsache der Migration allein zurückzuführen birgt die Gefahr einer Kulturalisierung des sozialen Phänomens und einer Überinterpretation der Auswirkungen und Folgen. Entstehende Alltagsprobleme weisen oft eine ähnliche oder gar gleiche Brisanz für die Pflege und Fürsorge für ein Kind mit einer Behinderung auf wie in deutschen Familien. Daher geht es darum, die eigentlichen Belastungen kultursensibel, aber nicht auf die Differenzkultur reduziert zu erheben und ebenso die Lösungsansätze nicht zu sehr mit einem Blick auf vermeintliche ›ethnisch-kulturelle Differenzen‹ zu limitieren. »Losgelöst von Kulturalisierungen geht es um eine individualisierende Sicht auf die konkreten Lebenswelten des Gegenübers« (Merz-Atalik 2008, 35) in der aktuellen Lebens- und Entwicklungssituation. Auernheimer (2002) betont die differenten Erwartungen, »... die aus unterschiedlichen lebenspraktischen Kontexten und diesen korrespondierenden Vorstellungswelten resultieren« (a.a.O., 184). Viel bedeutsamer als die Frage nach der nationalen, ethnischen oder kulturellen Herkunft sind also die aktuelle Lebenssituation und die Bedeutung der Behinderung oder Beeinträchtigung eines Kindes für die Gegenwart der Eltern oder Familien. Es gilt, die Haltungen, Äußerungen und Handlungsweisen der Personen im Hinblick auf den individuellen Lebenskontext zu verstehen und nachzuvollziehen und die strukturellen Barrieren im System für Partizipation und Inklusion abzubauen.

Anerkennung und Wertschätzung von Vielfalt in einem inklusionsorientierten Diversity Management

Anerkennung »markiert die normativen Grundlagen der politischen Ansprüche auf Teilhabe und Selbstbestimmung, die zwar als universelle Ansprüche verstanden werden, zumeist aber infolge strukturellen Mangels und Nachteilen von Minderheitengruppen formuliert werden« (Mecheril et al. 2010, 181). Eine wertschätzende Perspektive auf Mitbürgerinnen und Mitbürger mit einem Migrationshintergrund ist leider nicht nur in der Bevölkerung und den Medien, sondern häufig auch in pädagogischen und therapeutischen Einrichtungen eher unterrepräsentiert. Vielmehr stellt Mecheril fest, dass sich hartnäckig eine »Negativ- und Defizitperspektive [hält], die Migration vor allem in Verbindung mit Armut und Kriminalität, als störend, bedrohend und fremd thematisiert« (Mecheril et al. 2010, 8). Die zunehmende Diversität von Lebenswelten, sozialen, kulturellen oder ethnischen Hintergründen wird von den Einrichtungen des Sozial-, Gesundheits- und Bildungswesens weithin immer noch vorwiegend als Belastung und *zusätzliche* Herausforderung wahrgenommen. Nur langsam ändern sich die grundlegenden Konzepte und Leitbilder in den Institutionen der Sozial- und Behindertenhilfe von der Perspektive auf ›die Anderen‹ und ›den speziellen Sonderprogrammen und -konzepten‹ zu einem Mehr an Anerkennung und Akzeptanz der Vielfalt. Ziel einer Berücksichtigung der migrationsbedingten Vielfalt wäre es, die Diversität des Klientels im Sinne eines Diversity-Managements aktiv zum Ausgangspunkt der Gestaltung von Kulturen, Praktiken und Strukturen (vgl. Booth & Ainscow 2011) in den Institutionen zu machen. »Dies steht inklusiven Prozessen in der Gesellschaft entgegen, da vor dem Hintergrund einer dominierend problemorientierten Sicht die ›Integration von Ausländern‹ als verhandelbares Ziel formuliert und damit die generelle Zugehörigkeit als auch die Existenz einer Einwanderungsgesellschaft implizit in Frage gestellt wird« (Merz-Atalik 2008, 23).

»Die Entwicklung in anderen Ländern hat gezeigt, dass interkulturelle Qualität in der psychosozialen Versorgung im Wesentlichen ein strukturelles und damit nur bedingt ein fachliches Problem ist. Veränderungen werden daher neben der Qualifizierung Einzelner in erster Linie über die Gestaltung günstiger Rahmenbedingungen zu erreichen sein« (Hegemann 2004, 89). Im Index für Inklusion, einem Evaluationsinstrument für die Qualitätsentwicklung inklusiver Bildungseinrichtungen, gibt es einen Indikator für die Kooperation mit Eltern, der explizit auch die Ebene der Diversität familiärer Hintergründe mitberücksichtigt (Booth & Ainscow 2017, 106). Angelehnt an das indikatorengestützte Evaluationsinstrument des Index für Inklusion, das sich im Original an inklusive Bildungsinstitutionen richtet, wären die Fragestellungen für eine diversitäts- und migrationssensible Einrichtung und Interaktion:

- Ist es der Institution und den Mitarbeiter/innen bewusst, dass die Wurzel institutioneller Diskriminierung in Kulturen und Strukturen liegt, die Angehörige bestimmter Gruppen abwerten oder auf andere Weise diskriminieren?
- Gibt es offizielle Empfehlungen zur Reduktion von Ungleichheit im Zusammenhang mit Migrationskontexten, Flucht, Ethnizität, Religion, sozialer Lebensverhältnisse – um allen Formen der Diskriminierung entgegen zu treten – und sind sie Bestandteil des Konzeptes der Institution oder des Leitbildes?
- Spiegelt die Kultur der Einrichtung die sozialen Milieus, die Ethnizität, Herkünfte, familiäre Verhältnisse und Lebenswelten der Klient/innen, deren Eltern und des Personals wider?
- Wird sichergestellt, dass alle Eltern sich selbst und ihre Hintergründe (z. B. migrationsbedingte, wie Sprache, Ethnizität, Kultur, Religion, Fluchterfahrung oder Aufenthaltsstatus[12]) in der Einrichtung in den Materialien, den Auslagen/Ausstellungen und in den Orten wiederfinden?

---

12 Zum Beispiel durch mehrsprachiges Informationsmaterial, in welchem auch Fallbeispiele aus Familien mit unterschiedlichem ethnischen, religiösem, sozialem oder familiärem Milieu aufgegriffen werden.

- Werden die Wirkungen und Abgrenzungen der Vorstellungen von nationalen, globalen oder mitteleuropäischen Werten für die Zusammenarbeit erkannt?
- Vermeiden die Mitarbeiter/innen Vorstellungen, dass jeder in der Gesellschaft die gleichen Werte teilt?
- Nehmen sich Mitarbeiter/innen, Leitungen, Eltern oder Erziehungsberechtigte und Kinder die Zeit, über Werte, deren Implikationen für das Handeln, über die Natur ihrer eigenen Werte und darüber, wie sie sich zwischen Menschen unterscheiden, zu reflektieren?
- Vermeiden die Mitarbeiter/innen eine Religion als bedeutsamer zu repräsentieren als eine andere oder keine Religion?
- Sind sich Mitarbeiter/innen über die Vielfältigkeit der häuslichen, familiären Kulturen und der Lebensumstände (auch innerhalb von Herkunftsgruppen) bewusst?
- Werden Unterschiede in der Familienstruktur realisiert und wertgeschätzt?
- Nehmen die Mitarbeiter/innen wahr, dass manche Eltern sich mehr zuhause oder willkommen fühlen in der Einrichtung als andere?
- Anerkennen die Mitarbeiter/innen, dass Menschen schweres Unbehagen erleben, wenn ihre Kulturen und Identitäten nicht respektiert werden?
- Werden die Empfindungen einer kulturellen Verwerfung wahrgenommen, die evtl. insbesondere von Menschen empfunden werden wie Flüchtlingen oder Asylbewerber/innen?
- Sind signifikante Geschehnisse in der Lebensgeschichte der Eltern/Familien/Kinder in Formen realisiert und vergegenwärtigt, die ihre Kulturen respektieren?[13]

Die Grundannahmen und Indikatoren für eine wertschätzende und inklusive Perspektive auf die Zusammenarbeit mit Eltern sind ganz und gar unabhängig davon, ob ein Migrationshintergrund vorliegt. Die Mitarbeiter/innen sollten ein Bewusstsein für den Mehrwert der Zusammenarbeit mit Eltern entwickeln. Ihr Handeln sollte geprägt sein durch die Achtung der ethnischen, kulturellen und sozialen Hintergründe und der Sichtweisen der Eltern und Familien. Dazu sollten sie über die Fähigkeit zur effektiven und diversitätssensiblen Kommunikation mit Eltern und Familienmitgliedern verfügen (vgl. European Agency for Development in Special Needs Education 2012).

»Allgemein zielt Anerkennung auf Verhältnisse, in denen der Status des je anderen als handlungsfähiges Subjekt ernst genommen wird. [...] Anerkennungsansätze plädieren für eine Regelung pädagogischer Angelegenheiten, die die Handlungsfähigkeit Einzelner fördert und ermöglicht. Dies macht Strukturen erforderlich, in denen Einzelne ihren basalen Handlungsdispositionen entsprechende Bedingungen [...] vorfinden« (Mecheril et al. 2010, 183). Was bedeutet dies für die Gestaltung von Beratungs- und Bildungseinrichtungen? Teilhabe und Handlungsvermögen des Klientels ist nur dadurch zu erweitern, dass man Dispo-

---

13 Angelehnt an verschiedene Indikatoren in Booth & Ainscow (2017): Index for inclusion. Übersetzung und Einpassung in das Handlungsfeld Kooperation mit Eltern in einer Migrationsgesellschaft durch die Verfasserin.

sitionen, wie eine andere Muttersprache, religiöse oder kulturelle Zugangsweise zu Phänomenen und Situationen, realisiert, wertschätzt und nicht vorrangig als negative Differenz zu den gegebenen dominanten Disponiertheiten des Systems (wie die mononationale/-linguale/-kulturelle Ausrichtung) versteht. Inklusion (nach der UNESCO 2005) versteht die Verschiedenheit und die Einzigartigkeit von Menschen in Fähigkeiten, Kompetenzen, Begabungen, Überzeugungen, sozialen oder regionalen Hintergründen sowie Formen des Lebens von Individuen und Gruppen in der Gesellschaft als eine bereichernde Vielfalt und versucht sie aktiv zu nutzen. Inklusion beschreibt das Ziel der Berücksichtigung von Vielfalt und Differenz in einer Kultur der Zugehörigkeit, in der alle Menschen Wertschätzung und Anerkennung erfahren und gleichberechtigt in die Gegenwart und Zukunft der Gesellschaft eingebunden werden (vgl. Merz-Atalik 2011).

Literatur

Auernheimer, Georg (2002). Interkulturelle Kompetenz – ein neues Element pädagogischer Professionalität? In Auernheimer, Georg (Hg.) (2002). *Interkulturelle Kompetenz und pädagogische Professionalität*. Opladen, Leske und Budrich, 183–205.

Amirpur, Donja (2019): Migrationsbedingt behindert? Familien im Hilfesystem: Eine intersektionale Perspektive. https://nbn-resolving.org/urn:nbn:de:0168-ssoar-68547-1

Boltz, Michel (2004). Praxisgeschichten aus der interkulturellen Sozialarbeit. In von Wogau, Janine Radice; Eimmermacher, Hanna & Lanfranchi, Andrea (2004). *Therapie und Beratung von Migranten. Systemisch-interkulturell denken und handeln*. Weinheim und Basel, Beltz, 218–231.

Booth, Tony & Ainscow, Mel (2017): Index für Inklusion. Ein Leitfaden für die Schulentwicklung. In Achermann, Bruno; Amirpur, Donja; Braunsteiner, Maria-Luise; Demo, Heidrun; Plate, Elisabeth & Platte, Andrea (Hg.). *Index für Inklusion. Ein Leitfaden für die Schulentwicklung*. Erste Auflage. Weinheim und Basel, Beltz.

European Agency for Development in Special Needs Education/ Europäische Agentur für Entwicklungen in der sonderpädagogischen Förderung (2012). *Inklusionsorientierte Lehrerbildung: Ein Profil für inklusive Lehrerinnen und Lehrer*. Odense, Dänemark. http://schulent wicklung.uni-frankfurt.de/web/pdfs/Profile-of-Inclusive-Teachers-DE%20end.pdf (Download 10.2013).

Hegemann, Thomas (2004). Interkulturelle Kompetenz in Beratung und Therapie. In von Wogau, Janine Radice; Eimmermacher, Hanna & Lanfranchi, Andrea (2004). *Therapie und Beratung von Migranten. Systemisch-interkulturell denken und handeln*. Weinheim und Basel, Beltz, 79–91.

Kalpaka, Annita (2004). Über den Umgang mit »Kultur« in der Beratung. In von Wogau, Janine Radice; Eimmermacher, Hanna & Lanfranchi, Andrea (2004). *Therapie und Beratung von Migranten. Systemisch-interkulturell denken und handeln*. Weinheim und Basel, Beltz, 31–44.

Mecheril, Paul; Castro Varela, Maria do Mar; Dirim, Inci; Kapalka, Annita & Melter, Claus (Hg.) (2010). *Migrationspädagogik*. Weinheim und Basel, Beltz.

Merz-Atalik, Kerstin (1997). Aspekte der Beratung türkischer und kurdischer Eltern von Kindern mit Behinderungen. *Gemeinsam leben*, 5, 16–21.

Merz-Atalik, Kerstin (2008). Begleitung und Beratung von Familien mit Migrationshintergrund – Aspekte der Kommunikation in inter- bzw. transkulturellen Situationen. *Sonderpädagogische Förderung*, 53/ 1, 22–38.

Merz-Atalik, Kerstin (2011). Interkulturelle Kommunikation – Umgang mit und Irritation durch Vielfalt. Schritte auf dem Weg zu einer inklusiveren Gesellschaft?! In Landeshauptstadt München, Sozialreferat (Hg.). *Vernetzung der Behinderten- und Migrationsarbeit in München.* Fachtag 15.11.2011, Dokumentation.

Merz-Atalik, Kerstin (2014a). Inklusiver Unterricht und migrationsbedingte Vielfalt. In Wansing, Gudrun & Westphal, Manuela (Hg.). *Behinderung und Migration. Intersektionale Perspektiven.* Wiesbaden, Springer, 159–175.

Merz-Atalik, Kerstin (2014b). (Migrationsbedingte) Diversität und Bildungsgerechtigkeit – Von der separierten Förderung zur Personalisierung von Lernen in inklusiven Settings. In Langner, Anke; Feyerer, Ewald (Hg.). *Umgang mit Vielfalt. Lehrbuch für Inklusive Bildung.* Schriftenreihe der Pädagogischen Hochschule Oberösterreich, Band 3. Linz, Trauner, 235–248.

Rauscher, Iris (2003). Zur Situation von türkischen Migrantenfamilien mit behinderten Kindern in der BRD. *Behindertenpädagogik*, Jg. 42, 3, 402–416.

Takeda, Arata (2012). *Wir sind wie Baumstämme im Schnee. Ein Plädoyer für transkulturelle Erziehung.* Münster, New York, München, Berlin, Waxmann.

UNESCO (2005). *Guidelines for Inclusion: Ensuring Access to Education for All. Published by the United Nations Educational, Scientific and Cultural Organization.* http://unesdoc.unesco.org/images/0014/001402/140224e.pdf (Download: 10.2013).

von Wogau, Janine Radice; Eimmermacher, Hanna & Lanfranchi, Andrea (2004). *Therapie und Beratung von Migranten. Systemisch-interkulturell denken und handeln.* Weinheim und Basel, Beltz.

Welsch, Wolfgang (1995). Transkulturalität. Zur veränderten Verfasstheit heutiger Kulturen. *Zeitschrift für* Kulturaustausch 45 (1), 39–44.

II Lebenslaufbezogene Kooperationssituationen der Beratung und Begleitung von Familien

Ärztliche Aufgaben in der Beratung der Eltern

Andreas Seidel

Einführung

Die Kindesentwicklung ist ein wesentlicher Bestandteil der kinderärztlichen Arbeit. Die in regelmäßigen Zeitabständen stattfindenden Früherkennungsuntersuchungen für Kinder (U1 bis U10) beginnen mit der U1 unmittelbar nach Geburt und reichen bis ins Jugendalter (J1 und J2) im Alter von 16–17 Jahren. Sofern bei einer Vorsorgeuntersuchung ein auffälliger Befund erhoben wird, ein Entwicklungsrückstand von Eltern[14] oder externen Fachleuten angenommen wird oder Risikofaktoren bestanden haben oder bestehen, dann sind für die Eltern wichtige Fragen zu klären und möglichst eindeutige Antworten zu finden:

- Besteht oder droht eine Störung der Entwicklung?
- Sind weitere Untersuchungen notwendig?
- Sind Förder- oder Therapiemaßnahmen einzuleiten?
- Droht eine Behinderung oder liegt eine solche bereits vor?

Die ärztliche Beratung erfordert eine umfassende Kenntnis der Variabilität der Entwicklung von Kindern und Jugendlichen sowie von möglichen Störungsbildern oder Erkrankungen. Sofern die Diagnose einer Entwicklungsstörung oder (chronischen) Erkrankung gestellt wird oder eine Behinderung vorliegt, bedeutet dies für die Eltern zuerst vor allem enttäuschte Hoffnungen und Erwartungen, eine mögliche Traumatisierung sowie möglicherweise eine veränderte Lebensplanung (Schmidt & Thyen 2008, Paul 2020).

Das Gespräch mit der Ärztin/dem Arzt kann nicht nur wichtige Informationen zu Diagnostik, (Früh-) Förderung und Therapie, sondern auch Perspektiven und Impulse für die Familie vermitteln. Bei komplexen Störungsbildern ist meist eine interdisziplinäre Kooperation, und damit Abstimmung von Förder-, Therapie- oder Teilhabeplänen mit anderen Fachkräften, zum Beispiel aus der Therapie oder (Sonder-) Pädagogik, notwendig. Für die Verarbeitungsprozesse in der Familie (Coping, Umgang mit möglicher Traumatisierung der Eltern) gilt, dass die psychosoziale Situation der Familie sowie die besonderen Bedürfnisse des betroffenen Kindes oder Jugendlichen Berücksichtigung finden müssen (Paul 2020, Sarimski 2021).

---

14 Eltern wird als Begriff für alle Personensorgeberechtigten zur besseren Lesbarkeit benutzt

Die folgenden Ausführungen sollen einen Einblick in die ärztliche Tätigkeit im Rahmen der Diagnostik, Beratung und Begleitung beim Thema Entwicklungsstörung, chronische Erkrankung und Behinderung von Kindern und Jugendlichen[15] geben.

Einflussfaktoren auf die Entwicklung

Die Entwicklung des Kindes wird sowohl von genetischen wie auch von Umweltbedingungen beeinflusst; dabei können Umweltfaktoren genetische Prozesse beeinflussen (Epigenetik). Störungen der Entwicklung, chronische Erkrankungen und Behinderung können somit durch zahlreiche und verschiedene Ursachen bedingt sein. Unterschieden werden pränatale, perinatale und postnatale Ursachen.

Bei den *pränatalen* Ursachen ist der Zeitpunkt des Einwirkens einer Schädigung bedeutsam. Als Beispiele seien die Rötelninfektion (als Erstinfektion der schwangeren Frau) oder die Einnahme von Alkohol in der Schwangerschaft genannt. Eine Schädigung in der Embryonalzeit (erste 8 Wochen der Schwangerschaft nach Befruchtung) kann in beiden Fällen zu *strukturellen* Störungen (z. B. mit Gehirn- oder anderen Organfehlbildungen) führen. In der Fetalzeit (ab der 9. Schwangerschaftswoche) sind es meist (bleibende) *funktionelle* Störungen z. B. des zentralen Nervensystems (ZNS) wie Verhaltens- oder geistige Entwicklungsstörungen. Bei den chromosomalen Störungen werden numerische (Abweichungen der Chromosomenzahl, z. B. bei Down Syndrom mit 47 anstatt 46 Chromosomen) von strukturellen Anomalien (z. B. Fragiles-X-Syndrom) unterschieden.

Als Beispiel für eine *perinatale* Störung sei ein relevanter Sauerstoffmangel unter der Geburt genannt. Hierdurch kann es zu schweren funktionellen oder strukturellen Schäden des ZNS kommen. Besonders Frühgeborene sind durch die Unreife der Organsysteme bei Geburt von perinatalen Komplikationen bedroht.

Postnatal erworbene Entwicklungsstörungen sind heute die häufigsten und oft durch ungünstige Entwicklungsumstände bedingt. An dieser Stelle können aus Platzgründen nur beispielhaft Störungsbilder und Ursachen aufgeführt werden. Unmittelbar postnatal sind besonders Frühgeborene (durch Unreife der Organe) häufig von Komplikationen wie z. B. Infektionen betroffen. Schwere Residualsyndrome, das heißt bleibende Schädigungen, können im Säuglingsalter nach einem Schütteltrauma (»battered child«) auftreten. Im Kleinkind- und Schulkindalter können postpartale Entwicklungsstörungen oder Behinderung durch Unfälle oder neu auftretende Gesundheitsstörungen (z. B. Asthma oder rheumatische Erkrankungen) bedingt werden (Straßburg et al. 2018, Seidel 2021).

---

15 Nachfolgend wird in diesem Text »Kind« als Begriff für Kinder und Jugendliche benutzt

Chronische Erkrankungen, Gesundheits- und Entwicklungsstörungen

Heute sind neben den »klassischen« körperlichen, geistigen und/oder seelischen Beeinträchtigungen wie Autismus, Cerebralparese, Down-Syndrom (resp. anderen genetischen Störungen) oder angeborenen Fehlbildungen die chronischen Gesundheits- und Entwicklungsstörungen (mit Störungen der kognitiven, motorischen, psychischen, sozialen und/oder sprachlichen Entwicklung) als sogenannte »neue Morbiditäten« die häufigsten Diagnosen. Bei den Vorschulkindern ist die Diagnose »Kombinierte umschriebene Entwicklungsstörung« die häufigste Diagnose bei Kindern mit (drohender) Behinderung.

Die Prävalenz von chronischen Gesundheitsstörungen im Kindes- und Jugendalter steigt auch durch längere Überlebenszeiten bei verbesserter medizinischer, pflegerischer und therapeutischer Versorgung an. Als Beispiele seien die Cystische Fibrose (Mukoviszidose), eine angeborene Stoffwechselstörung, oder die oben bereits genannten frühgeborenen Kinder genannt. Frühgeborene sind Kinder, die vor der vollendeten 37. Schwangerschaftswoche geboren werden. Ein Überleben ist heute bereits ab der vollendeten 22./23. Schwangerschaftswoche möglich. So überleben heute mehr als 80% der Frühgeborenen über 1500 Gramm Geburtsgewicht. Bei diesen Kindern ist die Rate von Folgeerkrankungen (Morbiditäten) im Vergleich zu Reifgeborenen deutlich erhöht. Dabei ist das Risiko für Frühgeborene mit einem besonders niedrigen Geburtsgewicht resp. einem Gestationsalter < 28 Schwangerschaftswochen besonders hoch. Die Cerebralparese (Häufigkeit bei Reifgeborenen ca. 0,2%) betrifft die Gesamtgruppe frühgeborener Kinder mit einer Häufigkeit von 4–8%. Diese Rate ist bei Frühgeborenen mit einem Geburtsgewicht < 1000 Gramm auf 10–15% erhöht. Ähnliche Unterschiede der Morbidität finden sich bei Frühgeborenen zum Risiko einer kognitiven Entwicklungsstörung, einer Epilepsie (zum Beispiel nach einer Hirnblutung) oder einer Verhaltens- und Aufmerksamkeitsstörung (Straßburg et al. 2018, Seidel 2021).

Die »neuen Morbiditäten« des Kindes- und Jugendalters zeigen sich oft als komplexe Entwicklungsstörungen mit eingeschränkter Leistungs- und Anpassungsfähigkeit und psychosomatischen Störungen. Die Ursachen hierfür sind fast immer multifaktoriell, bei denen konstitutionelle sowie Umweltfaktoren (z.B. ungünstige Entwicklungsbedingungen) eine Rolle spielen. Die veränderten Lebenswelten der Kinder mit besonderen Anforderungen an die sozialen Kompetenzen und Anpassungsfähigkeit sind dabei wahrscheinlich von Bedeutung. Auch soziale Determinanten sind in der Pathogenese dieser Entwicklungsstörungen relevant; hierzu gehören z.B. ein niedriger sozioökonomischer Status, die Familienform oder ein Migrationsstatus. Besonders gefährdet sind dabei die Kinder, die eingeschränkte kognitive Fähigkeiten haben oder weniger resilient sind. Resilient sein bedeutet dabei eine gewisse Widerstandsfähigkeit zu haben, um besondere Anforderungen und Krisen durch Rückgriff auf persönliche und sozial vermittelte Ressourcen zu meistern (Straßburg et al. 2018, Seidel 2021).

Kinder und Jugendliche als Menschen mit Behinderungen

Was unterscheidet eine chronische Erkrankung, Gesundheits- oder Entwicklungsstörung von einer Behinderung?

Bei chronischen Erkrankungen, Gesundheits- oder Entwicklungsstörungen bestehen körperliche, seelische, geistige oder Sinnesbeeinträchtigungen. Ob bei dem betroffenen Menschen eine Behinderung besteht ist dadurch zu prüfen, inwiefern die Beschreibungen im Behinderungsbegriff des SGB IX zutreffend sind. Am 01.01.2018 wurde mit der zweiten Stufe des Bundesteilhabegesetzes (BTHG) auch ein neuer Behinderungsbegriff eingeführt, der im Teil 1 des SGB IX zu finden ist (dieser Teil gilt für alle Rehabilitatstionsträger). Diese Neufassung wurde notwendig, nachdem Deutschland die UN-Behindertenrechtskonvention (UN-BRK) 2008 unterzeichnet und damit einer Umsetzung der Inhalte aus der UN-BRK zugestimmt hatte.

Im §2(1) SGB IX wird der Behinderungsbegriff ausgeführt:

»Menschen mit Behinderungen sind Menschen, die körperliche, seelische, geistige oder Sinnesbeeinträchtigungen haben, die sie in Wechselwirkung mit einstellungs- und umweltbedingten Barrieren an der gleichberechtigten Teilhabe an der Gesellschaft mit hoher Wahrscheinlichkeit länger als sechs Monate hindern können. Eine Beeinträchtigung nach Satz 1 liegt vor, wenn der Körper- und Gesundheitszustand von dem für das Lebensalter typischen Zustand abweicht. Menschen sind von Behinderung bedroht, wenn eine Beeinträchtigung nach Satz 1 zu erwarten ist.«

Bereits im Rahmen der zuvor existierenden Rechtslage war (seit 2001) das Verständnis des SGB IX zum Thema Behinderung im Wesentlichen von der Internationalen Klassifikation der Funktionsfähigkeit, Behinderung und Gesundheit (ICF) geprägt. Was aber tatsächlich neu ist, das ist die Aufnahme der Wechselwirkungen zwischen Mensch und Kontextfaktoren in diese Begriffsbestimmung (Abb. 2).

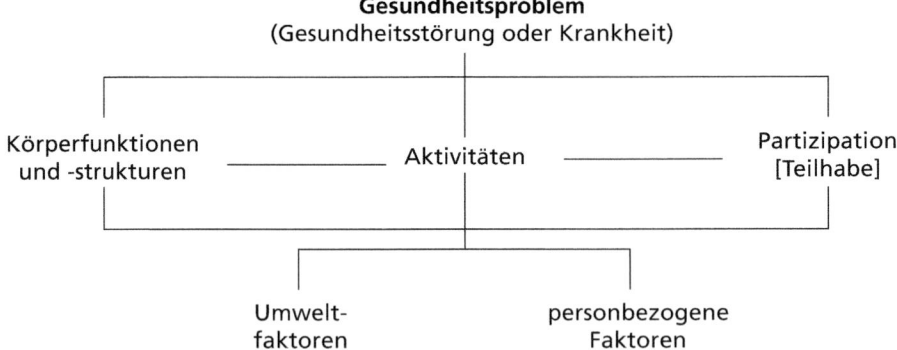

Abb. 2: Wechselwirkungen zwischen den Komponenten im bio-psycho-sozialen Modell der ICF

Hierdurch wurde die bisherige Kausalitätsstruktur aufgehoben und durch ein modernes Verständnis von Behinderung ersetzt, welches gerade keine Monokausalität zwischen Funktionsstörung und Teilhabebeeinträchtigung kennt. Dadurch werden das SGB IX und der Behinderungsbegriff tatsächlich moderner und den Grundgedanken der UN-BRK und der ICF verpflichtet. Der Fokus geht dabei weg von der medizinischen Diagnose (z. B. Autismus-Spektrum-Störung, Cerebralparese, Down-Syndrom) und hin zur Teilhabebeeinträchtigung und ihrem Wechselspiel mit den anderen Faktoren der ICF. Für das praktische Arbeiten mit dem neuen Behinderungsbegriff empfiehlt sich ein ICF-orientiertes Arbeiten (Personen- und Teilhabeorientierung, Behinderung als Wechselwirkung). Für die Praxis ist dabei notwendig, dass alle Fachkräfte den Begriff »Behinderung« in seiner Definition nach dem §2(1) SGB IX benutzen (Schaumberg & Seidel 2017, Simon 2021).

In der ICF[16] der Weltgesundheitsorganisation (WHO) ist Behinderung (allgemein) als negative Wechselwirkung zwischen einer Person (mit einem Gesundheitsproblem) und ihren Kontextfaktoren auf ihre Funktionsfähigkeit definiert sowie (speziell) die negative Wechselwirkung zwischen einer Person (mit einem Gesundheitsproblem) und ihren Kontextfaktoren auf ihre Teilhabe an einem Lebensbereich gemeint. Behinderung wird nicht als ein Merkmal einer Person verstanden, sondern als ein komplexer wechselseitiger Zusammenhang von Beeinträchtigungen, die in konkreten Lebenssituationen die Handlungsfähigkeit und Teilnahmemöglichkeiten einschränken. Also sind nach diesem Verständnis Behinderungen nicht absolut, sondern auf Lebensbereiche bezogen. Mit einer solchen Definition wird deutlich, dass Fachkräfte auf den Status von Behinderung (als Beeinträchtigung in den Lebensbereichen) Einfluss nehmen können, indem zum Beispiel Umweltfaktoren verändert werden (WHO 2001, WHO 2012).

Tabelle 2 beschreibt die Komponenten in der ICF und wie nach den Inhalten gefragt werden kann.

Tab. 2: Komponenten in der ICF (nach Seidel & Schneider 2021)

Komponente	Definition	Frage nach dem Inhalt
Körperfunktionen	… sind die physiologischen Funktionen von Körpersystemen (einschließlich der psychologischen Funktionen)	Funktioniert alles (das jeweilige Organsystem) wie erwartet?
Körperstrukturen	… sind anatomische Teile des Körpers, wie Organe, Gliedmaßen und ihre Bestandteile	Sieht alles (außen und im Körper) so aus wie erwartet?
Aktivität	… ist die Durchführung einer Aufgabe oder Handlung durch einen Menschen	Kann der Mensch *alleine* das tun, was er möchte?
Teilhabe Partizipation	… ist das Einbezogensein in eine Lebenssituation	Kann der Mensch *mit anderen* das tun, was er möchte?

---

16 ICF wird auch als Beschreibung für die Kinder- und Jugendversion (ICF-CY) benutzt

Tab. 2: Komponenten in der ICF (nach Seidel & Schneider 2021) – Fortsetzung

Komponente	Definition	Frage nach dem Inhalt
Umweltfaktoren	… bilden die materielle, soziale und einstellungsbezogene Umwelt ab, in der Menschen leben und ihr Dasein entfalten	Was oder wer hilft dem Menschen (Förderfaktor), was oder wer behindert den Menschen (Barriere)?
Personbezogene Faktoren	… beschreiben die Attribute und Eigenschaften einer Person, die nicht relevanter Teil des Gesundheitszustands sind	Wie kann der Mensch näher beschrieben werden?

Bei chronischen Erkrankungen, Gesundheits- und Entwicklungsstörungen bestehen körperliche (Beispiel: Schädigung der bewegungsbezogenen Funktionen bei Cerebralparese), geistige (Beispiel: beeinträchtigte Intelligenzfunktion bei genetischer oder Entwicklungsstörung), seelische (Beispiel: beeinträchtigte mentale Funktionsstörungen bei Autismus-Spektrum-Störung) oder/und Sinnesbeeinträchtigungen (z. B. angeborene Taubheit). Diese Beschreibungen und Zustände sind (mit Nennung von Diagnosen und/oder Beeinträchtigungen von Körperfunktionen und -strukturen) *nicht* mit einer Behinderung gleichzusetzen. Hierzu ist zu prüfen, ob in Wechselwirkung mit einstellungs- und umweltbedingten Barrieren – zusätzlich – eine Beeinträchtigung der Teilhabe vorliegt. Dies ist mit dem bio-psycho-sozialen Modell der ICF möglich; dabei erfolgt das Handeln der Fachkräfte personen- und partizipationsorientiert. Da die ICF universell anwendbar ist, ist ein ICF-orientiertes Arbeiten auch im Kontext der (Früh-, Heil-, Schul-, Sonder-) Pädagogik im Arbeitsalltag gut umsetzbar (Herrmann & Richter 2021, Rauner & Stecher 2021, Seidel & Schneider 2021).

Beispiele für Kinder und Jugendliche mit Behinderungen

- *Körperliche Beeinträchtigung mit Behinderung:*
  Bei einem 15 Jahre alten Jungen mit einer Cerebralparese bestehen körperliche Beeinträchtigungen, die durch Schmerzen (Bewegungsapparat) und deutliche Schädigungen der bewegungsbezogenen Funktionen (Muskelspastik, eingeschränkte Willkürmotorik) sowie Kontrakturen (Fuß- und Kniegelenke) gekennzeichnet sind. Beeinträchtigungen in den Lebensbereichen (Aktivitäten und Teilhabe): Dieser Junge hat deutliche Beeinträchtigungen in der Mobilität (kann auch mit Hilfsmitteln nicht gehen), das Benutzen von Bussen und Bahnen ist ihm nicht möglich (lebt auf dem Land; Haltestellen weit entfernt). Seine sozialen Beziehungen sind eingeschränkt; in der Freizeit gibt es für ihn Einschränkungen (Freizeitsport, Kinobesuch). Barrieren (als Umweltfaktor) benennt er folgende: nicht optimal angepasster Rollstuhl, Haltestellen weit weg und nicht barrierefrei, Sportverein ohne Angebot für Menschen mit körperlichen Beeinträchtigungen, Kino für Rollstuhlfahrer nicht zugänglich.
- *Geistige Beeinträchtigung mit Behinderung:*
  Bei einem acht Jahre alten Junge wird im Rahmen einer sonderpädagogischen Überprüfung und Vorstellung bei der Schulpsychologin eine Intelligenzminde-

rung (als mentale Funktionsstörung und geistige Beeinträchtigung) festgestellt (IQ im sprachfreien Test: 64). Beeinträchtigungen in den Lebensbereichen (Aktivitäten und Teilhabe): Er hat relevante Schwierigkeiten beim Lesen- und Rechnenlernen sowie bei der Wiedergabe von Lerninhalten, in der Kommunikation und Beziehungsgestaltung mit anderen Schulkindern. Er kann alterstypische Routinen nicht alleine durchführen (zu Hause und in der Schule), kommt mit den Anforderungen der Schule nicht zurecht und soll die Klasse wiederholen; kommt im Turnverein nicht zurecht (nicht in die Gruppe eingeschlossen). Als Barrieren beschreibt seine Mutter, dass er nicht ausreichend Unterstützung beim Lernen habe. Die Familie verfüge über zu wenig Geld für Lernmaterial, Spielzeug sowie Freizeitaktivitäten und die Klassenlehrerin versuche ihn (gegen den Willen der Mutter) auf eine Förderschule zu verweisen.

- *Seelische Beeinträchtigung mit Behinderung:*
Bei dem fünf Jahre alten Mädchen wurde die Diagnose einer Autismus-Spektrum-Störung (hier: frühkindlicher Autismus) gestellt. Es bestehen deutliche seelische Beeinträchtigungen (als mentale Funktionsstörungen: psychosozial, emotional, Temperament, Wahrnehmung, Schlaf). Im Intelligenztest erzielte sie einen Gesamt IQ von 122. Beeinträchtigungen in den Lebensbereichen (Aktivitäten und Teilhabe): Das Mädchen hat große Schwierigkeiten beim Aufmerksamsein, Steuern des eigenen Verhaltens, beim Übernehmen von Routineaufgaben, bei der (verbalen und nonverbalen) Kommunikation und sozialen Interaktion (Kita, Freizeit). In der Kita gelingt es bislang nicht, das Mädchen in die Abläufe, Spiele und Aktivitäten miteinzubeziehen. Wegen »Fehlverhaltens« musste sie zweimal vorzeitig von den Eltern abgeholt werden. Die Eltern beschreiben als Barrieren laute Geräusche, »Unvorhersehbares«, körperliche Berührung (beim Sprechen und Spielen) durch Andere und fehlendes Einfühlen in ihre Bedürfnisse durch pädagogisches Fachpersonal.

- *Sinnesbeeinträchtigung mit Behinderung:*
Ein zehn Jahre alter Junge mit einer beidseitigen Blindheit (Erblindung durch schweres Schädel-Hirn-Trauma nach Unfall im Kleinkindalter) hat eine vollständige Schädigung der Sehfunktion. Beeinträchtigungen in den Lebensbereichen (Aktivitäten und Teilhabe): Schwierigkeiten beim Erlernen der Kulturtechniken, beim Kommunizieren und in der Interaktion mit Peers in der Schule und am Wohnort, bei der Mobilität (kann nicht alleine mit Bus oder Bahn fahren) sowie der Freizeitgestaltung.

- *Mehrfache Beeinträchtigungen mit Behinderung:*
Bei einem drei Jahre alten Mädchen mit Down-Syndrom bestehen körperliche (Herzfehler; deutliche Muskelhypotonie und Bewegungsschwierigkeiten), geistige (Intelligenzminderung) und Sinnesbeeinträchtigungen (beidseitige schwere Hörstörung). Beeinträchtigungen in den Lebensbereichen (Aktivitäten und Teilhabe): Das Mädchen hat deutliche Beeinträchtigungen beim Lernen, im Ausführen von Einfachaufträgen, in der Kommunikation, bei der Mobilität und altersentsprechenden Selbständigkeit, bei der Interaktion mit Peers in der Kitagruppe sowie in der Freizeit. Als Barrieren beschreiben die Eltern eine mangelnde Abstimmung der Fachkräfte untereinander, Einsatz unterschiedlicher Kommu-

nikationshilfsmittel (mit Überforderung der Tochter) sowie eine deutliche Distanz (mit Ablehnung) der Kinder am Wohnort gegenüber ihrer Tochter.

Personen- und familienorientierte Diagnostik

Eine individuelle Personen- und Familienorientierung hat nicht nur in therapeutischen Settings oder in der (Früh-) Förderung von Kindern große Bedeutung. Für den diagnostischen Prozess gilt es, eine entsprechende Haltung im Kontakt mit Familien einzunehmen und das Handeln in der Sprechstunde entsprechend zu gestalten. Dabei ist das Gespräch ein wesentliches diagnostisches Mittel in der ärztlichen Sprechstunde. Bei den differenzialdiagnostischen Aspekten gilt es, die Eltern in die Überlegungen und Planungen sowie insbesondere die Entscheidungen über das diagnostische und therapeutische Vorgehen aktiv miteinzubeziehen (Partizipationsorientierung). Dabei sind die Werte und Entscheidungen der Familie anzunehmen und wertzuschätzen. Auch für die diagnostischen Kontakte sind das Setting sowie die Empathie und Authentizität der ärztlichen Fachkraft von großer Bedeutung. Eine solche Ausgestaltung des diagnostischen Prozesses bildet die Grundlage für eine vertrauensvolle Beziehung und Zusammenarbeit (Sohns 2010, Sarimski 2021).

Ärztliche und interdisziplinäre Diagnostik

Um zu einer diagnostisch umfassenden Hauptaussage gelangen zu können, welche eine adäquate Bewertung aller Informationen und Befunde umfasst, ist eine einfühlsame Gesprächsführung zentral. Handlungsleitend sollten dabei die Fragestellung und der Auftrag der Eltern sein. Eine gute Anamneseerhebung ist notwendig, um die relevanten Informationen zur Entwicklung und Erkennung störungsspezifischer Kennzeichen und Symptome zu erfahren. Bereits beim Erstkontakt und bei der Anamneseerhebung erfolgt eine orientierende Diagnostik der verschiedenen Entwicklungs- (motorisch, sprachlich, emotional, psychosozial, kognitiv) und Lebensbereiche (nach der ICF). Die körperliche Untersuchung gibt weitere wichtige Informationen über das vorgestellte Kind. Besonders bedeutsam ist für die entwicklungspädiatrische Beurteilung, ob ein relevanter Entwicklungsrückstand in einem oder mehreren Bereichen besteht. Immer ist zu prüfen, ob die Entwicklung des Kindes ansteigend ist – auch wenn ein Entwicklungsrückstand bezogen auf Gleichaltrige bestehen sollte – oder ob eine Stagnation oder Regression der Entwicklung besteht. Entwicklungsrückschritte bedürfen immer einer umgehenden ärztlichen Abklärung und haben oft eine organische oder bedeutende psychische

Störung als Ursache. Die Beurteilung der Köpermaße (Kopfumfang, Körperlänge und -gewicht) sowie deren Entwicklung (Perzentilenkurven im Verlauf) ist ebenfalls für die Befundkonstellation relevant (Hollmann et al. 2009, Seidel 2021).

An diesem Punkt wird es von der Hypothesenbildung und den differenzialdiagnostischen Überlegungen abhängen, ob weiterführende Untersuchungen erfolgen sollten (zum Beispiel: Blutentnahmen, Elektroencephalographie, bildgebende Diagnostik des Kopfes, augenärztliche oder HNO-ärztliche Untersuchungen). Ebenso ist zu entscheiden, ob eine weitergehende kinderpsychologische, ergotherapeutische, logopädische, pädagogische oder physiotherapeutische Diagnostik erfolgen sollte. Bei Kindern mit komplexen Störungsbildern ist oft eine interdisziplinäre Diagnostik notwendig. Diese sollte ressourcenorientiert sein, d. h. nicht nur Auffälligkeiten und Defizite beschreiben, sondern gleichzeitig Stärken und Ressourcen des Kindes/Jugendlichen und seiner Familie erfassen. Zum Abschluss der Diagnostik sollte eine interdisziplinäre Fallberatung erfolgen (Seidel 2021, Simon 2021).

Diagnosestellung

Die Zusammenschau der Befunde und Informationen erlaubt in den meisten Fällen das Stellen einer Diagnose oder mehrerer Diagnosen nach dem Klassifikationssystem der ICD. Jedoch gibt es auch Befundkonstellationen, die keine sichere Zuordnung in diesem Klassifikationssystem möglich machen oder die nur eine Symptombeschreibung darstellen können. Bei Kindern mit chronischen Erkrankungen sollte immer auch eine (die ICD) ergänzende Beschreibung mit der ICF erfolgen. Dies erlaubt eine Beurteilung, ob eine Beeinträchtigung der Aktivitäten und der Teilhabe besteht, und bietet eine (personen-, familien- und partizipationsorientierte) Grundlage für die Erstellung eines Therapie- und Förderkonzeptes (Seidel & Schneider 2021, Simon 2021).

Diagnoseeröffnung

Die Überbringung von medizinischen Diagnosen erfolgt durch Ärzt*innen. Das Diagnosegespräch, das heißt die Übermittlung der Diagnose, hat im Beziehungs-, Therapie- und Entwicklungsprozess einen besonderen Stellenwert. Nicht selten kann sich das Diagnosegespräch auch als längerer Prozess darstellen, der sich über mehrere Gespräche erstreckt. Ärzt*innen sollte bei der Diagnoseeröffnung wertschätzend und empathisch vorgehen, aber auch ehrlich, sprachlich angemessen sowie gut verständlich und authentisch die Diagnose/n überbringen und erläutern. Es wird empfohlen, das Gespräch mit beiden Eltern zu führen. Den Ärzt*innen sollten die

Bedeutung von nonverbaler Kommunikation und Körpersprache bekannt sein. Mitunter ist es sinnvoll, das Diagnosegespräch mit den Eltern gemeinsam mit einer Kollegin oder einem Kollegen zu führen.

Die Begegnung mit den Eltern sollte persönlich und vertraulich, aber auch gleichermaßen professionell gestaltet werden. Angemessene Räumlichkeiten sollten ebenso bereitstehen wie ein ausreichender Zeitkorridor. Störungen (Telefon etc.) sind dabei zu vermeiden. Der Ablauf des Gespräches sollte gut strukturiert sein, und zwar so, dass einerseits Raum für die vorgesehenen Inhalte und Fragen besteht und andererseits der zeitliche Rahmen eingehalten wird. Im Gespräch sollten die sozialen und familiären Ressourcen der Eltern sowie die des Kindes hervorgehoben oder besprochen werden. Verbal sollte ein wertschätzender Sprachstil gewählt werden, der eine Fokussierung auf Defizite vermeidet.

Der Gesprächsabschluss sollte rechtzeitig angekündigt werden. Auch bei der Diagnoseeröffnung soll die medizinische Fachkraft aktiv zuhören und die Reaktionen der Familie/Eltern differenziert aufnehmen können. Dabei sollte der Blick auf das Kind gerichtet sein, so dass die Eltern sich in ihrer Kompetenz als Eltern und in ihrer Eigenverantwortlichkeit gewürdigt sehen. Sofern geboten, sollte eine Erläuterung erfolgen, ob akute und/oder lebensbedrohliche Komplikationen zu erwarten sind, damit Ängste und Anspannungen bei den Eltern gemindert werden können. Besonders bei unklaren oder nicht feststehenden Diagnosen sollen Spekulationen über Prognosen vermieden werden. Umgekehrt sollte auf die Bedeutung individueller Verläufe hingewiesen werden.

Selbstverständlich ist auch mit dem betroffenen Kind in einer alters- und entwicklungsangemessenen Weise über Diagnose/n und ggf. das Thema Behinderung zu sprechen. Zu überlegen ist ebenfalls, ob und in welcher Weise mit Geschwistern, anderen Familienmitgliedern und der sozialen Umwelt gesprochen werden sollte (Krause 2002, Fricke et al. 2012, Sarimski 2021).

Hat mein Kind eine Behinderung? Die Situation der Eltern

Eltern, die im Diagnosegespräch eröffnet bekommen, dass bei ihrem Kind eine schwere Gesundheitsstörung (und vielleicht eine Behinderung besteht), erleben meist eine emotional hoch belastete Stress- und intrapsychische Situation, die unterschiedlich lange dauern kann. Durch diese Veränderung kann ein längerer, in manchen Fällen sogar lebenslanger Bewältigungsprozess eingeleitet werden. Die starke emotionale Reaktion bei der Diagnoseübermittlung kann so weit gehen, dass Eltern wichtige medizinische Informationen in dieser Situation nicht mehr aufnehmen können, obwohl sie dies eigentlich wünschen (Paul 2020, Sarimski 2021).

Die Zukunft (des Kindes und der Familie) erscheint den Eltern kaum mehr planbar, die familiäre und soziale Situation kann zunächst nicht mehr antizipiert werden. Sie fragen sich, wie ihr Leben mit dem Thema Behinderung aussehen und wie das eigene Leben verändert werden wird. Viele Eltern sorgen sich auch um die Belastung der Geschwister und um ihre Partnerschaft, an die neue, nicht so gewollte Anforderungen, gestellt werden. Für die Eltern besteht Unklarheit und Ungewissheit, wie das soziale Umfeld reagieren wird.

Die Diagnosemitteilung kann für Eltern aber auch entlastend sein, Klarheit schaffen und Schuldgefühle nehmen. Dies gilt besonders dann, wenn es für die Symptome und Störungen des Kindes keine Erklärung gegeben hat und Fachleute bislang nicht weiterhelfen konnten. Eine bekannte und verstandene Diagnose kann schwierige Verhaltensweisen (Schreien, Aggressivität, Störungen des Essverhaltens) des Kindes möglicherweise erklären und somit für die Eltern entlastend sein, da eigene Erziehungskompetenzen nicht länger angezweifelt werden müssen. Dies kann zudem zu einer verbesserten Eltern-Kind Interaktion beitragen und die Entwicklung des Kindes positiv beeinflussen (Paul 2020, Sarimski 2021).

Aber auch für Ärzt*innen selbst ist eine solche Gesprächs- und Beratungssituation herausfordernd. Manche Eltern zögern, sich mit Themen wie sonderpädagogischem Unterstützungsbedarf, Behindertenausweis oder Pflegeversicherung zu beschäftigen. Sie befürchten negative stigmatisierende Auswirkungen oder glauben, ihr Kind aufzugeben, wenn sie sich eingestehen, dass vielleicht eine bleibende Einschränkung oder Behinderung besteht. Viele Kinderärzt*innen gehen deshalb zu Beginn der diagnostischen Abklärungsphase sehr vorsichtig mit Diagnosen um, weil sie die Eltern nicht beunruhigen und sich nicht voreilig festlegen wollen. Das Erleben und Verhalten der Eltern wird durch ihre persönlichen Einstellungen und Erfahrungen, die kulturelle und religiöse Zugehörigkeit sowie ihr Umfeld mitgeprägt. Es können sehr unterschiedliche Krankheitsverständnisse bestehen. Für den behandelnden Arzt, die behandelnde Ärztin bedeutet dies, dass er/sie über eine interkulturelle Kompetenz verfügen muss (Retzlaff 2010).

Viele Eltern mit einem chronisch kranken oder Kind mit Behinderung haben einen langen Leidensweg hinter sich, der nicht nur durch die Symptomatik des Kindes, sondern auch durch schlechte Erfahrungen mit dem Umfeld, den Fachleuten und Behörden geprägt ist. Manchmal ist nicht das Kind mit Behinderung die Ursache für persönlichen Veränderungen, sondern die Reaktionen der Umwelt, die Eltern verletzen, aggressiv machen oder in den Rückzug treiben (Streeck et al. 2012).

Intrapsychische Verarbeitung und Coping Prozess

Nach der Diagnoseeröffnung ist eine akute Trauerreaktion bei den Eltern nicht ungewöhnlich. Es ist jetzt wichtig, den Eltern ausreichend Zeit zu geben, um mit der veränderten Lebenssituation umgehen zu lernen und neue Perspektiven für ein Leben mit einem Kind mit Behinderung entwickeln zu können. Ärzt*innen sollten auf die Ängste, Wünsche und Hoffnungen der Eltern eingehen können. Die Diagnose sollte für die Eltern nicht bedeuten, in einer unveränderbaren fremdbestimmten Lebenssituation zu sein im Sinne einer schicksalhaften Katastrophe (Retzlaff 2010).

Die ärztliche Aufgabe besteht nun darin, Perspektiven sowie Möglichkeiten der Unterstützung für die Familie aufzuzeigen. In der Medizin verbreitet sich zunehmend das »ganzheitliche« bio-psycho-soziale Modell, das eine ressourcenorientierte Sichtweise impliziert. Diese befasst sich auch mit Faktoren, die zur Resilienz von Menschen und von Familien beitragen und helfen, mit widrigen Lebensumständen fertig zu werden. Für die Situation von Eltern, die ein Kind mit Behinderung haben, spielen viele verschiedene Ressourcen eine Rolle. Das Resilienzparadigma erscheint für die Zusammenarbeit mit Eltern von Kindern mit Behinderung als eine sinnvolle Orientierung. Es vermeidet eine Pathologisierung, würdigt die herausfordernden Lebensumstände der Familien und versucht im Sinne einer gesundheitsfördernden Zugangsweise, die Eltern in dieser Situation zu unterstützen (Retzlaff 2010, Seidel & Schneider 2021).

Das Leben mit Behinderung eines Kindes bedeutet eine neue Lebenssituation für die Familie. Für jeden Menschen kann eine ganz individuelle Bewältigungsstrategie beobachtet werden. Die besonderen Aufgaben der Eltern in der Versorgung eines Kindes mit Behinderung lassen oft weniger Zeit für die Geschwister. Eine solche familiäre Konstellation sollte reflektiert werden. In ihrer sozialen und emotionalen Entwicklung können Geschwister sogar davon profitieren, mit einem Geschwisterkind mit Behinderung zusammen zu leben. Sie können Verständnis entwickeln, Rücksichtnahme üben und Kompetenzen zu prosozialem Verhalten entwickeln, wenn sie altersangemessen an der Pflege beteiligt werden. Ungünstige soziale Bedingungen, besonderer Schweregrad der Beeinträchtigung/en, unzureichendes Coping oder intrapsychisches Verarbeiten der der Eltern können Entwicklungsrisiken für Geschwisterkinder darstellen (Paul 2020, Sarimski 2021).

Für die Eltern ist es wichtig zu erfahren, dass sie bislang ihnen ungewohnte Emotionen wie negative Gefühle gegenüber dem Kind, zulassen zu dürfen. Das Selbstbild der Familie sollte nicht ausschließlich vom Kind mit Behinderung abhängig sein. Nur so kann, in dieser neuen Lebenssituation, ein Wohlbefinden und die psychische Gesundheit aller Familienmitglieder berücksichtigt werden. Die Familie sollte dabei unterstützt werden, einen »normalen Umgang« mit der Öffentlichkeit zu suchen sowie mit Freunden und Bekannten offen über das Thema Behinderung zu sprechen (Krause 2002, Streeck et al. 2012, Sarimski 2021).

Angebote der weiteren Begleitung

Die Eltern sollten die Möglichkeit haben, durch ein gut organisiertes Netzwerk der verschiedenen Disziplinen beraten und begleitet zu werden. Ein solches Netzwerk von Professionalität ist oft vorhanden, es muss nur gut koordiniert und vor allem kommuniziert werden. Dies ist im Versorgungssystem der Krankenversicherung (z. B. Praxen, Sozialpädiatrische Zentren) sowie in interdisziplinären Frühförderstellen gut möglich. Eltern müssen erfahren, dass ein Leben mit Behinderung in der Familie lebenswert ist, dass sie mitgetragen werden und im Alltagsleben integriert bleiben (Retzlaff 2010, Sarimski 2021).

Auf etablierte Schulungsprogramme (z. B. bei Autismus, Diabetes, Epilepsie) sowie individuelle Beratungsangebote bei speziellen Fragestellungen ist hinzuweisen. Im Rahmen einer Sozialberatung können Themen wie Schwerbehindertenausweis, Pflegeversicherung, entlastende Dienste oder mögliche andere Leistungen der Kranken- und Pflegeversicherung sowie der Jugend- und Eingliederungshilfe dargestellt werden.

Möglichkeiten der Psychotherapie als Beratungs- und Behandlungsoption sollten den Eltern bekannt sein. Für viele Themen und Fragestellungen gibt es Eltern- oder Selbsthilfegruppen. Heute suchen und finden viele Eltern solche Informationen im Internet. In vielen Städten und Landkreisen gibt es auch Fachkräfte für Inklusion oder Vereine, die sich für dieses Thema besonders engagieren, Auskünfte erteilen und für eine Mitgliedschaft oder Mitarbeit offen sind.

Literatur und Quellen

Fricke, Christian; Hollmann, Helmut; Kretzschmar, Christoph & Schmid, Ronald G. (Hg.) (2012). *Qualität in der Sozialpädiatrie.* Band 3. Das Altöttinger Papier 3.0. Grundlagen und Zielvorgaben für die Arbeit in Sozialpädiatrischen Zentren – Strukturqualität, Diagnostik und Therapie. Altötting, RS-Verlag.

Geiger, Stefan; Hoferer Axel; Sträubig Antje & Streeck, Sabine (2012). *Gesprächsführung in der Sozialpädiatrie. Struktur und Inhalte.* https://www.dgspj.de/wp-content/uploads/qualitaetssicherung-papiere-gespraechsfuehrung-2012.pdf (08.06.2022)

Herrmann, Heike C. & Richter, Anika (2021). ICF-CY in der Kita – (Mehrwert eines) Perspektivwechsel(s) auf individuelle Teilhabe. *Sonderpädagogische Förderung heute.* 4, 385–398.

Hollmann, Helmut; Kretzschmar, Christoph & Schmid, Ronald G. (Hg.) (2009). *Qualität in der Sozialpädiatrie.* Band 1. Das Altöttinger Papier. Grundlagen und Zielvorgaben für die Arbeit in Sozialpädiatrischen Zentren – Strukturqualität, Diagnostik und Therapie – Mehrdimensionale Bereichsdiagnostik Sozialpädiatrie. Altötting, RS-Verlag.

Krause, Matthias Paul (2002). *Gesprächspsychotherapie und Beratung mit Eltern behinderter Kinder.* München, Reinhardt.

Paul, Oliver (2020). Diagnoseverarbeitung von Eltern behinderter Kinder im Reaction to Diagnosis Interview (RDI) und Auswirkungen auf das Spiel mit dem Kind. *Prax Kinderpsychol Kinderpsychiat* 69, 625–642.

Rauner, Romina & Stecher, Markus (2021). Die ICF-CY als Qualitätsleitplanke sonderpädagogischen Handelns im Kontext Schule. *Sonderpädagogische Förderung heute.* 4, 408–417.

Retzlaff, Rüdiger (2010). *Familien-Stärken. Behinderung, Resilienz und systemische Therapie.* Stuttgart, Klett Cotta.

Sarimski, Klaus (2021). *Familien von Kindern mit Behinderungen – Ein familienorientierter Beratungsansatz.* Göttingen, Hogrefe Verlag.

Schaumberg, Torsten & Seidel, Andreas (2017). Der Behinderungsbegriff des Bundesteilhabegesetzes – ein überflüssiger Paradigmenwechsel? (Teil II) Eine Untersuchung aus juristischer und medizinischer Sicht. *Die Sozialgerichtsbarkeit.* 11, 618–625.

Schmidt, Silke & Thyen, Ute (2008). Was sind chronisch kranke Kinder? *Bundesgesundheitsblatt – Gesundheitsforschung – Gesundheitsschutz.* 51, 585–590

Seidel, Andreas & Schneider Sonja (2021, 2. Aufl.). *Praxishandbuch ICF-orientierte Bedarfsermittlung.* Weinheim, Beltz.
Seidel, Andreas (2021). *Entwicklungspädiatrie in der Interdisziplinären Frühförderung – Medizinische und therapeutische Grundlagen.* Stuttgart, Kohlhammer
Simon, Liane (2021). ICF-basierte Teilhabe im Kontext der Frühförderung. *Sonderpädagogische Förderung heute.* 4, 361–372.
Sohns, Armin (2010). *Frühförderung – Ein Hilfesystem im Wandel.* Stuttgart, Kohlhammer.
Straßburg, Hans-Michael; Dacheneder, Winfried & Kreß, Wolfram (2018, 6. Aufl.). *Entwicklungsstörungen bei Kindern – Praxisleitfaden für die interdisziplinäre Betreuung.* Elsevier Urban & Fischer.
Geiger, Stefan; Hoferer Axel; Sträubig Antje & Streeck, Sabine (2012). *Gesprächsführung in der Sozialpädiatrie. Struktur und Inhalte.* https://www.dgspj.de/wp-content/uploads/qualitaetssicherung-papiere-gespraechsfuehrung-2012.pdf (08.06.2022)
WHO (2001). *International Classification of Functioning, Disability and Health.* https://icd.who.int/dev11/l-icf/en
WHO (2012). ICF-CY. In Hollenweger, Judith & Kraus de Camargo Olaf (Hg.)(2012). *ICF-CY Internationale Klassifikation der Funktionsfähigkeit, Behinderung und Gesundheit bei Kinder Kindern und Jugendlichen.* Bern, Verlag Hans Huber.

Vertrauen und Zutrauen im Kontext von Entwicklungsdiagnostik in der Frühförderung

Ines Schlienger[17]

Beziehungsaufbau, partnerschaftliche Kommunikation, Beratung und Entwicklungsförderung im Dienst von Entfaltung und Inklusion sind Hauptmerkmale der Frühförderung[18]. Dabei sind Arbeitsbündnisse sowie regelmäßige Standortbestimmungen mit anschließender Handlungsplanung[19] gemeinsam mit den Eltern eines Kindes mit besonderen Bedürfnissen selbstverständlich geworden. Fragen wie: was war, wo stehen wir, wo wollen wir hin, was ist zu tun, wer übernimmt was? schaffen die Basis für den gemeinsamen Weg. Gegenseitiges Vertrauen und Zutrauen sind dabei von entscheidender Bedeutung[20]. Eltern ernstnehmen, ihnen etwas zur Hand geben, damit sie sich verständlich machen können und empathisch hinhören, sind zentrale Grundkompetenzen in diesen Prozessen. Das Committment der Eltern bezüglich zu treffender Ziele und Maßnahmen kann gleich zu Beginn des ge-

---

17 Das Symposion Frühförderung im März 2022 in München hat mich zu diesen Überlegungen angeregt. Ich habe dort einen Workshop zum VADEMECUM angeboten und seither haben mich die Konzepte Vertrauen und Zutrauen emotional und gedanklich weiter begleitet. In der Erarbeitung dieses Textes hat mich die Psychologin Carolina Brügger mit Gesprächen und Testimonials aus der Praxis tatkräftig unterstützt. Sie arbeitet seit 20 Jahren in der Heilpädagogischen Früherziehung (HFE) und wir stehen seit vielen Jahren in engem Austausch zu fachlichen Themen. Ich danke ihr herzlich für ihre Kooperation.
18 Im Folgenden werden Frühförderung (FF in Deutschland, Österreich) und Heilpädagogische Früherziehung (HFE in der Schweiz) synonym doch verwendet. Bei aller Unterschiedlichkeit der rechtlichen, Organisations- und Ausbildungssysteme (vgl. auch Jeltsch-Schudel, Rechtliche und gesellschaftspolitische Rahmenbedingungen für Familien von Kindern mit Behinderungen in den Ländern Österreich, der Schweiz und Deutschland, in diesem Band) habe ich erstaunlich viele Übereinstimmungen im Bereich der Praxis festgestellt.
19 Der Begriff der Handlungsplanung wird hier anstelle der sonst üblichen Förderplanung verwendet. Er verweist damit auf die handlungstheoretisch fundierte Arbeit in der Frühförderung. Einerseits orientiert diese sich an Teilhabe (Aktivitäten und Partizipationen) und nicht an Schädigungsbildern, andererseits bilden sich in den Planungen vermehrt Aktivitäten von Fachkräften und Eltern ab (Zuständigkeiten, geteilte Verantwortung, Beratungsaktivitäten, usw.). Diesem Verständnis von Planung entspricht der Begriff der Förderplanung nicht mehr.
20 Auch in der Medizin setzen sich bezüglich Kontakten mit Patienten vermehrt die Modelle des Shared Desicion Making (SDM) oder das Coaching-Modell durch: Die Patienten werden kooperativ in Entscheidungsprozesse mit einbezogen und in ihrer Entscheidungsbereitschaft unterstützt. Die Effekte scheinen durchschlagend zu sein: Diese Modelle sind vertrauensbildend, erhöhen das Commitment und sind im Endeffekt kostengünstiger (Gerber et al. 2014).

meinsamen Weges durch ebenbürtiges Einbeziehen der Eltern in die Frage »Wo steht das Kind?« entscheidend gefördert werden.

Vertrauen und Zutrauen

Häufig erleben Eltern diagnostische Prozesse als fremdbestimmt und angstbesetzt: Sie sind in großer Unsicherheit bezogen auf die Entwicklung ihres Kindes, ersorgen die Ergebnisse der angewandten Verfahren und fürchten Konsequenzen wie weitere Untersuchungen, Therapien mit zusätzlichen zeitlichen und emotionalen Belastungen oder Eingriffe in das familiäre Funktionieren und das familiäre Wertesystem (vgl. Beck & Meier in diesem Band). Auch der eher mittelschicht-orientierte kulturelle Hintergrund vieler Fachkräfte der Frühförderung (vgl. Weiss in diesem Band) und die erschwerte Kommunikation bei Eltern mit Migrationserfahrung (vgl. Merz-Atalik in diesem Band) können den fragilen Prozess der Beziehungsentwicklung zusätzlich erschweren.

Gleich zu Beginn der ersten Interaktion steht die Frage des gegenseitigen Vertrauens deutlich im Raum: Für die Diagnostik müssen Eltern manch heikle und schmerzhafte Frage beantworten – sie zeigen sich der Fachkraft in ihrer größten Verletzlichkeit. Wie kommt es, so lässt sich fragen, dass Eltern trotz Ängsten und Unsicherheiten wagen, zu vertrauen, Unsicherheiten auszuhalten und sich auf einen Prozess mit ungewissem Ausgang einzulassen? Sicherlich spielt die Hoffnung auf Hilfe mit, aber auch, welche Vorannahmen und Erwartungen die Beteiligten aneinander haben, oder wie der erste Kontakt gestaltet wird (Luhmann 1989). Neben diesem persönlichen Vertrauen wirkt auch generalisiertes Vertrauen: Welchen Ruf hat die Frühförderung, welche Informationen aus Selbsthilfegruppen oder Social Media sind vorhanden? Traumatisierte Eltern und Familien aus Kulturen, in denen öffentlichen Institutionen eher mit Misstrauen begegnet wird, könnten der Frühförderung eher skeptisch gegenüberstehen.

Mit Vertrauen eng verknüpft ist das Zutrauen: Werden mit wachsendem Vertrauen die Handlungsmöglichkeiten ausgeweitet, wächst mit diesem Handeln auch das Zutrauen: Erkennen Eltern, dass soziale Systeme, Abmachungen und Verständigung verlässlich und vertrauenswürdig sind, ermöglicht dies auch, sich selbst mehr zuzutrauen. Handlungshorizont und Erfahrungsspektrum werden erweitert, das Selbstvertrauen wächst mit der Erfahrung der Selbstwirksamkeit, was wiederum Vertrauen in andere, sei dies das Kind, die begleitenden Fachkräfte oder eine Institution, erhöht und vertieft.

Vertrauen benötigt zur Entfaltung Risikobereitschaft in Form von Handlungsspielraum, Freiheit und Autonomie, im weitesten Sinne also: Empowerment. Vertrauen ist somit nicht einseitig, sondern drückt ein *Verhältnis von Wechselseitigkeit* aus: Wer auf Vertrauen angewiesen ist, schenkt vertrauen, und wer vertraut, erfährt im Gegenzug wiederum Vertrauen. Wer vertraut gibt eigene Macht (und Kontrolle) ab, das Gemeinsame wird bedeutsam und Beziehung und Bindung werden gefestigt.

Dennoch ist es wichtig zu erkennen, wo Vertrauen angemessen ist und wo nicht. Mit blindem, naivem Vertrauen setzt man sich Gefahren aus; ständiges Misstrauen dagegen behindert Beziehungsbildung und Kooperation. Vertrauen bleibt somit immer Wagnis: Zu vertrauen bedeutet, wie Luhmann (1989) sich ausdrückt, das Risiko einzugehen, dem anderen eine gute Absicht zu unterstellen, in einer Situation, wo man nie ganz sicher sein kann, was im anderen vor sich geht.

Vertrauen in der Frühförderung

Wie erheblich die kognitive, sprachliche und sozial-emotionale Entwicklung eines Kindes von der Qualität der familiären Beziehungen abhängt, hat Sarimski (Sarimski et al. 2013) in Studien aufgezeigt: Kinder brauchen vor allem anderen *Feinfühligkeit*, *Resilienzförderung* und *förderliches Umfeld*. In einem solchen Entwicklungsraum können Vertrauen, Zutrauen und Selbstvertrauen wachsen und gedeihen.

Diese Beziehungsqualitäten sollten auch für die Begleitung von Eltern im Frühförderprozess gelten: Damit Eltern sich vertrauensvoll einer Fachkraft öffnen und in ihre Rolle als Eltern eines Kindes mit besonderen Bedürfnissen hineinwachsen können, sind Feinfühligkeit für ihre Bedürfnisse, Nöte und Sorgen ebenso angezeigt, wie die Unterstützung ihrer Fähigkeit, mit der veränderten familiären Situation umzugehen, Ressourcen zu aktivieren, Kompetenzen zu entwickeln und möglichst viele Entscheidungen selbst zu treffen. Als besonders förderlich erweisen sich dabei eine kooperative Haltung und gegenseitiges Verstehen.

Frei und Morris (2020) nennen als unabdingbare Bausteine zum Aufbau und zur Wiederherstellung von Vertrauen in Führungssituationen: *Authentisch sein, klar und plausibel sprechen* sowie *empathisch bleiben*. Die Forderung nach *Authentizität* ist dann am schwierigsten zu erfüllen, wenn Fachkräfte und Eltern unterschiedlicher Meinung sind: im Kontakt offen zu bleiben für die Meinungen und Ansichten der Eltern (und der Kinder), das Eigene aber nicht zu verleugnen ist eine schwierige Gratwanderung. Es setzt viel Selbstreflexion voraus, nicht die eigene (fachliche) Meinung als die einzig richtige zu setzen, sondern offen zu bleiben für verschiedene Perspektiven. Wird *klar und plausibel gesprochen,* ist das Gesagte nachvollziehbar. Wer sich auf das Gegenüber einstellt und inhaltlich klar kommuniziert, ist für die Eltern transparent. Diese können so besser nachvollziehen und leichter Stellung nehmen. Die *Empathie* ist ein ständiger Begleiter der Fachkräfte. Schwierig wird es, empathisch zu bleiben, wenn fachliche Notwendigkeiten in den Vordergrund drängen (Mitteilung einer Diagnose, Ansprechen einer Gefährdung des Kindeswohls, usw.). Hier steht nicht nur die Frage im Vordergrund »Was sage ich?«, im Sinne der Authentizität oder »Warum sage ich etwas?« im Sinne von Plausibilität, sondern auch »Wie sage ich etwas?«, im Sinne von Empathie. Die Antwort auf die Frage des »Wie« ist immer Personen bezogen und situativ, bedarf zuweilen allerdings intensiver Reflexion in der Vorbereitung: Es kann für eine Fachkraft sehr hilfreich sein zu identifizieren, wo, wann und von wem sie sich ablenken lässt von Empathie und Präsenz, welche Erfahrungen in ihr ungute Emotionen und Empfindungen auslösen und wie sie ihre Empathie in heiklen Situationen wieder gewinnen kann.

Vertrauen und Zutrauen in der Entwicklungsdiagnostik

In der Schweiz wurden in den vergangenen Jahren zwei Verfahren zur Früherkennung von Beeinträchtigungen und zur entwicklungsdiagnostischen Begleitung geschaffen, die elterliche Sichtweisen konsequent einbeziehen: Andrea Burgener Woeffrey (2014) erarbeitete ein vierstufiges Verfahren zur Entscheidungsfindung bei entwicklungsgefährdeten Kindern, das in Beobachtungen und Elterngesprächen jeweils Risiko- und Schutzfaktoren mit einbezieht (FegK 0–6). Die Autorin dieses Artikels (Schlienger 2018) hat ein Screening-Verfahren konstruiert und standardisiert, das die Elternperspektive auf kindliche Aktivitäten zur Basis nimmt (VADEMECUM – Entwicklung erleben). Beide Verfahren schließen die Klassifizierung nach ICF-CY, zur Unterstützung von diagnostischen Hypothesen, zur Entwicklung von Förderzielen und zur Abfassung von Berichten mit ein.

Nachfolgend werden drei Leitgedanken der Frühförderung vorgestellt, die zur Stärkung von Vertrauen und Zutrauen in der entwicklungsdiagnostischen Begleitung beitragen können: Entwicklungsdiagnostik bei kleinen Kindern ist zunächst am Alltag des Kindes und an seinen *Aktivitäten* orientiert. Damit dies valide möglich ist, *sind Ressourcen- und Kompetenzorientierung*, sowie *Kooperation und Partizipation* auf allen Ebenen gefordert.

Am Beispiel des VADEMECUM wird aufgezeigt, wie diese Leitgedanken in diagnostischen Prozessen gelebt werden und wie dadurch Vertrauensbildung und Zutrauen unterstützt und gefördert werden können.

> Das »VADEMECUM – Entwicklungsbegleitung für Kinder im frühen Alter (0–30+)« ist ein Instrument zur Verlaufsdiagnostik bei Säuglingen und Kleinkindern. Es liegen Normen vor (90 %, 50 %) für Kinder bis zu 30 Monaten. Ältere Kinder mit Entwicklungsverzögerung können bis zu einem Entwicklungsalter von vier Jahren einbezogen werden.
>
> Das VADEMECUM entspricht in Konzeption und Testgütekriterien funktionalen Entwicklungstests: Fünf Beobachtungslisten bilden wesentliche Entwicklungsfunktionen ab (Grobmotorik, Kognition, Sprache, Selbständigkeit, Emotionalität). Die Beobachtungspunkte beziehen sich auf kindliche Aktivitäten und Partizipationen, sind in Alltagssprache formuliert und in aufsteigendem Schwierigkeitsgrad angeordnet. Die Anwendung ist mehrphasig und kooperativ angelegt: Die Bezugspersonen (Eltern, Erzieher*innen beobachten die Kinder in Alltagssituationen, die qualitative und quantitative Auswertung wird durch die

Fachperson geleistet, Interpretation und Validierung der Ergebnisse erfolgt wiederum im gemeinsamen Gespräch.

Das VADEMECUM als entwicklungsdiagnostisches Verfahren wurde in einer gemischten repräsentativen Längs- und Querschnittstudie an 200 Kindern normiert und erfüllt die erforderlichen Testgütekriterien (Schlienger 1990). Im Eigenverlag als Testmappe (Schlienger 2018[4]) publiziert, wird das VADEMECUM seither in verschiedenen fachlichen Feldern (Frühförderung, Kinderärztliche Praxis, Erziehungsberatung, Kita und Sonderschule) angewendet. Bis heute wurde das Handbuch für Eltern mit Migrationserfahrung in 14 Sprachen übersetzt, die Codierung der einzelnen Beobachtungspunkte nach ICF-CY erstellt und das gesamte Verfahren digitalisiert. Aktuell stehen zur Verfügung: Beobachtungs-Handbücher in 14 Sprachen respektive eine App in 6 Sprachen für Eltern/Bezugspersonen, Auswertungsfolien oder digitales Auswertungsprogramm (in 3 Sprachen) für Fachkräfte, Codierungsbuch nach ICF-CY, inkl. Core-Sets Ass, ADHS, CP und Schwerhörigkeit (in der Webapplikation integriert).

Entwicklungsdiagnostik ist alltagsorientiert

Frühförderung wird seit ihren Anfängen als familienorientiert definiert, und die pädagogische Frühförderung ist geprägt durch aufsuchende Praxis. Dies nicht nur, um die Familien von weiten Fahrten zur Frühförderstelle zu entlasten, sondern auch, weil die Familie in unserem Kulturkreis der prägendste Ort für kleine Kinder darstellt.

Studien in den USA (Bronfenbrenner 1981) belegten bereits seit langem, dass frühe Interventionen mit Einbezug der familiären Interaktionen beständigere und langfristige Effekte auf die kindliche Entwicklung zeitigten als ausschließlich kindzentrierte Maßnahmen, und er hat mit seiner ökopsychologischen Sichtweise ein komplexes Modell für kindliche Entwicklung in verschiedenen »Umwelten« wie Familie, Nachbarschaft, Schule und Gesellschaft geschaffen. Zur gleichen Zeit haben die Vertreter der Kooperativen Pädagogik (Schönberger, u. a. 1987, Jetter 2012) handlungstheoretisch untermauert, wie prägend sich Alltag auf Kinder und ihre Entwicklung auswirkt und wie nachhaltig alltagsorientierte Bildung und Therapie zum Tragen kommen können. Das bio-medizinische Klassifikationsmodell der WHO (ICF), das für die Diagnostik nicht nur Gesundheitsprobleme berücksichtigt, sondern auch Aktivitäten, Partizipationen und Kontextfaktoren, bindet diese Alltagsorientierung schließlich konsequent und systematisch in Diagnostik und Planung mit ein (Kraus de Camargo et al. 2021)[21].

---

21 Die alltags- und ICF-orientierte Diagnostik darf allerdings bei entsprechendem Verdacht nicht von einer medizinischen Diagnostik nach ICD entbinden.

Allen diesen Ansätzen ist das relativistische Betrachten der Lebenswirklichkeit gemeinsam. Ausgangspunkt dieser Sichtweise ist die Erkenntnis, dass Wahrnehmungen vom Menschen unmittelbar emotional bewertet und erst anschließend kognitiv gedeutet werden (Roth & Strüber 2014). Schon die Auswahl dessen, was wahrgenommen wird, ist von individuellen und sozialen Faktoren wie Bedürfnissen, Stimmungen, bisherigen Erfahrungen, kulturellen Normen und Wertvorstellungen abhängig; deren Bewertung und Deutung unterliegt nochmals vergleichbaren Prozessen. Wesentlich für die Auseinandersetzung eines Kindes, von Eltern oder Fachkräften mit ihrem sozialen und dinglichen Umfeld ist demzufolge nicht die objektive Umwelt an sich, sondern wie diese Person ihre Umwelt wahrnimmt, wie sie sich mit ihr aktiv auseinandersetzt und sich in ihr bewegt, wie sie sich einmischt, sich reibt, Konflikte und Versöhnung erlebt. Ein Kleinkind, das gerade gelernt hat, selbständig zu gehen, erlebt die bisher vertraute Welt aus einer gänzlich anderen Perspektive: so viele neue Möglichkeiten, soviel zu erleben und auszuprobieren! Eltern, die ein klares Abwenden ihres Kindes beim Essen als positiven Schritt deuten, werden ihr Kind weiterhin ermuntern, seinen Willen zu zeigen und nicht seinen »Trotz« zu brechen versuchen. Eine Fachkraft, die Eltern grundsätzlich kooperative Kompetenzen zuerkennt, wird sich nicht entmutigen lassen, wenn eine Mutter mehrfach einen Termin absagt, sondern der Mutter achtbare Motive unterstellen. Solche Haltungen und Einstellungen anderen gegenüber bestimmen die weiteren Beziehungen mit. Wer sein Umfeld und die beteiligten Personen als freundlich, offen und zugewandt erlebt, wird sich viel eher vertrauensvoll in seiner Welt bewegen, als wenn Angst, Unsicherheit oder Bedrohung vorherrschen. Dabei ist das, was als freundlich, ungefährlich, erwünscht, sicher, entwicklungsförderlich, erziehungswirksam usw. gilt, erfahrungsabhängig, kulturell mitbedingt und hochgradig subjektiv.

Frühe Entwicklungsdiagnostik bedeutet zu erkennen, ob ein Kind seinen Möglichkeiten und Fähigkeiten entsprechend über- oder unterfordert ist, ob es das ihm förderliche Lernmilieu erfährt und ob seine Familie oder die erweiterte Lebenswelt der Anteilnahme oder Unterstützung in der erschwerten Erziehungsaufgabe bedarf. In einem interaktiven und relativistischen Verständnis von Entwicklung werden die unterschiedlichen Interaktionen des Kindes in und mit seiner Lebenswelt programmatisch mit einbezogen. Damit wird auch deutlich, dass entwicklungsdiagnostische Verfahren die subjektive Lebenswelt des Kindes mitberücksichtigen sollen und sogenannte objektive Verfahren als einziger Ausgangspunkt für frühe Förderung zu kurz greifen.

Das Dilemma wird offenbar: Für eine Diagnosestellung sind Methoden gefordert, die zu möglichst objektiven Daten über die kindliche Entwicklung verhelfen, die Subjektivität der kindlichen Lebenswelt aber gleichwertig mit einbeziehen, weil die objektiven Sachverhalte ihre Wirkung erst in den subjektiven Deutungen entfalten: Wie erfährt das Kind seine Welt? Wie interpretieren die Eltern das Verhalten des Kindes? Welche Konsequenzen ziehen sie daraus für ihre Handlungen im Alltag?

Daraus ergeben sich dann die weiterführenden Fragen: Welches ist die für ein bestimmtes Kind in seiner Familie anzustrebende neue Realität, wohin soll der gemeinsame Weg führen?

Ökopsychologisch orientierte Frühdiagnostik bezieht diese Aspekte mit ein: eine Untersuchung sollte für alle Beteiligten möglichst identisch wahrgenommen und interpretiert werden: »Worum geht es?«, »Was wird geprüft?«, »Wie kommen die Interpretationen zustande?«, »Versteht die Fachkraft im diagnostischen Prozess die Bedeutung der elterlichen Äusserungen in deren Tiefe?«, und »Verstehen die Eltern, was die Fachkraft meint im diagnostischen Gespräch?«. Sobald sich die Bedeutungszuschreibungen der Beteiligten decken, gilt eine diagnostische Frage als *ökologisch gültig*[22]. Als Lösung für diese Anforderungen beziehen sich ökologische Ansätze auf das tägliche Leben und die natürliche Umgebung des Menschen. Auch die Fragestellungen und das Untersuchungsmaterial stammen aus dem Alltag, naturalistische Situationen werden bevorzugt[23].

Das VADEMECUM als Beobachtungsinstrument bezieht sich grundsätzlich auf Aktivitäten und Partizipationen eines Kindes in seiner natürlichen Umwelt.
Die Fragen zur kindlichen Entwicklung sind in Alltagssprache formuliert und orientieren sich am kindlichen Lebensalltag. Die Beobachtungen werden durch die Eltern im familiären Lebensfeld (oder pädagogische Bezugspersonen in Kita und Sonderschule) durchgeführt und es wird auf standarisierte Gegenstände verzichtet. Da viele Übersetzungen zur Verfügung stehen, werden Eltern mit Migrationserfahrung in ihrer Muttersprache angesprochen: So wird ein Beziehungsrahmen für ökologische Gültigkeit errichtet.

Fachkräfte mit diagnostischer Erfahrung geben die Beobachtungslisten (in Papierversion oder in Form einer App) an die Eltern weiter, diese beobachten ihr Kind, füllen eine Schlusstabelle aus und leiten diese Daten an die Fachkraft zur Auswertung zurück. In der App könne die Rückmeldungen durch Fotos illustriert und ergänzt werden.

Die Eltern werden so mitverantwortlich einbezogen in die Frage: Wo steht das Kind? Was kann es?
Auch wenn die Fachkraft während ihrer Arbeit in der Familie die mütterlichen Beobachtungen selbst noch validiert und anschließend – mit Hilfe des Entwicklungsprofils und den ICF-Klassen – Schwerpunkte der kindlichen Fähigkeiten oder Risikobereiche identifiziert (Aktivitäten, Partizipationen, Körperfunktionen): die anschließenden Gespräche basieren auf Handlungsweisen des Kindes, die in naturalistischen Situationen erhoben wurden und für die Eltern ist die Datenlage transparent und nachvollziehbar.

Die Erfahrungen der Psychologin und Heilpädagogin Carolina Brügger (CB) verdeutlichen deren Auswirkungen auf die Beziehungsgestaltung konkret.

---

22 Die ökologische Validität ergänzt andere Formen von Gültigkeit wie inhaltliche, Kriterien bezogene und Konstruktvalidität.
23 Bei klinischer Testung beklagen Mütter und Väter nicht selten, ihr Kind habe nicht das gezeigt, was es eigentlich könnte, weil es verängstigt oder scheu war – oder dass Kinder mit ASS-Störungen sich weigern, sich mit unbekanntem Testmaterial auseinanderzusetzen und deshalb als »untestbar« gelten.

»Mit dem VADEMECUM macht man die Eltern sensibel, worauf unsere Beobachtung gerichtet ist. Und dann passiert, dass die Eltern sehr kooperativ werden. In dem Moment, wo die Diagnostik nicht nur in der Hand der Fachfrau ist, in dem Moment, wo ich den Raum der Diagnostik mit den Eltern teile, können Eltern sich öffnen und kooperativ auf den Prozess einsteigen, und plötzlich entsteht eine gemeinsame Sprache. Auch wenn schon eine Diagnose vorbesteht: In dem Moment, wo wir das VADEMECUM gemeinsam anschauen und ausfüllen, fangen die Eltern an, das Kind anders zu sehen. Sie fangen an zu verstehen, worüber wir sprechen: was wird bei uns, hier im Kontext der Schweiz, den wir mit den Eltern teilen, erwartet?« (CB).

Entwicklungsdiagnostik ist ressourcen- und kompetenzorientiert

Aktuelle Ansätze in der Frühförderung verweisen in ihrer Grundhaltung fundamental auf Ressourcen und Kompetenzen von Eltern und Kindern. Das können personale Ressourcen eines Kindes sein im Sinne von Fähigkeiten, Handlungsvoraussetzungen, Potentiale, Temperament, aber auch ökonomische, soziale, materielle oder personale Ressourcen der Familie als Ganzes oder einzelner Familienmitglieder. Erfahrene Fachkräfte berücksichtigen subjektives Stresserleben und entwickeln entsprechende Copingstrategien und interdisziplinäre Unterstützungsmaßnahmen, sie eröffnen den Eltern zusätzliche soziale, emotionale oder materielle Ressourcen (Dunst 2000), fördern und unterstützen personale Schutzfaktoren wie Selbstwirksamkeit, Kohärenzgefühl und Lebensoptimismus (Sarimski et al. 2013). Bezogen auf alltagsorientierte frühe Diagnostik können die Erkenntnisse solcher Studien besonders bedeutsam sein: Als entscheidender entwicklungsförderlicher Faktor bezeichnen Sarimski et al. (2013, 24) das Zutrauen der Eltern in ihre eigenen elterlichen Kompetenzen: »…ein großes Vertrauen in die eigenen Fähigkeiten korreliert mit responsivem und anregendem Verhalten in der Eltern-Kind-Interaktion«.

Die Eltern sind mit ihren Beobachtungen auch eine wichtige Ressource für die Fachkräfte. Eltern kennen ihre Kinder im Alltag, sind lange und intensiv mit ihnen zusammen, sie können diese in vielen unterschiedlichen Situationen beobachten und erste Einschätzungen laufend überprüfen. Diese Beobachtungen dienen dann der gemeinsamen Erarbeitung eines Verständnisses für das Kind und der anschließenden Handlungsplanung. Tordova et al. (2021) stellen fest, dass Eltern – bezogen auf Aktivitäten, Partizipation, Umweltfaktoren – sehr wohl in die diagnostische Arbeit mit einbezogen werden können und sollen. Stehen zudem Beobachtungs- und Verständigungsinstrumente in diversen Sprachen für Eltern mit Migrationserfahrung zur Verfügung, dient das sowohl der Kooperation als auch der Validität der Ergebnisse.

»Bei Familien mit Migrationserfahrung ist es eine große Hilfe, wenn die Mutter in ihrer eigenen Sprache mitmachen kann. Ich kann die Mutter dann auch ganz anders wahrnehmen, wenn ich merke, wie gut sie beobachten kann, auch wenn sie es mir sprachlich selbst nicht gut mitteilen kann. Da sehe ich die Kompetenz der Mutter« (CB).

Entwicklungsdiagnostik und Entwicklungsbegleitung sind kooperativ und partizipativ

Kooperation und Partizipation stehen im Dienst des Empowerments (Hintermair 2014). Dabei sollen Menschen sich ermutigt fühlen, die eigenen Angelegenheiten selbst in die Hand zu nehmen. Diese Einladung zur Partizipation dient sowohl dem Beziehungsaspekt (Vertrauensbildung und Committment) als auch dem Teilhabeaspekt (Tragfähigkeit von Entscheidungen und Nachhaltigkeit aller Maßnahmen). Eltern kann es schwerfallen, gemeinsam mit Fachkräften auf den Weg zu gehen. Dem liegen meistens Ängste, Unsicherheiten oder unterschiedliche Werthaltungen zugrunde (vgl. Schönberger u. a. 1987). Neben der Förderung und Bereitstellung von Ressourcen und Kompetenzen ist in der familienorientierten Arbeit deshalb das Wahrnehmen und Einbeziehen der familiären Bedürfnisse, Ziele und kulturellen Werte ein zentraler Aspekt (Dunst & Trivette 2009). Die Fachkraft kann in solchen Situationen verschiedene Wege einschlagen:

- Gespräche führen mit den Eltern über deren Anliegen und Bedürfnisse im Sinne von Arbeitsbündnissen (vgl. Keller 2019) und Aneignen von interkulturellen Kompetenzen.
- Die Eltern in einem Empowerment-Prozess mit Hilfe von Instrumenten ermutigen, die eigenen Angelegenheiten selbst in die Hand zu nehmen und ihnen somit effektiv mehr Macht geben – und nicht nur ihr Gefühl von Stärke erhöhen (vgl. Keupp 2018).
- »Joining« pflegen: Informelle Gespräche führen und unbelastete Kontakte gestalten als Grundlage für den Beziehungsaufbau (Koch & Ernst 2019).
- Selbstreflexion zum Erkennen eigener Werthaltungen, Normen, Bedürfnisse und Bedeutungen und zur Entwicklung eines Verständnisses für die Perspektive des Gegenübers.

Allen diesen Möglichkeiten liegt zugrunde, dass sie nicht nur die Vernunft und das rationale Denken ansprechen, sondern eine Verbindung mit dem limbischen System ermöglichen, dem Ort im neuronalen System des Menschen, in dem Motive, Bedürfnisse, Werte, Ethik, Gefühle und Affekte angesiedelt sind, und der rationalen Argumenten gegenüber schwer zugänglich ist (Roth & Strüber 2014).

Ko-Konstruktion zur Vertrauensbildung

Das Teilen des Verstehens-Raums mit Eltern und wertschätzende Kommunikation sind zentrale Säulen der Vertrauensbildung. Fachliche und Beziehungskompetenz werden dabei durch methodische Hilfen ergänzt: In den 1980er Jahren wurde die ressourcenorientierte Marte Meo Methode (Berther & Niklaus Loosli 2019) entwickelt: Diese Verhaltensbeobachtungen vermittels Videosequenzen initiieren Lernen ausschließlich auf der Basis positiver Interaktionen; sie sind fester Bestandteil von Entwicklungsförderung und Erziehungsberatung geworden. PICCOLO (Roggmann u. a. 2022) ist ein neu entwickeltes Verfahren zur Erfassung und Stärkung von positiven Eltern-Kind-Interaktionen. Die FegK 0–6 (Burgener Woeffrey 2014) fokussiert auf die Früherkennung von Risikokindern, mit Schwerpunkt auf familiäre Risiko- und Schutzfaktoren. Nicht zuletzt ergänzen neue soziale Medien wie Messenger, Videocall, Cloud, digitale Pinwand (Ulshöfer 2022) die herkömmliche face-to-face-Arbeit mit Familien und können zur Stärkung günstiger Interaktionen im Dreieck Eltern – Kind – Fachkräfte genutzt werden.

Das VADEMECUM in der analogen Version und der App (Schlienger 2018[4]) ist nur eine der vielen Möglichkeiten – allerdings eine, die sowohl auf die Eltern-Kind-Beziehung als auch auf valide Entwicklungseinschätzung mit Bezug zu ICF-CY fokussiert und in Bezug auf die vielfach als heikel wahrgenommene Situation der Entwicklungsdiagnostik eine Brücke schlägt zwischen Fachkräften und Eltern.

Literatur

Berther, Claudia & Niklaus Loosli, Therese (2019). *Die Marte Meo Methode.* Göttingen.
Bronfenbrenner, Urie (1981). *Die Ökologie der menschlichen Entwicklung.* Stuttgart.
Burgener Woeffray, Andrea (2014). *Entwicklungsgefährdung früh erkennen – FegK 0–6.* Zürich/Bern.
Dunst, Carl J. (2000). Revisiting »Rethinking Early Intervention«. *Topics in early childhood special education*, 20(2), 95–104.
Dunst, Carl J. & Trivette, Carol M. (2009). Capacity-Building Family-Systems Intervention Practices. *Journal of Family Social Work*, 12(2), 119–143.
Frei, Frances & Morris, Anne (2020). *Vertrauensfrage.* Harvard.
Hintermair, Manfred (2014). Empowerment und familienorientierte Frühförderung. *Frühförderung interdisziplinär.* 33, 219–229.
Gerber, Michelle; Kraft, Esther & Bosshard, Christoph (2014). Shared Decision Making – Arzt und Patient entscheiden gemeinsam. Grundlagenpapier der DDQ. *Schweizerische Ärztezeitung / Bulletin des médecins suisses / Bollettino dei medici svizzeri* | 2014; 95: 50.
Jetter, Karlheinz (2012). *Leben und Arbeiten mit behinderten und entwicklungsgefährdeten Säuglingen und Kleinkindern.* epubli.
Keller, Petra (2019). Das Arbeitsbündnis in der Kooperation mit Eltern – auf den Punkt gebracht. *Schweiz. Zs. für Heilpädagogik* 25(1), 6–12.
Keupp, Heiner (2018). Empowerment. In: Graßhoff, Gunther; Renker, Anna & Schröer, Wolfgang (Hg.). *Soziale Arbeit. Eine elementare Einführung.* Heidelberg.

Koch, Christina & Ernst, Kolja (2019). »Trinken wir noch zusammen einen Kaffee?«. *Schweiz. Zs. für Heilpädagogik* 25(1), 13–17.
Kraus de Camargo, Olaf; Simon, Liane & Rosenbaum, Peter L. (2021). *Die ICF-CY in der Praxis.* Göttingen.
Luhmann, Niklas (1989). *Vertrauen. Ein Mechanismus der Reduktion sozialer Komplexität.* Stuttgart
Roggmann, Laurie A.; Cook, Gina A.; Innocenti, Mark, S. & Anderson, Sheila (2022). *PICCOLO-Manual, Einschätzung von Eltern-Kind-Interaktionen.* München.
Roth Gerhard & Strüber Nicole (2014). *Wie das Gehirn die Seele macht.* Stuttgart
Sarimski, Klaus; Hintermair, Manfred & Lang, Markus (2013). *Familienorientierte Frühförderung von Kindern mit Behinderung.* München.
Schlienger, Ines (1990). *Elternbeteiligung in der Früherkennung von Behinderungen.* Göttingen.
Schlienger, Ines (2018[4]). *VADEMECUM Testmappe, App und Webapplikation.* Zürich, Eigenverlag
Schönberger, Franz, Jetter, Karlheinz & Praschak, Wolfgang (1987). *Bausteine der Kooperativen Pädagogik.* Stadthagen.
Todorova, Katerina; Kopp-Sixt, Silvia & Pretis, Manfred (2021). Die ICF-CY in leichter Sprache in der Frühförderung. *Frühförderung interdisziplinär*, 40, 143–156.
Ulshöfer, Petra (2022). Messenger, E-Mail, Cloud, Videocall und Co. als digitale Brücke zur Familie. *Forum* 105(1), 12–19.
WHO, ICF (2005). Deutsches Institut für Medizinische Dokumentation und Information, DIMDI, WHO-Kooperationszentrum für das System Internationaler Klassifikationen (Hg.). *Internationale Klassifikation der Funktionsfähigkeit, Behinderung und Gesundheit.*

Onlineberatung zur Entwicklung von Lern- und Verhaltensprogrammen bei Autismus Spektrum Störungen

Vera Bernard-Opitz

Autismus Spektrum Störungen (ASS) sind tiefgreifende Entwicklungsstörungen, die in den vergangenen 30 Jahren deutlich zugenommen haben. Dieses hat zu einem enormen Bedarf an fachlich qualifizierter Beratung geführt, der derzeit nicht gedeckt werden kann. Spezialisierte Fachkräfte und Therapiezentren haben meist lange Wartelisten und sind oft weit entfernt von den betroffenen Familien.

Zahlreiche wissenschaftliche Untersuchungen haben nachgewiesen, dass Methoden der Autismus-spezifischen VerhaltensTherapie (AVT), einschließlich der Angewandten Verhaltensanalyse (ABA), für diese Population die effektivste Therapiemethode darstellt. Allerdings gibt es nur wenige Fachkräfte, die sich hierauf spezialisiert haben.

Online-Beratung und Supervision von strukturierten Einzeltherapien haben sich in unserer Praxis seit mehr als 10 Jahren bewährt. Sie ermöglichen den Beteiligten eine schnelle und effektive Hilfe bei der Reduktion von Verhaltensproblemen und dem Aufbau von angemessenem Verhalten. Hierbei stellt Video-Modellierung eine hilfreiche Methode dar.

Autismus Spektrum Störungen

Autismus Spektrum Störungen (Abk: ASS) sind schwere Entwicklungsstörungen, bei denen Kommunikation, Sozialverhalten, Spiel und Interessen gestört sind. Zusätzlich sind überselektive Aufmerksamkeit (Lovaas et al. 1979), eine geringe Aufmerksamkeitsspanne (Garretson et al. 1990), Mangel an gemeinsamem Blickbezug (Mundy et al., 1994) und Motivationsprobleme (Dunlap & Koegel 1980) beschrieben worden. Entwicklungs- und Lernfortschritte werden ebenfalls erheblich beeinträchtigt durch Probleme mit dem Verständnis von Sprache und differenzierten sozial-kommunikativen Fähigkeiten (Bernard-Opitz 2020b). Gute Fähigkeiten werden demgegenüber bei visuellen Aufgaben beobachtet (Mesibov et al 2004).

Die ehemalige Unterscheidung des ›Frühkindlichen Autismus« und des »Asperger Syndroms« wurde durch den Begriff »Autismus Spektrum Störung« ersetzt. Er deutet an, dass ein Spektrum von Merkmalen in diesem Krankheitsbild zusammengefasst ist. So gehört ein nicht-sprechendes, Kind mit einer schweren Beeinträchtigung ebenso zu dieser diagnostischen Kategorie wie ein hoch begabter Jugendlicher, der schwerwiegende soziale Probleme hat. Beiden ist gemeinsam, dass

Auffälligkeiten in der Kommunikation, dem Sozialverhalten und Interessen bzw. stereotypen Verhaltensweisen bestehen. Unterschiede beziehen sich auf den Beginn der Störung, die spezielle Symptomatik sowie die Schwere der Symptome.

Während man zu Zeiten der Erstbeschreibung des Krankheitsbildes durch Kanner (1943) von 4 betroffenen auf 10 000 Kinder ausging, ist in vergangenen Jahren die Prävalenz auf 1 auf 44 Kinder (USA) gestiegen (https://www.cdc.gov/ncbddd/autism/data.html). Es ist derzeit nicht bekannt, was zu dieser »Epidemie des Autismus« geführt hat (Bölte 2010).

Evidenzbasierte Therapien bei Frühkindlichem Autismus

Seit den bahnbrechenden Erfolgen des Frühförderprogrammes von Lovaas (1987, 2003) sind intensive verhaltenstherapeutische (ABA) Trainingsprogramme in den USA ein brisantes politisches Thema. Tausende von Eltern haben mit Unterstützung von ABA Firmen Haustrainings entwickelt, die jungen Kinder ab einem Alter von 2 Jahren 20 bis 40 Wochenstunden Therapie ermöglichen (Rogers & Vismara 2008). Die Kosten für diese Programme sind meist erheblich und müssen oft von Eltern auf dem Rechtsweg eingeklagt werden. Hierbei ist ein wichtiges Argument, dass bei einer Normalisierung des Verhaltens durch eine intensive Frühtherapie zukünftige Kosten für Heimunterbringung entfallen.

Tatsächlich konnte gezeigt werden, dass bei einer Förderung vor dem Alter von 5 Jahren signifikante Fortschritte – bis hin zu einer Normalisierung – erreicht werden können (Eldevik et al 2009, Peters-Scheffer et al. 2011). Randomisierte Gruppenuntersuchungen wiesen nach, dass das strukturierte Training durch Eltern zu deutlichen Fortschritten der Kinder, besonders im Bereich der Sprachentwicklung führte (Drew et al. 2002,). Da das Sprachniveau ein wichtiger Prädiktor der späteren Entwicklung ist, sind diese Ergebnisse von langfristiger Bedeutung.

Autismusspezifische Verhaltenstherapie (AVT) und Applied Behavior Analysis (ABA)

Seit etwa zwanzig Jahren wird in der Therapie von Kindern mit Autismus Spektrum Störungen (ASS) auch in Deutschland immer wieder von *ABA* gesprochen, was für *Applied Behavior Analysis* (Angewandte Verhaltensanalyse) steht (Cooper et al. 2020). Da dieser Begriff in Deutschland oft missverstanden wird, alte Vorurteile gegenüber traditioneller Verhaltenstherapie aufleben lässt und dem Spektrum neuerer Methoden nicht gerecht wird, werden Methoden der *Autismus-spezifische Verhaltens-Therapie* unter dem Begriff *AVT* zusammengefasst. Neben dem *Diskreten Lernformat* gehören hierzu das *Pivotal Response Training, Erfahrungsorientiertes Lernen, Präzisionslernen, visuelle Methoden* sowie *Kognitive Verhaltensmodifikation*. Entwicklungspsychologische und systemische Faktoren haben daneben einen wichtigen Stellenwert (ausführlicher s. Bernard-Opitz 2009; https://www.autismnews.eu/avt-abt-aba/).

Empowering Eltern

Bereits seit 1970 konnte gezeigt werden, dass das Training von Eltern autistischer Kinder zu deutlichen Entwicklungsfortschritten der Kinder führt. So konnten eingearbeitete Eltern störende Verhaltensweisen ihrer Kinder reduzieren und erwünschte Fähigkeiten – wie Sprache – aufbauen (Laski et al. 1988).

Etwa die Hälfte der Kinder mit ASS zeigt Verhaltensprobleme, die professionell behandelt werden müssen. Hierzu gehören Wutanfälle (76 %), Aggression (56 %), Stereotypien (14 %) und Selbstverletzung (11 %) (Horner et al., 2002). Es ist unabdingbar, dass Eltern und betreuende Fachkräfte zunächst Verhaltensprobleme verstehen müssen, bevor sie in der alltäglichen Umgebung effektive Strategien einsetzen können. Hierzu ist ein intensives Elterntraining im Zuhause des Kindes notwendig (O'Reilly & Dillenburger, 2000). Beim Aufbau von neuen Verhaltensweisen hat sich gezeigt, dass Eltern und Kinder besonders von natürlichen Lernstrategien profitierten, wie dem Natürlichen Sprachformat (Natural Language Format, Laski et al., 1988; Schreibman et al, 2015). Elterntraining ist mittlerweile ein zentraler Bestandteil von intensiven verhaltenstherapeutischen Frühförderprogrammen (Cordes & Cordes 2010).

Online-Beratung

Seit mehr als 10 Jahren haben wir in der Arbeit mit Kindern, Jugendlichen und Erwachsenen mit ASS gute Erfahrungen mit Onlineberatungen gemacht. Durch etwa 14-tägige Zoom- oder Skype-Gespräche erhalten Eltern, Lehrer und ihre Teams Supervision zu gefilmten Lern-Interaktionen.

Mit Beginn der Corona-Pandemie ist diese technische Möglichkeit auch in Schulen und Psychotherapeutischen Praxen populär geworden, wobei einige Krankenkassen diese Methode in das Spektrum ihrer Angebote aufgenommen haben. Erste wissenschaftliche Untersuchungen zeigen deutliche Vorteile von Online-Beratung bei dieser Population an, wie die folgenden (s. Oberleitner 2010):

- Verringerte Kosten gegenüber Beratungen vor Ort
- Deutliche Zeitersparnis für den Therapeuten und die Familie
- Besseres Verstehen von komplexen Verhaltensweisen des Kindes durch den Supervisor
- Bessere Supervision der Therapeuten vor Ort
- Bessere Erfassung der Fortschritte des Kindes
- Geringere Hemmschwelle für Jugendliche und Erwachsene.

Ein dreijähriges von dem NIH (National Institute of Health) unterstütztes Forschungsprojekt konnte zeigen, dass Verhaltensanalysen sowie der Aufbau von angemessenem Alternativverhalten durch Filme und Online-Beratungen ebenso effektiv waren wie durch direkten Kontakt vor Ort (Wacker et al. 2013). Mittlerweile hat der amerikanische Senat ein Gesetz bestätigt, das den Einsatz von Online-Beratung bei Kindern mit ASS unterstützt (Steinberg 2011–2012). Neben fachlicher Kompetenz und praktischen Fähigkeiten in der Verhaltensanalyse und Verhaltenstherapie von Betroffenen mit ASS sind Kenntnisse mit modernen Medien sowie eine positive Einstellung dazu eine Voraussetzung.

Wie funktioniert Online-Beratung?

Nachdem sich Eltern oder Fachleute bei uns zur Beratung angemeldet haben, wird ein kostenloses Erstgespräch ausgemacht, in dem die beidseitigen Erwartungen an eine Zusammenarbeit geklärt werden. Eltern werden aufgefordert, kurze Filme von speziellen Verhaltensweisen ihres Kindes in verschiedenen Alltags-, Lern- und Problemsituationen anzufertigen und diese zuzuschicken. Hierdurch wird es möglich, den Betroffenen nicht nur in einer Situation (wie in einer Praxis) kennenzulernen, sondern sowohl Alltags- oder Schulsituationen als auch Verhalten bei verschiedenen Interaktionspartnern mit zu berücksichtigen (z. B. Lehrer, Logopäden, Krankengymnasten, Co-Therapeuten, Geschwister oder Großeltern). Je nach Fall werden die folgenden Beratungsschwerpunkte angeboten:

- Funktionale Verhaltensanalyse und Umgang mit Verhaltensproblemen
- Bestimmen einer optimalen verhaltenstherapeutischen Methode (AVT incl. ABA)
- Training der Eltern und des Teams in relevanten AVT-Strategien
- Entwicklung eines individuellen Erziehungsplans (IEP)
- Entwicklung von Lernprogrammen und Sozialtraining in Kindergarten, Schule und Fördereinrichtungen.

Selbstverständlich ist der Erfolg von Online-Beratung an technische, organisatorische und personelle Voraussetzungen geknüpft. So ist eine schnelle Internetverbindung, die Einrichtung von Skype oder Zoom sowie die Offenheit der Beteiligten für Teleaufnahmen und neue Methoden eine notwendige Vorbedingung. Selbstverständlich sollten Eltern mit neuen technologischen Beratungsangeboten vorsichtig umgehen.

Um Kosten möglichst niedrig zu halten und Eltern einen größtmöglichen Einfluss zu gewähren, ist es wünschenswert, dass Eltern die Organisation ihres Haus- und Schulteams übernehmen. Sie können Studenten, Verwandte, Freunde oder Professionelle gewinnen, die als (Co-)Therapeuten durch Online-Beratung in AVT-Strategien angeleitet werden. Trainingsprogramme sowie die Supervision der Verhaltens- und Lernprogramme werden dabei durch fachlich kompetente Autismusspezialisten durchgeführt. Diese müssen entsprechende Qualifikationen mit sich bringen, wie zum Beispiel als Psychologische Psychotherapeuten, anerkannte Verhaltenstherapeuten, BCBAs (Board Certified Behavior Analysts), IBAOs (International Behavior Analysts) und/oder TEACCH/PECS Trainer. Da Online-Beratung in vielen Fällen die Hilfe von ortsansässigen Fachkräften ergänzt, ist eine Kooperationsbereitschaft mit Teams verschiedener Fachrichtungen ebenfalls unabdingbar.

Bei regelmässigen Skype- oder Zoom-Sitzungen wird mit den Eltern, ihren Hausteams, Therapeuten und/oder Lehrern festgelegt, wie Verhaltensprobleme angegangen werden sollen, welche Verstärker für positive Alternativen eingesetzt werden und welche Therapieziele mit welchen Strategien erreicht werden können. Im Anschluss an die Sitzungen erstellen die Eltern ein Faktenprotokoll, das gegengelesen wird und anschließend an alle Beteiligten verteilt werden kann. Durch Supervision von kurzen Therapiefilmen ist eine schnelle Optimierung der vorgeschlagenen Strategien und Aufgaben möglich. Verhaltensprobleme, Fähigkeitsprofile und individuelle Fern- und Nahziele werden diskutiert und individuell angemessene Interventionsmethoden und Lernprogramme vorgeschlagen.

Wer kann von Online-Beratung profitieren?

Nach unserer Erfahrung profitieren die meisten Beteiligten von Online-Beratung. Kinder und Jugendliche mit Autismus lernen zunehmend schneller und sind motivierter. Therapeuten beschrieben bereits nach wenigen Sitzungen, dass Online-Beratung den lang ersehnten »Silberstreifen am Horizont« gebracht hätte. Andere schätzen die Sicherheit, dass ihre Therapie- und Beratungsansätze durch Fern-Supervision dem neusten Stand internationaler Praxisrichtlinien entsprechen. Eltern betonen, dass ihnen jemand hilft, die Verhaltensprobleme ihrer Kinder besser zu verstehen und sie durch verhaltenstherapeutische Strategien positiv zu beeinflussen. Sie finden es auch bequem, schnelle Expertenauskunft zu bekommen, sei es, um sinnvolle Aufgaben zu entwickeln oder Lern-Materialien zu erstellen. Hilfe über den Computer wird zum Teil als einfacher beschrieben als lange Anfahrt- und Wartezeiten bei viel gefragten Spezialisten. Einige Sozialämter kommen aktiv auf uns zu, um Betreffende mit Schulverweigerung oder schweren Verhaltensproblemen vorzustellen.

Onlineberatung zur Entwicklung von Lern- und Verhaltensprogrammen

Zunehmend sind auch Erwachsene mit ASS an den Beratungen interessiert. Hierbei werden zunächst unverbindliche Online-Gespräche angeboten, um abzuklären, ob diese Methode eine geeignete Intervention darstellt.

Hier einige E-Mail-Kommentare nach entsprechenden Online-Beratungen (Die Namen wurden verändert)

»N. hat enorme Fortschritte gemacht. Wir haben früher ein paar Versuche mit Therapien gemacht, aber die meisten hatten keine oder sehr wenig Ahnung von der Problematik. Ich bin sehr froh, dass wir Sie kennenlernen durften. Für N. ist das großartige Unterstützung. Auch die Tatsache, dass er jetzt eine Ausbildung macht, ist Ihnen zu verdanken!

Bei Tim ist viel passiert und heute üben wir das ›i‹. Leider ohne Kamera. Einmal kam das schönste ›i‹ aus seinem Mund. Tim freute sich so unbändig.«

Von einer Lehrerin nach einer Teamsitzung mit dem Vorschlag »stellvertretende Verstärkung eines Modellkindes« einzusetzen:
»Beim Schwimmen war es heute sehr gut. Tanja hatte ihre Schuhe sehr schnell ausgezogen. Die Strümpfe habe ich ausgezogen und dann gab ich ihrer Nachbarin ein Stück Schokolade, weil sie fertig umgezogen war. Dann wurde Tanja aber flott. Hose und Unterhose hat sie (zum ersten Mal) alleine ausgezogen. Beim T-Shirt und Unterhemd habe ich dann etwas geholfen. Es gab zur Belohnung den Rest Schokoriegel.«

Von der Mutter eine Woche nach einer Teamsitzung über das andauernde stereotype Spiel mit fiktiven Bohrmaschinen:
»Als weitere Rückinfo kann ich ihnen noch geben, dass die Bohrmaschinenzeit für Fabian zunehmend uninteressant wird. Er fragt zwar über den Tag ab und zu, wenn wir ihm dann aber sagen, dass die Bohrmaschinenzeit um 18:00 Uhr ist, akzeptiert er es. Ist die Zeit dann gekommen, möchte er die Bohrmaschine meist gar nicht haben, sondern überlegt sich lieber andere Dinge, wie zum Beispiel, dass er im Spiel mit mir einen Kuchen mit dem großen Mixer backen möchte, oder er möchte noch mal für eine gewisse Zeit das iPad haben. Er variiert in seinen Wünschen und je nach Wunsch akzeptiert er auch ohne weiteres ein Zeitlimit. Wenn er sich dann doch einmal für die Bohrmaschine entscheidet, hält das Bohren meist keine 10 Minuten an.«

Nach 1 ½ Jahr Online-Beratung und der ersten erfolgreichen IQ-Testung:
»Ich bin wirklich erleichtert, dass Jannik mitgemacht hat und dieses Ergebnis zustande kam. Es wird einiges erleichtern, im Zweifel seine ›Durchschnittlichkeit‹ belegen zu können. Ich denke, das Ergebnis zeigt auch, wie viel er im vergangenen Jahr gelernt hat, was Motivation (unliebsame Aufgaben trotzdem erledigen) und Konzentration betrifft.«

Nach Besuch bei der Sozial- und Jugendbehörde und Bewilligung der Kosten für das Förderteam für ein weiteres Jahr:
»Die Mitarbeiter waren sehr nett und meinten, dass sie nie gedacht hätten, dass sich Marcel so gut entwickelt. Er würde viel besser dastehen als vergleichbare Kinder dank der guten Förderung. Sie baten mich eindringlich darum, sie bei den weiteren Schritten z. B. in Richtung Ausbildung einzubinden. Damit sie von quasi unserer ›Vorläuferrolle‹ lernen und dieses Wissen an weitere Kinder weitergeben können.«

Videoanalyse und Videotraining

Videoanalyse und Videotraining stellen einen zentralen Teil der Online-Beratung dar. Bereits seit den 1960-er Jahren ist bekannt, dass Verhaltensprobleme von Kindern mit ASS durch Analyse der auslösenden Situationen und der auf das Problem folgenden Konsequenzen verstanden werden können (Carr & Durand 1985). Ein Verständnis der Funktion des Verhaltens, die sogenannte »*Funktionale Verhaltensanalyse*«, hat sich als entscheidend für den Erfolg der Interventionen gezeigt (Bernard-Opitz 2018, Horner et al. 2020). Auch wenn kurze Videoclips von Eltern nicht dem wissenschaftlichen Anspruch einer experimentellen Verhaltensanalyse genügen, geben Aufnahmen des Betreffenden mit verschiedenen Interaktionspartnern, verschiedenen Situationen und/oder mit verschiedenen Anforderungen oft erste wichtige Hinweise.

Neben einem Einblick in Verhaltensprobleme sind Videoaufnahmen auch hilfreich, um einen Überblick über die Lernmotivation und das Fähigkeitsprofil des Kindes zu bekommen. Daneben machen sie deutlich, welche Strategien die Eltern, Lehrer oder Therapeuten einsetzen, und geben Hinweise darauf, welche Schwerpunkte das Training haben sollte. So kann oft bereits in den ersten Sitzungen der Online-Beratung eine gezielte Rückmeldung gegeben werden zu altersangemessenen, funktionalen Aufgaben und solchen, die wenig sinnvoll sind.

Visuelle Stärken bei ASS

Viele Betroffene mit ASS haben deutliche visuelle Stärken. Zum Teil bewältigen bereits junge Kinder mit Frühkindlichem Autismus komplizierte Puzzles und erinnern Wege oder Orte. Während sie meist erhebliche Probleme haben, sich sprachlich mitzuteilen und sprachliche Anforderungen zu verstehen, zeigen sie oft erstaunliche Leistungen bei visuellen Aufgaben und in Situationen mit visuellen Hinweisen (Mesibov et al. 2004). So kommunizieren viele Kinder leichter durch Bilder, wie das PECS System, als durch Sprache (Picture Exchange Communicative System, Frost & Bondy 2002). Viele Kinder und Jugendliche mit hoch funktionalem Autismus profitieren von Computer- oder iPad-Programmen, Videofilmen, Cartoons sowie gemalten oder geschriebenen sozialen Skripten (Bernard-Opitz 2020a). Durch ein Angebot gezielter visueller Hilfen ist es möglich, ihre Stärken zu nutzen, um Verhaltensprobleme und Lernschwierigkeiten abzubauen sowie Fähigkeiten zu entwickeln (s. ausführlich Bernard-Opitz & Häussler 2022).

Videomodellierung gilt als eine der bewährten Hilfen für Betroffene mit ASS (Charlop-Christy & Freemann, 2000). Interesse an Fernsehen, Filmen oder Computer/iPad- Programmen sind dabei wichtige Hinweise für die Chancen von Videomodellierung (Chen & Bernard-Opitz 1993; More & Calvert 2000). Mittlerweile gibt es zahlreiche Programme erhältlich, die für verschiedene Altersstufen entspre-

chende Filme oder applications anbieten (z. B. Model Me Kids, http://www.model
mekids.com)

Was ist Videomodellierung?

Videomodellierung (Abk: VM) ist eine verhaltenstherapeutische Methode, bei der ein gefilmtes Modell Verhaltensweisen zeigt, die das beobachtende Individuum nachahmen soll. Das Modell kann dabei ein Gleichaltriger oder Erwachsener sein oder – wie im Fall von Video Selbst Modellierung (Abk: VSM) – der jeweilige Lernende selbst (Nikopoulos 2007, 2021).

Beim VM werden Videoaufnahmen gezeigt, die Verhaltensmodelle für ein erwünschtes Verhalten darstellen. Hierbei sollte das Zielverhalten eindeutig und ablenkungsfrei präsentiert und Szenen wiederholt dargeboten werden. Zusätzlich erfolgt auf das demonstrierte Verhalten oft eine direkte externe Verstärkung. Beim VSM zeigen demgegenüber die betreffenden Kinder in kurzen Filmsequenzen selbst beispielhaftes Verhalten. Auch hier werden angemessene Nachahmungen meist mit externer Verstärkung kombiniert (Bernard-Opitz 2009).

Vorteile von Videomodellierung

Durch die Vorhersagbarkeit von Abläufen entspricht VM der autistischen Bevorzugung von regelhaften und routinierten Verhaltensweisen. Besonders zu Beginn von Trainingsprogrammen oder bei Individuen mit schwerer Beeinträchtigung sind meist wiederholte Übungen (sogenannte »massed trials«) notwendig, um effektiv zu lernen. Hier haben Videos und Computerprogramme den Vorteil »unendlicher Geduld«, was ja nicht immer für reale Interaktionspartner zutrifft! Ein weiterer Vorteil ist, dass VM in realistischen Umgebungen stattfinden kann. Hierbei kann sowohl die Stimulus-Situation als auch die vorgegebene Response variiert werden, so dass das Verhalten leichter generalisiert. Im Vergleich zu »live«-Modellen ist VM jederzeit abrufbar und ist damit weniger arbeitsaufwendig und kostengünstiger als wiederholte Demonstration durch in vivo-Modelle (Bernard-Opitz 2009).

Untersuchungen zur Videomodellierung

Mittlerweile ist eine Vielzahl an Untersuchungen erschienen, die Videomodellierung (Abk: VM) als Evidenz-basierte Methode bei ASS bestätigen. Eine ausführliche Zusammenfassung findet sich bei Nikopoulos (2021).

So konnte zum Beispiel in einer multiplen Baseline-Untersuchung bei einem Kind mit ASS über drei Spielthemen (Teeparty, Einkaufen und Backen) gezeigt werden, dass durch VM relativ lange Spielsequenzen gelernt wurden. Es war hierbei nicht nötig, dass der Untersucher durch Korrektur oder Verstärkung eingriff (D'Ateno et al. 2003).

In einem cross-over multiplen Baseline-Design über vier Kinder zeigte sich, dass alle Kinder bei der VM im Vergleich zu anderen Bedingungen mit statischen Bildsequenzen höhere Motivationswerte zeigten. Darüber hinaus wurde offensichtlich, dass sie die in der VM gelernten Konversationsskripte besser generalisierten. Zwei der Kinder lernten jedoch schneller mit Bildsequenzen, während die anderen beiden schneller bei VM lernten (Lee Hern Ern 1997). Hiermit wird bestätigt, dass einige Kinder mit ASS besser auf statische Vorlagen reagieren als auf dynamische, was sich bereits im Vergleich vom Erwerb von Bildeinsatz und Handzeichen gezeigt hat (Bernard-Opitz 1983). Individuelle Präferenzen und Lerntypen müssen also in jeden Fall berücksichtigt werden.

Um Generalisation auf nicht-gelernte Situationen zu bewirken, ist es oft nötig, mit multiplen Modellen zu arbeiten oder systematisch die Modell-Settings zu verändern (Nikopoulos 2021). So zeigten Charlop und Milstein (1989), dass Kinder Konversation generalisierten, wenn verschiedene Modelle die Vorgaben machten. Charlop et al. (2000) wiesen nach, dass nicht nur die Lernrate durch VM erhöht wurde, sondern diese Methode auch mit stärkerer Generalisation einherging. Nikopoulos et al. (2007) bestätigten nicht nur, dass soziales Verhalten durch VM gelernt wurde und generalisierte, sondern auch, dass es nach ein bis zwei Monaten noch stabil war.

Käufliche und individualisierte Programme zur VM

Mittlerweile gibt es zahlreiche käufliche Programme, die für verschiedene Altersstufen Filme oder applications anbieten (z.B. Model Me Kids, http://www.modelmekids.com). Die Programme setzen an einem Erlernen der Nachahmung von einfachen Aktivitäten, wie Selbstversorgung, Spiel oder vorschulischen Fähigkeiten, an, wobei einfache wiederkehrende Abläufe kennzeichnend sind (Smith, K., Activity Trainer, http://revver.com/video/1098221/video-modeling-software-for-children-with-autism). Daneben gibt es jedoch auch Videoprogramme mit Modellvorgaben für das Lernen von kommunikativen Skripten oder komplexem Sozialverhalten. So werden in gefilmten »Social Stories« Szenen wiederholt gezeigt, die positive Wege zeigen, um Erlaubnis zu bitten oder mit eigenen Fehlern besser umzugehen (Gray & Shelley Video Social Stories, http://www.dttrainer.com/jos/content/view/25/83).

Während käufliche Programme einen ersten Einblick in die Möglichkeiten von VM geben, reichen sie im Allgemeinen nicht aus. Eine notwendige Individualisierung der Verhaltens- und Lernziele ist meist notwendig und wird in unserer Online-Beratung angeboten. Problemverhalten bzw. Lernziele werden hierbei von möglichst altersgleichen Kindern nachgespielt. Zum Teil erstellen auch Eltern und ihre Teams eigene Filme mit dem Zweck des VM. Hierbei können Geschwister oder Freunde sowohl Positivverhalten als auch Problemverhalten sowie die jeweilige positiven oder negativen Konsequenzen darstellen. Einige anschauliche Beispiele finden sich unter »Trailern« auf unserer website http://autismnews.eu/.

Cartoon und Script Curriculum für Autismus

In Zusammenhang mit VM und Rollenspiel haben wir zwei Cartoon-Bücher entwickelt, bei denen auf mehr als 250 Cartoons Soziale Problemsituationen und ihre Lösung sowie Fern- und Nahziele zum Thema Freundschaft, Sozial- und Kommunikationsverhalten aufgezeigt werden. Die ersten Ergebnisse zeigen, dass auch Jugendliche mit ASS begeistert sind von der klaren Struktur und der Möglichkeit, wichtige Verhaltensziele zunächst skizziert zu sehen und anschließend im Rollenspiel und Video auf Alltagssituationen zu übertragen (Bernard-Opitz 2014, 2020a und b).

Ausblick

Online-Beratung, Videotraining und Videomodellierung sind vielversprechende Interventionen für Betroffene mit ASS und ihre Teams. Diese Methode hat in den vergangenen Jahren Kindern, Jugendlichen und Erwachsenen mit ASS und ihren Familien geholfen, störungsfreier zu leben und effektiver zu lernen. Videotraining ist erfolgreich eingesetzt worden, um neue Verhaltensweisen aufzubauen und Verhaltensprobleme zu reduzieren. Eltern gelten hierbei als wesentliche Organisatoren von Trainingsteams. Da sie in den meisten Fällen höchst motiviert sind, die Chancen ihrer Kinder zu verbessern, werden Beratungsvorschläge meist unmittelbar umgesetzt.

Durch regelmäßige Supervision von Filmen der häuslichen und oft auch der schulischen Lernsituation werden verhaltenstherapeutische Strategien gelernt und sinnvolle Lernziele entwickelt. Der Einbezug aller Beteiligten in die Teamabsprachen ermöglicht eine schnelle Generalisation des Gelernten über häusliche und außerhäusliche Situationen.

Fähigkeitsprofile, bevorzugte Lernmodalität und Interessen des jeweiligen Individuums müssen als Prädiktoren für den Erfolg von neuen Lernstrategien einbezogen werden. Videomodellierung, Rollenspiele, Skripte und Cartoons haben sich in den letzten Jahren für Betroffene mit guten visuellen Fähigkeiten als eine bewährte Möglichkeit erwiesen, auch komplexe soziale und kommunikative Fähigkeiten zu erlernen. Offenheit gegenüber neuen technischen Entwicklungen sind für den Erfolg dieser Methoden unabdingbar.

Literatur

Bernard-Opitz, Vera (2009). Applied Behavior Analysis and Autism-specific Behavior Therapy. In Bölte, Sven (Hg.). *Handbuch Autismus*. Bern, Huber, 242–259.

Bernard-Opitz, Vera (2014). *Visuelle Methoden in der Autismus-spezifischen Verhaltenstherapie (AVT): Das »Cartoon und Skript-Curriculum« zum Training von Sozialverhalten und Kommunikation*. Stuttgart: Kohlhammer.

Bernard-Opitz, Vera (2016). *Lernen mit ABA und AVT. Autismus Konkret*. Stuttgart, Kohlhammer.

Bernard-Opitz, Vera (2018). *Lernen von positiven Alternativen zu Verhaltensproblemen. Autismus Konkret*. Stuttgart, Kohlhammer.

Bernard-Opitz, Vera (2020a, 4. Aufl.). *Kinder mit Autismus Spektrum Störungen: Ein Praxishandbuch für Therapeuten, Eltern und Lehrer*. Stuttgart, Kohlhammer.

Bernard-Opitz, Vera (2020b). *Lernziel: Positives Sozial- und Kommunikationsverhalten: Soziale Cartoons für Kinder im Grundschulalter*. Stuttgart, Kohlhammer.

Bernard-Opitz, Vera & Häussler, A. (2022). Praktische Hilfen für Kinder mit Autismus Spektrum Störungen: Fördermaterialien für visuell Lernende. Stuttgart, Kohlhammer.

Bölte, Sven (2010). Is there an epidemic of ASC? In Bölte, Sven & Hallmeyer, Joachim (Hg.). *Autism Spectrum Conditions: International experts answer your questions on Autism, Asperger Syndrome and PDD-NOS*. Hogrefe.

Carr, Edward G., & Durand, V. Mark (1985). Reducing behavior problems through functional communication training. *Journal of Applied Behavior Analysis*, 18, 111–126.

Charlop, Marjorie H. & Milstein, Janice P. (1989). Teaching autistic children conversational speech using video modeling. *Journal of Applied Behavior Analysis*, 22, 275–285.

Charlop-Christy, Marjorie H.; Le, Loc & Freeman; Kurt A. (2000). A comparison of video modeling with in vivo modeling for teaching children with autism. *Journal of Autism and Developmental Disorders*, 30, 537–552.

Chen, Shen Hsing A. & Bernard-Opitz, Vera (1993). Comparison of personal and computer-assisted instruction for children with autism. *Mental Retardation*, 31, 368–376.

Cooper John O., Heron, Timothy E. & Heward, William L. (2020, 3. Aufl.). *Applied Behavior Analysis*. New Jersey: Pearson Merrill Prentice Hall.

Cordes, Ragna & Cordes, Hermann (2010). Verhaltenstherapeutische »home-based« Intensivprogramme für autistische Kinder im Vorschulalter und ihre Eltern. *Frühförderung interdisziplinär*, 29, 22–31.

D'Ateno, Patricia; Mangiapanello, Kathleen; Taylor, Bridget A. (2003). Using video modeling to teach complex play sequences to a preschooler with autism. *Journal of Positive Behavior Interventions*, 5, 5–11.

Drew, Auriol; Baird, Gillian; Baron-Cohen, Simon; Cox, Antony; Slonims, Vicky; Wheelwright, Sally; Swettenham, John; Berry, Bryony & Charman, Tony (2002). A pilot randomised control trial of a parent training intervention for pre-school children with autism. Preliminary findings and methodological challenges. *European Child & Adolesc Psychiatry*, 11(6), 266–72.
Dunlap, Glen & Koegel, Robert L. (1980). Motivating autistic children through stimulus variation. *Journal of Applied Behavior Analysis*, 13, 619–627.
Eldevik, Sigmund; Hastings, Richard P.; Hughes, J. Carl; Jahr, Erik; Eikeseth, Svein & Cross, Scott (2009). Metaanalysis of early intensive intervention for children with autism, Journal of Clinical Child and Adolescent Psychology, 38 (3), 439–450.
Frost, Lori & Bondy, Andy (2002). *The picture exchange communication system*. Newark: Pyramid Educational Products.
Garretson, Heln B.; Fein, Deborah & Waterhouse, Lynn (1990). Sustained attention in children with autism. *Journal of Autism and Developmental Disorders*, 20 (1), 101–114.
Horner, Robert H.; Carr, Edward G.; Strain, Philip S.; Todd, Anne W. & Reed, Holly K. (2002). Problem behavior interventions for young children with autism: A research synthesis. *Journal of Autism and Developmental Disorders.* 32, 423–44.
Kanner Leo (1943). Autistic disturbances of affective contact. *Nervous Child* 2, 217–50.
Laski, Karen E.; Charlop, Marjorie H. & Schreibman, Laura (1988). Training parents to use the Natural Language Paradigm to increase their autistic children's speech. *Journal of Applied Behavior Analysis*, 21, 391–400.
Lee Hern Ern, Carissa (1997). *Acquisition and generalization of conversation scripts: A comparison between video modeling and picture scripts*. Honors Thesis, Dept. of Social Work & Psychology, National University of Singapore.
Lovaas, O. Ivar; Koegel, Robert L. & Schreibman, Laura (1979). Stimulus overselectivity in autism: A review of research. *Psychological Bulletin*, 86, 1236–1254.
Lovaas, O.Ivar (2003): *Teaching individuals with developmental delays: Basic intervention techniques.* Austin: pro-ed.
Mesibov, Gary B.; Shea, Victoria & Schopler, Eric (2004). *The TEACCH approach to Autism Spectrum Disorders.* Chapel Hill, Springer.
Moore, Monique & Calvert, Sandra (2000): Brief report. vocabulary acquisition for children with autism: teacher or computer instruction. *Journal of Autism and Developmental Disorders*, 30(4), 359–362.
Mundy, Peter; Sigman, Marian & Kasari, Connie (1994). Joint attention, developmental level and symptom presentation in autism. *Development and Psychopathology*, 6, 389–401.
Nikopoulos, Christos K. & Keenan, Mickey (2007). Using video modeling to teach complex social sequences to children with autism. *Journal of Autism and Developmental Disorders*, 37(4), 678–693
Nikopoulos, Christos K. (2021). Lernen durch Videomodellierung: Praktische Hilfen für Eltern, Therapeuten und Lehrern von Kindern im Autismus-Spektrum. *Autismus Konkret.* Stuttgart, Kohlhammer.
Oberleitner, Ron (2010). *Operational assessment of store-and-forward tele-consultation for supervision of behavioral therapy in autism spectrum disorders*, Behavior Imaging Solutions.
O'Reilly, Dermot & Dillenburger, Karola (2000). The development of a high-intensity parent training program for the treatment of moderate to severe child conduct problems. *Research on Social Work Practice*, 10 (6), 759–786.
Peters-Scheffer, Nienke; Didden, Robert; Korzilius, Hubert & Sturmey, Peter (2011). *A meta-analytic study on the effectiveness of comprehensive ABA-based early intervention programs for children with autism spectrum disorders.* https://www.ncbi.nlm.nih.gov/books/NBK81385/
Rogers, Sally J., & Vismara, Laurie A. (2008). Evidence-based comprehensive treatments for Early Autism. *Journal of Clinical Child & Adolescent Psychology*, 37(1), 8–38.
Steinberg, Dori M. (2011–2012). *TeleHealth programs & services, for individuals with Autism Spectrum Disorders, Developmental services: telehealth systems program*, online.
Wacker, David P.; Lee, John F.; Dalmau, Yaniz, C. Padilla; Kopelman, Todd G.; Lindgren, Scott D.; Kuhle, Jennifer; Pelzel, Kelly E. & Waldron, Debra B. (2013). *Conducting functional analysis of problem behavior via telehealth*, Online, April 2013.

Verständigung und Verstehen: Herausforderungen an Jugendliche in der Adoleszenz, ihre Eltern und Fachpersonen

Barbara Jeltsch-Schudel

Einleitung

Das Jugendalter ist gekennzeichnet durch eine Reihe von Herausforderungen, die sich nicht nur den Jugendlichen stellen, sondern auch ihren Eltern und Fachpersonen insbesondere des Bildungssystems. Es geht in dieser Lebensphase, der Adoleszenz, um einen von unserer Gesellschaft als wichtig erachteten Übergang in der Lebensgeschichte: vom Kind zum Erwachsenen. Dies wird mit einer Reihe neuer Aufgabenstellungen verbunden; Mündigkeit, Autonomie, Selbständigkeit sind Stichworte, die sich in diesem Zusammenhang finden lassen. Der Entwicklung der Identität in dieser Lebensphase wird hohe Bedeutsamkeit zugemessen, verändern sich doch neben den Anforderungen auch die Lebenskontexte. Ein Übergang ist immer verbunden mit Veränderungen, die es erfordern, Entscheidungen zu treffen, Weichen für die Zukunft zu stellen.

Welche Wege eingeschlagen werden sollen, welche Wahl wofür getroffen wird, wird üblicherweise (heute in unserer Gesellschaft) nicht von einer einzelnen Person entschieden, sondern beruht auf Absprachen aller Beteiligten: des Jugendlichen selber, seiner Eltern, der Fachpersonen des Bildungssystems, oft auch künftiger Bezugspersonen in der Ausbildung. Eine große Herausforderung bedeutet dabei die Verständigung untereinander und miteinander. Dies nicht nur, wenn Vorstellungen über weitere Vorgehensschritte unterschiedlich sind oder Einschätzungen von Möglichkeiten und Situationen divergieren, sondern besonders dann, wenn die Formen des Mitteilens individuell besonders ausgeprägt sind und das Verstehen erschweren. Verständigung und Verstehen sind somit zentral.

Es geht in diesem Beitrag weniger darum, wie Zukunftsplanung durchgeführt werden kann, fokussiert wird vielmehr Verständigung als facettenreiche und komplexe Thematik, eigentlich eine lebensbegleitende Aufgabe für all jene, die wechselnd daran beteiligt sind.

Die Gründe, die mich veranlassten, mich mit der Verständigung in der Lebensphase der Adoleszenz zu befassen, waren Beobachtungen im Rahmen des seit 2006 laufenden Langzeitprojekts zur »Entwicklung von Menschen mit Down-Syndrom im Kontext« (siehe dazu Jeltsch-Schudel 2020).

2017 wurde ich immer wieder von Eltern kontaktiert, die über Probleme ihrer adoleszenten Jugendlichen mit Down-Syndrom (mehrheitlich Söhnen) in den Schulen berichteten und nach Lösungen suchten. Es ging dabei weder um eine Schule noch um eine bestimmte Region, sondern die Eltern stammten aus verschiedenen Kantonen der Deutschschweiz. Dies ließ vermuten, dass es sich nicht um ein individuelles, sondern um ein grundlegenderes Problem handeln könnte, dem nachgegangen werden sollte.

Im Folgenden greife ich einen Einzelfall auf aus der Fülle des Materials des Langzeitprojekts: die Geschichte von Jonathan. Mit Geschichte ist hier eine Episode gemeint, die wesentliche Aspekte aufscheinen lässt, auf welche ich im empirischen Zugang in ähnlicher Form immer wieder gestoßen bin. Zunächst wird diese Episode erzählt und mit Hintergrundinformationen und beschreibenden Kommentaren versehen. Eine darauf folgende erste Einordnung der Vorkommnisse befasst sich mit den Kontexten, die hier zusammenspielen: der Familie und der Schule. An Verständigung beteiligt sind indes Subjekte; daher folgt danach eine vertieftere Betrachtung darüber, was unter Verständigung zu verstehen sein könnte.

Der Einzelfall: Jonathans Geschichte

Diese Beschreibung eines Einzelfalls ist einem Teilprojekt aus dem Langzeitprojekt »Entwicklung von Menschen mit Down-Syndrom im Kontext« entnommen. Wechselnde Studierendengruppen der Klinischen Heilpädagogik und Sozialpädagogik an der Universität Freiburg/Schweiz arbeiteten im Rahmen ihrer Bachelorarbeiten daran mit.

Das Datenmaterial des Einzelfalles – es geht um Jonathan und seine Familie und weitere für sie relevante Lebensbereiche – beruht auf regelmässigen und systematischen Datenerhebungen (Filme, Interviews, Gespräche, Begleitungen und Beratungen) vorwiegend in der Familie, die seit Jonathans erstem Lebensjahr gesammelt wurden. Die folgende Schilderung nimmt ihren Anfang in der Adoleszenz von Jonathan und wird mit Informationen aus dem gesamten Projektverlauf ergänzt. Die Namen der Beteiligten sind verändert.

> Jonathan, schreibt mir die Lehrperson aus der Heilpädagogischen Schule in einer dringlichen Mail, sei wirklich gewalttätig, neuerdings bringe er Messer in die Schule mit. Sie hätte ihn natürlich sofort von den anderen Kindern separiert.

Was war dieser schwierigen, ja geradezu eskalierenden Situation vorausgegangen?

Informationen zum Hintergrund:
Der 14-jährige Jonathan und seine Familie nehmen seit seinem ersten Lebensjahr an der Langzeitstudie teil, sodass ich die Familie gut kenne aus den jährlich stattfindenden Hausbesuchen mit Filmaufnahmen und aus Interviews mit der Mutter (systematische Dokumentation von Jonathans Entwicklung im Kontext) sowie aus weiteren Projektanlässen. Gelegentlich wurde ich im Lauf der Jahre von der Mutter kontaktiert, wenn sie Fragen oder ein Anliegen hatte. Dies auch einige Wochen vor der Mail der Lehrperson: Die Eltern von Jonathan hatten ein Gespräch, einen »runden Tisch« mit allen Fachpersonen

II Lebenslaufbezogene Kooperationssituationen

einberufen (aufgrund ihrer Beobachtungen von Jonathan zuhause und daraus resultierendem Unbehagen), und sie wollten eine Vertrauens-Fachperson dabeihaben. In diesem Gespräch wurden Schwierigkeiten der Lehrpersonen mit Jonathan deutlich, er wurde als »schwierig führbar« und als »gewalttätig« bezeichnet. Im gemeinsamen Gespräch wurden die Schwierigkeiten anerkannt, gleichzeitig die Etikettierungen relativiert und nach Lösungsmöglichkeiten gesucht.

> Nun also die Mitteilung, dass Jonathan »wirklich gewalttätig« sei und er deshalb weg von den anderen Kindern in einen eigenen Raum verbracht wurde.
> Auch die Mutter wurde über den Vorfall informiert.
> In ihrem Gespräch mit Jonathan erfuhr die Mutter, dass in der Schule ein großes Stück Käse sei, das alle zusammen essen wollten. Daher müsse es in kleine Stücke geschnitten werden, weshalb er ein Messer mitgenommen habe. Er habe ein rundes genommen, weil dies weniger gefährlich sei als ein spitzes.

Informationen zum Hintergrund:
Wichtig ist zu wissen, dass Jonathan eine starke Sehbehinderung hat, für sein Alter eher groß und kräftig ist, große Mühe hat, sich verbal auszudrücken, gerne körpersprachlich kommuniziert, beispielsweise seine Zuneigung mit einer Umarmung zeigt. In Kommunikationssituationen geht er, den Kopf vorstreckend, um besser zu sehen, nahe zu seinem Gesprächspartner hin. Jonathan fühlt sich in klaren Strukturen wohl und zeigt dies beispielsweise in regelmässigem und strukturiertem Tagesablauf.

Die kurzen Beschreibungen halten eine offensichtlich schwierige Situation fest, mitgeteilt von der Lehrperson an die Forscherin, die als außenstehende Vertrauens-Fachperson wahrgenommen wird.

Es haben verschiedene Interaktionssituationen zwischen allen Beteiligten stattgefunden:

1. zwischen Jonathan und der Lehrperson, als diese feststellte, dass er ein Messer bei sich trug und darauf reagierte;
2. zwischen der Lehrperson und Jonathan; durch die Separation von Jonathan erfolgte der Abbruch der Unterhaltung;
3. zwischen der Lehrperson und der Mutter, als ihr der Sachverhalt mitgeteilt wurde;
4. zwischen der Mutter und Jonathan, um herauszufinden, weshalb er das Messer in die Schule mitgenommen hatte.

Dazu kamen Mitteilungen, die nicht zu einer Interaktion wurden: die Mail der Lehrperson an die Forscherin, die unbeantwortet blieb, und eine Nachfrage der Forscherin bei der Mutter über das Vorgefallene.

Soweit eine erste Sichtung der Situation: Die Kastentexte stellen gewissermaßen das Gerüst der Episode dar; die Informationen aus dem Hintergrund geben erste Hinweise darauf, wie die beschreibenden Feststellungen zu möglichen Zusammenhängen führen können.

Die *beiden ersten Interaktionssituationen* verweisen auf ein großes Problem der Verständigung zwischen der Lehrperson und Jonathan, das zum Abbruch der Interaktionssituation führt. Dabei mögen verschiedene Aspekte eine Rolle gespielt haben. Eine Erschwerung der Verständigung mag darin begründet sein, dass Jonathan sich verbal schlecht ausdrücken kann. Damit er verstanden wird, braucht es Zeit und Bereitschaft, ihm zuzuhören.

Ergänzungen zu den Rahmenbedingungen:
Die Heilpädagogische Schule, die Jonathan besucht, hat hinsichtlich verschiedener Aspekte ungünstige Rahmenbedingungen. So ist die Garderobe, in der beim Ablegen der Jacke und Anziehen der Finken (Hausschuhe) die Lehrperson das Messer entdeckt, räumlich eng. Dazu kommt, dass zu Beginn mehrere Kinder sich hier aufhalten und es sehr lärmig ist, sodass eine ruhige Unterhaltung kaum durchgeführt werden kann. Die Lehrperson ist unter Zeitdruck, da sie ins Schulzimmer muss, um für Ordnung zu sorgen, denn bereits haben sich andere Jugendliche dorthin begeben.

Zur Vorgeschichte:
Das Bild, das die Lehrperson (und ihre Fachkolleginnen) sich von Jonathan im Laufe der vorangegangenen Schuljahre gemacht haben, ist ungünstig. Er gilt als schwierig führbar und gewalttätig. Dies speist sich aus Beobachtungen und Erfahrungen verschiedener Lehrpersonen, die den körpersprachlichen Ausdruck für bedrohlich halten und vor allem als Ausdrucksform von Aggressivität verstehen, hingegen mögliche Kontaktnahme und positive Zuwendung (auch an andere Kinder) darin nicht erkennen. Wenn sich Jonathan in solchen Situationen missverstanden fühlte und sich wehrte, wurde ihm dies weiter als Gewaltbereitschaft ausgelegt und er wurde als schwer führbar erlebt. Dies wurde nicht zuletzt auch im Gespräch am »runden Tisch« deutlich.

Bereits diese wenigen ergänzenden Aspekte lassen die beiden Unterhaltungen zwischen der Lehrperson und Jonathan etwas einordnen.

Der Mutter wurde der Vorfall mitgeteilt, dies in der *dritten Unterhaltung.*

Ergänzung und Kommentar:
Der Austausch zwischen Eltern und Fachpersonen der Schulen ist unterschiedlich, erfolgt über Kontakthefte, elektronische Kommunikationsapps, Telefonate, Gespräche zwischen Tür und Angel und eben runden Tischen. (Anlässe, zu denen alle Eltern eingeladen werden, sind weniger individuellen Problemen gewidmet, dienen eher Information und allgemeinem Austausch.)

Die Mitteilung über eine Situation, die offenbar als so schwierig eingeschätzt wurde, dass Jonathan separiert wurde und die als Bestätigung des (verfestigten) Bildes von ihm (in der Mail: »»wirklich« gewalttätig) dient, wurde also der Mutter gemacht. Sie wurde informiert, und da sie nichts darüber wusste, weshalb Jonathan das Messer mitgenommen hatte, löste diese Mitteilung in ihr wohl nicht geringe Emotionen aus.

Erfahrungen der Mutter:
Wie aus dem bisher Beschriebenen und Kommentierten hervorgeht, ist es für die Mutter nicht das erste Mal, dass sie mit einer Hiobsbotschaft konfrontiert wird. Sie hat – was aus den Daten der Langzeitstudie ersichtlich wird – immer wieder schwierige Situationen mit Jonathan erlebt, in denen er nicht verstanden, ihm

ausgewichen, er abgelehnt wurde. Immer wieder hat sie sich hinter ihn gestellt, versucht, ihn zu verstehen und Lösungen zu finden, unterstützt vom Vater und den Geschwistern Jonathans.

Auch in dieser Situation – so zeigt die *vierte Unterhaltung* – war ihr wichtig, herauszufinden, was Jonathan dazu bewogen haben könnte, ein Messer in die Schule mitzunehmen. Sie fand heraus, dass Jonathan ein Messer mitgenommen hatte, um den Käse zu schneiden, um ihn essen zu können. Und sie fand heraus, dass er ein Messer gewählt hatte, das abgerundet, eben ein Kindermesser, war und somit nicht so gefährlich wie die vielen anderen Messer die zuhause in der Küche vorhanden gewesen wären.

Hintergrund: Beobachtungen aus dem Projekt:
Die Entwicklung von Jonathan wurde von seiner starken Sehbehinderung und der verzögerten Sprachentwicklung beeinflusst. Dies wurde immer deutlicher, je älter er wurde. Die Mutter vermochte eine tragende Beziehung zu Jonathan aufzubauen; in den vielen, während der Projektzeit gefilmten Interaktionssequenzen wurde sichtbar, dass sie Jonathan nicht nur verbal ansprach, sondern gleichzeitig auch in seinen Kommunikationsformen interagierte, so beispielsweise mit körpersprachlichen Elementen. Ebenso wurde in den Sequenzen sichtbar, dass sie Jonathans Mitteilungen zumeist verstand und angemessen antwortend darauf reagierte.

Jonathan hat im Übrigen gelernt, sich mit Hilfsmitteln zu behelfen, wenn seine verbalen Äußerungen nicht verstanden werden. Dies wurde im neuesten Projektteil deutlich: Während der Corona-Pandemie war ein Direktkontakt wie üblicherweise nicht möglich, sodass wir ein »Gespräch per Teams« (einem Programm für Video-Konferenzen) führen mussten, an dem Jonathan mit seiner Mutter teilnahm sowie zwei Studierende und ich. Einige Verständigungshilfen übernahm die Mutter mit seinem Einverständnis, jedoch die Erklärung an uns, wie man einen Youtube-Film hochladen kann, wollte Jonathan selber geben und holte sich sein iPad, um es uns (erfolgreich) verständlich zu machen.

Ergänzung: Beobachtung am runden Tisch:
Der runde Tisch in der Schule wurde (wie bereits erwähnt) von beiden Eltern Jonathans veranlasst; auch der Vater nahm daran teil. In diesem Gespräch wurde deutlich, dass die Eltern von den Fachpersonen als kompetent eingeschätzt wurden, nicht zuletzt wohl, weil sie die von den Fachpersonen als schwierig erlebte Verständigung mit Jonathan mit erläuternden Informationen und Erklärungen unterstützen konnten. Zudem kamen von ihnen auch wesentliche Anregungen zur konkreten Gestaltung von Kommunikationssituationen. Different zwischen den Anwesenden blieb jedoch die Einschätzung Jonathans, was dann in der Situation mit dem Messer manifest wurde.

Diese Geschichte von Jonathan liegt einige Zeit zurück. Die Situation in der Schule spitzte sich zu und wurde zu einer immer unerträglicheren Leidenssituation. Von den Eltern wurde eine Umschulung veranlasst; Jonathan besucht heute ein Schulinternat, wo es ihm besser geht, nicht zuletzt, weil das Bild, das sich die Fachpersonen dort von ihm machen, ein kompetenzorientiertes ist.

Einordnungen: Zur Situation von Familien mit Jugendlichen mit Behinderung und zu Rahmenbedingungen von Schulen

In dieser Geschichte wird deutlich, dass Jonathan, der Jugendliche, in zwei verschiedenen Kontexten steht: Der Familie, verkörpert durch seine beiden Eltern und seine Geschwister, und der Schule, repräsentiert durch Lehr- und andere Fachpersonen.

Diese beiden Kontexte (allgemein, nicht nur auf Jonathan bezogen) haben als gemeinsames Ziel das Wohlergehen des Jugendlichen, gerade auch im Hinblick auf seine Zukunftsplanung und -gestaltung. Sie unterscheiden sich aber grundsätzlich hinsichtlich der Aufgaben, die Familien von der Gesellschaft auferlegt werden, und hinsichtlich der Aufträge, welche Schulen zu erfüllen haben. Im Folgenden werden diese umrissen, um besser einzuordnen, wo Divergenzen sind, die die Verständigung der einzelnen Beteiligten beeinflussen.

An *Familien* werden Erwartungen gestellt, ihnen werden Aufgaben und Funktionen von der Gesellschaft zugewiesen. In rechtliche Rahmenbedingungen sind elterliche Rechte und Pflichten festgeschrieben (siehe Jeltsch-Schudel »Rechtliche und gesellschaftspolitische Rahmenbedingungen für Familien von Kindern mit Behinderungen in den Ländern Österreich, der Schweiz und Deutschland« in diesem Band). Familien mit Kindern mit Behinderung sind in erster Linie Familien wie andere auch (siehe v. Kardoff & Olbrecht in diesem Band), was bedeutet, dass diese Rahmenbedingungen auch für sie Geltung haben.

Die Diversität der heutigen Familienformen erfordert es, dass Familien Herstellungsleistungen erbringen (Jurczyk 2014; 2018: doing family). Diese beinhalten die Schaffung eines Zusammengehörigkeitsgefühls der Familienmitglieder, das dazu beiträgt, das für die Alltagsbewältigung erforderliche Ausbalancieren der Aktivitäten und Bedürfnisse der einzelnen Familienmitglieder zu gewährleisten und die Familie nach außen zu präsentieren (Finch 2007: displaying familiy).

Zu familiären Aufgaben zählen wesentlich Care-Aufgaben und Generativität. Zu letzterer bemerkt King (2017, S. 18): »Heranwachsende bewegen sich unausweichlich in dieser Dialektik von Angewiesenheit und Eigensinn. Und diese Relation von Angewiesenheit und Eigensinn verändert sich in ihrer Form und Balance im Verlauf des Heranwachsens von der Geburt bis zur Adoleszenz. Es bedarf seitens der Fürsorgenden einer generativen Haltung der Ermöglichung – und zwar sowohl in Bezug auf die Angewiesenheit als auch in Bezug auf den Eigensinn. Also einer generativen Haltung, die der Bedürftigkeit *und* dem Großwerden des Kindes gemäss ist« (Hervorh.i.Orig.), und die sich im Laufe der Entwicklung verändert und insofern temporär ist.

Diese *generative* Haltung, auch umschreibbar als Elternliebe, ist gekennzeichnet dadurch, dass »… Kern dessen, was elterliche Liebe ausmacht, eine ›Unbedingtheit‹ annimmt, also eine Liebe, die ihre Zuwendung nicht an Konditionen knüpft, sondern dadurch gekennzeichnet sei, dass sie etwa bereit ist, den Anderen um seiner selbst willen (nicht zweckgebunden) in seinem ›So-und nicht-anders-Sein‹ anzuerkennen und anzunehmen« (King 2015b, 44). Damit verbunden ist die Haltung, Kinder »als Gabe zu schätzen« und dabei auch eine Art »Offenheit für das Unerbetene zu bewahren« (King, 2015a, 32). Diese Umschreibung der Elternliebe kann für Eltern von Kindern mit Behinderung weiteres beinhalten: »etwa auch die als Teil der Elternliebe genannte Annahme des ›So-Seins‹, also das Akzeptieren, dass ihr Kind anders als andere sein wird, dass für das Kind keine Zukunft antizipiert werden kann, wird zu einer existentiellen Herausforderung. Das Zurückstellen eigener Bedürfnisse und der eigenen Lebensplanung als Ausdruck der Generativität, bleibt so womöglich keine temporäre, sondern wird eine dauerhafte Aufgabe« (Jeltsch-Schudel, 2022, 125).

Unter *Care-Aufgaben* sind in diesem Zusammenhang Pflege, Schutz und Erziehung des Kindes gemeint, die wesentlich mit der Eltern-Kind-Beziehung verknüpft sind. Der Beziehungsaufbau, die Schaffung gelingender Interaktions- und Kooperationssituationen, die für die Entwicklung unabdingbar sind, kann sich für Eltern von Kindern mit Behinderung als erschwert erweisen, besonders dann, wenn die Ausdrucksweisen des Kindes schwierig zu verstehen sind. Care-Aufgaben, wie für die Generativität bereits festgestellt wurde, verändern sich zwar auch, aber möglicherweise anders, bleiben als Aufgaben das ganze Leben bestehen.

Im Gegensatz zu der lebenslangen Perspektive, die Familienmitglieder miteinander verbindet, ist Schule auf eine bestimmte Lebensphase bezogen.

Schulen sind staatliche Einrichtungen mit vorgegebenen Rahmenbedingungen. Diese betreffen in erster Linie den Bildungsauftrag, der in gesetzlichen Grundlagen festgehalten ist (so etwa in Verfassungen) und allenfalls Modifikationen beinhaltet, wenn es sich um Schüler*innen mit Behinderungen handelt. Schulen haben eine Infrastruktur zur Verfügung, also räumliche Gegebenheiten, welche die Gestaltung der Umsetzung des Bildungsauftrages beeinflussen. In Schulen arbeiten Fachkräfte aus verschiedenen Professionen mit jeweils differenten Aufgaben; Formen ihrer Zusammenarbeit sind teilweise vorgegeben. Materielle und personelle Ressourcen werden den Schulen in vorgegebenem Maß zur Verfügung gestellt.

Diese unvollständige und nur stichwortartige Aufzählung wesentlicher Charakteristika der Schule verweist vor allem darauf, dass der Gestaltungsspielraum von vielen Vorgaben bestimmt ist. Dies impliziert ein Denken, das eine Gleichbehandlung der Schülerinnen und Schüler, standardisiertes Vorgehen in den Angeboten stärker gewichtet als die Berücksichtigung individueller Aspekte. Verständigungssituationen finden vorwiegend in Gruppen statt, was das Eingehen auf die Unterschiedlichkeiten der Einzelnen erschwert. Dies auch deshalb, weil bereits die Wahrnehmung des einzelnen innerhalb der Vielfalt der Gruppenmitglieder und beschränkt durch den zeitlichen Rahmen, nicht sehr vertieft werden kann. Zudem und damit zusammenhängend ist die Interaktionssituation mehr von Ansprachen und dem Geben von Anregungen und Impulsen seitens der Lehrperson geprägt, weniger vom Warten auf Äußerungen oder Mitteilungen seitens des Jugendlichen, zumal dann, wenn diese schwer zu entschlüsseln sind. Ein individuelles Eingehen auf den einzelnen Jugendlichen ist sehr erschwert und dies kann – so wie bei Jonathan – zu einem Abbruch der Interaktion in Stresssituationen führen.

Diese nur angedeuteten Erschwernisse einer pädagogischen Arbeit, der Individualität Rechnung tragen zu können, was bei Jugendlichen mit Behinderung wesentlich wäre, führen zu schwierigen bis eskalierenden Situationen. Diese sind für alle Beteiligten frustrierend und belastend. Sie beeinflussen auch die Familien der Jugendlichen, beunruhigen und verunsichern.

Bausteine eines theoretischen Verständnisses von Verständigung

Verständigung setzt grundsätzlich mindestens zwei Beteiligte voraus: einen, der einem anderen etwas mitteilen will, und einen anderen, der ihn versteht und allenfalls reagiert.

Diese einfache Anordnung, die sich mit dem Schema »Sender -> Mitteilung/Inhalt -> Empfänger« umschreiben lässt, geht von einer Vorstellung aus, die sich bei Maschinen wie etwa einfachsten Apparaten (Radio zum Selberbauen) finden lässt. Aber bereits bei solch einfachen Geräten ist dieses Schema eine Vereinfachung, in Wirklichkeit ist der Mechanismus komplizierter.

Menschliche Verständigung lässt sich noch weniger auf ein solches Schema reduzieren (auch wenn man in der Fachliteratur durchaus darauf stößt), sondern ist ungleich komplexer, spielen doch vielfältige Faktoren mit. Diese lassen sich nicht einfach aufeinander beziehen (womöglich kausal) und schematisch darstellen. Vielmehr ist anzunehmen, dass zahlreiche, unterschiedliche, diverse Elemente sich in Wechselwirkungen gegenseitig beeinflussen.

Im Folgenden werden Bausteine zusammengetragen, die für Verständigung unter Menschen als relevant erachtet werden.

Zwei Beteiligte bedeutet: »Einer und ein Anderer«, also eine *Andersheit*, eine *Fremdheit*. Es sind Fragen nach der Bedeutung der Andersheit und der Fremdheit zu stellen und nicht zuletzt, ob überhaupt und wenn, in welcher Art und Weise, eine Verständigung zustande kommen kann. Gibt es Möglichkeiten, die Andersheit zu überwinden, mit ihr umzugehen?

Beobachtungen konkreter Interaktionssituationen im Alltag lassen annehmen, dass sich Menschen verständigen können. Daher ist zu überlegen, welche *Voraussetzungen* für eine Verständigung bedeutsam sind und welche Rolle Andersheit dabei spielen könnte.

Verständigung könnte als gelingende *Interaktion* betrachtet werden, bei der Sprache in einem weiten Sinn (also nicht nur verbale Sprache) eine Rolle spielt. Interaktion meint eine Offenheit dem Anderen gegenüber, eine Bereitschaft, den Anderen wahrzunehmen, seine Äußerungen als Botschaften anzunehmen, ihm zuzuhören und zuzuschauen in dem Versuch, ihn zu verstehen. Und dem anderen dann zeigen, dass etwas angekommen ist, und zwar so, dass es auch bei ihm ankommen kann.

Aus diesen Annahmen geht hervor, dass Unterschiede zwischen »dem Einen« und »dem Anderen« bestehen. Interaktion wird *asymmetrisch* verstanden; die Rollen der

Beteiligten sind unterschiedlich. Dem liegt ein Verständnis von Andersheit zugrunde, das in verschiedenen philosophischen Ansätzen zu finden ist, insbesondere bei Lévinas, dessen theoretische Überlegungen in der Sonderpädagogik aufgegriffen und diskutiert werden. »Das Verständnis von Fremdheit bewegt sich immer im *Verhältnis zum (unterschiedenen) Eigenen*« (Stinkes 2014, 89, kursiv i. Orig). Der Andere als Fremder kann also in Relation zu mir selber verstanden werden.

Der Andere, so kann weitergedacht werden, ist in seiner radikalen Andersheit ein radikal Fremder, der als Singularität das Schema vom Allgemeinen und Besonderen sprengt und der »mich in dieser Weise ethisch angeht, d. h. mich in eine Verantwortung ruft, der ich mich schlechterdings nicht entziehen kann« (Dederich & Schnell 2011, 13). Es geht dabei nicht nur um eine relationale, sondern viel grundsätzlicher um eine *radikale* Andersheit (radikal im Wortsinne: von der Wurzel her). Diese radikale Fremdheit impliziert eine ethische Ungleichheit, denn eine asymmetrische Beziehung verlangt Unterschiedliches von den Beteiligten. Es gilt gewissermaßen, dem anderen zu begegnen, ohne Erwartungen an ihn zu stellen.

Eine solche Begegnung impliziert eine Offenheit, die es ermöglichen kann, jegliche Formen einer möglichen Mitteilung *wahrzunehmen*, gerade auch solche, die nicht den üblichen Modalitäten entsprechen. Dies setzt ein weites Verständnis von Sprache voraus, das sich nicht auf verbalen Ausdruck beschränkt.

Nicht die Ansprache, sondern das *Zuhören* des Anderen ist dabei wesentlich (Rödler 2000, 28), bildet die Grundlage menschlichen Wachstums überhaupt. Menschliche Entwicklung ist nur in Interaktion mit anderen Menschen möglich. Die Selbstvergewisserung eines Menschen geht immer über andere Menschen. Auf das Zuhören folgt das *Antworten*, das zum Ausdruck gibt, dass die Ansprache (im Sinne jeglicher Ausdrucksform eines Menschen, die sich an einen anderen richtet) angekommen ist. Das Antworten sollte, so Bodenheimer (1987), im selben Kommunikationssystem erfolgen wie die Ansprache. So wird etwas zurückgegeben von dem, was ausgedrückt wurde und dient damit der Selbstvergewisserung.

Allerdings sind auch Grenzen des Fremdverstehens zu bedenken. Diese können darin liegen, dass die Andersheit gewissermaßen an der Grenze des Allgemeinen und des Besonderen liegt, insofern als der Andere einzigartig, damit *besonders* ist und in seinem individuellen Kontext lebt, was eine hohe Komplexität bedeutet. Diese Perspektive reicht aber nicht hin, um den Anderen zu verstehen: Interpretation und Einordnung sind im *Allgemeinen* verankert, was Abstraktion bedeutet (Jantzen 2005). *Interaktion* ist also zugleich subjektiv (der Andere als ein Mensch wie ich, aus der Teilnehmerperspektive) und objektiv (Beobachtung des Andern und der Versuch, das Wahrgenommene einzuordnen, seinen Sinn zu verstehen, aus der Beobachterperspektive) (Jantzen 2005; Hohlfeld 2009; Honneth 2015a). Dederich (2014, 130) stellt fest, »dass sich der Andere als Anderer dem Zugriff durch begriffliche Erkenntnis entzieht und genau dadurch den Schematismus von Allgemeinem und Besonderem unterläuft«.

Interaktion indes hat nicht nur die Dimension von Mitteilung des Anderen gewissermaßen im Zusammenhang mit Sprache (in weitem Verständnis), sondern umfasst auch gemeinsames Handeln, *Kooperation*. Notwendige Voraussetzung von Kooperation ist das Erkennen des Anderen durch *Perspektivenübernahme*. »Die menschliche Fähigkeit zur Perspektivübernahme ist auf dialektische Art mit der

Fähigkeit zur Kooperation verkoppelt: Zum einen ist sie Voraussetzung für Kooperationen, zugleich kann sich ein Verständnis von Perspektiven aber nur im Rahmen gemeinsamer Aufmerksamkeit und gemeinsamer Handlungen entfalten« (Moll 2007, 37). Somit wird deutlich, dass Kooperation nicht nur zwischen zwei beteiligten Menschen stattfindet, sondern in einer erweiterten Form mit einem Gegenstand (Triangulation). Das Blicken auf etwas, das Folgen eines hinweisenden Blicks, das Zeigen als Gesten gegenseitigen Mitteilens (Grüny 2013) können als Formen der Verständigung verstanden werden. Erst mit der Entwicklung der Perspektivenübernahme jedoch können Intentionen des Kooperationspartners interpretiert und auf sie reagiert werden. So etwa entwickelt sich das Verständnis verschiedener Rollen in Kooperationssituationen und deren Austauschbarkeit.

Verständigung findet, auch in Kooperation, »sprachlich« statt. Ein weites Verständnis von Sprache impliziert, dass verschiedene Ausdrucksmöglichkeiten konstitutiv sind, die sich jedoch in mehreren Belangen unterscheiden. *Zeichen* spielen dabei eine Rolle als Träger konkreter Bedeutung (Rödler, 2000), sie führen von der Konkretheit eines Gegenstandes (der sich anfassen lässt) zu einer Abstraktion, die zum einen vom Besonderen zum Allgemeinen führen kann (etwa in der Bildung von Oberbegriffen) und zum anderen Distanznahme ermöglicht. Distanznahme, indem etwas durch Symbolisierung zum Objekt gemacht wird, und Distanznahme, indem von sich selber dezentriert wird, man sich selber gewissermaßen von außen sieht, was nur durch Perspektivenübernahme möglich ist. Moll (2007) verweist darauf, dass dies auch für die Erkenntnis von Zeitlichkeit zutrifft; bezugnehmend auf Heidegger stellt sie fest: »Entscheidend ist, dass die Fähigkeit zur Perspektivübernahme den Menschen von den Grenzen des Hier und Jetzt entbindet und zu jemandem macht, der ›in der Zeit‹ ist« (S. 52).

Eine weitere Bedeutsamkeit der Perspektivenübernahme besteht darin, dass sie unterschiedlich konnotiert sein kann. Sie kann verbunden sein mit *Anerkennung* des Anderen in seiner Andersheit, in den in der Kooperation erfahrbaren Intentionen und erfahrenen Reaktionen auf das eigene Handeln. So ist Kooperation durch gegenseitige *Anerkennung* gekennzeichnet.

In der Kooperation, die auf einer asymmetrischen Beziehung basiert und somit ein Machtgefälle beinhaltet, birgt die Perpektivenübernahme die Gefahr, dass der Andere nur zum Objekt gemacht, also *verdinglicht* wird (Honneth, 2015a und b) wird. Die für Kooperation wesentliche Gleichzeitigkeit der Teilnehmer- und der Beobachterperspektive geht dabei verloren. Die Anerkennung, die durch Achtung gegenüber dem Anderen als Subjekt gekennzeichnet ist, wird so zur *Missachtung* des Anderen (Honneth, 2015a).

Eine besondere Gefahr besteht dann, wenn die Ausdrucksformen der Mitteilungen des Andern nicht verstanden werden können. Auch diese *Nichtverstehbarkeit* ist anzuerkennen, wie Dörner für die Arzt-Patient-Beziehung, eine strukturell vorgegebene asymmetrische Beziehung festhält (Schnell 2011). Dabei ist mit zu bedenken, dass das Nichtverstehen auch darin liegen kann, dass die Situation des andern (nicht seine Kommunikationsformen) fremd und in gewissem Sinne nicht vorstellbar ist. Dies verweist auf die Grenzen der Möglichkeiten der Perspektivenübernahme: Die Innensicht eines Anderen kann nie ganz, immer nur annäherungsweise übernommen werden.

Asymmetrischen Beziehungen, wozu auch Beziehungen zwischen Erwachsenen und Jugendlichen gehören, sind von Aspekten der *Gewalt* bedroht. Dies verweist darauf, dass Definitionsmacht und Entscheidungsbefugnis auch in Kooperationssituationen in bestimmten strukturellen Kontexten (wie in Schulen) in den Händen der Erwachsenen liegen.

Aber auch zwischen Erwachsenen bestehen asymmetrische Beziehungen, dann, wenn ein hierarchisches Verhältnis besteht, da die Machtverhältnisse sich unterscheiden. Auch hier spielen strukturelle Kontexte eine Rolle. So etwa in Interaktionen zwischen Fachpersonen und Eltern.

Die Skizzierung der verschiedenen Bausteine lassen Assoziationen entstehen, Vorstellungen, wie die an der Verständigung beteiligten Personen sein könnten: Kinder, Erwachsene, Menschen mit Behinderungen, Menschen in Abhängigkeitsverhältnissen, Menschen in Machtpositionen. Diese Uneindeutigkeit ist intendiert. Denn sie verweist darauf, dass alle Menschen sich in verschiedensten Situationen verständigen müssen: dass sich dabei ihre Rollen verändern können, dass nicht immer adäquate Möglichkeiten der Verständigung zur Verfügung stehen, dass sich in verschiedenen Lebensphasen Änderungen ergeben – kurz: dass Verständigung kontingent ist und damit eine stete Herausforderung bleibt.

Verständigung als herausfordernde Aufgabe

Die Geschichte von Jonathan zeigt exemplarisch, wie verschieden Verständigung stattfinden kann und welch unterschiedliche Ausgänge vorkommen können. Der Wunsch der meisten Menschen ist es sicherlich, sich mitteilen zu können und gehört und verstanden zu werden. Enge zeitliche Strukturen und ungünstige räumliche Bedingungen erschweren es, in der Kooperation mit Anderen, dem Verstehen bis hin zum Antworten genügend Zeit und Raum zu geben. Dies betrifft Familien ebenso wie Schulen. Als Aufgabe ergibt sich, sich für Rahmenbedingungen einzusetzen, die die erforderlichen Ressourcen sichern.

Die meisten Menschen leben in mehreren verschiedenen Kontexten, haben unterschiedliche Rollen und Positionen, müssen sich zurechtfinden mit verschiedenen, oft auch divergierenden Ansprüchen und Erwartungen. Familien und Schulen als Kontexte von Jugendlichen in der Übergangsphase der Adoleszenz unterscheiden sich hinsichtlich ihrer gesellschaftlichen Aufträge und der Möglichkeiten und Formen der Umsetzung.

Als Aufgabe stellt sich die Kenntnisnahme der Hintergründe, der Strukturen und der Charakteristika des jeweils andern Kontexts, gerade auch in seiner Konkretheit. Dies zur Ermöglichung, den anderen Kontext besser zu verstehen und damit auch die an der Verständigung Beteiligten.

Eine große Herausforderung für Verständigung und Verstehen bedeutet das Umgehen mit dem Andern, mit seiner Andersheit und Fremdheit. Eine gelingende Verständigung setzt Respekt vor dem Anderen voraus und Anerkennung seiner

Singularität. Als Aufgabe ist eine Auseinandersetzung mit Andersheit vonnöten, verbunden mit einer Reflexion über eigene Möglichkeiten und Grenzen und verantwortungsvollem Umgang damit.

Die Herausforderung, Verständigung zu realisieren, erweist sich als höchst anspruchsvoll. Denn Verständigung kann wohl bereits dann halbwegs gelingen, wenn sie ermöglicht, dass sich die Kommunikationspartner:innen nicht verstehen (können), eine Verständigung also über das Nicht-Verstehen erreicht wird und dies möglichst gewaltfrei anerkannt werden kann (Weiss 2022). Die sich daraus ergebenden Aufgaben in ihrer Komplexität zu erkennen, zu reflektieren und zu übernehmen, ist jedoch Verpflichtung.

Im Alleingang ist dies für einen Einzelnen nicht möglich und sicher auch nicht sinnvoll; vielmehr sind Offenheit und Engagement, Austausch und Kooperation grundlegend.

Für das fruchtbare Gespräch über diesen Beitrag bedanke ich mich bei Jonathans Mutter sehr herzlich!

Literatur

Bodenheimer, Aron Ronald (1987). *Verstehen heisst antworten*. Frauenfeld, Im Waldgut.
Dederich, Markus (2011). Grenzen des Fremdverstehens. In Altner, Günter; Dederich, Markus; Grüber, Kathrin & Hohlfeld, Rainer (Hg.) (2011). *Grenzen des Erklärens. Plädoyer für verschiedene Zugangswege zum Erkennen*. Stuttgart, S.Hirzel Verlag, S. 129–135.
Dederich, Markus (2014). Egalitäre Differenz, radikale Andersheit und Inklusion – Ein Problemaufriss. In Lanwer, Willehad (Hg.) (2014). *Bildung für alle. Beiträge zu einem gesellschaftlichen Schlüsselproblem*. Gießen, Psychosozial-Verlag, S. 121–137.
Dederich, Markus & Schnell, Martin W. (2011). Anerkennung und Gerechtigkeit im Kontext von Bildungs-, Heil- und Pflegeberufen. In Dederich, Markus & Schnell, Martin W. (Hg.) (2011). *Anerkennung und Gerechtigkeit in Heilpädagogik, Pflegewissenschaften und Medizin. Auf dem Weg zu einer nichtexklusiven Ethik*. Bielefeld, transcript Verlag, S. 9–23.
Finch, Janet (2007): *Displaying Families*. Sociology Copyright © 2007 BSA Publications Ltd® Volume 41(1): 65–81 DOI: 10.1177/0038038507072284.
Grüny, Christian (2013). Interesseloses Zeigen. Deixis, Artikulation und Ästhetik. In Niklas, Stefan & Roussel, Martin (Hg.) (2013). *Formen der Artikulation – Philosophische Beiträge zu einem kulturwissenschaftlichen Grundbegriff*. München, Wilhelm Fink, S. 57–90.
Hohlfeld, Rainer (2009). Das Denken ist frei. Plädoyer für einen hybriden Zugangsweg zum Erkennen. Die Notwendigkeit der Revision eines Erklärungsmodells. In Dederich, Markus; Greving, Heinrich; Mürner, Christian & Rödler, Peter (Hg.) (2009). *Heilpädagogik als Kulturwissenschaft – Menschen zwischen Medizin und Ökonomie*. Gießen, Psychosozial-Verlag, S. 116–134.
Honneth, Axel (2015b): *Verdinglichung. Eine anerkennungstheoretische Studie*. Frankfurt, Suhrkamp.
Honneth, Axel (2015a, 3. Aufl.). *Unsichtbarkeit. Stationen einer Theorie der Intersubjektivität*. Frankfurt, Suhrkamp.
Jantzen, Wolfgang (2005). »*Es kommt darauf an, sich zu verändern …*«. *Zur Methodologie und Praxis rehistorisierender Diagnostik und Intervention*. Gießen, Psychosozial-Verlag.
Jeltsch-Schudel, Barbara (2020). Entwicklung von Kindern und Jugendlichen mit Down-Syndrom. In Universität Freiburg, Departement für Sonderpädagogik: *Jahresbericht 2019*.

https://www.unifr.ch/spedu/de/assets/public/rapports_annuels/Rapport_Pedagogie_Specialise_2019_WEB.pdf

Jeltsch-Schudel, Barbara (2022). Belastungen und Entlastungsmöglichkeiten von Familien mit Kindern mit Behinderung. In Hollweg, Carolyn & Kieslinger, Daniel (Hg.) (2022). *Partizipation und Selbstbestimmung in einer inklusiven Erziehungshilfe. Zwischen bewährten Konzepten und neuen Anforderungen*. Freiburg im Breisgau, Lambertus, S. 181–207.

Jurczyk Karin (2014). Doing Family – der Practical Turn der Familienwissenschaften. In Steinbach, Anja; Hennig, Marina & Becker, Oliver Arranz (Hg.) (2014). *Familie im Fokus der Wissenschaft*. Wiesbaden, Springer Fachmedien, S. 117–140.

Jurczyk Karin (2018). Familie als Herstellungsleistung – Elternschaft als Überforderung? In Jergus, Kerstin; Krüger, Jens Oliver & Roch, Anna (Hg.) (2018). *Elternschaft zwischen Projekt und Projektion – Aktuelle Perspektiven der Elternforschung*. DOI 10.1007/978-3-658-15005-1, 143–166.

King, Vera (2015a). Kindliche Angewiesenheit und elterliche Generativität. Subjekt- und kulturtheoretische Perspektiven. In: Andresen, Sabine; Koch, Claus & König, Julia (Hg.) (2015). *Vulnerable Kinder. Interdisziplinäre Annäherungen*. Wiesbaden, Springer. 23–44. (eBook) DOI 10.1007/978-3-658-07057-1

King, Vera (2015b). Zukunft der Nachkommen – gegenwärtige Krisen der Generativität. *Psychologie und Gesellschaftskritik. 39(2/3)*, S. 27–53. https://nbn-resolving.org/urn:nbn:de:0168-ssoar-56676-2

King, Vera (2017). Intergenerationalität – theoretische und methodologische Forschungsperspektiven. In Böker, Kathrin & Zölch, Janina (Hg.) (2017). *Intergenerationale Qualitative Forschung – Theoretische und methodische Perspektiven*. DOI 10.1007/978-3-658-11729-0 © Springer Fachmedien Wiesbaden, S. 13–32.

Moll, Henrike (2007). Person und Perspektivität. Kooperation und soziale Kognition beim Menschen. In Kannetzky, Frank & Tegtmeyer, Henning (Hg.) (2007). *Personalität. Studien zu einem Schlüsselbegriff der Philosophie*. Leipzig, Universitätsverlag, S. 37–57.

Rödler, Peter (2000). *geistig behindert: Menschen, lebenslang auf Hilfe anderer angewiesen? – Grundlagen einer basalen Pädagogik*. Neuwied, Luchterhand.

Schnell, Martin W. (2011). Anerkennung und Gerechtigkeit im Zeichen einer Ethik als Schutzbereich In Dederich, Markus & Schnell, Martin W. (Hg.) (2011). *Anerkennung und Gerechtigkeit in Heilpädagogik, Pflegewissenschaften und Medizin. Auf dem Weg zu einer nichtexklusiven Ethik*. Bielefeld, transcript Verlag, S. 23–45.

Stinkes, Ursula (2014). Antworten auf andere Fremde. Skizze zur Anerkennung des Menschen als einem Fremden. In Lanwer Willehad (Hg.) (2014). *Bildung für alle. Beiträge zu einem gesellschaftlichen Schlüsselproblem*. Gießen, Psychosozial-Verlag, S. 87–107.

Weiss, Hans (2022). *Persönliche Mitteilung vom 29. November 2022*.

Der Übergang von der Schule in die Arbeitswelt

Gerd Grampp

In diesem Beitrag geht es um einen wichtigen und bedeutsamen Abschnitt im menschlichen Leben. Die Berufsorientierung und die Berufswahl sowie die sich daran anschließende Qualifizierung und der Zugang und Verbleib in der Arbeitswelt sind für alle Menschen eine entscheidende Weichenstellung, auch wenn heute mehr und mehr »Patchworkberufsbiografien« entstehen. Dies dürfte auch für die behinderten Menschen gelten, die nach ihrer Qualifizierung in den allgemeinen Arbeitsmarkt einmünden. Für andere dagegen könnte sich aus ihrer Qualifizierung ein relativ überschaubares Arbeitsleben an einem individuell angepassten Arbeitsplatz ergeben.

Das Thema steht im Zusammenhang mit der im Bundesteilhabegesetz (BTHG) in § 1 des Sozialgesetzbuches (SGB IX) formulierten »vollen und wirksamen Teilhabe am Leben in der Gesellschaft«. Mit dem BTHG kommt Deutschland der Forderung nach, die Vorgaben der UN-Behindertenrechtskonvention (UN-BRK 2006) in das deutsche Rechtssystem einzuarbeiten. In der Internationalen Klassifikation der Funktionsfähigkeit, Behinderung und Gesundheit (ICF) wird in einer Fußnote das Verständnis von Teilhabe dargelegt: »Die Definition der Teilhabe führt das Konzept des Einbezogenseins ein. Es wurden Definitionen von ›Einbezogensein‹ vorgeschlagen, die Vorstellungen von ›teilnehmen an‹, ›teilhaben an‹ oder ›beschäftigt sein in‹ in einem Lebensbereich, ›anerkannt werden‹ oder ›Zugang haben zu benötigten Ressourcen‹ beinhalten« (WHO DIMDI 2005, S. 20, Fußnote 14).

Hier wird klar, dass Einbezogensein einen Zustand beschreibt. Dieser ergibt sich aus den Wechselwirkungen der Aktivitäten einer Person mit ihren Umweltbedingungen. Eine Person erlebt dann Einbezogensein, wenn sie das tut, was sie tun will (ihre Wünsche verwirklichen) und auch das tun kann, was sie tun muss (Anforderungen erfüllen), und beide Aktivitäten aufgrund der Umweltbedingungen möglich sind.« (Grampp & Wöbke 2020, S. 21–22).

Um im Lebensbereich Arbeit das zu tun, was der Wunsch ist und was zu tun ist, geht es für die Person um die Bereiche Berufsorientierung, Berufswahl, Berufsqualifizierung und Berufstätigkeit. Die vier Bereiche sind miteinander verbunden und werden in der folgenden Abbildung dargestellt.

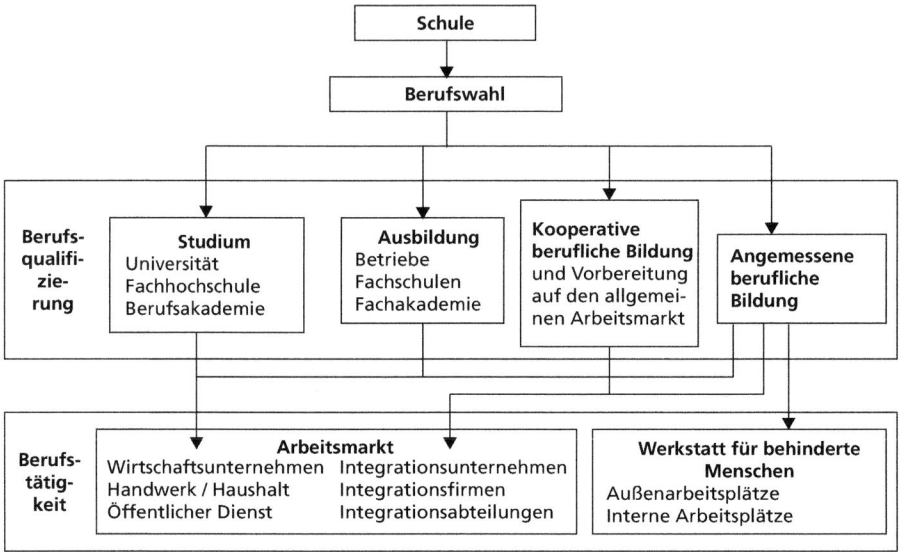

Abb. 3: Berufliche Bereiche

Berufsorientierung

Grundsätzlich findet in Förderschulen Berufsinformation statt. Ein Beispiel dafür ist die berufliche Orientierung beim Förderschwerpunkt geistige Entwicklung in Niedersachsen. Hier wird zur »Beruflichen Orientierung geistige Entwicklung« das »Modul Berufliche Orientierung geistige Entwicklung (kurz: BOGE)« dargestellt. Es ist »speziell für Schülerinnnen und Schüler mit dem Förderschwerpunkt geistige Entwicklung konzipiert.« (Bildungsportal Niedersachsen o. J.) Eine weitere Möglichkeit ist die Berufserkundung im Rahmen von Praktika in Betrieben und Einrichtungen, die berufliche Bildung oder Arbeitsmöglichkeiten anbieten. Darüber hinaus kommen auch Berufsorientierungsmaßnahmen der Bundesagentur für Arbeit in Frage. (Bundesagentur für Arbeit o. J.).

Berufswahl

Grundlage der Wahl eines Berufs oder eines zukünftigen Arbeitsfeldes ist in vielen Fällen eine Kombination der Wünsche der Jugendlichen und der Vorstellungen der

Eltern. Idealerweise erfolgt die Berufswahl auf Grund von Informationen im Rahmen der Berufsinformation. Wichtige Entscheidungskriterien für die Berufswahl können z. B. Verdienst, Arbeitszeit, Erreichbarkeit mit öffentlichen Verkehrsmitteln, Arbeitsplatzsicherheit oder soziale Absicherung sein.

Berufsqualifizierung

Studium

Das Studium als Form der Berufqualifizierung wird seit 2005 durch Hochschulgesetze der Länder geregelt. Daneben gilt bis auf weiteres noch das Hochschulrahmengesetz (HRG) des Bundes (Bundesministerium für Justiz o. J.a). In ihm wird der Anspruch behinderter Studierender auf Nachteilsausgleich nach dem Bundesgleichstellungsgesetz (BGG) geregelt. In § 2 Abs. 4 HRG heißt es: »Die Hochschulen tragen dafür Sorge, dass behinderte Studierende in ihrem Studium nicht benachteiligt werden und die Angebote der Hochschule möglichst ohne fremde Hilfe in Anspruch nehmen können.« Und in § 16 Satz 4 HRG wird bestimmt: »Prüfungsordnungen müssen die besonderen Belange behinderter Studierender zur Wahrung ihrer Chancengleichheit berücksichtigen« (Bundesministerium für Justiz o. J.a).

Allerdings ist zu beachten: »Wenn – wie vorgesehen – das HRG außer Kraft tritt und damit ein bundesweit gültiges Richtlinieninstrument seine Gültigkeit verliert, werden die Länder allein in der Pflicht stehen, die chancengerechte Teilhabe und Nachteilsausgleiche für Studierende mit Behinderung gesetzlich festzulegen und weiterzuentwickeln. […] Zusammenfassend gilt:

- Allgemeine Hochschulaufgaben:
  Alle Länder haben es ihren Hochschulen zur Aufgabe gemacht, dafür Sorge zu tragen, dass behinderte Studierende nicht benachteiligt werden und die Angebote möglichst ohne fremde Hilfe in Anspruch nehmen können.
- Anspruch auf Nachteilsausgleich:
  Diesen Anspruch haben die Länder in ihren Hochschulgesetzen verankert.
- Beauftragte für die Belange behinderter Studierender:
  »In fast allen Ländern ist mittlerweile die Bestellung von Hochschul-Beauftragten für die Belange von Studierenden mit Behinderung/chronischer Krankheit gesetzlich verankert. Die Regelungen zu den Mitwirkungsrechten unterscheiden sich zum Teil erheblich« (Studentenwerke o. J.c).
- Eine spezielle Form der akademischen Qualifizierung ist das Studium an einer Berufsakademie (BA) oder einer Dualen Hochschule. Es verbindet die theoretische mit der praktischen Bildung in einem Wechsel von ca. drei Monaten Theorie an der Berufsakademie und drei Monate Praxis in einem Unternehmen. Die beiden Teile sind eng miteinander verknüpft und die Abschlüsse sind staatlich anerkannt. Studierende haben einen Ausbildungsvertrag mit einem Unterneh-

men und erhalten während ihres Studiums eine Ausbildungsvergütung (siehe hierzu Studieren.de o. J.).

Ausbildung

Anders als das Studium ist die Ausbildung bundeseinheitlich im Berufsbildungsgesetz (BBiG) (Bundesministerium für Justiz o. J.b) und in der Handwerksordnung (HwO) (Bundesministerium für Justiz o. J.c) geregelt. Der Einfachheit halber wird nachfolgend der Text des Berufsbildungsgesetzes (BBiG) als Grundlage verwendet, da in der Handwerksordnung (HwO) eine textgleiche Version existiert.

Zur Berufsbildung gehören u. a. »die Berufsausbildungsvorbereitung und die Berufsausbildung« (BBiG § 1) (Bundesministerium für Justiz o. J.). Für Berufsqualifizierung sind die Berufsausbildungsvorbereitung und die Berufsausbildung bedeutsam. »Die Berufsausbildungsvorbereitung dient dem Ziel, durch die Vermittlung von Grundlagen für den Erwerb beruflicher Handlungsfähigkeit an eine Berufsausbildung in einem anerkannten Ausbildungsberuf heranzuführen. Die Berufsausbildung hat die für die Ausübung einer qualifizierten beruflichen Tätigkeit in einer sich wandelnden Arbeitswelt notwendigen beruflichen Fertigkeiten, Kenntnisse und Fähigkeiten (berufliche Handlungsfähigkeit) in einem geordneten Ausbildungsgang zu vermitteln. Sie hat ferner den Erwerb der erforderlichen Berufserfahrungen zu ermöglichen« (BBiG § 1).

Lernorte der Berufsbildung sind »Betriebe der Wirtschaft, öffentlicher Dienst, Freie Berufe und in Haushalten [...], berufsbildende Schulen und sonstige Berufsbildungseinrichtungen außerhalb der schulischen und betrieblichen Berufsbildung« (BBiG § 2). Im Berufsbildungsgesetze (BBiG) § 64 wird bestimmt: »Behinderte Menschen [...] sollen in anerkannten Ausbildungsberufen ausgebildet werden.« § 65 BBiG enthält Regelungen, die »die besonderen Verhältnisse behinderter Menschen berücksichtigen. [...] insbesondere die zeitliche und sachliche Gliederung der Ausbildung, die Dauer von Prüfungszeiten, die Zulassung von Hilfsmitteln und die Inanspruchnahme von Hilfeleistungen Dritter wie Gebärdensprachdolmetscher für hörbehinderte Menschen«.

Eine weitere Anpassung enthält BBiG § 66: »Für behinderte Menschen, für die wegen Art und Schwere ihrer Behinderung eine Ausbildung in einem anerkannten Ausbildungsberuf nicht in Betracht kommt, treffen die zuständigen Stellen auf Antrag der behinderten Menschen oder ihrer gesetzlichen Vertreter oder Vertreterinnen Ausbildungsregelungen entsprechend den Empfehlungen des Hauptausschusses des Bundesinstituts für Berufsbildung. Die Ausbildungsinhalte sollen unter Berücksichtigung von Lage und Entwicklung des allgemeinen Arbeitsmarktes aus den Inhalten anerkannter Ausbildungsberufe entwickelt werden. Im Antrag nach Satz 1 ist eine Ausbildungsmöglichkeit in dem angestrebten Ausbildungsgang nachzuweisen.«

Die genannte Empfehlung des Hauptausschusses des Bundesinstituts für Berufsbildung enthält Rahmenrichtlinien für Ausbildungsregelungen nach § 66 BBiG. In der Präambel wird betont, dass »die dauerhafte Eingliederung von behinderten Menschen in Arbeit und Gesellschaft eine zentrale sozial- und bildungspolitische

Aufgabe ist. Es ist dabei erforderlich, für die besonderen Bedürfnisse dieser heterogenen Personengruppe geeignete Maßnahmen zu entwickeln und einzusetzen, um [...] einen berufsqualifizierenden Abschluss in einem anerkannten Ausbildungsberuf zu erreichen«. [Die zu schaffenden Ausbildungsregelungen] »müssen [...] den Neigungen und Fähigkeiten von behinderten Menschen entsprechen, um ihnen dadurch Chancen auf dem allgemeinen Arbeitsmarkt und zum Lebenslangen Lernen zu eröffnen« (Bundesinstitut für Berufsbildung 2006, S. 2).

Vollmer (2011, S. 11) weist darauf hin, dass »Qualitätsstandards, die in der ›regulären‹ Berufsbildung gelten, auch in der Ausbildung behinderter Menschen Anwendung finden. [Die] Rahmenregelung für Ausbildungsregelungen für behinderte Menschen [enthält] Durchstiegsmöglichkeit in einen anerkannten Ausbildungsberuf, einen personenbezogenen Förderplan, das Ausbildungsziel berufliche Handlungsfähigkeit, betriebliche Anteile, die Eignung der Ausbildungsstätten und Ausbilder und anderes. [Sie enthält] auch die Berufsabschlussbezeichnung ›Fachpraktiker‹ [...] um als diskriminierend empfundene Begriffe wie Helfer oder Werker zu ersetzen«.

Berufsbildungswerke (BBW)

Sie sind »sonstige Berufsbildungseinrichtungen außerhalb der schulischen und betrieblichen Berufsbildung« (§ 2 BBiG) und ermöglichen als »überregionale Einrichtungen [...] jungen Menschen eine berufliche Erstausbildung« (Bundesministerium für Justiz o.J.b). Angebote der Berufsbildungswerke sind Berufsvorbereitungen und Berufsausbildung in anerkannten Ausbildungsberufen und nach Ausbildungsregelungen für behinderte Menschen (§ 64–66 BBiG). Die BBW vereinen Ausbildungsstätten, Berufsschulen und Wohnmöglichkeiten im Internat sowie Freizeitangebote.

Auf mehr als 300 Seiten enthält das Handbuch »Berufsbildungswerke. Einrichtungen zur beruflichen Rehabilitation junger Menschen mit Behinderung« einen Überblick zu folgenden Themen: »Das bieten die Berufsbildungswerke. Berufswahl. Das Ausbildungsangebot im Überblick. Die Berufsbildungswerke im Überblick. Die einzelnen Berufsbildungswerke, Chancen für Arbeitgeber. Publikationen« (Bundesministerium für Gesundheit und Soziale Sicherung o.J.). Damit liegen umfassende Informationen zu dieser Form der Berufsausbildung für behinderte, beeinträchtigte und benachteiligte Jugendliche vor.

Berufsförderungswerke (BFW)

»BFW sind Experten für die Rückkehr in den Beruf und vom Gesetzgeber explizit benannte Einrichtungen der beruflichen Rehabilitation. Sie bieten Know-how und langjährige Erfahrung in der Beratung, Diagnostik, Qualifizierung und Integration, um Menschen mit Behinderungen die volle Teilhabe am Arbeitsleben zu ermöglichen« (Deutsche Vereinigung für Rehabilitation o.J.). Das bedeutet, dass die Teilnehmer anders als bei Berufsbildungswerken über eine abgeschlossene Erstausbildung verfügen bzw. nicht mehr schulpflichtig sind. Es geht also um »berufliche

Umschulung« (vgl. BBiG § 2). Bundesweit haben sich 28 von ihnen in der Arbeitsgemeinschaft »Die Deutschen Berufsförderungswerke« zusammengeschlossen. Sie bieten unterschiedliche Ausbildungen an. Ihre Auswahl orientiert sich an der gesundheitlichen Einschränkung der Teilnehmer und an mit der Ausbildung verknüpften Chancen der Wiedereingliederung in den allgemeinen Arbeitsmarkt.

Berufsvorbereitende Einrichtung (BVE) und Kooperative berufliche Bildung und Vorbereitung auf den allgemeinen Arbeitsmarkt (KoBV)

In Baden-Württemberg ist der Kommunalverband für Jugend und Soziales (KVJS) zuständig für Unterstützung und Weiterentwicklung von Hilfesystemen zur Gestaltung von Lebensräumen für Menschen mit Behinderung, Senioren, Familien und Jugendliche. Berufsvorbereitende Einrichtung (BVE) und Kooperative berufliche Bildung und Vorbereitung auf den allgemeinen Arbeitsmarkt (KoBV) werden vom KVJS kombiniert. Die Bedeutung der beiden Institutionen wird nachfolgend beschrieben.

Berufsvorbereitende Einrichtung (BVE): »Für Schülerinnen und Schüler der BVE ist diese Klasse der Berufsschulstufe die Zeit zur beruflichen Orientierung. Während der zwei BVE-Jahre finden der Unterricht und die Praktika am allgemeinen Arbeitsmarkt ergänzend statt. An bis zu drei Tagen in der Woche erproben sich die Schülerinnen und Schüler in verschiedenen Tätigkeitsbereichen in individuell ausgesuchten Betrieben. Diese Klasse ist ein gemeinsames Angebot von Sonderpädagogischen Bildungs- und Beratungszentren (SBBZ) und Beruflichen Schulen. Die BVE ist an einer Berufsschule verortet« (Kommunalverband für Jugend und Soziales Baden-Württemberg, KVJS o. J. a).

Kooperative berufliche Bildung und Vorbereitung auf den allgemeinen Arbeitsmarkt (KoBV): »Die KoBV ist eine Variante der dualen Ausbildung. Der Zeitpunkt für den Übergang von der BVE in die KoBV ist häufig erreicht, wenn ein betriebliches Praktikum mit Aussicht auf eine Anstellung absolviert wurde. Beide Klassen arbeiten eng verzahnt zusammen. Ab diesem Zeitpunkt findet die praktische Erprobung an drei Tagen in der Woche in Betrieben des allgemeinen Arbeitsmarktes statt. Zum bisherigen Unterstützerteam kommt ein über die Agentur für Arbeit bereitgestellter Jobcoach dazu« (Kommunalverband für Jugend und Soziales Baden-Württemberg, KVJS o. J. b).

Angemessene berufliche Bildung

In der Werkstatt für behinderte Menschen erhalten behinderte Menschen im Eingangsverfahren Leistungen, »um die Leistungs- oder Erwerbsfähigkeit der Menschen mit Behinderungen zu erhalten, zu entwickeln, zu verbessern oder wiederherzustellen, die Persönlichkeit dieser Menschen weiterzuentwickeln und ihre Beschäftigung zu ermöglichen oder zu sichern« (SGB IX § 56).

Im Berufsbildungsbereich sollen die Leistungen dazu dienen, »die Leistungs- oder Erwerbsfähigkeit [...] so weit wie möglich zu entwickeln, zu verbessern oder wiederherzustellen [wenn] erwartet werden kann, dass der behinderte Mensch nach Teilnahme an diesen Leistungen in der Lage ist, wenigstens ein Mindestmaß wirtschaftlich verwertbarer Arbeitsleistung im Sinne des § 219 zu erbringen« (SGB IX § 57). Die Leistungen im Berufsbildungsbereich werden in § 219 SGB IX als »angemessene berufliche Bildung« bezeichnet und in der Werkstättenverordnung (WVO) § 4 näher beschrieben (Bundesministerium für Justiz o.J.d).

Das »Fachkonzept für Eingangsverfahren und Berufsbildungsbereich in Werkstätten für behinderte Menschen (WfbM)« (Arbeitsagentur 2010) »trägt den aktuellen behinderten- und bildungspolitischen Entwicklungen bei der beruflichen Eingliederung von Menschen mit Behinderung Rechnung [.] insbesondere durch eine stärkere Berücksichtigung von Eingliederungsmöglichkeiten im allgemeinen Arbeitsmarkt, eine personenorientierte Maßnahmegestaltung sowie durch eine Maßnahmekonzeption und -durchführung auf der Grundlage von Kompetenzfeststellungen. [...] Das Bildungskonzept bezieht die äußeren Lebensbedingungen, die freie Entfaltung der Persönlichkeit ebenso ein wie das Recht auf Verschiedenheit. Durch Binnendifferenzierung und Personenorientierung wird eine Ausrichtung an den anerkannten Berufsausbildungen hergestellt« (Arbeitsagentur 2010).

Das Fachkonzept weist zwar eine Ausbildungsorientierung auf, die angemessene berufliche Bildung ist aber weiterhin keine Berufsausbildung, wie sie in Artikel 24 der UN-BRK genannt wird. Danach verpflichten sich die Vertragsstaaten das Recht aller Menschen mit Behinderung auf Bildung anzuerkennen. Sie »gewährleisten ein integratives Bildungssystem auf allen Ebenen sowie die Möglichkeit lebenslangen Lernens« (Bundesministerium für Familie, Senioren, Frauen und Jugend 2006).

Sie sichern die Verwirklichung des Rechts auf Bildung [u.a.] »durch angemessene Vorkehrungen für die Bedürfnisse des Einzelnen [und eine ...] wirksame und individuell angepasste Unterstützung [...], um ihre erfolgreiche Bildung zu erleichtern«. Über die Schulbildung hinaus »stellen die Vertragsstaaten durch angemessene Vorkehrungen sicher, dass Menschen mit Behinderungen ohne Diskriminierung und gleichberechtigt mit anderen Zugang zu allgemeiner Hochschulbildung, Berufsausbildung, Erwachsenenbildung und lebenslangem Lernen haben« (UN-BRK, Art. 24 Abs.5, zitiert aus Bundesministerium für Familie, Senioren, Frauen und Jugend 2006).

Weil die angemessene berufliche Bildung in der Werkstatt keine Berufsausbildung ist, können die TeilnehmerInnen auch keinen anerkannten Berufsabschluss erwerben. Eine Alternative bietet der Deutsche Qualifikationsrahmen für lebenslanges Lernen (DQR) (Bundesministerium für Bildung und Forschung o.J.). Am Beispiel der Version von 2011 wird seine Bedeutung verdeutlicht. Mit ihm »wird erstmals ein Rahmen vorgelegt, der bildungsbereichsübergreifend alle Qualifikationen des deutschen Bildungssystems umfasst« (Arbeitskreis DQR 2011, S. 1). Ziel des DQR »ist es, Gleichwertigkeiten und Unterschiede von Qualifikationen transparenter zu machen und auf diese Weise Durchlässigkeit zu unterstützen. Dabei gilt es [...], die Orientierung der Qualifizierungsprozesse an Lernergebnissen (»Outcome-Orientierung«) zu fördern« (Arbeitskreis DQR 2011, S. 1). Außerdem sollen »Zugang und Teilnahme am lebenslangen Lernen und die Nutzung von Qualifikationen [...] für alle [...] gefördert und verbessert werden« (Arbeitskreis DQR 2011, S. 1).

Der DQR ist die nationale Form des Europäischen Qualifikationsrahmens (EQR) von 2008. Er soll die Bedeutung des nicht formalen und informellen Lernens als Möglichkeit des Qualifikationserwerbs neben dem formalen Lernen in Schule, Hochschule und Berufsausbildung betonen. Dies gilt besonders für »die Bürger [...], die sehr wahrscheinlich von Arbeitslosigkeit und unsicheren Arbeitsverhältnissen bedroht sind und [und für] die ein derartiger Ansatz zu einer stärkeren Teilnahme am lebenslangen Lernen und zu einem besseren Zugang zum Arbeitsmarkt beitragen könnte« (Arbeitskreis DQR 2011, S. 3).

Der DQR ermöglicht »eine umfassende, bildungsbereichsübergreifende [...] Einordnung von Qualifikationen« (Arbeitskreis DQR 2011, S. 4) auf acht Qualifikationsniveaus. Die Zuordnung von Lernergebnissen zu einem Qualifikationsniveau erfolgt durch die Validierung, d. h. »Feststellung, Dokumentation, Beurteilung und/oder Bestätigung« (Europäisches Zentrum für die Förderung der Berufsbildung (o. J.).

Ein Beispiel der Nutzung des DQR ist die Qualifizierung in Hauswirtschaft, die in Kooperation von Werkstatt Bremen und Bremer Heimstiftung durchgeführt wird. Sie richtet sich an Personen aus dem Berufsbildungsbereich und Arbeitsbereich und umfasst drei Pflichtbausteine und zwei Wahlbausteine. Die Qualifizierungsdauer beträgt zwei Jahre und wird mit einer Prüfung abgeschlossen. Die zuständige Stelle bescheinigt den Abschluss und stellt ein Abschlusszeugnis mit Zuordnung zu Qualifikationsniveau 2 des DQR aus (vgl. Grampp 2022, S. 59–61).

Berufstätigkeit

Beruflich tätig werden können behinderte Menschen im Arbeitsmarkt auf regulären Arbeitsplätzen auch im Rahmen von Unterstützter Beschäftigung oder in Integrationsprojekten. Arbeitsmöglichkeiten für eine bestimmte Gruppe bietet die Werkstatt für behinderte Menschen. Bei Tätigkeiten im allgemeinen Arbeitsmarkt gelten die für Arbeitnehmer bedeutsamen Gesetze, aber auch spezielle Schutzvorschriften für schwerbehinderte Menschen. Integrationsprojekte unterliegen speziellen Vorschriften (s. u.).

Eine besondere Form der Tätigkeit im allgemeinen Arbeitsmarkt für behinderte Menschen ist die »Unterstützte Beschäftigung (UB)« (§ 55 SGB IX). Ihr Ziel ist es, behinderten Menschen »mit besonderem Unterstützungsbedarf eine angemessene, geeignete und sozialversicherungspflichtige Beschäftigung zu ermöglichen und zu erhalten. Unterstützte Beschäftigung umfasst eine individuelle betriebliche Qualifizierung und bei Bedarf Berufsbegleitung« (§ 55 Abs. (1), SGB IX). Die Leistungen der UB sollen behinderte Menschen »für geeignete betriebliche Tätigkeiten [...] erproben, auf ein sozialversicherungspflichtiges Beschäftigungsverhältnis vorbereiten und bei der Einarbeitung und Qualifizierung auf einem betrieblichen Arbeitsplatz [...] unterstützen« [und] berufsübergreifende Lerninhalte und Schlüsselqualifikationen [vermitteln] sowie die Weiterentwicklung der Persönlichkeit der behinderten Menschen« ermöglichen (§ 55 Abs. (2), SGB IX).

Zielgruppe der unterstützten Beschäftigung »sind behinderte Menschen mit einem Potenzial für eine Beschäftigung auf dem allgemeinen Arbeitsmarkt, für die eine Integration in sozialversicherungspflichtige Beschäftigung mit anderen [...] Teilhabeleistungen, insbesondere Leistungen zur Berufsvorbereitung und Berufsausbildung bzw. Weiterbildung nicht, mit Leistungen nach § 55 SGB IX aber möglich erscheint. Zur Zielgruppe zählen nicht behinderte Menschen, die werkstattbedürftig im Sinne des § 136 SGB IX sind« (§ 38a SGB IX, zitiert aus Zentrale SP III 13, 2012).

Eine wichtige Rolle bei der Einmündung in den allgemeinen Arbeitsmarkt spielen Integrationsfachdienste. Sie »sind Dienste Dritter, die [...] bei der Durchführung der Maßnahmen zur Teilhabe schwerbehinderter Menschen am Arbeitsleben beteiligt werden« (SGB IX § 192). Sie sollen »die schwerbehinderten Menschen beraten, unterstützen und auf geeignete Arbeitsplätze vermitteln sowie die Arbeitgeber informieren, beraten und ihnen Hilfe leisten« (SGB IX §192). Weiterhin sollen sie die Fähigkeiten, Leistungen und Interessen der behinderten Menschen in einem Profil dokumentieren, geeignete Arbeitsplätze suchen und behinderte Menschen auf diese Arbeitsplätze vorbereiten, sie solange wie nötig am Arbeitsplatz begleiten und sie nachbetreuen, bei Krisen unterstützen sowie sie psychosozial betreuen (SGB IX § 192).

»(3) Inklusionsbetriebe beschäftigen mindestens 30 Prozent schwerbehinderte Menschen im Sinne von Absatz 1. Der Anteil der schwerbehinderten Menschen soll in der Regel 50 Prozent nicht übersteigen« (SGB IX § 215).

Zielgruppen sind »schwerbehinderte Menschen mit geistiger oder seelischer Behinderung oder mit einer schweren Körper-, Sinnes- oder Mehrfachbehinderung [...], Menschen, die nach zielgerichteter Vorbereitung in einer Werkstatt [...] oder in einer psychiatrischen Einrichtung für den Übergang in einen Betrieb oder eine Dienststelle auf dem allgemeinen Arbeitsmarkt in Betracht kommen und auf diesen Übergang vorbereitet werden sollen, sowie Menschen nach Beendigung einer schulischen Bildung, die nur dann Aussicht auf eine Beschäftigung auf dem allgemeinen Arbeitsmarkt haben, wenn sie zuvor in einem Integrationsprojekt an berufsvorbereitenden Bildungsmaßnahmen teilnehmen und dort beschäftigt und weiterqualifiziert werden« (SGB IX § 215)

Werkstatt für behinderte Menschen

Der Charakter der Werkstatt wird in § 219 SGB IX verdeutlicht: »Die Werkstatt für behinderte Menschen ist eine Einrichtung zur Teilhabe behinderter Menschen am Arbeitsleben [...] und zur Eingliederung in das Arbeitsleben«. Das bedeutet, dass sie ein Ort dauerhafter Beschäftigung und damit Teil der Arbeitswelt ist. Sie steht als Arbeitsort – nach § 219 SGB IX – »allen behinderten Menschen [...] unabhängig von Art und Schwere der Behinderung offen«. Die Aufnahme hängt aber von der Erbringung eines Mindestmaßes wirtschaftlich verwertbarer Arbeitsleistung, dem

Ausmaß einer bestehenden Selbst- oder Fremdgefährdung [bzw.] der zu leistenden Betreuung oder sonstigen Gründen ab.

Die Werkstatt ist Teil der Arbeitswelt. Das wird auch durch die Bestimmungen der Werkstättenverordnung (WVO) betont. In § 5 heißt es: »Die Werkstatt soll über ein möglichst breites Angebot an Arbeitsplätzen verfügen, um Art und Schwere der Behinderung, der unterschiedlichen Leistungsfähigkeit, Entwicklungsmöglichkeit sowie Eignung und Neigung der behinderten Menschen soweit wie möglich Rechnung zu tragen. [...] Die Arbeitsplätze sollen in ihrer Ausstattung soweit wie möglich denjenigen auf dem allgemeinen Arbeitsmarkt entsprechen. Bei der Gestaltung der Plätze und der Arbeitsabläufe sind die besonderen Bedürfnisse der behinderten Menschen soweit wie möglich zu berücksichtigen, um sie in die Lage zu versetzen, wirtschaftlich verwertbare Arbeitsleistungen zu erbringen« (Bundesamt für Justiz o.J.d).

Die Werkstatt ist jedoch nicht nur Arbeitsort, sondern auch Einrichtung zur Eingliederung in das Arbeitsleben. Sie muss es nämlich behinderten Menschen »ermöglichen, ihre Leistungs- oder Erwerbsfähigkeit zu erhalten, zu entwickeln, zu erhöhen oder wiederzugewinnen und dabei ihre Persönlichkeit weiterzuentwickeln« (SGB IX § 219). § 5 der Werkstättenverordnung sieht vor, dass zur »Erhaltung und Erhöhung der im Berufsbildungsbereich erworbenen Leistungsfähigkeit und zur Weiterentwicklung der Persönlichkeit [...] arbeitsbegleitend geeignete Maßnahmen durchzuführen sind. [Darüber hinaus ist der] Übergang [...] auf den allgemeinen Arbeitsmarkt durch geeignete Maßnahmen zu fördern, insbesondere auch durch die Einrichtung einer Übergangsgruppe mit besonderen Förderangeboten, Entwicklung individueller Förderpläne sowie Ermöglichung von Trainingsmaßnahmen, Betriebspraktika und durch eine zeitweise Beschäftigung auf ausgelagerten Arbeitsplätzen«. Die im letzten Abschnitt genannten ausgelagerten Arbeitsplätze sind inzwischen zu einem festen Bestandteil der Arbeitsmöglichkeiten behinderter Menschen geworden.

Exkurs Recht auf Arbeit: UN-Deklaration der Menschenrechte, EU-Charta, UN-Behindertenrechtskonvention

Ein Menschenrecht auf Arbeit existiert nicht erst seit 2006 mit dem UN-Übereinkommen über die Rechte von Menschen mit Behinderung (UN-BRK). Schon in der UN-Deklaration der Menschenrechte von 1948 heißt es in Artikel 23 u.a.: »(1.) Jeder hat das Recht auf Arbeit, auf freie Berufswahl, auf gerechte und befriedigende Arbeitsbedingungen sowie auf Schutz vor Arbeitslosigkeit. (2.) Jeder, ohne Unterschied, hat das Recht auf gleichen Lohn für gleiche Arbeit. (3.) Jeder, der arbeitet, hat das Recht auf gerechte und befriedigende Entlohnung, die ihm und seiner Familie eine der menschlichen Würde entsprechende Existenz sichert, gegebenenfalls ergänzt durch andere soziale Schutzmaßnahmen« (Vereinte Nationen, 1948).

Auch nach der Charta der Grundrechte der EU hat laut Artikel 15 »Jede Person das Recht, zu arbeiten und einen frei gewählten oder angenommenen Beruf auszuüben« (Europäische Union, 2000)

In der UN-Behindertenrechtskonvention (2006) wird das allgemeine Recht speziell für behinderte Menschen bekräftigt und spezifiziert. Die wichtigste Bestimmung des Artikels 27 Arbeit und Beschäftigung ist die Möglichkeit, den Lebensunterhalt durch frei gewählte Arbeit in einem offenen, integrativen und zugänglichen Arbeitsmarkt zu verdienen. Die Vertragsstaaten sind verpflichtet, dieses Recht durch »geeignete Schritte« zu sichern und zu fördern. Wichtige Vorgaben sind in der folgenden Aufzählung auf der Basis der zwischen Deutschland, Liechtenstein, Österreich und der Schweiz abgestimmten Übersetzung (Bundesministerium für Familie, Senioren, Frauen und Jugend 2006) hier zusammengefasst zusammengestellt.

a) Verbot der Diskriminierung in allen Belangen des Lebensbereichs Arbeit
b) Chancengleichheit, gerechte, günstige, sichere und gesunde Arbeitsbedingungen
c) Schutz vor Belästigungen und Abhilfe bei Missständen
d) Ausübung der Arbeitnehmer- und Gewerkschaftsrechte
e) Wirksamer Zugang zu Beratung, Stellenvermittlung, Berufsausbildung und Weiterbildung
f) Beschäftigung und beruflicher Aufstieg auf dem Arbeitsmarkt
g) Unterstützung bei Arbeitsuche, Erhalt und Beibehaltung eines Arbeitsplatzes und beruflichem Wiedereinstieg
h) Selbständigkeit, Unternehmertum, Bildung von Genossenschaften und Gründung eines eigenen Geschäfts
i) Beschäftigung im öffentlichen Sektor
j) Beschäftigung im privaten Sektor durch geeignete Strategien und Maßnahmen
k) Angemessene Vorkehrungen am Arbeitsplatz
l) Praktika auf dem allgemeinen Arbeitsmarkt

Das Recht auf Arbeit ist zwar ein soziales Recht, in Deutschland aber kein verfassungsmäßiges Grundrecht (vgl. Papier 2009). In der Studie »Das internationale Menschenrecht auf Arbeit. Völkerrechtliche Anforderungen an Deutschland« wird festgestellt, dass das Recht auf Arbeit kein individuelles Recht ist. Allerdings ist der Staat verpflichtet, die Beschäftigung behinderter Menschen durch eine beschäftigungsfördernde Politik zu ermöglichen und zu sichern (vgl. Körner 2004). Pfannkuche (2009) stellt seine Überlegungen unter die Frage »Gibt es ein Recht auf Arbeit?« und kommt zum Schluss, dass ein solches Recht nach einem bestimmten »Modell moralischer Argumentation« durchaus besteht.

Ein Recht auf Arbeit existiert allerdings für die Gruppe behinderter Menschen, »die nicht, noch nicht oder noch nicht wieder auf dem allgemeinen Arbeitsmarkt beschäftigt werden können« (SGB IX § 219). Die Werkstatt hat, wie oben dargestellt, eine Aufnahmepflicht, die wenige Ausnahmen kennt. Deshalb kann argumentiert werden, dass eine Ungleichbehandlung stattfindet, die evtl. nicht statthaft ist. Hier ist jedoch auf Artikel 4 Abs. 4 UN-BRK zu verweisen. »Dieses Übereinkommen lässt zur Verwirklichung der Rechte von Menschen mit Behinderungen besser geeignete Bestimmungen, die im Recht eines Vertragsstaats oder in dem für diesen Staat geltenden Völkerrecht enthalten sind, unberührt« (Bundesanzeiger 2008). Die für die genannte Personengruppe bestehenden Bestimmungen können danach ebenso bestehen bleiben wie alle genannten Programme und Verfahren zur Verbesserung des Übergangs auf den allgemeinen Arbeitsmarkt.

Informationen im Internet

- »Unterstützung für Jugendliche mit Behinderung bei der Berufsorientierung« (https://www.enableme.de/de/artikel/unterstutzung-fur-jugendliche-mit-behinderung-bei-der-berufsorientierung-6444)
- Arbeitsblatt »Berufswahl« (https://www.sozialpolitik.com/fileadmin/user_upload/Material/Materialarchiv/Arbeitsblaetter/arbeitsblatt-kriterien-berufswahl.pdf)
- »Behinderung und Beruf – Ihre Berufswahl« (https://www.rehadat-bildung.de/berufseinstieg/berufsorientierung/behinderungsspezifische-berufsinformationen/)
- Leitfaden »Handicap ... na und?« (https://www.arbeitsagentur.de/datei/handicap-na-und_ba015353.pdf)
- Flyer »Deine Ausbildung Deine Chance!« (https://www.arbeitsagentur.de/datei/dok_ba013300.pdf)
- Handbuch »Studium und Behinderung« (https://www.studentenwerke.de/de/handbuch-studium-behinderung)
- »Studieren mit Behinderungen« (https://www.arbeitsagentur.de/bildung/studium/studieren-mit-behinderungen)
- Reha-Angebote der Berufsbildungswerke »Neue Perspektiven für die Zukunft« (https://www.bagbbw.de/berufsbildungswerke/reha-angebote/)
- Qualifizierungsangebote der Berufsförderungswerke (https://www.bv-bfw.de/qualifizierung-im-bfw.html)
- Informationen zu 13 Tätigkeitsfeldern in leichter Sprache (https://www.ag-paedagogische-systeme.de/downloads/Flyer_Berufliche_Taetigkeitsfelder.pdf)

Literatur

Arbeitsagentur (2010). *Fachkonzept für Eingangsverfahren und Berufsbildungsbereich in Werkstätten für behinderte Menschen (WfbM)*. https://www.arbeitsagentur.de/datei/dok_ba013436.pdf

Arbeitskreis DQR (2011). *Deutsche Qualifikationsrahmen für lebenslanges Lernen., verabschiedet vom AK DQR am 22. März 2011.* https://www.fibaa.org/fileadmin/redakteur/pdf/ZERT/Der_Deutsche_Qualifikationsrahmen_fue_lebenslanges_Lernen.pdf

Bildungsportal Niedersachsen (o.J.). *Berufliche Orientierung geistige Entwicklung.* https://www.rlsb.de/themen/lehrkraefte/koordinierungsstelle-berufsorientierung/berufliche-orientierung-geistige-entwicklung-1

Bundesagentur für Arbeit (o.J.). *Berufsorientierung im Unterricht.* https://www.arbeitsagentur.de/bildung/schule/berufsorientierung-im-unterricht

Bundesanzeiger (2008). Gesetz zu dem Übereinkommen der Vereinten Nationen vom 13. Dezember 2006 über die Rechte von Menschen mit Behinderungen sowie zu dem Fakultativprotokoll vom 13. Dezember 2006 zum Übereinkommen der Vereinten Nationen über die Rechte von Menschen mit Behinderungen. *Bundesgesetzblatt* Jahrgang 2008 Teil II Nr. 35, S. 1419–1457. https://www.un.org/depts/german/uebereinkommen/ar61106-dbgbl.pdf

Bundesarbeitsgemeinschaft Bildungsberufswerke (o.J.). *Berufsbildungswerke. Qualifiziert in die Zukunft.* https://www.bagbbw.de

Bundesinstitut für Berufsbildung (2006). *Rahmenregelung für Ausbildungsregelungen gemäß § 66 BBiG/§ 42 m HwO für behinderte Menschen.* https://www.bibb.de/dokumente/pdf/empfehlung_118-rahmenrichtlinien_ausb.regelung_beh.menschen_196.pdf

Bundesministerium für Bildung und Forschung (o.J.). *Der Deutsche Qualifikationsrahmen für lebenslanges Lernen.* https://www.dqr.de/dqr/de/home/home_node.html

Bundesministerium für Familie, Senioren, Frauen und Jugend (2006). *Übereinkommen über die Rechte von Menschen mit Behinderungen vom 13. Dezember 2006. Zwischen Deutschland, Liechtenstein, Österreich und der Schweiz abgestimmte Übersetzung.* https://www.bmfsfj.de/resource/blob/130320/44e4b593cb43126bd6b32753a1e4ec0e/vn-uebereinkommen-rechte-menschen-mit-behinderungen-data.pdf. **Zugriff 30.09.22**

Bundesministerium für Gesundheit und Soziale Sicherung (o.J.). *Berufsbildungswerke. Einrichtungen zur beruflichen Rehabilitation junger Menschen mit Behinderung.* https://docplayer.org/12056922-Berufsbildungswerke-einrichtungen-zur-beruflichen-rehabilitation-junger-menschen-mit-behinderung.html

Bundesministerium für Justiz (o.J.a). *Hochschulrahmengesetz (HRG).* https://www.gesetze-im-internet.de/hrg/__2.html

Bundesministerium für Justiz (o.J.b). *Berufsbildungsgesetz (BBiG).* https://www.gesetze-im-internet.de/bbig_2005/. Zugriff 30.09.2022

Bundesministerium für Justiz (o.J.c). *Handwerksordnung.* https://www.gesetze-im-internet.de/hwo/

Bundesministerium für Justiz (o.J.d). *Werkstättenverordnung (WVO).* https://www.gesetze-im-internet.de/schwbwv/WVO.pdf

Deutsche Vereinigung für Rehabilitation (o.J.). *Die Deutschen Berufsförderungswerke.* https://www.dvfr.de/die-dvfr/mitgliedschaft-mitglieder/gruppe-e/bundesverband-deutscher-berufsfoerderungswerke-e-v/

Europäische Union (2000). *Charta der Grundrechte der Europäischen Union.* https://www.europarl.europa.eu/charter/pdf/text_de.pdf

Europäisches Zentrum für die Förderung der Berufsbildung (o.J.). Europäische Leitlinien für die Validierung nicht formalen und informellen Lernens. ec.europa.eu/education/lifelong-learning-policy/informal_de.htm

Grampp, Gerd (2012). Inklusive Berufsausbildung. Rechte – Verpflichtungen – Instrumente. Erwachsenenbildung und Behinderung. Heft 2/2012.) S. 3–13. Berlin, Gesellschaft Erwachsenenbildung und Behinderung e. V.

Grampp, Gerd (2019, 3. Aufl.). *Die ICF verstehen und nutzen.* Köln, Balance Buch- und Medienverlag

Grampp, Gerd (Hg.) (2022*). Lernort: Werkstatt. Grundlagen, Strukturen, Instrumente, Praxis.* Köln, Balance Buch- und Medienverlag

Grampp, Gerd & Wöbke, Nils (2020). *Teilhabe. Grundlagen, Strukturen, Instrumente, Anwendung.* Köln, Balance Buch- und Medienverlag

Hafner, Peter (2009). *Schnittstelle Schule und Arbeitswelt.* Braunschweiger Gespräche 2. – 3. November 2009. www.bagwfbm.de/category/72. Zugriff nicht mehr möglich

Kommunalverband für Jugend und Soziales Baden-Württemberg (KVJS) (o.J.a). *Die Berufsvorbereitende Einrichtung (BVE).* (https://www.kvjs.de/behinderung-und-beruf/foerderung-der-beruflichen-inklusion/berufsvorbereitende-einrichtung-bve

Kommunalverband für Jugend und Soziales Baden-Württemberg (KVJS) (o.J.b). *Kooperative berufliche Bildung und Vorbereitung auf den allgemeinen Arbeitsmarkt (KoBV).* https://www.kvjs.de/behinderung-und-beruf/foerderung-der-beruflichen-inklusion/kooperative-berufliche-bildung-und-vorbereitung-auf-den-allgemeinen-arbeitsmarkt-kobv#c16365

Körner, Marita (2004). *Das internationale Menschenrecht auf Arbeit. Völkerrechtliche Anforderungen an Deutschland.* https://www.institut-fuer-menschenrechte.de/fileadmin/Redaktion/Publikationen/Analyse_Studie/studie_das_internationale_menschenrecht_auf_arbeit.pdf Zugriff 30.09.22

Papier, Hans-Jürgen (2009). *Es gibt kein Grundrecht auf Arbeit.* www.news-adhoc.com/papier-es-gibt-kein-grundrecht-auf-arbeit-idna2009072842394/. Zugriff nicht mehr möglich

Pfannkuche, Walter (2009). Gibt es ein Recht auf Arbeit? www.bu.edu/wcp/Papers/OApp/OAppPfan.htm Zugriff 30.09.22

Sozialgesetzbuch (SGB) Neuntes Buch (IX). Rehabilitation und Teilhabe behinderter Menschen. http://www.gesetze-im-internet.de/sgb_9/. 30.09.22

Studentenwerke (o.J.a). *Behindertenbeauftragte: Hochschulrechtliche Regelungen der Bundesländer.* https://www.studentenwerke.de/de/content/behindertenbeauftragte-hochschulrechtliche-regelungen-der-bundesländer

Studentenwerke (o.J.b). *Informationen und Regelungen (werden auf der website stets aktualisiert).* https://www.studentenwerke.de, auch https://www.studentenwerke.de/de/content/behindertenbeauftragte-hochschulrechtliche-regelungen-der-bundesländer

Studentenwerke (o.J.c). *Gesetz über die Hochschulen in Baden-Württemberg – Landeshochschulgesetz (LHG); Stand: 31. 12.20.* https://www.studentenwerke.de/de/content/behindertenbeauftragte-hochschulrechtliche-regelungen-der-bundesl%C3%A4nder - Baden-Wuerttemberg

Studieren.de (o.J.). *Finde Dein Studium. Berufsakademien/Duale Hochschulen.* www.studieren.de/berufsakademien.0.html

UN-BRK (2006). *UN-Behindertenrechtskonvention 2006.* https://www.fedlex.admin.ch/eli/cc/2014/245/de

Vereinte Nationen (1948). *Erklärung der Menschenrechte. Resolution 217 A (III) der Generalversammlung vom 10. Dezember 1948.* http://www.un.org/depts/german/grunddok/ar217a3.html Zugriff 30.09.22

Vollmer, Kirsten (2011). Wir wollen Güte und sicherstellen, dass behinderte Menschen qualifiziert ausgebildet werden. Interview. *Klarer Kurs* 02/11. S. 11. Hamburg: 53° Nord Agentur und Verlag

WHO DIMDI (2005). *Internationale Klassifikation der Funktionsfähigkeit, Behinderung und Gesundheit. ICF.* https://www.soziale-initiative.net/wp-content/uploads/2013/09/icf_endfassung-2005-10-01.pdf

Zentrale (SP III 13) (2012). *Produktinformation zu Unterstützte Beschäftigung nach § 38a AGB IX (UB) Maßnahmen mit Beginn ab 02. 05. 2012.* https://www.bar-frankfurt.de/fileadmin/dateiliste/rehabilitation_und_teilhabe/Internationale_Themen/infopool-bag-ub/materialien/recht/BA_Produktinfo_UB_2012.pdf

Zu aktiver Freizeitgestaltung ermuntern

Cora Halder

In diesem Beitrag geht es um die Freizeitgestaltung von Menschen mit Down-Syndrom, jedoch wird manches ähnlich auch für Menschen mit einer anderen Lernbeeinträchtigung gelten. Ein Grund, sich näher mit dieser Thematik zu beschäftigen, sind die vielen Anfragen, die das Deutsche Down-Syndrom InfoCenter bezüglich Schwierigkeiten im Erwachsenenleben dieser Personengruppe erhält. Einerseits geht es um Probleme wie Depressionen, Rückzug, Abbau von Fähigkeiten, Interessenverlust usw. Andererseits wird häufig nachgefragt, welche Freizeitangebote es für diese Zielgruppe geben kann, denn es scheint, dass viele Erwachsene mit Down-Syndrom ihre Freizeit eher passiv verbringen. Sinnvolle, anregende Freizeitbeschäftigungen sind jedoch wichtig, weil sie wesentlich zur physischen und psychischen Gesundheit beitragen und Problemen wie dem Abbau von Fähigkeiten oder Depressionen entgegenwirken können. Außerdem können durch die Teilnahme an Aktivitäten Kontakte zu anderen Menschen aufgebaut werden.

Bei der Lebensplanung von Menschen mit Behinderungen stehen die Früherziehung, die schulische Förderung sowie die Berufsvorbereitung im Vordergrund. Das Thema Freizeit wird vernachlässigt, weil die anderen Bereiche schon aufwändig genug und zunächst auch von vorrangiger Bedeutung sind. Die Freizeitgestaltung wird außerdem als nicht so wichtig angesehen oder als etwas, das sich von selbst regelt. Wenn wir allerdings möchten, dass Menschen mit Down-Syndrom irgendwann ein möglichst selbstständiges Leben führen, beinhaltet dies nicht nur, dass sie einer Arbeit nachgehen und in einer Wohnung oder Wohngruppe allein, mit einem Partner oder einigen Freunden wohnen können, es bedeutet eben auch, dass sie in der Lage sind, ihre Freizeit sinnvoll zu nutzen und zu gestalten. Und das ist gar nicht so einfach und regelt sich nicht automatisch.

Erwachsene mit Down-Syndrom haben für gewöhnlich einen Arbeitsplatz entweder in einer Werkstatt oder immer häufiger auf dem allgemeinen Arbeitsmarkt. Die Arbeitszeit beträgt zwischen fünf und sieben Stunden täglich. Das bedeutet, dass genügend Zeit bleibt, am späten Nachmittag und in den Abendstunden Freizeitbeschäftigungen nachzugehen. Außerdem gibt es die Wochenenden und die Ferien, in denen man sich aktiv betätigen kann.

Bei einer Befragung von Menschen mit geistiger Behinderung (Wilken & Pich 1998) über ihre Freizeitaktivitäten rangierten »Musik hören« und »Fernsehen« an oberster Stelle und »Nichtstun« vor sportlicher Betätigung. Übrigens: Fernsehen und Radiohören gelten neben Telefonieren auch bei der Gesamtbevölkerung zu den beliebtesten Freizeitbeschäftigungen (Stiftung für Zukunftsfragen 2013).

Ihre persönlichen Kontakte beschränken sich häufig auf solche mit Eltern und Verwandten, mit Kollegen am Arbeitsplatz und mit bezahlten Helfern (Begleitern/

Assistenten). Die Menschen, die in einem Wohnheim leben, verbringen sowohl ihre Arbeitszeit wie ihre Freizeit mit den Mitbewohnern, die also gleichzeitig ihre Arbeitskollegen und ihre »Familie« bilden. Darüber hinaus kennen sie meistens wenig andere Menschen, sie haben kaum weitere Freunde und keinen Bekanntenkreis.

Ihre Möglichkeiten, einfach irgendwo hinzugehen und an Aktivitäten in ihrer Gemeinde teilzunehmen, sind begrenzt. Einmal wissen sie nicht, wo etwas los ist, und wenn, dann stellen sich die Fragen, ob man dazu Geld braucht und wie man hinkommt. Einfacher und bequemer ist es dann oftmals, zu Hause zu bleiben. Obwohl sie eigentlich genügend freie Zeit haben, die für anregende, gesellige oder sportliche Aktivitäten genutzt werden könnte, zeigen sie im Gegenteil ein zunehmend passives Verhalten. Eine aktive Beschäftigung in der Freizeit trägt jedoch dazu bei, dass Menschen länger geistig rege bleiben, dass gesundheitliche und psychische Probleme erst später auftreten oder gar verhindert werden, und sie bedeutet insgesamt mehr Lebensqualität. Gleichzeitig können Aktivitäten in der Freizeit eine Hilfe sein beim Aufbau eines sozialen Netzwerks. Das Thema Freizeitgestaltung darf deshalb nicht weiter so stiefmütterlich behandelt werden wie bisher. Es ist ein wichtiger Aspekt, neben den Bereichen der Förderung, der Arbeitsvorbereitung und des Wohntrainings.

Eine »Freizeit-Kultur« aufbauen von Anfang an

Die beste Vorbereitung für ein gut funktionierendes »Freizeit-Management« im Erwachsenenalter ist eine Erziehung von klein auf. Das Vorbild der Eltern und Geschwister prägt das Freizeitverhalten auch des Menschen mit Down-Syndrom. Wenn er von Anfang an ganz selbstverständlich an Aktivitäten, denen die Familie in der Freizeit nachgeht, teilgenommen hat, er die Gelegenheit hatte, Fähigkeiten und Interessen zu entwickeln, wenn er erlebt hat, was es bedeutet, ein Hobby zu haben, Mitglied in einem Verein zu sein oder sich irgendwo freiwillig zu engagieren, ist es wesentlich einfacher, ähnliche Gewohnheiten auch als Erwachsener beizubehalten. Da gerade regelmäßig wiederkehrende Handlungen und Aktivitäten für Menschen mit Down-Syndrom sehr wichtig sind, lohnt es sich, gute Gewohnheiten – auch im Freizeitbereich – aufzubauen. Das Freizeitverhalten der Familie ist richtungsweisend für ihren Angehörigen mit Down-Syndrom. Sitzt die Familie täglich viele Stunden inaktiv vor dem Fernseher, kann man von Menschen mit Down-Syndrom kaum etwas anderes erwarten.

Eigene Interessen umsetzen, Eigenmotivation stärken

Einige junge Leute mit Down-Syndrom sind offen und interessiert an ihrer Umwelt und haben vielleicht selbst Ideen, wie sie ihre Freizeit gestalten und mit welchen Dingen sie sich beschäftigen möchten. Ein junger Mann aus meinem Bekanntenkreis fühlte sich vom Schicksal der Wale sehr berührt und wollte sich für diese Tiere einsetzen; eine junge Frau äußerte den Wunsch, Englisch lernen zu wollen. Es ist begrüßenswert, wenn Menschen mit Down-Syndrom selbst solche Wünsche äußern. Ihre Begleiter sollten sehr aufmerksam zuhören, die Ideen ernst nehmen und ihnen dabei helfen, diese in die Tat umzusetzen. Denn um sie zu realisieren, benötigen die jungen Erwachsenen eine Art Starthilfe. Es müssen Formulare angefordert und ausgefüllt werden, vielleicht ist Geld einzuzahlen. Doch dann kann es losgehen. Jens ist jetzt Mitglied bei Greenpeace und Sara geht einmal wöchentlich in ihren Englischkurs!

Manchmal können vorhandene Interessen ausgebaut, passive Freizeitbeschäftigungen in aktivere verwandelt werden.

Der Teenager Ben kann stundenlang im Fernsehen Sportsendungen anschauen, natürlich am liebsten Fußball. Dieses Interesse konnte genutzt werden, ihn anzuregen, doch auch in der Zeitung nach den Ergebnissen zu schauen, diese dann in ein Heft zu übertragen und Tabellen dazu anzulegen. Nun ist Ben montags und dienstags immer recht beschäftigt. Dann nämlich stehen die Ergebnisse und Berichte der Spiele vom Vortag in der Zeitung. Mindestens eine Seite gestaltet er damit jedes Mal in seinem Heft über »seinen« Fußballverein. Die Fotos »seiner« Spieler werden sorgfältig ausgeschnitten, aufgeklebt und mit Namen, Anzahl der Tore etc. versehen. Auf einer weiteren Seite kommen die Ergebnisse und Berichte der anderen Fußballvereine.

Mittlerweile ist er offizieller Fan seines Klubs, bekommt u.a. per E-Mail die neuesten Nachrichten zugeschickt. Und er hat gelernt, zusammen mit zwei Freunden, die auch Down-Syndrom haben (sie haben nun alle drei ein Abo), ins Stadion zu gehen und den Spielen ihres Klubs live beizuwohnen.

Die anfänglich passive Beschäftigung, Fußball nur im Fernsehen anzuschauen, konnte genutzt werden. Dieses Hobby gibt ihm viele Stunden in der Woche etwas zu tun und er kann zusätzlich seine Lese- und Schreibkenntnisse aktivieren. Die Besuche ins Fußballstadion haben zu weiterer Selbstständigkeit beigetragen. Zudem ist Ben jetzt auch in einem Fußballklub aktiv und geht wöchentlich zum Training. Das Thema Fussball ist immer aktuell und stößt meistens auf Interesse. Ben kann nun mitreden, und weil er alle Informationen so gründlich und gewissenhaft verarbeitet, ist er sogar zu einem richtigen Fußballexperten geworden.

Viele Jugendliche mit Down-Syndrom haben eine Vorliebe fürs Abschreiben. Auf die Frage, weshalb sie mit Texten aus Büchern oder Zeitschriften Seite um Seite füllen, kommt ein Achselzucken, »halt so«, »macht Spaß« oder auch: »So verstehe ich die Geschichte besser«. Abschreiben ist, so scheint es, für manche Person mit Down-Syndrom einfach eine entspannende Beschäftigung. Die so produzierten Blätter füllen Regale und Schubladen. Diese Vorliebe zum Schreiben und diese Eigenmotivation kann man aufgreifen und versuchen, den Menschen anzuregen, mehr gezielt ausgewählte Texte abzuschreiben: schöne Gedichte, Fabeln, Märchen, Sagen oder Beschreibungen aus Sachbüchern zu Tieren, zu Technik, zu Sport etc. Natürlich in ein extra dafür bestimmtes schönes Heft. Auf diese Weise kann noch einiges an Sachwissen vermittelt werden, und so mancher kann auch die Gedichte später noch auswendig oder erinnert sich an die abgeschriebenen Sagen.

Keine Motivation und wenig Eigeninitiative

Menschen mit Down-Syndrom scheinen jedoch eher wenig Eigeninitiative zu entwickeln, wenn es darum geht, etwas zu unternehmen oder sich mit etwas Neuem zu beschäftigen. Viele Erwachsene sind völlig zufrieden, wenn sie nur Musik hören oder fernsehen können. Weitere Tätigkeiten, die ab und zu genannt werden, sind u. a. malen – vor allem das Ausmalen von Mandalas – oder Filme anschauen – gern immer wieder die gleichen.

Eltern, Geschwister oder Assistenten sind durchaus der Meinung, dass die Freizeit besser genutzt werden sollte, doch eine Person mit Down-Syndrom zu neuen, anderen Tätigkeiten zu motivieren ist nicht so einfach. Wenn man einen Vorschlag macht, stößt dieser in der Regel auf Widerstand, es kommt als Antwort häufig ein sofortiges »Nein!« Warum diese Ablehnung? Vielleicht liegt es daran, dass die Aufforderung, etwas anderes, Neues zu machen, zunächst Unruhe und Unsicherheit verursacht. Und sie bedeutet Anstrengung! Die bekannte, sichere Situation muss aufgegeben werden und man muss sich mit etwas anderem, vielleicht etwas Schwierigem befassen? Wenn man sich verweigert, bleibt hoffentlich alles, wie es ist.

Wie gehen wir damit um? Einfach akzeptieren und die Person in Ruhe lassen? »Ach, sie liebt doch ihre DVDs so sehr und hat wirklich keine Lust, etwas anderes zu tun. Lassen wir sie doch! Außerdem sollte sie doch selbst bestimmen, was sie in ihrer Freizeit macht«. Dürfen wir aber so viel Passivität zulassen, wenn uns zunehmend bewusst ist, wie wichtig eine gut ausgefüllte Freizeit für das körperliche und psychische Wohlbefinden ist? Wenn wir erleben, wie diese jungen Menschen sich die meiste Zeit in ihr Zimmer zurückziehen und sich dort mit immer wiederkehrenden Dingen beschäftigen, sich mit ihren imaginären Freunden unterhalten, alles nach genauen Regeln aufräumen, stundenlang nur mit Ausmalen beschäftigt sind und wir gleichzeitig feststellen, wie sie geistig und körperlich abbauen, weil sie keine Anregungen bekommen? Dürfen wir dann passiv zuschauen, oder ist es nicht vielmehr unsere Aufgabe einzugreifen?

Je länger nämlich eine solche Situation andauert, desto schwieriger ist es, eingefahrene Verhaltensweisen zu ändern. Wenn wir nicht möchten, dass der Mensch auf diese Weise verkümmert, müssen wir eingreifen und ihn dabei unterstützen, sich mehr an bestimmten Aktivitäten zu beteiligen. Tatsache ist, dass wir die Person mit Down-Syndrom zunächst schon intensiv zu Aktivitäten animieren und motivieren müssen. Wie? Mit viel Humor und kleinen Tricks. Vor allem ist unsere Kreativität gefragt. Mit einem Beispiel möchte ich dies verdeutlichen und zeigen, wie erfolgreich man dabei sein kann.

Als vor einigen Jahren die Idee geboren wurde, einen Laufclub ins Leben zu rufen, um Menschen mit Down-Syndrom das Joggen schmackhaft zu machen und dabei auch eine Teilnahme an Marathonläufen ins Auge gefasst wurde, haben die meisten Eltern und Fachleute den Kopf geschüttelt, nie und nimmer würde das gelingen. Dazu kann ich meinen Sohn/meine Tochter nie motivieren. Das machen Menschen mit DS nicht mit! Tatsächlich war es nicht ganz einfach, »Marathonis« zu rekrutieren. Zu den ersten Trainingsstunden wurden sie einfach von ihren Eltern mitgenommen, keine und keiner von ihnen hatte richtig Lust dazu oder wäre von sich aus auf den Gedanken gekommen, ein Lauftraining anzufangen. Doch als sie erst einmal da waren, als auch die Eltern sich auf das Lauftraining einließen und sich alle im Jogging-Outfit anstrengten, war der Durchbruch geschafft. Das Wichtigste bei diesem Prozess war wohl die Trainerin, die es verstand, die jungen Leuten zu begeistern, ihnen das Gefühl zu vermitteln, sie seien die Champions. Zu den regelmäßigen Trainingsstunden kamen immer mehr junge Menschen mit Down-Syndrom, aber auch viele Helfer. Viele »Bonbons« zwischendurch hielten am Anfang die Leute bei der Stange: Die jungen Läufer wurden mit modischen Laufschuhen ausgestattet, sie erhielten ein Pulsmessgerät, dazu gab es einen tollen Gürtel mit Trinkflaschen, die Presse interessierte sich für sie, das Fernsehen kam vorbei und sie waren im TV zu sehen – und sie liefen immer besser, immer längere Strecken und mit immer größerer Begeisterung. Klar, einige sprangen ab, Laufen war nicht ihr Ding, aber sie hatten es zumindest probiert. Die anderen machten weiter: 5 km, 10 km, einen Halbmarathon und vereinzelt einen ganzen Marathon! Laufclubs wurden in verschiedenen Städten in Deutschland gegründet. Es wird fleißig trainiert und einige Male im Jahr gibt es Highlights, die Teilnahme an Marathonläufen oder bei anderen Sport-Events. Dieses Beispiel zeigt, dass es möglich ist, Menschen mit Down-Syndrom vom Sofa wegzukriegen und sie zu aktiven Beschäftigungen zu animieren. Das kostet Mühe, Durchhaltevermögen und viel Kreativität. Man muss von seinem Projekt überzeugt sein und dieses mit Engagement und einer positiven Erwartungshaltung umsetzen. So kann man etwas Nachhaltiges schaffen.

Freizeitaktivitäten

Nun ist Laufen nicht jedermanns Sache, manche mögen es ruhiger oder haben ganz andere Interessen. Es gibt viele Tätigkeiten, mit denen man die Freizeit sinnvoll und schön gestalten kann. Eine Ideensammlung mit Beispielen aus der Praxis, die sich bewährt haben, könnte als Inspiration dienen:

Sammeln: Steine und Versteinerungen, Briefmarken, Münzen, Muscheln usw. Nicht nur das sorgfältige Aufbewahren und das Beschriften der Gegenstände gehört dazu. Auch die Geschichten hinter den Marken und Münzen: Wo kommen sie her? Was ist das für ein Land? Und wo haben wir die Steine gefunden, aus welcher Zeit stammen sie? Man kann in Museen gehen, um mehr darüber zu erfahren, man kann Tauschbörsen und Ausstellungen besuchen. So ein Sammlerhobby gibt jemandem nicht nur etwas zu tun, um seine freie Zeit sinnvoll zu gestalten, es bringt ihn auch in Kontakt mit anderen Sammlern, mit denen er sich über sein Hobby austauschen kann. Außerdem kann er sich unter Nicht-Kennern als Experte zeigen, wenn es um Steine, Briefmarken und Münzen geht.

Fotografieren: Auch Menschen mit Down-Syndrom können lernen zu fotografieren. Sie können bei Ausflügen und in den Ferien mit der Kamera Erlebnisse festhalten oder ganz gezielt Gebäude, Landschaften, Tiere oder Menschen fotografieren, selbst die Bilder im Computer verwalten, vielleicht kurze Texte dazu schreiben. Auch das Zusammenstellen von Fotoalben kann bei genügend Interesse und guter Anleitung gelingen.

Computer: Heute können viele Menschen mit Down-Syndrom mit einem Computer umgehen und lernen, gezielt im Internet nach Informationen zu suchen z. B. zu ihren Hobbys oder über das nächste Ferienziel. Einige schreiben ein eigenes Blog, haben facebook-Freunde, können Musik downloaden und benutzen E-Books.

Lesen: Lesekenntnisse sollten gepflegt und ausgebaut werden. Für einige ist Lesen das wichtigste Hobby, sie leihen sich Bücher in der Bücherei aus, lesen die Tageszeitung oder Zeitschriften. In den letzten Jahren hat auch das Angebot an Büchern in »Leichter Sprache« zugenommen. Diejenigen, die zwar lesen können, aber auf einfachere Texte angewiesen sind, finden hier altersgemäßen und passenden Lesestoff. Magazine wie z. B. Geolino vermitteln Wissenswertes in Kurztexten mit vielen Fotos, die Menschen mit Down-Syndrom ansprechen.

Puzzles, Spiele: Klassische Brett- und Kartenspiele sind beliebt. Manch einer beschäftigt sich begeistert mit Yigsaw-Puzzles. Andere lösen gern einfache Kreuzwort- oder Sudoku-Rätsel. Man sollte Dinge aufgreifen, die gerade in Mode sind, denn es regt an, etwas zu tun, mit dem sich viele andere Menschen auch gerade beschäftigen. Man gehört dazu.

Haustiere: Manchem gefällt es vielleicht besser, für ein Haustier zu sorgen. Ein Hund bietet sich hier an, weil ein Hund regelmäßig ausgeführt werden will und der Hundebesitzer deswegen bei jedem Wetter einen Spaziergang machen muss. Aber nicht immer ist ein Hund das Richtige. Vielleicht eher Fische oder Vögel, auch das Versorgen eines Hasen oder Kaninchens kann zu den regelmäßigen Aktivitäten gehören. Auch hier finden sich weitere Vogel- oder Kaninchenliebhaber, die sich regelmäßig auf Messen und Shows treffen. So kann das Hobby noch eine kommunikative Dimension bekommen. Ein junger Mann, der sich sehr für Vögel interessiert, ist regelmäßig mit einer Gruppe Gleichgesinnter unterwegs, um Vögel zu beobachten. Dazu nimmt er sogar das frühe Aufstehen in Kauf. Stolz erzählt er, er sei Ornithologe. Außerdem geht er mit einem Onkel ab und zu zum Angeln und findet dies, wie er selbst sagt, eine schöne, ruhige Beschäftigung.

Kirche: Viele Menschen mit Down-Syndrom gehen gern zur Kirche. Die feierliche Stimmung hat es ihnen angetan und alles verläuft dort ein wenig ruhiger als in der hektischen Welt draußen. Außerdem entsprechen die Zeremonien, die Rituale ihrem Bedürfnis nach Regelmaß. So finden viele Gefallen daran, als Ministrant während des Gottesdienstes zu helfen und zeigen dort gern ihr Können. Sie sind sehr verlässliche Helfer.

Ministrant zu sein ist eine sinnvolle Beschäftigung und kann über viele Jahre zum Wochenprogramm gehören. Als Mitglied der Kirchengemeinde lernt der Mensch mit Down-Syndrom weitere Ministranten und viele Kirchgänger kennen und kann sich in dieser Gemeinschaft als angenommen erleben.

Soziales/Politisches/Ökologisches Engagement: Das Mitfühlen mit anderen, die unter schwierigen Umständen leben müssen, oder mit vom Aussterben bedrohten Tieren ist bei Menschen mit Down-Syndrom oft sehr ausgeprägt. Auch für Umweltthemen sind sie *empfänglich.*

Da bietet sich die Mitarbeit in einer Menschenrechtsorganisation, bei einem Tierschutzverein oder einer Waldinitiative an. Solche Gruppen treffen sich regelmäßig. Bei den Gruppentreffen könnte auch jemand mit Down-Syndrom eine Aufgabe übernehmen. Es werden Infostände und andere Aktionen organisiert, wobei Helfer immer willkommen sind. Auch gibt es Umweltgruppen, die den Wald sauber halten.

Das Engagement in einer solchen Gruppe kann eine sinnvolle Freizeitbeschäftigung sein. Man lernt neue Menschen kennen, kann sich aktiv einbringen und lernt einfach dazu.

Ehrenamtliche Jobs und Freiwilligenarbeit: Freiwilligenarbeit oder ehrenamtliche Jobs könnten ebenfalls auf dem Freizeitprogramm stehen. Die Bücherei der Kirchengemeinde braucht vielleicht Helfer, die alte Nachbarin sucht jemanden, der ihren Hund spazieren führt oder kleine Besorgungen macht, im Altenheim sind sie froh, wenn jemand den Senioren vorliest oder mit ihnen »Mensch-ärgere-Dich-nicht« spielt. Der Bürgertreff muss einmal wöchentlich geputzt werden. Einige junge Männer sind schon jahrelang aktiv bei der freiwilligen Feuerwehr.

Nicht jeder Mensch mit Down-Syndrom kann solche Aufgaben übernehmen, aber die allermeisten können etwas. Es geht nur darum, das Richtige zu finden! Wenn man sich ernsthaft damit beschäftigt und überprüft, welche Möglichkeiten der Wohnort bietet, findet man höchstwahrscheinlich eine Aufgabe, die für den Menschen mit Down-Syndrom geeignet ist – eine Aufgabe, die regelmäßig ausgeführt werden muss, in der Gemeinde, in einem Verein, in einem Geschäft, bei einem Nachbarn oder bei Verwandten.

Bewegung, Musik usw.: Es gibt genügend Berichte über junge Menschen mit Down-Syndrom, die sich sportlich betätigen, die regelmäßig ins Fitness-Studio gehen, wandern oder klettern, schwimmen und tauchen, Ski fahren oder Fußball spielen. Dann gibt es welche, die lieber Musik machen, ihr Talent einbringen in einer Band, die einer Trommelgruppe angehören oder auch alleine musizieren. Und tanzen geht immer: Linedance, Squaredance, Hip-Hop, Disco- und Gesellschaftstanz. Möglicherweise gibt es einen Karnevalsverein in der Nähe, vielleicht einen Schachclub – es gibt eigentlich nichts, was Menschen mit Down-Syndrom nicht machen.

Es ist also wichtig, herauszufinden, welches Hobby zu einem passt, was einem Spaß macht, und was am Wohnort möglich ist. Eventuell müssen verschiedene Dinge ausprobiert werden, bis man das Richtige gefunden hat.

Wer hilft dabei? Freizeitcoach

Viele Ideen, viele Optionen. Trotzdem genügt es nicht, dem Menschen mit Down-Syndrom zu sagen: Geh da mal hin, melde dich dort in dem Verein an, das ist sicher etwas für dich. Oder: Frag mal bei der Kirche (...), wie du dich nützlich machen kannst.

Er ist dabei auf jeden Fall auf Unterstützung angewiesen und braucht jemanden, der ihm hilft, das Richtige zu finden und ihn dort einzuführen. Natürlich können das Eltern oder Geschwister machen, aber noch besser könnte das ein Freizeitassistent als eine Art »Freizeitcoach« übernehmen. Seine Aufgabe wäre ähnlich der eines Jobcoaches, jedoch im Bereich der Freizeit. Es gilt herauszufinden, welche Interessen sein Klient hat, was ihm Spaß machen könnte, welche Ideen er selbst hat, wie seine Fähigkeiten einzuschätzen sind, und sich dann umzuschauen, was es an Möglichkeiten in der Umgebung gibt – am besten in der Nähe, damit die betreffende Person eines Tages dort selbstständig hinkommt.

Hat der Freizeitcoach einen passenden Klub, eine passende Aktivität, eine geeignete Gruppe gefunden, begleitet er seinen Klienten, macht ihn bekannt mit den anderen Teilnehmern und zeigt ihm, was dort gemacht wird, wie es gemacht wird, welche Regeln gelten und wie er sich einbringen kann. Er nimmt so lange mit teil, bis sich die Person eingelebt hat und es alleine oder vielleicht mit etwas Unterstützung der anderen Gruppenmitglieder schafft, an den entsprechenden Aktivitäten teilzunehmen, oder er begleitet ihn immer dorthin. Zu den Aufgaben des Freizeitcoaches gehört auch, andere Menschen über bestimmte Besonderheiten des Down-Syndroms aufzuklären, falls dies notwendig oder erwünscht ist.

Angebote in der Gemeinde nutzen

Die Erfahrung hat gezeigt, dass, langfristig betrachtet, integrative Klubs, die extra ins Leben gerufen wurden, um Menschen mit und ohne Handicaps zusammenzuführen, wenig Zukunft haben. Ein integrativer Tanz-, Koch- oder Selbstverteidigungskurs, eine integrative Disco oder Ähnliches funktioniert nur so lange, wie diejenigen, die die Initiative ins Leben gerufen haben, aktiv sind. Hören diese Pioniere auf (weil z. B. das eigene Kind nicht mehr interessiert ist und ein anderes Angebot braucht), geht der Klub ein, wenn niemand ihn weiterführt. Außerdem haben wir festgestellt, dass häufig die einzigen Personen ohne Handicaps, die diese Aktivitäten besuchen, Geschwister, Bekannte oder Verwandte der Person mit Behinderung sind. Es kommen kaum andere Menschen.

Deshalb sollte man sich nach bestehenden Angeboten in der Gemeinde umschauen und diese nutzen. Angebote, die von der Kirche, von Sportvereinen oder der Pfadfinderbewegung ausgehen, verschwinden nicht so leicht. Viele Sport- und Musikvereine gibt es schon über 100 Jahre und sie werden wohl auch die nächsten

100 Jahre überleben. Auch Umwelt-, Tierschutz- oder Menschenrechtsorganisationen werden weiterhin nötig und tätig sein.

Gemeinsam aktiv sein macht Spaß

Ein Trimmrad in der Wohnung bedeutet nicht automatisch, dass es benutzt wird. Es ist von Verwandten und Assistenten zwar gut gemeint, nur die Person mit Down-Syndrom wird sich kaum jeden Tag begeistert auf das Rad setzen und sich allein abstrampeln. Dazu müsste sie hochmotiviert sein und gezielt für etwas üben wollen. Radfahren ist anstrengend. Also steht das Rad unbenutzt da. Auch das Klavier in der eigenen Wohnung führt nicht unbedingt zum regelmäßigen Spielen, obwohl das zu Hause (in der Familie) schon funktionierte. Da regten nämlich die Eltern zum Klavierspielen an, indem sie mitsangen, auf einem anderen Instrument begleiteten oder auch einfach zuhörten und lobten. Dann kam die Oma zu Besuch und es konnte vorgespielt werden. Da übte man gemeinsam Weihnachtslieder und anderes. Aber jetzt, allein?

Wer hat denn schon so viel Disziplin, täglich aufs Rad zu steigen oder sein Instrument zu spielen? Wenn das so viele Durchschnittsmenschen nicht schaffen, wie kann man da von jemandem mit Down-Syndrom, bei dem oft ohnehin eine gewisse Antriebsschwäche vorliegt, erwarten, dass er diese Energie oder Eigeninitiative aufbringt?

Es müssen also andere Lösungen gesucht werden. Gibt es kein Fitnessstudio im Ort? Dorthin könnte man regelmäßig gehen und üben. Es gibt dort Anleitung und Kontrolle, es sind dort andere, die sich genauso »plagen« müssen, und es gibt die Möglichkeit, mit ihnen zu plaudern. Und Klavierspielen könnte funktionieren, indem man gemeinsam mit anderen, die ein Instrument spielen, musiziert. Vielleicht könnte das sogar dazu führen, bei Geburtstagen und anderen Feiern auch einmal aufzutreten? So macht das Musizieren noch mehr Freude.

Aktivitäten mit anderen Menschen mit Down-Syndrom

Es ist wichtig, neben allen Aktivitäten auch Zeit einzuplanen für regelmäßige Treffen mit anderen Menschen mit Down-Syndrom bzw. mit einem ähnlichen Entwicklungsstand und mit einer ähnlichen Interessenwelt. Tanz- oder Theatergruppen sowie Musikgruppen bieten sich dafür an. Regelmäßige Proben, das Zusammensein mit den anderen, den Kollegen aus der Band oder den Schauspielfreunden fördern soziale Kompetenzen und bereiten einfach Freude. Auftritte stärken zudem das Selbstbewusstsein.

Regelmäßige Gesprächsgruppen, in denen man sich mit Gleichgesinnten über wichtige Lebensthemen unterhalten und sich gegenseitig stärken kann, könnten zum Freizeitprogramm gehören, genauso wie gelegentliche gemeinsame Ausflüge, Kino- oder Restaurantbesuche.

Angepasste Bildungsangebote

Erwachsene mit Down-Syndrom profitieren wie andere von Weiterbildungsmöglichkeiten. Lebenslanges Lernen ist für sie sogar noch bedeutsamer; denn mühsam über viele Jahre und mit einem enormen Einsatz erworbene Fähigkeiten wie lesen und schreiben drohen schnell verloren zu gehen, wenn sie nicht genutzt werden. Deshalb ist es wichtig, dass auch im Erwachsenenalter diese Fähigkeiten gepflegt und weiterentwickelt werden. Dies könnte im Rahmen von Weiterbildungsangeboten geschehen. Manche Volkshochschulen bieten Kurse mit klassischen Bildungsthemen speziell für Menschen mit Behinderungen an. Organisationen, die sich für die Interessen von Menschen mit Behinderungen einsetzen, sowie einige DS-Verbände bieten vermehrt Seminare für diese Zielgruppe an. Die Teilnahme an Seminaren oder Kursabenden macht Menschen mit Down-Syndrom nicht nur Spaß, sie stärkt auch ihr Selbstwertgefühl. Wie viele andere Erwachsene auch bilden sie sich in ihrer Freizeit weiter.

Ein strukturiertes Programm für die Freizeit

Viele Freizeitaktivitäten wurden hier schon aufgeführt und man könnte sich noch Einiges mehr ausdenken. Es kommt dabei immer auf die individuellen Vorlieben und Fähigkeiten der betreffenden Person sowie auf die Möglichkeiten und Angebote im Umfeld an. Es ist Aufgabe der Eltern und Assistenten, diese Möglichkeiten zu erörtern und gemeinsam mit der Person mit Down-Syndrom Verschiedenes auszuprobieren, um dann ein abwechslungsreiches Programm zusammenzustellen. Außer Bewegungs- und Bildungsaktivitäten kann dazu auch ein ehrenamtlicher Job gehören und natürlich dürfen Musik hören, fernsehen oder einfach faulenzen auf dem Programm stehen, aber eben nicht ausschließlich. Wenn dies gelingt, und er oder sie nun genau weiß, was an den verschiedenen Wochentagen in der Freizeit läuft, hat man die größte Hürde genommen. In der Regel wird von nun an die Person mit Down-Syndrom selbst peinlich genau darauf achten, diesen Plan einzuhalten. Denn Struktur und Routinen sind wichtig. Ein gut strukturiertes Wochenprogramm vermittelt Sicherheit und das Gefühl, alles unter Kontrolle zu haben!

Soziale Kontakte

All diese Tätigkeiten bringen neue Kontakte. Man trifft sich nicht nur am wöchentlichen Klubabend; Vereine organisieren darüber hinaus häufig weitere soziale Aktivitäten wie die jährliche Weihnachtsfeier, einen Jahresausflug oder ein Picknick. Außerdem begegnet man den Bekannten aus dem Sportverein, aus der Kirche, von der Kegelbahn oder der Umweltgruppe beim Einkaufen, am Bahnhof oder in der Bibliothek: eine Gelegenheit, sich kurz zu unterhalten, ein Stück Wegs gemeinsam zu gehen.

An ihrem Vortrag bei der Welt-Down-Syndrom-Konferenz in Vancouver im August 2006 sprach Prof. de Haem von der Patterson University, New Jersey, über Freundschaften. Sie betonte u. a., dass die meisten Menschen nur einige wenige Personen als wirklich gute Freunde einstufen; manche haben auch nur einen einzigen guten Freund oder eine einzige gute Freundin. Aber wir alle haben viele Bekannte, Menschen, die wir kennen von der Arbeit, aus der Kirche, von verschiedenen Freizeitaktivitäten oder durch ehrenamtliche Beschäftigung. Diese »kleinen« Freundschaften sind wichtiger Bestandteil unseres Lebens, sie geben uns das Gefühl, in einem sozialen Netzwerk eingebunden zu sein. Wenn wir am Tag zwei oder drei solche Bekannte treffen, uns kurz unterhalten können, letzte Neuigkeiten austauschen oder gemeinsam eine Tasse Kaffee trinken gehen, macht das den Tag oft zu einem guten Tag. Diese Art von Kontakten genießen auch Menschen mit Down-Syndrom.

Aktive Freizeit – Mehr als bloß beschäftigt sein

Ein aktives Freizeitleben zu haben bedeutet nicht nur, einfach mit etwas beschäftigt zu sein. Es ist viel mehr. Gleichzeitig tut der Mensch etwas für seine psychische und physische Gesundheit. Menschen, die sich mit anregenden, interessanten Dingen beschäftigen, statt passiv herumzuhängen, bleiben geistig länger fit – das gilt für alle. Depressionen haben dann weniger Chancen. Außerdem wird der aktive Mensch Teil eines Netzwerkes. Er lernt viele Menschen in seiner Gemeinde kennen und die anderen kennen ihn. Wenn Eltern älter werden und sterben, Geschwister nicht mehr so zur Verfügung stehen, ist es wichtig, dass der Mensch mit Down-Syndrom viele andere Kontakte hat, dass er in seiner Umgebung eingebunden ist und Menschen kennt, die ihn über viele Jahre erlebt und schätzen gelernt haben und die ihm auch weiterhin mit Sympathie begegnen.

Herausforderung für Familien und Assistent

Es ist keine einfache Aufgabe für Eltern, ein anregendes, ausgewogenes Freizeitleben für ihre Söhne und Töchter zu entwickeln. Hier sind sie, auch wenn ihre Kinder schon erwachsen sind, noch einmal stark gefordert. Sie müssen darauf achten, dass bestehende Hobbys, sportliche oder kulturelle Interessen nicht vernachlässigt werden, wenn das Kind in eine Wohngruppe zieht. Häufig beschweren sich Eltern, dass nun »nichts mehr läuft«, und Betreuer sagen, sie hätten keine Zeit, jedem Einzelnen eine angemessene Freizeitgestaltung zu bieten. Gemeinsames Fernsehen ist freilich bequemer und gefällt jedem. Trotzdem muss hier gegengesteuert werden (Markowetz 2000, 368 ff.).

Wenn der Erwachsene schon in einen Verein eingebunden war, gewöhnt war, im Ort mit anderen wöchentlich zum Tischtennis, zum Kegeln oder zu einem Stammtisch zu gehen, sollten diese Hobbys unbedingt beibehalten werden. Gemeinsam soll das Personal in den Wohnheimen mit den Eltern und dem jeweiligen Menschen mit Down-Syndrom überlegen, wie der Feierabend gestaltet werden kann.

Sich um das Freizeitverhalten zu kümmern, auch wenn der Sohn oder die Tochter schon ausgezogen ist, bedeutet nochmals eine Herausforderung für die Eltern. Aber sie ist notwendig und sie lohnt sich. Die physische und mentale Gesundheit der erwachsenen Kinder bleibt eine wesentliche Priorität. Damit diese möglichst lang erhalten bleibt, sind ein geeigneter Arbeitsplatz, ein passender Wohn- und Lebensort, soziale Beziehungen sowie ein anregendes Freizeitleben wesentliche Rahmenbedingungen.

Literatur

Markowetz, Reinhard (2000). Freizeit im Leben behinderter Menschen – Zusammenfassung, Ausblick und Forderungen. In Markowetz, Reinhard & Cloerkes, Günther (Hg.). *Freizeit im Leben behinderter Menschen.* Heidelberg.

Stiftung für Zukunftsfragen (2013). Forschung aktuell: Fernsehen, Radio hören, telefonieren – die beliebtesten Freizeitbeschäftigungen der Deutschen. *Newsletter* Ausgabe 249, 34. Jg.

Wilken, Udo & Pich, Wolfgang (1998). Fernsehnutzungsverhalten von Menschen mit geistiger Behinderung. In Popp, Reinhold & Zellmann, Peter (Hg.). *Jahrbuch Freizeitwissenschaft 1998, Spektrum Freizeit, Forum für Wissenschaft, Politik & Praxis.* Höhengehren, Schneider Verlag, S. 112–122. https://nbn-resolving.org/urn:nbn:de:hbz:464-20101209-123802-7

Auszug aus dem Elternhaus: Wohnformen mit Assistenz oder wohnbezogene Assistenz?

Laurenz Aselmeier

Einleitung

Über viele Jahrzehnte war die Sachlage klar: Der Auszug aus dem Elternhaus eines Menschen mit Behinderungserfahrung führte fast zwangsläufig in eine Wohnstätte. Sozialrechtlich gesehen ist dies eine so genannte (teil-)stationäre Wohnform, die aufgrund ihrer organisationalen-rechtlichen Struktur nicht mit Privatwohnungen gleichzusetzen ist. In einer eigenen Wohnung zu leben wurde – wenn überhaupt – nur als etwas für Menschen mit vergleichbar geringem Unterstützungsbedarf erachtet, was sich nach wie vor auch in den rechtlichen Grundlagen wiederspiegelt, in der sich nach wie vor das landläufige Bild der lebenslangen Hilfebedürftigkeit vor allem von Menschen mit so genannter geistiger Behinderung wieder zu spiegeln scheint, aus der eine Bedürftigkeit nach einem nur in besonderen, vornehmlich gruppenbezogenen Wohnformen zu erfüllender Hilfebedarf konstruiert wird.

Gerade Menschen mit geistiger Behinderung wurde lange die Fähigkeit per se abgesprochen, in eigenständigen Wohnformen mit selbstbestimmter Unterstützung zu leben. Daran hat auch die mit der Einführung des Bundesteilhabegesetzes stattgefundene »Umwidmung« der stationären Wohnformen in so genannte »besondere Wohnformen« nichts geändert, weil dadurch die »stationäre Logik« im Grunde nicht durchbrochen wurde, auch wenn damit die Trennung der Fachleistungen von den existenzsichernden Leistungen in den besonderen Wohnformen und die Aufhebung der Unterscheidung von Leistungen in ambulante, teilstationäre und stationäre Leistungen der Eingliederungshilfe formalrechtlich vollzogen wurde.

Für Eltern von Menschen mit geistiger Behinderung blieben also jahrzehntelang nur zwei Wege offen: Wenn sie sich überhaupt dazu durchringen konnten, ihre Kinder »wegzugeben«, so kamen für die Zeit nach Auszug aus dem Elternhaus im Grunde nur besondere Wohnformen in Frage. Die zweite Möglichkeit bestand darin, die inzwischen erwachsenen »Kinder« zuhause zu behalten, bis man selbst die Betreuung nicht mehr gewährleisten konnte. Nicht selten geschah dies unter (moralisch-emotionalem) Druck von Verwandten, Nachbarn oder Freunden, man sei sein Leben lang für sein behindertes Kind verantwortlich und dürfe es nicht »in ein Heim abschieben«.

Erst mit dem durch die Krüppelbewegung öffentlich gemachten Protest gegen die Benachteiligung von Menschen mit Behinderung und u. a. auch gegen die stationäre Betreuung, der Aufnahme des Vorrangs ambulanter vor stationären Hilfen im Jahre 1984 in § 3a BSHG (wenn auch unter Mehrkostenvorbehalt), dem durch Erfahrungen im angelsächsischen und skandinavischen Raum unterfütterten, in den

1990er Jahren beginnenden Paradigmenwechsel von der Versorgung und Bevormundung zur Unterstützung und Selbstbestimmung, der Einführung von Hilfeplanverfahren und neuer Finanzierungsmöglichkeiten wie dem Persönlichen Budget wurden manifeste Annahmen langsam gelockert und tatsächliche Alternativen für das Wohnen mit Assistenz eröffnet. Dennoch ist es bis heute keine Selbstverständlichkeit, alternative Unterstützungsformen dem tradierten Versorgungssystem der Behindertenhilfe entgegenzustellen. Zwar ist der jahrzehntelange nahezu ungebremste Ausbau stationärer Wohnformen seit einigen Jahren deutlich verlangsamt und ambulante Unterstützung in der eigenen Wohnung wurde vergleichsweise stark ausgebaut, wie auch der jüngste Kennzahlenvergleich der Bundesarbeitsgemeinschaft der überörtlichen Sozialleistungsträger verdeutlicht (vgl. BAGüS 2022, 6); dennoch überwiegen nach wie vor Faktoren, die einen durchgreifenden Umbau der Behindertenhilfe hin zu einem personenzentrierten, bedarfsgerechten und teilhabeorientierten Unterstützung hemmen:

- die anhaltende Kostendiskussion und neu hinzukommend die Diskussion um die Vorrangstellung von Pflegeleistungen auch für niedrigschwellige alltagsbegleitende Hilfen,
- die interessengeleitete Anbieterdominanz mit ihrer auf besonderen Hilfen aufgebauten Struktur, die sich auch in einer meist sehr hierarischen Ablauf- und Aufbauorganisation der Anbieter der Behindertenhilfe niederschlägt und nicht selten erforderliche Entwicklungen eher bremst als fördert,
- die auch durch das BTHG nur bedingt mögliche Weiterentwicklung im Sinne der Behindertenrechtskonvention der Vereinten Nationen und
- der empfundene Eindruck bei vielen Angehörigen, besondere Wohnformen böten mehr Sicherheit und Stabilität.

In diesem Beitrag soll – unterfüttert durch praktische Beispiele – dargelegt werden, welche alternativen Wohnmöglichkeiten mit Assistenz auch unter den gegebenen Bedingungen nach einem Auszug aus dem Elternhaus möglich sind, die ein hohes Maß an Selbstbestimmung, personenzentrierter Unterstützung und gesellschaftlicher Teilhabe bieten, ohne Bedürfnisse nach Schutz, Sicherheit, Geborgenheit und Gemeinschaft zu vernachlässigen.

Entwicklungslinien der Unterstützung für Menschen mit Behinderungserfahrung

Die Weiterentwicklung der Behindertenhilfe ist zumindest im westlichen Nachkriegsdeutschland maßgeblich durch Eltern vorangetrieben worden. Während nach Ende des Zweiten Weltkriegs nahtlos an den Versorgungsstrukturen aus der Zeit davor angeknüpft wurde, indem Menschen mit geistiger Behinderung ohne Bildungsmöglichkeiten in großen, wohnortsfernen Anstalten in zumeist kirchlicher Trägerschaft untergebracht wurden, entwickelte sich bereits in den 1950er Jahren durch die Gründung der Lebenshilfe eine Gegenbewegung. Diese war getragen durch Eltern, die für ihre geistig behinderten Kinder eine andere Form der Betreuung als in den Komplexeinrichtungen umgesetzt wissen wollten. Dies führte maßgeblich zum Aufbau des bis heute prägenden Systems der gemeindenahen Betreuung in kleineren Wohneinrichtungen mit angeschlossenen Werkstätten, in denen – wenn auch in einer Parallelwelt – für Menschen mit geistiger Behinderung Lebensbedingungen abgebildet werden sollten, die an denen der »Normalbevölkerung« orientiert waren. Der Erfolg dieses so genannten teilstationären Ansatzes führte dazu, dass auch die kirchlichen Träger diese Impulse aufgriffen und in Ergänzung zu den immer noch fortbestehenden Komplexeinrichtungen gemeindenahe teilstationäre Wohn- und Arbeitsangebote schufen.

Obzwar das Ziel darin bestand, eine Annäherung der Lebensbedingungen von Menschen mit und ohne Behinderung vorzunehmen, wurde mit dem teilstationären Ansatz ebenso wenig die Vorstellung der lebenslangen Hilfebedürftigkeit von Menschen mit Behinderung wie auch die der fast ausschließlich auf Gruppen bezogenen Betreuung und Förderung überwunden. Menschen mit geistiger Behinderung als individuell eigenständige Personen mit eigenen Lebensentwürfen und -vorstellungen anzuerkennen blieb auch im teilstationären Ansatz aus. Vielmehr richtete sich die pädagogische Arbeit auf in Gruppen organisierte Förderung, die in erster Linie darauf abzielte, möglichst alltagspraktische Fertigkeiten zu erlernen.

Sein eigenes Leben nach einem individuellen Lebenskonzept auf der Basis individueller Ziele und frei gewählter Bezüge zu anderen Menschen zu gestalten, hält erst in jüngerer Zeit Einzug in die Arbeit mit Menschen mit Behinderungserfahrung. Dies wird allerdings weniger durch das professionelle Unterstützungssystem befördert als vielmehr durch Selbstvertretungsinitiativen wie die Zentren für Selbstbestimmtes Leben oder die Bewegung »Mensch zuerst – People first«. Aktuelle Untersuchungen unterstreichen den Wunsch nach einer eigenständigen Gestaltung des Wohnens. So betont Seifert, dass auch bei Menschen mit geistiger Behinderung »Wohnwünsche und Wohnerfahrungen zentrale Bedeutung [haben]. Wohnformübergreifend kann festgestellt werden, dass in allen Studien das eigenständige Wohnen bei den Befragten einen hohen Stellenwert hat« (Seifert 2010: 139).

Anders als die Gegenbewegung zur traditionellen Anstaltsversorgung in den 1950er Jahren, die mit der Gründung der Lebenshilfe Orts- und Kreisvereinigungen durch Eltern geprägt war, sind es nun die Menschen selbst, die ihre Vorstellungen einer personenzentrierten und bedarfsorientierten Unterstützung als Alternative zum professionellen Versorgungssystem deutlich artikulieren – und dies nicht selten auch gegen die Interessen von Eltern und Angehörigen. Vor allem die Vorstellung, dass Menschen mit Behinderungserfahrung ihr Leben in Gruppen verbringen, in denen alle das Gleiche machen, stößt vermehrt auf Kritik. So wie andere Menschen verbringen Menschen mit Behinderungserfahrung zwar auch gerne Zeit mit anderen Menschen, aber eben in selbstgewählten Bezügen und Zusammensetzungen. Ihre Bedürfnisse an Funktion und Gestaltung ihres Wohnraums unterscheiden sich grundsätzlich nicht von denen der nicht-behinderten Bevölkerungsmitglieder. Schon in den 1990er Jahren haben Schwarte und Oberste-Ufer herausgearbeitet, dass

Menschen mit geistiger Behinderung neben Grundbedürfnissen wie Schutz und Geborgenheit mit dem eigenen Wohnraum Privatheit, Rückzugsraum und vor allem die Möglichkeit verbinden, der eigenen Persönlichkeit Ausdruck durch die individuelle Gestaltung des Wohnraums zu verleihen (vgl. Schwarte & Oberste-Ufer 2001: 22f.). Gerade Letzteres lässt sich mit einer gruppenbezogenen Organisation des Wohnens oftmals schwer vereinbaren. Die Berliner »Kundenstudie«, in deren Rahmen Befragungen von Menschen mit geistiger Behinderung durchgeführt wurden, macht demgegenüber jedoch deutlich, »dass die Aussagen von Menschen mit Behinderung zu Erfahrungen und Wünschen im Bereich des Wohnens die Priorität personenzentrierter und gemeinwesenorientierter Hilfearrangements bei der Weiterentwicklung des Hilfesystems unterstreichen« (Seifert 2010: 142).

Bedarfsgerechte wohnbezogene Unterstützung – Ableitungen aus einem Praxisbeispiel

Verschiedene Studien haben ergeben, dass Angehörige sich zur künftigen Wohnsituation ihrer Söhne oder Töchter mit Behinderungserfahrung neben dem Leben im Elternhaus vor allem gruppenbezogene Wohnformen im Heim wünschen (Metzler & Rauscher 2004, Stamm 2008, Seifert 2010). Seifert kommt zu der Einschätzung, dass diese Haltung durch eine höhere Sicherheitserwartung an das Leben in einem Heim bzw. die Vorstellung, dass ambulante Strukturen weniger gut entwickelt sind, verknüpft ist (vgl. Seifert 2010: 179). Exemplarisch dafür, dass diese Erwartungen sich in der Realität nicht zwangsläufig wiederfinden und sogar zu einer Verschlechterung der Lebensbedingungen führen können, steht nachfolgendes Beispiel eines jungen Mannes mit einem komplexen Unterstützungsbedarf, der zunächst in einer stationären Einrichtung untergebracht wurde:

> Ein junger Mann mit frühkindlichem Autismus, Herr Z., lebte in einer Wohnstätte, die errichtet wurde, um explizit auf die Bedürfnisse von Menschen mit komplexen Unterstützungsbedarfen einzugehen. In dem Haus lebten Menschen mit hohen pflegerisch-medizinischen Bedarfen, aber auch Menschen, die insbesondere im emotional-sozialen Bereich Assistenz einforderten. Unter der Zielsetzung der Heterogenität waren die Gruppen gemischt. Schon bald stellte sich heraus, dass die pflegerisch-medizinischen Anforderungen so umfangreich waren, dass die Ressourcen der Mitarbeitenden nicht ausreichten, auch den Bewohnern gerecht zu werden, deren Bedürfnisse in anderen Bereichen lagen. Selbst wenn Zeiten für individuelle Assistenz für Herrn Z. eingeräumt wurden, konnten diese oftmals nicht realisiert werden, da die Mitarbeitenden auf akute unvorhergesehene Ereignisse wie z. B. Krampfanfälle anderer Bewohner reagieren mussten, die ihre ganze Aufmerksamkeit erforderten. Im Laufe der Zeit reagierte Herr Z. zunehmend mit selbst- und fremdaggressivem Verhalten oder er verließ

das Haus unbemerkt, was oftmals in groß angelegten Suchaktionen unter Hinzuziehung der Polizei mündete, da er sich nicht sicher im Straßenverkehr bewegen konnte.

Obwohl Herr Z. nicht die Aufmerksamkeit und Assistenz erhielt, die er benötigte, und im Laufe der Zeit auch seine Fertigkeiten nachzulassen begannen, war es für seine Eltern zunächst nicht möglich, trotz Beratung eine andere Vorstellung einer wohnbezogenen Unterstützung entwickeln zu können. Zwar wurde erkannt, dass die Gruppenzusammensetzung in diesem Haus für einen jungen, agilen und aktiven Mann wie Herrn Z. keineswegs passte, dennoch fiel es den Eltern schwer, den vermeintlich sicheren Schutzrahmen einer stationären Einrichtung aufzugeben, obwohl sich Herr Z. mehrfach bei seinen Ausflügen in gefährliche Situationen brachte. Die Unterbringung in einer Wohnstätte konnte ihn daran nicht hindern.

Der Unterstützungsanbieter bot den Eltern eine alternative wohnbezogene Unterstützung in Form einer Wohngemeinschaft mit vier Personen in einer Stadtwohnung an, bei der die Unterstützung im Rahmen des Persönlichen Budgets realisiert werden konnte. Erst nach weiterer Eskalation der Situation ließen sich die Eltern davon überzeugen, den Schritt zu wagen, die Wohnstätte zu verlassen.

Heute lebt Herr Z. mit seinen Mitbewohnern mit vergleichbarem Unterstützungsbedarf und ähnlichem Alter in einer gemeinsam angemieteten Wohnung. Durch gute Kontakte des Unterstützungsanbieters mit einer Wohnungsbaugesellschaft konnte eine dafür geeignete Wohnung gefunden werden. Die Persönlichen Budgets der WG-Bewohner orientieren sich an deren hohen stationären Leistungsberechtigtengruppen. Sie ermöglichen die permanente Anwesenheit von Assistenten, wenn die WG-Bewohner zuhause sind, auch in Form einer Nachtbereitschaft. Durch die für ihn sehr überschaubare Wohnsituation und die Möglichkeit der Assistenten, sich sehr individuell auf die Bedarfe der WG-Bewohner einlassen zu können, wirkt Herr Z. nun viel ausgeglichener. Er zeigt kaum aggressives Verhalten und entfernt sich nicht mehr alleine aus der Wohnung. Seinem Wunsch, als junger Mann viel unterwegs zu sein, kann nun viel besser entsprochen werden. Er setzt sich nun viel weniger Risiken aus, als es vorher in der Wohnstätte der Fall gewesen war, die doch einen Schutzraum für ihn bieten und seinen Bedürfnissen entsprechen sollte. Und: Er lebt nun in einer ganz gewöhnlichen Wohnung, die durch nichts als Sonderwohnform erkennbar ist, inmitten eines ganz gewöhnlichen Wohnumfeldes.

Dieses Beispiel räumt mit vorgefassten Ansichten auf:
Ansicht 1: Besondere Wohnformen bieten einen schützenden Rahmen für Personen mit selbstgefährdenden Verhaltensweisen: Der Wunsch nach einem Ausschluss von jeglichen Lebensrisiken lässt sich an keinem Ort erfüllen. Auch besondere Wohnformen können dies nicht einlösen, auch wenn dieser Eindruck gerne suggeriert wird. Der Preis dafür mündet nicht selten in der Umsetzung restriktiver Regeln, die jedoch die individuelle Freiheit des Einzelnen massiv einschränken und oftmals ohne Erfolg bleiben, weil sie sich nicht lückenlos anwenden lassen. Auch der junge Herr Z. aus unserem Beispiel machte die Erfahrung, je mehr sein Freiheitsdrang zum Ausdruck

kam, mit Ge- und Verboten konfrontiert zu werden. Dennoch gelang es ihm immer wieder, diese zu umgehen – mit zum Teil ihn selbst gefährdenden Folgen. Menschen mit Behinderungserfahrung, die in stationären Wohnformen leben, haben diese Lebenszusammenhänge nur selten selbst gewählt. Sie haben kaum Möglichkeit, Einfluss auf die Zusammensetzung ihrer Mitbewohner zu nehmen. Sie können nur in geringem Maße die Abläufe im Gruppenalltag bestimmen. Sie leben meist in größeren Gruppen zusammen, in denen die Möglichkeiten zum Rückzug und zur Privatsphäre eingeschränkt sind. Schon in den 1960er Jahren machte der Soziologe Erving Goffman auf die Auswirkungen solcher Lebensumstände aufmerksam, indem er die Form der Unterbringung von Menschen mit ihren Verhaltensweisen in Bezug setzte und deren Wechselwirkung herausarbeitete (Goffman 1973). Auch wenn die heutigen Einrichtungen der Behindertenhilfe nicht vergleichbar mit den damaligen Anstalten sind, die Goffman in seine Untersuchungen einbezog, hat sein Rückschluss immer noch Gültigkeit: Die Lebensumstände eines Menschen beeinflussen sein Verhalten. Bei Menschen mit Behinderungserfahrung wird – gerade, wenn sie nicht in der Lage sind, ihre Bedürfnisse sprachlich so zu kommunizieren, dass ihre Umwelt dies versteht – auffälliges Verhalten jedoch oft auf die Behinderung zurückgeführt, anstatt es als Form des Ausdrucks einer Unzufriedenheit mit Lebensumständen zu verstehen. Herr Z. signalisierte mit seinem Verhalten deutlich, dass seine Lebenssituation für ihn buchstäblich »zum Davonlaufen« war. Er verhielt sich eben nicht so, weil es zu seinem Behinderungsbild gehörte, welches es zu behandeln galt. Der Rückschluss muss also lauten, dass besondere Wohnformen nicht zuletzt aufgrund ihrer Organisationsform häufig nicht in der Lage sind, adäquat auf die Lebensbedürfnisse ihrer Bewohner einzugehen. Selbst die Zielsetzung nach Schutz, Geborgenheit und Sicherheit lässt sich an vielen Stellen nicht oder nur mit restriktiver Begrenzung der individuellen Freiheiten der Bewohner umsetzen und bleibt dennoch lückenhaft.

Ansicht 2: Für Menschen mit Behinderung ist es gut, in heterogenen Gruppen zusammen zu leben: Jeder Mensch sucht sich »Seinesgleichen«, Menschen, mit denen er ähnliche Ansichten, Hobbies und Lebenserfahrungen teilen kann, mit denen er sich auf vergleichbarem Bildungsniveau befindet, mit denen er kommunizieren und sich gegenseitig erfüllend austauschen kann. Kaum ein Begriff drückt dieses Bedürfnis, sich mit Personen zu umgeben, die einem dies bieten, so gut aus wie das englische Wort »peer«. Wir streben danach, uns in unserer Freizeit mit peers zu umgeben, weil wir diese Form des Austauschs auf Augenhöhe für unser Wohlbefinden benötigen. Ausgerechnet aber Menschen, die es aufgrund diverser Beeinträchtigungen und Barrieren ungleich schwerer haben, ihr Leben nach ihren Bedürfnissen zu gestalten, muten wir es allerdings zu, in Gruppen mit Menschen zusammenzuleben, die eine solche peer-Funktion nicht bieten können. Gerne wird als Begründung dafür ins Feld geführt, dass die so genannten »schwächeren« Bewohner einer Wohnstätte sich an den »Fitteren« orientieren können und das die »Fitteren« ihr Selbstbewusstsein dadurch stärken können, eine Vorbildfunktion einzunehmen. Was dabei außer Acht gerät, ist die fehlende Freiwilligkeit dieser Situationen. Lebe ich dauerhaft in einer sehr heterogenen Gruppe, sind meine Möglichkeiten begrenzt, mich dieser im Alltag oftmals auch anstrengenden Heterogenität entziehen zu können. Dass Vielfalt sehr gewinnbringend sein und den eigenen Erfahrungshorizont positiv erweitern kann, soll hiermit keineswegs in Abrede gestellt werden. Solche Möglichkeiten bietet Heterogenität dann, wenn ich sie mir punktuell und nach meinen Bedürfnissen wählen kann, aber nicht dauerhaft darauf verpflichtet bin. Diese Wahlmöglichkeit entfällt in Einrichtungen der Behindertenhilfe, weil hier das Leben in sehr heterogenen Gruppen organisiert ist. Zudem fällt es, wie unser obiges Beispiel belegt, den Einrichtungen oftmals schwer, der Heterogenität ihrer Bewohner tatsächlich gerecht zu werden. Nicht selten fallen diejenigen, die vorgeblich geringere Unterstützungsbedarfe haben, »hinten runter«. Oft werden sie gar zu Hilfstätigkeiten herangezogen, um die professionellen Kräfte zu entlasten. Oder sie erfahren, so wie es Herrn Z. erging, nicht die Unterstützung, die sie benötigen, weil die Unterstützungstätigkeiten bei anderen Bewohnern zeitlich so umfassend sind, dass die Ressourcen der Mitarbeitenden nicht ausreichen. Vor allem aus einer mehrjährigen Begleitforschung zur so genannten ersten Integrationsgeneration in Schweden wissen wir, dass Menschen mit Behinderungserfahrung genau so auf der Suche nach Menschen sind, mit denen sie ihre Lebenserfahrungen und -inhalte gleichermaßen teilen können und Heterogenität punktuell als freiwillig gewählter Zusatz erachtet wird (vgl. Gustavsson 1996).

Ansicht 3: Menschen mit komplexen Unterstützungsbedarfen können nur in Sonderwohnformen adäquat unterstützt werden: Auf dieser Annahme fußt letztlich bis heute das Unterstützungssystem für Menschen mit Behinderungserfahrung in Deutschland. Der Bedarf an Unterstützung wird nicht an der individuellen Situation des Menschen festgemacht, sondern an einer bestimmten Angebotsform. Menschen wird ein stationärer Hilfebedarf unterstellt. Damit wird zugleich in Abrede gestellt, dass diese Menschen jemals in anderer Form ihr Leben verbringen können. Unterstützt wird dies zudem durch den bereits erwähnten Mehrkostenvorbehalt zu Ungunsten von in der eigenen Häuslichkeit erbrachter Unterstützung in der deutschen Sozialgesetzgebung, wenngleich inzwischen die UN-Behindertenrechtskonvention, individuelle Bedarfsfeststellungsverfahren oder alternative Finanzierungsformen wie das Persönliche Budget für Öffnungen sorgen. Vor allem der Blick in die skandinavischen Länder (vgl. Gustavsson et al. 2005) oder auf die beeindruckende Auflösung der Anstalt Arduin in den Niederlanden (vgl. van Loon 2005), aber auch diverse Beispiele aus Deutschland verdeutlichen, dass die oben getätigte Annahme widerlegt werden muss. Aus einer enge Rahmen setzenden Hilfstruktur die Erbringung von bedarfsgerechter Unterstützung abzuleiten, lässt sich nicht halten. Für einen Menschen wir Herrn Z. sind immer noch spezialisierte Einrichtungen vorgesehen, die, meist mit bundesweitem Einzugsgebiet, einen geschützten, beruhigenden Lebensraum bieten, hinterlegt von der Annahme, dies sei die adäquate Hilfeform für den Personenkreis. Inmitten einer Stadt zu wohnen und den damit verbundenen alltäglichen Reizen ausgesetzt zu sein, wird als Überforderung bewertet. Zudem biete nur der stationäre Rahmen die Möglichkeit, so umfassend Hilfestellungen zu geben wie erforderlich. Die jetzige Wohnsituation von Herrn Z. belegt indes das Gegenteil. Auch im privaten Raum lassen sich im Zusammenleben einer kleinen Gruppe engmaschige Unterstützungssettings realisieren, sogar ohne mit dem Mehrkostenvorbehalt in Konflikt zu geraten.

Ansicht 4: Menschen mit Behinderungserfahrung haben gruppenbezogene Hilfebedarfe: Dies wird als weiteres Argument aufgeführt, um gruppenbezogene Betreuung in besonderen Wohnformen umzusetzen. Damit wird Menschen mit Behinderungserfahrung allerdings unterstellt, weniger individuelle als gleiche Lebensbedürfnisse zu haben. Dieses Argument geht von der Annahme aus, Menschen mit Behinderungserfahrung gleichermaßen behandeln zu können, meist festgemacht an Defiziten in der praktischen Lebensgestaltung, denen durch gruppenbezogene Förderungen begegnet werden soll. Wenn die Annahme vorherrscht, dass viele Menschen das Gleiche nicht können, so scheint sich daraus die logische Abgleichung zu ergeben, diese in Gruppen zusammenzufassen ohne besondere Berücksichtigung des Einzelnen, um allen die gleiche Betreuung, Förderung, Behandlung zukommen zu lassen. Als Maßstab werden vorgebliche gesellschaftliche Normierungen zu Rate gezogen, deren Beherrschung erst zu einem individuellen Leben erforderlich ist. Dabei gerät jedoch die Frage aus dem Blick, was ein Mensch braucht, um nach seinen eigenen Maßstäben ein hohes Maß an individueller Lebensqualität zu erhalten. Das schließt selbstverständlich Lernprozesse mit ein, die aber dort ansetzen, wo es aus der individuellen Sicht erforderlich scheint. So werden Lernprozesse eben nicht aufgrund der von außen getroffenen Zuordnung eines Menschen zu einer Gruppe mit vorgeblich gleichen Merkmalen in Gang gesetzt. Für die professionellen Begleiter von Herrn Z. besteht in der kleinteiligen Lebensform einer Wohngemeinschaft viel mehr die Möglichkeit, Herrn Z. genauer kennen zu lernen, seine Wünsche und Bedürfnisse zu erfassen und entsprechend darauf zu reagieren, als dies im Kontext einer großen Gruppe überhaupt möglich ist. Schon Goffman machte deutlich, dass die Zusammenfassung von Menschen in Gruppen hauptsächlich dazu dient, diese Gruppen leichter zu verwalten, anstatt tatsächlich adäquat auf die tatsächlichen Bedarfe der Gruppenmitglieder einzugehen (vgl. Goffman 1973).

Ansicht 5: Es bedarf Sondereinrichtungen, da der Gesellschaft die Inklusionsbereitschaft fehlt: Durch das umfassend ausgebaute System der besonderen Unterstützung von Menschen mit Behinderungserfahrung kommt eine gesellschaftliche Öffnung hinsichtlich der Zugehörigkeit von über Jahrzehnte exkludierter Personenkreise nur langsam in Gang. Daraus allerdings nach wie vor abzuleiten, Menschen mit Behinderungserfahrung, womöglich zu ihrem eigenen Schutz, Zugangsmöglichkeiten zu gesellschaftlicher Teilhabe vorzuenthalten, ist nicht tragbar. Das Beispiel von Herrn Z. macht auch diesbezüglich einiges deutlich: Auf seinen eigenständigen Ausflügen aus der stationären Einrichtung erkundete Herr Z. die örtliche Nachbarschaft, was dort einerseits aufgrund fehlenden Wissens, andererseits aufgrund gewisser Schwierigkeiten Herrn Z's, Distanz zu wahren, zu Beschwerden bis hin zur Manifestation des Bildes führte, bestimmte Menschen gehörten »weggeschlossen«. Durch die engmaschige und individuelle Begleitung, die Herr Z. nun erfährt, ist es ihm möglich, sich in der Stadt zu bewegen. Auch wenn er wahrscheinlich kaum auf freundschaftlicher Basis viele Kontakte wird knüpfen können, so erstreckt sich sein Bewegungsradius nun auf deutlich mehr als auf den einer Wohnstätte, der Ausflüge nur punktuell erlaubte, wenn genügend Personal anwesend war und keine unvorhergesehenen Situationen eintraten. Solcherart »assistierte Freiheit« (Graumann 2011) nutzen zu können, erleichtert auch nicht-behinderten Menschen den Zugang zu Menschen mit Behinderungserfahrung, als dies durch größere Wohneinrichtungen erreicht werden kann. Wo viele Menschen zusammenleben, die sich

»merkwürdig« verhalten, lautieren oder auf Hilfsmittel angewiesen sind, ist die Hemmschwelle immens. Flankiert werden muss dies durch gesellschaftliche Bildungsprozesse, die zur Bewusstseinsbildung für die Belange von Menschen mit Behinderungserfahrung beitragen, wie sie etwa die UN-Behindertenrechtskonvention einfordert (vgl. Ev. Stiftung Alsterdorf 2010).

Konsequenzen für das Wohnen mit Assistenz

Ganz wesentlich für eine personenzentrierte und bedarfsgerechte Assistenz ist, sich davon zu verabschieden, Unterstützung von (vorhandenen) Angeboten her zu denken und zu planen. Dies ist nicht nur für Leistungserbringer, sondern auch für Angehörige eine sehr wesentliche Herausforderung, weil zunächst eine Unsicherheit darin besteht, wie denn einem Unterstützungsbedarf mit konkreter Unterstützung begegnet werden kann.

Von »Wohnformen mit Assistenz« zu sprechen birgt das Risiko, ein angebotszentriertes Denken aufzugreifen, das gegebenenfalls in tradierten Mustern verhaftet bleibt. Dies kann letztlich wieder darin enden, dass sich die Menschen einem Unterstützungsangebot anpassen müssen statt umgekehrt. Passender ist, von wohnbezogener Assistenz zu sprechen, weil damit klargemacht wird, dass es einerseits um Wohnen als Überbegriff des Lebens samt seiner Orte außerhalb der Arbeitszeit geht und andererseits um Assistenz, ohne den Assistenzgedanken jedoch schon mit einer bestimmten Angebotsform zu verknüpfen. Dies macht allerdings Lernprozesse erforderlich bei allen Beteiligten: Diensten und Einrichtungen, Angehörigen und Kostenträgern. Und dies erfordert sehr detaillierte Planungsschritte, die ergebnisoffen vor der Zuordnung zu möglichen Hilfeformen erfolgen müssen.

Das nachfolgende Beispiel verdeutlicht, wie ein solcher Planungsprozess verlaufen kann:

> Eine Elterngruppe wandte sich an einen Leistungsanbieter mit der Bitte, ein gemeinsames Wohnangebot für ihre Töchter und Söhne mit geistiger Behinderung zu initiieren. Die jungen Menschen kannten sich bereits seit der Schulzeit, waren eng miteinander befreundet und verbrachten viel freie Zeit gemeinsam. Koordiniert durch den Anbieter wurde ein gemeinsamer Planungsprozess in Gang gesetzt:
> Zunächst wurde in mehreren Treffen erarbeitet, welche Vorstellungen zu dem gemeinschaftlichen Wohnen bestanden. Dies erforderte intensive Diskussionen der Eltern, aber auch der Töchter und Söhne untereinander. Dabei wurden Rahmenbedingungen herausgearbeitet wie z.B. Infrastruktur und Wohnlage, aber auch der Wunsch nach Nachtbereitschaft zumindest für die Anfangszeit. Es wurde herausgearbeitet, dass die Unterstützung in ambulanter Form erbracht werden sollte, idealerweise finanziert durch Persönliche Budgets. Zu einem frühen Planungsstadium wurde bereits der Kostenträger hinzugezogen, um die-

sen nicht erst im Antragsverfahren mit der Idee einer ambulant unterstützten Wohngemeinschaft zu konfrontieren. Dadurch konnte vorab die Bereitschaft des Kostenträgers erreicht werden, sich auf den Planungsprozess mit der Zielsetzung einer ambulant unterstützten Wohngemeinschaft einzulassen. Es wurde vereinbart, die Hilfeplanung als gemeinsamen Prozess zwischen Kostenträger, Leistungsanbieter und beteiligten Personen zu gestalten. Anschließend wurde mit der Suche nach passendem Wohnraum begonnen.

Eine solche teilhabeorientierte Planung eröffnet die Möglichkeit der Auseinandersetzung mit den betreffenden Personen und ihren Vorstellungen, ohne bereits eine Angebotsform im Hinterkopf zu haben, die gegebenenfalls das Risiko birgt, keinen ergebnisoffenen und tatsächlich personenzentrierten Planungsprozess in Gang zu setzen. Hierbei geht es nämlich nicht um die Belegung vorhandener Angebote, sondern darum, einen Weg zu beschreiben, der seinen Ausgangspunkt in einem konkret artikulierten Bedarf nimmt und in dessen Prozess erst die passende Unterstützung erarbeitet wird. Einen solchen Prozess so offen zu gestalten, indem frühzeitig Kostenträger oder auch andere Anbieter eingebunden werden, die gegebenenfalls Bausteine zur späteren Unterstützung besteuern können, bietet die Chance, unterschiedliche Interessenlagen frühzeitig auf den Tisch zu bringen und zu klären. Voraussetzung ist ein hohes Maß an Transparenz und (Ergebnis-)Offenheit im Planungsgeschehen. Und es erfordert von allen Akteuren – Angehörigen, Kostenträgern, Leistungsanbietern – sich davon zu lösen, in Angebotsformen zu denken, sondern sich ganz auf die Vorstellungen und Bedarfe der betreffenden Menschen einzulassen. Insofern ist es auch im Zeichen der Behindertenrechtskonvention der Vereinten Nationen weniger angezeigt, sich mit Wohnformen mit Assistenz auseinanderzusetzen als vielmehr mit der Frage, wie wohnbezogene Assistenz im Sinne hilfreicher, personenzentrierter Arrangements als Ergebnis individueller und teilhabeorientierter Planungsprozesse umgesetzt werden kann.

Literatur

BAGüS, Bundesarbeitsgemeinschaft der überörtlichen Träger der Sozialhilfe (2022). *Kennzahlenvergleich der überörtlichen Träger der Sozialhilfe 2022. Berichtsjahr 2020.* Münster, online verfügbar unter: https://www.lwl.org/spur-download/bag/Bericht_2022final.pdf, zuletzt abgerufen am 18.05.2022.
Evangelische Stiftung Alsterdorf & Katholische Hochschule für Sozialwesen Berlin (Hg.) (2010). *Enabling Community. Anstöße für Politik und Praxis.* Hamburg.
Goffman, Erving (1973). *Asyle. Über die soziale Situation psychiatrischer Patienten und anderer Insassen.* Frankfurt/Main.
Graumann, Sigrid (2011). *Assistierte Freiheit: Von einer Behindertenpolitik der Wohltätigkeit zu einer Politik der Menschenrechte.* Frankfurt/Main.
Gustavsson, Anders (1996). Reforms and Everyday Meanings of Intellectual Disability. In: Tøssebro, J. et al (Hg.): *Intellectual Disability in the Nordic Welfare States. Policy and Everyday Life.* Kristiansand.

Gustavsson, Anders; Sandvin, Johans Tveit; Trausdottir, Rannveig; Tøssebro, Jan; Mallander, Ove & Tideman, Magnus (Hg.) (2005). *Resistance, Reflection and Change. Nordic Disability Research.* Lund.

Metzler, Heidrun & Rauscher, Christine (2004): *Inklusiv wohnen. Wohn- und Unterstützungsangebote für Menschen mit Behinderung in Zukunft.* Stuttgart.

Schwarte, Norbert & Oberste-Ufer, Ralf (2001): *LEWO II. Lebensqualität in Wohnstätten für erwachsene Menschen mit geistiger Behinderung. Ein Instrument für fachliches Qualitätsmanagement.* Marburg.

Seifert, Monika (2010): *Kundenstudie. Bedarf an Dienstleistungen zur Unterstützung des Wohnens von Menschen mit Behinderung.* Berlin.

Stamm, Christof (2008). *Erwachsene Menschen mit geistiger Behinderung im Elternhaus. Zur Situation von Familien, in denen erwachsene Menschen mit geistiger Behinderung leben.* Siegen.

van Loon, Jos (2005). *Emancipation and Self-Determination of People with Intellectual Disabilities. Dismantling Institutional Care.* Leuven.

Vereinte Nationen (2006). *Übereinkommen über die Rechte von Menschen mit Behinderungen.* http://www.institut-fuer-menschenrechte.de/de/menschenrechtsinstrumente/vereinte-nationen/menschenrechtsabkommen/behindertenrechtskonvention-crpd.html#c1911, zuletzt abgerufen am 18.05.2022.

Sexualerziehung, Partnerschaft und Kinderwunsch bei Menschen mit kognitiven Beeinträchtigungen

Udo Wilken

Sexualpädagogische Grundlagen

Sexualität benötigt wie alle menschlichen Bedürfnisse angemessene Entwicklungsmöglichkeiten, damit sie sich individuell und sozial befriedigend entfalten kann. Sexualität ist eine Kulturaufgabe und nicht nur eine Angelegenheit der Reduzierung des Sexualtriebes. Demgemäß ist die Kultivierung des sexuellen Verhaltens eine wichtige Erziehungsaufgabe (vgl. Wilken 2007). In der Heilpädagogik ist die Sexualerziehung ein wesentliches erzieherisches Handlungsfeld, mit dem sich allerdings viele Eltern und Pädagogen schwer tun. Deshalb wird der Bereich der Sexualität häufig nicht hinreichend thematisiert. So fällt es denn auch vielen schwer, die Erfüllung der Sexualbedürfnisse als Rehabilitationsaufgabe zu sehen (vgl. Wacker 1999, 241 ff.).

Die Gründe für diese Vernachlässigung liegen nicht etwa darin, dass wir ein Volk von Sexualneurotikern wären oder in einer viktorianisch-prüden Gesellschaft lebten, sondern die Schwierigkeiten, die Eltern und Pädagogen mit der Sexualerziehung haben, liegen darin begründet, dass wir die wechselseitig zu respektierende Intimsphäre gewahrt wissen wollen.

Denn gerade im Bereich der Sexualerziehung kommen die sonst üblichen und bewährten erzieherischen Prinzipien an ihre Grenzen, mit deren Hilfe Personen mit kognitiven Beeinträchtigungen auf dem ihnen jeweils möglichen individuellen Niveau befähigt werden können zu lernen.

Zu diesen bewährten Prinzipien zählen das Lernen am Vorbild, die Aufteilung in kleinste Schritte und vor allem die Methode der Handlungsorientierung in der realen Lebenssituation. Lebenspraktisch soll die Erziehung sein, sowohl in Hinsicht auf das zu Lernende als auch hinsichtlich der Vermittlung des zu Lernenden. Die didaktisch-methodische Frage heilpädagogischer Sexualerziehung lautet also nicht bloß »Wie sag ich's meinem Kinde?«, sondern »Wie zeig' ich's meinem Kinde?« und »Wie übe ich's mit ihm?«

Hier liegen die Schwierigkeiten, die mit dem Hinweis auf die zu respektierende Intimsphäre angedeutet wurden.

Die Hoffnung aber, dass Kinder mit kognitiven Beeinträchtigungen schon irgendwie »aufgeklärt« werden, ist trügerisch und im Blick auf eine hypersexualisierte Gesellschaft nicht ungefährlich, wenn wir uns erinnern an die zahlreichen sexuellen Missbräuche von behinderten Personen (vgl. Bosch & Suykerbuyk 2010, Mattke 2013). Gerade weil Sexualität eine Kulturaufgabe darstellt, die dazu beitragen soll, das Zusammenleben der Geschlechter zu ordnen und in kommunikativer Hinsicht zu zivilisieren, zu ästhetisieren und angenehm zu gestalten, ist es wichtig, Sexualität nicht nur unter dem Aspekt genitaler Sexualität zu betrachten. Freilich darf ein pädagogisch hilfreicher Umgang mit dem naturgegebenen funktionalen Sexualtrieb, der in individueller und gesellschaftlich-kommunikativer Hinsicht befriedigend und akzeptabel erscheint, sich nicht in eine Ästhetisierung der Sexualität flüchten. Erst recht sollte nicht mit Verweis auf gesellschaftliche Konventionen sexualrepressiv vorgegangen werden, d. h. es sollte nicht generell triebunterdrückend erzogen werden (vgl. pro familia Singen 2009). Stattdessen bedarf es menschenrechtsbasierter sexualitätsbezogener Erziehungs-, Bildungs- und Gestaltungsangebote auf der Grundlage von Artikel 23 der UN-Behindertenrechtskonvention. Dabei sind zunehmend interkulturelle Erziehungssitten auf der Grundlage religiöser Orientierung und geschlechtsrollentypischer Identitätsbildungsprozesse zu reflektieren sowie ein angemessener Umgang mit Sexualbegriffen (vgl. Boos-Nünning 2011, 28 ff).

Eine naturgegebene Funktion des Sexualtriebes besteht in der Sicherstellung der Nachkommen sowie in der für ihr Aufwachsen sinnvollen Partnerbeziehung der Eltern. Insbesondere mit der Industrialisierung hat sich diese naturgegebene Funktion der Sicherung des Nachwuchses gewandelt zu einer Verhütung überzähligen Nachwuchses. Seit der Anwendungsmöglichkeit von Verhütungsmitteln ist es immer breiteren Kreisen möglich geworden, ihr Sexualleben selbstbestimmter, d. h. frei von unerwünschter Schwangerschaft, planen und bedürfnisgerecht gestalten zu können. Diese Freiheit bringt zugleich neue Zwänge hervor und damit auch dezivilisierende Bedingungen. So wird der weibliche Körper durch Werbung und Medien sexistisch funktionalisiert, und die vom Risiko einer Schwangerschaft ›befreite‹ Frau kann sexuell risikoloser ›ausgebeutet‹ werden. Dazu zählen auch problematische Zwänge zu Sexualpraktiken, die von Peergroup-Mitgliedern ausgehen.

Gleichwohl ist dies ein Preis, der für den individuellen, sozialen und zivilisatorischen Fortschritt, den die gegenwärtige Praxis der Geburtenregelung eröffnet, von vielen Zeitgenossen toleriert wird. Allerdings kann er für kognitiv beeinträchtigte Personen, die nicht oder noch nicht in der Lage sind, ihre erotischen Gefühle angemessen auszudrücken und sich sexuell selbst zu bestimmen, zu hoch sein, worauf von Eltern und Fachleuten hingewiesen wird (vgl. Liebetruth 1999, 16 ff.; Mahnke 2000, 45 f.). Dies macht einmal mehr deutlich, dass Sexualerziehung eine umfassende und nachhaltige Bildungs- und Erziehungsaufgabe ist.

Unter sexualethischem Aspekt soll zudem auf ein nicht unproblematisches Sexualverhalten aufmerksam gemacht werden, das als Promiskuität bezeichnet wird und den Geschlechtsverkehr mit häufig wechselnden Partnern meint. Umgangssprachlich als ›one night stands‹ benannt, muss dieses Verhaltensmodell, das durch die Medien nachgerade als ›normal‹ vermittelt wird, jungen Menschen als selbstverständliche gesellschaftliche Praxis erscheinen. Es sollte aber bewusst bleiben, dass sich Sexualität nicht in der Triebbefriedigung erschöpft, sondern dass sie gegenüber diesem äußeren, extrinsischen Wert vor allem auch einen inneren, intrinsischen Wert hat, der allerdings zunehmend vernachlässigt wird. Der Philosoph Vittorio Hösle (1997, 364 f.) kontrastiert diesen intrinsischen Wert der Sexualität gegenüber einer immer seltener als moralisch fragwürdig begriffenen Praxis der Promiskuität und bezeichnet sie in sozio-kultureller Hinsicht als eine evolutionär nicht stabile Strategie (ebd. 268).

Am Beispiel der nachfolgenden Definition von Sexualität werden die möglichen Spannungen deutlich, die auf dem Weg zu einem gewissen sexualethischen Konsens und den sich daraus ergebenden sexualerzieherischen Konkretisierungen entstehen können:

»In anthropologischer Hinsicht ist Sexualität

- nicht nur auf Zeugung
- und die notwendige Bindungsfähigkeit der Eltern zum Aufziehen des Nachwuchses gerichtet,
- sondern sie ist jenseits auto-erotischer Befriedigung
- eine vertiefte interpersonale sinnlich-dynamische Ausdrucksweise von Sympathie, Begehren und Liebe.

Als natürliche Lebensenergie ist Sexualität

- weder mit biologischen Kategorien (Trieb-Theorie)
- noch mit gesellschaftlichen Kategorien (Prägung, Konditionierung)

allein zu fassen.

Vielmehr unterliegt Sexualität in einer

- ganzheitlichen bio-psycho-sozialen Perspektive
- und kulturellen Prägung
- der bewussten und unbewussten Formung im Lebenslauf

und ist

- in ihrer diskontinuierlichen Intensität und
- potenziell pluralen sexuellen Orientierung

eine moralische Herausforderung an die je individuelle Selbsterziehungsbereitschaft« (Wilken 2007, 30f.).

Die bisherigen Ausführungen machen deutlich, dass die Entwicklung und Formung der Sexualität eine bedeutsame Bildungs-, Erziehungs- und Kulturaufgabe darstellt, die von der elterlichen Begleitung über die Angebote der Schule bis hin zur individuellen Selbsterziehungskompetenz reicht und damit eine lebenslaufbegleitende Aufgabe und Herausforderung darstellt (vgl. Schmidt, Sielert, Henningsen 2017).

Es ist in diesem Zusammenhang wichtig, den Begriff Sexualität differenzierter zu fassen, als er im allgemeinen Sprachgebrauch benützt wird. So entfaltet sich Sexualität in Weiterführung einer Beschreibung von Paul Sporken (1974, 157 ff.) in drei Bereichen:

- Einmal in der äußeren sexuellen Attraktivität, der geschlechtsrollen-spezifischen Selbstdarstellung des Individuums als Mann oder Frau im Verhältnis von ›sex‹ und ›gender‹, von biologischem und sozialem Geschlecht. Die ›Verkörperung‹ der äußeren Attraktivität mit ihrer genderspezifischen Rollenpräsentation bezieht sich über die körperlichen Geschlechtsmerkmale hinaus auch auf Kleidung, Mimik, Gestik und Verhalten und beeinflusst in der Pubertätszeit durch die psychische Spannung von Selbstständigkeit, Bindung und Verunsicherung die geschlechtsrollenspezifische Identitätsentwicklung des heranwachsenden jungen Menschen.
- Sodann entfaltet sich Sexualität im Mittelbereich der zärtlichen, idealisiert-romantischen Zuwendung, des Flirts und des verliebten Miteinander-Gehens. Da wird Händchen gehalten, geschmust und geküsst. Hier wird in einer durchaus erotisch-schwärmerischen Beziehung nicht-genitale, genauer: nicht-koitale Zärtlichkeit ausgetauscht.
- Erst der dritte Bereich bildet die Genitalsexualität, an die wir gemeinhin beim Begriff Sexualität immer zuerst denken und auf die viele Zeitgenossen fixiert sind (Siebert 2005, 38).

Pubertätsentwicklung und ihre erzieherischen Herausforderungen

Spätestens mit dem Eintritt der Pubertät zerbrechen die bei manchen Eltern bestehenden Vorstellungen, ihr behindertes Kind bliebe auf der Stufe eines 5–7-jährigen Kindes stehen oder sein Entwicklungsrückstand sei so groß, dass es zu einer körperlich-sexuellen Reife nicht kommen könne. Darum gilt es, sich im Pubertätsalter vom Bild des Kind gebliebenen und Kind bleibenden behinderten jungen Menschen zu lösen. Die kindlich harmonische Körpergestalt wird während der Pubertät von der Disharmonie der Körperformen abgelöst. All das, was nichtbehinderten Gleichaltrigen in dieser Phase zukommt, erfährt auch in annähernd gleicher zeitlicher Varianz der pubertierende junge Mensch mit kognitiver Beeinträchtigung. Aus dem heranwachsenden Kind wird in der Regel biologisch ein Mann oder eine Frau; jeder Mensch entwickelt eine geschlechtliche Identität, auch wenn sie mitunter nicht eindeutig erscheinen mag (zur Trans- und Intergeschlechtlichkeit vgl. Böhm & Voß 2022). Da die Geschlechtsreife mit Menarche und erster Ejakulation mitunter bereits im Alter von 11–12 Jahren eintritt, darf sich die Sexualpädagogik nicht mehr nur an die Zielgruppe Jugendlicher richten, sondern muss auch für Kinder angemessene Vermittlungsformen finden. Sie sollte deshalb möglichst von klein auf im Zusammenhang mit der Intimpflege und ihrer angemessenen begrifflichen Bezeichnungen beginnen (vgl. Havemann & Stöppler 2014, 89 ff.).

Wie bei nichtbehinderten Altersgefährten, bei denen die körperliche, soziale und geistig-emotionelle Entwicklung auch nicht im Gleichschritt stattfindet, stellen sich als Folgen dieser Diskrepanzen die bekannten Pubertätsprobleme ein: Trotz, Aufbegehren und Provokationen. Es begegnen uns extreme Stimmungslagen oder eine permanente Umtriebigkeit. Diese Verhaltensweisen stehen im Zusammenhang mit der Auseinandersetzung der jungen Menschen mit der eigenen Person, »d. h. mit dem Aussehen, den Kompetenzen und mit der Wertschätzung, die sie in der Gruppe der Gleichaltrigen erfahren. In diesem Spannungsfeld von Selbstbild und sozial vermittelter Akzeptanz entwickelt sich die Ich-Identität« (E. Wilken 2003, 48). Besonders bei komplexeren Beeinträchtigungen gelingt es manchmal nicht, die biologisch bedingten Veränderungen und alterstypischen Bedürfnisse zu verstehen und damit umzugehen. Dadurch können »vermehrte Unruhe, aggressive oder regressive Reaktionen, aber auch erhebliche Stimmungsschwankungen und Störungen im Tag- und Nachtrhythmus« auftreten (ebd.).

Mit der Pubertät verändert sich auch das Freizeitverhalten. Anstelle spontaner Treffen, um mit anderen Kindern zu spielen, erfolgen nun häufiger geplante Verabredungen der Gleichaltrigen oder Aktivitäten in Sportgruppen und Vereinen. »Viele Jugendliche machen in diesem Alter die Erfahrung, sich nicht mehr hinreichend beteiligen zu können und ziehen sich zurück. Im Freizeitverhalten dominieren dann häufig eher passive Tätigkeiten wie Musik hören oder Fernsehen.« Dadurch kommt es zu einer ungünstigen Wechselwirkung: Mangelnde Bewegung kann vorhandenes, teilweise konstitutionell bedingtes Übergewicht z. B. bei Jugendlichen mit Down-Syndrom verstärken, »und übergewichtige Jugendliche neigen dazu, sportliche Aktivitäten zu vermeiden« (E. Wilken 2003, 48). Deshalb besteht die Gefahr, dass sie in diesem Alter vereinsamen, sich auf sich selbst zurückziehen und das erreichte Niveau von Inklusion verloren geht.

Darum ist gerade in dieser Phase neben der Förderung sozial-integrativer Teilhabe auch auf symmetrisch-kommunikative Freizeitkontakte mit Gleichbetroffenen zu achten. So hoch die Bedeutsamkeit von inklusiven Kontakten einzuschätzen ist, so sehr ist dennoch zu bedenken, dass Personen mit einer Behinderung auch Gleiche unter Gleichen sein dürfen und integrativer Anpassungsdruck vermieden wird, damit gerade in dieser Entwicklungsphase die Identitätsstabilisierung hinsichtlich des eigenen Behindert-Seins nicht vereitelt wird (vgl. Sandfort 2008; E. Wilken 2009, 144).

Das alles erfordert von Eltern, Angehörigen und Fachpersonen zu lernen, vom Kindsein des Kindes Abschied zu nehmen und zu reflektieren, dass ein neuer Lebensabschnitt beginnt. Viele Eltern und Fachkräfte, gleich ob sie behinderte oder nichtbehinderte Kinder erziehen, tun sich in dieser Entwicklungsperiode schwer zu sehen, was sich da abspielt, und sie tun sich schwer anzuerkennen, wie es sich abspielt. Denn das bislang relativ berechenbare Kind wird in dieser Zeit gleichsam unkalkulierbar. Es ist kein Kind mehr, aber auch noch kein Erwachsener. Daher gilt es, während der Pubertätszeit eine neue Sicht des jungen Menschen zu erwerben, wobei mit einbezogen werden muss der berechtigte Anspruch auf mehr Selbständigkeit und Intimität des gleichwohl noch zu erziehenden Kindes. Mit dem Erwachsenwerden sollte daher der Aufbau einer anderen, eher partnerschaftlichen Beziehung einhergehen. Dabei erweisen sich in dieser Entwicklungsphase positive Selbstwirksamkeitserfahrungen als psychisch stabilisierend. Diese können sich ergeben aus der bereitwilligen Übernahme von familiären und nachbarschaftlichen Hilfeleistungen durch den jungen Menschen, die es ihm ermöglichen, sich als nützlich zu erleben.

Sexualität, so stellen wir fest, ist naturgegeben, ist ein biologisches Faktum und damit ein menschliches Grundbedürfnis, das angemessener Entwicklungsmöglichkeiten bedarf, um sich individuell und sozial befriedigend entfalten zu können. Damit ist die Formung des individuellen Sexualverhaltens zugleich ein Produkt soziokultureller und sozialer Lern- und Entwicklungsprozesse.

Dies erfordert auch einen sensiblen Umgang mit der jeweiligen Geschlechtsidentität jenseits bipolarer Konventionen und die dadurch mögliche Infragestellung sexueller Normvorstellungen. Hierbei erweisen sich fachlich differenzierte Informationen als hilfreich, wie sie etwa der paritätische Gesamtverband in seinen Broschüren zu geschlechtlichen Selbstbestimmung erarbeitet hat (vgl. Der Paritätische 2022). Zeitgeisttypische Irritationen und ideologisch suggerierte Scheintoleranz der geschlechtlichen Identitätsentwicklung, zumal bei kognitiv beeinträchtigten jungen Menschen, sollten dabei möglichst vermieden werden. Nicht zuletzt auch deshalb, weil sie dazu führen, dass die lebenspraktische Realisierung sexualpädagogischer Erziehungs- und Bildungsaufgaben für Eltern und Fachpersonen unnötig erschwert wird und stattdessen ein diesbezügliches Vermeidungsverhalten eintritt.

Begreifen wir Sexualität zudem in ihrer dreifachen Ausprägungsform (vgl. Sporken 1974), so wird deutlich, dass die Entfaltung der Sexualität von Kind auf eine bedeutungsvolle Erziehungsaufgabe darstellt, die nicht erst in der Pubertät beginnen sollte. Damit sich Sexualität persönlichkeitsförderlich entwickeln kann, benötigt das heranwachsende Kind einen emotional-subjektiven Erlebnisbereich, in dessen Rahmen sich der warmherzige Umgang seiner Eltern miteinander und mit ihm selbst als Verhaltensvorbild prägend auswirken kann.

Die frühkindlichen Erfahrungen des kleinen Kindes bei der liebevoll pflegenden Zuwendung zu seinem Körper, die natürliche Nacktheit der Familienmitglieder beim Duschen und Baden sowie die Reinlichkeitserziehung im Zusammenhang mit der Intimhygiene, dies alles sind basierende Erfahrungen im Hinblick auf eine positive Entwicklung der Sexualität.

Zudem bildet das alltäglich verlässliche Erleben des Angenommen-Seins und Geliebt-Werdens im Kindesalter die Basis einer positiven Bindungserfahrung, auf der die eigenaktive, liebende Zuwendung des Kindes zu seinen Bezugspersonen aufbauen kann. Aus dieser emotionalen Grundbefindlichkeit kann sich später die Fähigkeit zum Eingehen von Freundschaften entwickeln und es kann die für ein Liebesverhältnis benötigte Bindungsfähigkeit auf der Basis einer für eine Partnerschaft bedeutsamen symmetrisch-komplementären Kommunikation entstehen (vgl. Wilken 1998, 248).

Bei der Entfaltung der Sexualität im Jugendalter und im jungen Erwachsenenalter bildet der Mittelbereich der wechselseitig zärtlich-kommunikativen Zuwendung zum Partner einen wesentlichen Schwerpunkt (vgl. Bohnenstengel u.a. 2007, 161–180; Chicoine, McGuire 2013, 231f.). Freilich bedürfen die Jugendlichen in dieser Entwicklungsphase der besonderen erziehlichen Begleitung, der behutsamen Kommentierung ihrer körperlichen Entwicklung, ihrer Gefühle und Neigungen. Vor allem brauchen sie ein taktvolles Gesprächsangebot über das, was sie – oftmals unbewusst – sexuell bedrängt, damit es nicht zu den angedeuteten Pubertäts-Psychosen kommt. Denn unter den Bedingungen erhoffter Freundschaft, Zuneigung und Liebe können die existenziellen Herausforderungen des Behindert-Seins immer wieder schmerzhaft erfahrbar werden und manche gut gemeinte normalisationsorientierte Inklusionshoffnung erweist sich hier als nicht belastbar (vgl. Sandfort 2008, 6) – zumal dann, wenn eine schwärmerische Beziehungsaufnahme nicht so erwidert wird, wie sich das der behinderte junge Mensch gewünscht hat.

Dass in dieser Phase die Selbstbefriedigung, wie bei nichtbehinderten Jugendlichen, eine Rolle spielt, ist ein natürlicher Entwicklungsvorgang. Dieser sollte denn auch nicht unsensibel kommentiert werden, noch gar eine sexualrepressive Missbilligung erfahren. Die Erinnerung an die eigene pubertäre Entwicklung kann in diesem Zusammenhang immer wieder hilfreich sein. Allerdings ist zu lernen, dass Masturbation nicht in der Öffentlichkeit erfolgt und entsprechendes Sexualverhalten die gesellschaftlichen Konventionen achtet (vgl. Achilles 2010).

Bei schwerstbehinderten Personen stellt sich zudem die Herausforderung, entsprechende Hilfestellungen zu leisten. Ob sich dort, wo es nicht zu einer erwünschten Befriedigung kommt, im Einzelfall eine bezahlte Sexualassistenz als sinnvoll erweist, ist kritisch zu sehen und jeweils individuell abzuklären (vgl. de Vries 2011, 136 ff.).

Mental beeinträchtige Personen sind auf spezifische Aufklärungshilfen angewiesen, da sie in der Regel die Informationen aus dem allgemeinen Aufklärungsschrifttum nicht verstehen und weil die zahlreichen sexualisierten medialen Vorbilder sie zu unangemessenen Verhaltensweisen verleiten können (vgl. Klein & Schweitzer 2022). Mitunter sind bereits Schulkinder sexuell übergriffig. Auch zeigen »Untersuchungen über Sexualität von Menschen mit geistiger Behinderung sowie zur sexuellen Gewalt, dass manche sehr traumatische Erlebnisse daher rühren, dass die Partner falsche Erwartungen, zum Beispiel aus dem Fernsehen oder vom Ansehen von Pornos, aneinander hatten« (Fegert u. a. 2007a, 42).

Zu erwähnen sind die Arbeiten von Aiha Zemp: sie leistete in der Schweiz Pionierarbeit zu sexualpädagogischen Fragestellungen; ihre konkrete Arbeit wird im Film »Liebe, Freundschaft, Sexualität« sichtbar. 2011 ereignete sich ein gravierender sexueller Missbrauchsfall (insieme 2011), zu dessen Aufdeckung die von Aiha Zemp geschaffenen »Sexualpädagogischen Materialien für Menschen mit kognitiven Einschränkungen, deren Angehörige und Fachpersonen, Herzfroh« (Hochschule Luzern) entscheidend beitrugen, verhalfen sie doch dazu, dass betroffene Kinder und Jugendliche sich mitteilen konnten.

Weitere speziell adaptierte Aufklärungsbroschüren wie z. B. die »Sexualpädagogischen Materialien« der Bundesvereinigung Lebenshilfe (2014) oder »Ich bestimme mein Leben ... und Sex gehört dazu« von Jörg M. Fegert u. a. (2007b) bilden eine gute Grundlage für entsprechende elterliche und fachpädagogische Gespräche im Lebenslauf. Zahlreiche sexualpädagogische Themen lassen sich mittels solcher anschaulichen Materialien, die zu handlungsbezogenem Umgang anregen, entwicklungsbezogen verdeutlichen.

Damit die erwachsenen Söhne und Töchter Freundschaften pflegen können, sollten ihre Familien entsprechende Besuche im Elternhaus gestatten und Kontakte zu andersgeschlechtlichen Personen nicht generell beschränken. Es ist dabei für Eltern nicht immer leicht, ihr Interesse an solchen Freundschaften, eine gewisse Neugier, aber auch sorgenvolle Bedenken angemessen zu gewichten. Dennoch sollten sie dem heranwachsenden Kind, das im elterlichen Haushalt lebt, einen entsprechenden Freiraum auch für sein Intim- und Sexualleben zugestehen.

Immer wieder bricht im Zusammenhang mit der Sexualität nicht nur bei den Angehörigen, sondern auch im kollegialen Gespräch die Attitüde der Überbehütung hervor. Da soll die behinderte Person vor Enttäuschungen und Kummer bewahrt werden, weil Eltern und Fachleute wissen, dass Liebe nicht nur Glückserfahrungen bietet, sondern auch zu seelischen Verletzungen führen kann, wenn man Zurückweisung erfährt oder der Partner sich einem anderen zuwendet. Es gehört deshalb zu den Aufgaben der Sexualerziehung im Zusammenhang mit Freundschaft, Liebe und intimer Partnerschaft gerade auch den Verhaltensbereich »Treue und Verlässlichkeit in einer Beziehung« zu thematisieren und Unterstützung zu bieten bei Unsicherheiten und im Falle von seelischen Kümmernissen. Aber es ist im Zusammenhang von Sexualität und Partnerschaft auch wichtig, mittels »Versuch und Irrtum« lernen zu dürfen und nicht jede sich anbahnende Freundschaft mit Ausschließlichkeitsansprüchen zu überfordern.

Während in Diskussionen zur Sexualerziehung bei den Jungs häufig der Umgang mit unangemessener Selbstbefriedigung und schwierigem Verhalten angesprochen wird, ist es bei den Mädchen die häufig unkritische Kontaktaufnahme zu Fremden. Gerade die große Offenheit und das Vertrauen anderen Menschen gegenüber macht es u.a. gerade für Personen mit Down-Syndrom erforderlich, eine »angemessene Distanz zu halten und klare Kriterien zu haben, um Missbrauch zu vermeiden« (E. Wilken 2009, 132). Nicht jeder, der freundlich zu mir ist, ist deshalb schon mein Freund. Dazu gehört auch, »die Jugendlichen zu befähigen, in kritischen Situationen angemessen verbal reagieren zu können (Hau ab! Ich schrei!) oder zu wissen, wie Hilfe erlangt werden kann« (E. Wilken 2003, 49).

Kinderwunsch bei Menschen mit kognitiven Beeinträchtigungen

Als besonders brisant angesehen und international kontrovers diskutiert wird die Frage des Kinderwunsches und einer möglichen Schwangerschaft von Personen mit kognitiven Beeinträchtigungen (vgl. Storm 1995, 268ff; Stöppler 2008, 572). Bei einigen Formen der kognitiven Beeinträchtigung sind auch die genetischen Bedingungen zu berücksichtigen. So ist etwa bei Frauen mit Down-Syndrom von einer genetischen Disposition zur Erblichkeit der Behinderung auszugehen bei eher verringerter Fertilität trotz überwiegend normaler ovarieller Funktion; aber auch von möglichen gesundheitlichen Auswirkungen, die eine Schwangerschaft für eine bereits umfänglich behinderte Frau bedeuten kann (vgl. Wunderlich 1999, 252). Dokumentierte Schwangerschaften belegen, dass sowohl Kinder »mit normalem als auch mit trisomem Chromosomensatz geboren wurden. Doch selbst bei normalem Chromosomenbefund lagen bei den Kindern aufgrund der durch die Trisomie bedingten gesundheitlichen Probleme der Mutter und der relativ häufig gegebenen Tendenz zur Frühgeburt oftmals zusätzliche Beeinträchtigungen vor« (E. Wilken 2009, 139; vgl. Orthmann Bless & Hofmann 2021, 51 ff).

Männer mit Down-Syndrom gelten in der Regel als nicht zeugungsfähig, obgleich einige Fälle bekannt sein sollen, »bei denen Männer mit Down-Syndrom ein Kind gezeugt« hätten (Chicoine, McGuire 2013, 203; vgl. E. Wilken, 2009, 139). Sicherheit über die individuelle Zeugungsfähigkeit kann ein Spermiogramm bieten. Dies gilt auch beim Vorliegen einer Mosaikform des Down-Syndroms, bei der jedoch von prinzipiell anderen Bedingungen auszugehen ist.

Einer Elternschaft für Menschen mit kognitiven Beeinträchtigungen stehen deren Eltern, insbesondere jene »mit höheren Bildungsabschlüssen« (Rauh et al. 2013, 113) eher skeptisch bis ablehnend gegenüber (vgl. E. Wilken 2009, 139). Dass dem nicht immer so sein muss, belegt der freimütige Bericht von Ute Wilke (2003) über die Schwangerschaft ihrer 15-jährigen Tochter mit Down-Syndrom sowie über die Herausforderungen und Überforderungen, die die Mutterrolle für ihre Tochter bei der Versorgung eines Säuglings zur Tages- und Nachtzeit bedeutete.

Eine Informationsschrift von pro familia (1998) nimmt hinsichtlich des Kinderwunsches das Familiensystem in den Blick. Dabei wird auf die faktische Situation verwiesen, dass »die Großeltern des Kindes einspringen müssen, wenn die Eltern allein dem Kind nicht mehr gewachsen sind« (S. 22). Deshalb führt pro familia aus: »In den meisten Fällen ist es vernünftig, wenn Menschen mit geistiger Behinderung keine Kinder in die Welt setzen. Auf ihren Kinderwunsch zu verzichten, fällt ihnen jedoch oft sehr schwer. Sie träumen davon, ein gesundes, schönes Kind zu haben. Die Erfüllung dieses Traumes würde ihnen bestätigen, dass sie erwachsen sind, abgelöst von den Eltern, weil sie nun selbst erwachsen sind, dass sie keine Außenseiter, sondern normal sind. Hier wird die Wichtigkeit einer möglichst früh beginnenden sexualpädagogischen Begleitung von Mädchen, Jungen und auch Erwachsenen mit geistiger Behinderung deutlich, in der der Tagesablauf in der Betreuung von kleineren und größeren Kindern vermittelt wird, mit allen schönen und schwierigen Seiten. Hier können die Menschen mit geistiger Behinderung lernen, daß ein Kind zu haben nicht die Voraussetzung für Erwachsensein ist, und sie entscheiden dann vielleicht selbstbestimmt, daß sie kein Kind haben wollen oder können. Sie werden auch dabei begleitet, mit dieser Entscheidung fertig zu werden« (ebd.).

Allerdings finden sich in der 3. Auflage dieser Broschüre von pro familia (2006, 16) vergleichbar ausgewogene Hinweise nicht mehr. Ohne auf die Heterogenität der Gruppe von Menschen mit mentalen Beeinträchtigungen einzugehen, wird nun generalisierend dargelegt, dass es hinreichend Erfahrungen gäbe, die zeigen würden, »dass die Kinder – zumindest solange sie noch klein sind – sehr gut von Müttern und Vätern, die geistig behindert sind, betreut und gefördert werden«. Belegt werden diese angeblichen Erfahrungen jedoch nicht. Hier erscheint es hilfreicher, den bereits zitierten Beitrag von Ute Wilke (2003) zu Rate zu ziehen, der mit Sympathie, aber auch mit verantwortungsvoller Offenheit auf die Herausforderungen und Überforderungen verweist, die sich im Rahmen der Mutterschaft ihrer Tochter ergaben.

Von besonderer Bedeutung sind angesichts der kontroversen Sichtweisen die Ergebnisse von Antje Seefeld (1997, 433 ff.), die bereits in ihrem Beitrag »Sexualität bei Menschen mit geistiger Behinderung – in ausgewählten empirischen Befunden« auf eine Differenzierung des Kinderwunsches bei Jugendlichen und Erwachsenen mit geistiger Behinderung verweist. Ihre Erhebungen belegen: »Der Kinderwunsch ist geringer entwickelt als der Ehewunsch. Es ist anzunehmen, daß der Wunsch, als normal zu gelten, stärker mit Ehe und Partnerschaft verbunden wird als mit einem Kind.« Dabei wird deutlich, dass sich der Kinderwunsch bei Mädchen unter 18 Jahren deutlich von Frauen mit geistiger Behinderung über 18 Jahren unterscheidet. Während von den weiblichen Jugendlichen unter 18 Jahren 100% einen Kinderwunsch äußern, geht er bei den weiblichen Erwachsenen auf 37,5% zurück. Eine ähnliche Tendenz zeigt sich auch bei den männlichen Behinderten, wobei zu berücksichtigen ist, dass Männer mit freier Trisomie 21, nach bisherigen Erkenntnissen, als eher nicht zeugungsfähig gelten. Insgesamt ist zu vermuten, »daß sich Erwachsene ihrer Behinderung stärker bewußt werden und dadurch ein größeres Problembewußtsein entwickeln« (ebd. 435; vgl. sinngemäß Rauh et al. 2013, 115).

Empirische Erhebungen der vergangenen Jahre »Zur Lebenssituation von Eltern mit geistiger Behinderung und ihren Kindern« zeigen aber durchaus auch positive Beispiele der Elternschaft von behinderten Personen, die sich in dem Satz einer mental beeinträchtigten Mutter zusammenfassen lassen: »Ich würde mir ein Leben ohne meine Kinder nicht mehr vorstellen können« (Brenner & Walter 1999, 223 ff.).

Auch wenn es sich bei denjenigen kognitiv beeinträchtigten Personen, die Eltern geworden sind, sehr häufig um Menschen handelt, die als eher »leicht geistig behindert« gelten und zum Teil dem »Grenzbereich zur Lernbehinderung« zuzurechnen sind, bleibt dennoch die Aufgabe bestehen, zwischen dem Wunsch der Eltern, mit ihren Kindern zusammenzuleben, und »der Gewährleistung des Kindeswohls« verantwortlich zu vermitteln. Dabei erweist sich eine qualifiziert-assistierende familiale Unterstützung im Rahmen einer begleiteten Elternschaft nach § 78 Abs. 1 u. 3 des deutschen Sozialgesetzbuches IX als hilfreich, die sich sowohl an »die Eltern als auch die Kinder« richtet (Brenner/Walter 1999, 224, 238; vgl. Pixa-Kettner 2007, 320). Elterliche Kompetenz und Verantwortung werden damit aus heilpädagogischer Sicht nicht mehr als ein vornehmlich individuell zu erfüllendes Merkmal betrachtet, sondern die Aufgaben der Kindererziehung werden im Sinne einer »Assistenz-bietenden Lebensbegleitung« (Wilken 1999, 37) auf ein erweitertes Unterstützungs-Netzwerk verteilt und von diesem eingefordert, wie dies Artikel 23 der UN-Behindertenrechtskonvention dargelegt.

Da jedoch die überwiegende Mehrzahl der Schwangerschaften von geistig behinderten Frauen nach den vorliegenden Untersuchungen ungeplant war (vgl. Brenner & Walter 1999, 225; Pixa-Kettner 1996, 54), ergibt sich grundsätzlich die Notwendigkeit, für eine kontinuierliche sexualpädagogische Begleitung Sorge zu tragen, damit Frauen und Männer ihr Sexualleben selbstbestimmter, d. h. frei von unerwünschter Schwangerschaft, planen und bedürfnisgerecht gestalten können.

Zudem können mit einem »Babysimulator« (www.babybedenkzeit.de) etliche Aspekte der Elternrolle auf Probe vermittelt werden, die dadurch eindrücklicher erlebt werden, als dies mit aufklärenden Gesprächen möglich ist. Deutlich kann dabei werden, ob der Wunsch nach einem Kind sich eher auf ein »Baby« als ein vermitteltes familiales Klischee bezieht, um damit als erwachsen zu gelten, oder darauf, ein Kind auf seinem Weg ins Leben verantwortlich zu begleiten. In der Schweiz wurde auf der Basis einer Studie, SToRCH+, ein »Pädagogisches Programm-Material für Projekte mit dem RealCare Baby®« mit Menschen mit Beeinträchtigungen entwickelt (hierzu Orthmann Bless 2014).

Sexualpädagogik als lebensbegleitendes Angebot

Eine oftmals diskutierte Problematik bezieht sich darauf, ob bei erwachsenen Personen mit kognitiven Beeinträchtigungen, die auf Grund eines Mangels an geselligen symmetrischen Kontaktmöglichkeiten nicht zu einer ersehnten Partnerschaft kommen, die Initiierung und Anbahnung von Freundschaften stärker von außen, direkt oder indirekt, gefördert werden sollten – sei es durch Eltern und Betreuer oder durch gezieltere Angebote von Freizeit- und Selbsthilfegruppen. Symmetrischer Kontakt meint dabei das Vorhandensein von gemeinsamen Interessen auf einem relativ symmetrisch ausgewogenen Niveau (vgl. McGuire & Chicoine 2008, 115, 128).

Angesichts des oftmals bestehenden Kontaktmangels wären die Erfahrungen mit zielgruppenorientierten Kontaktbörsen zu bedenken, wie sie etwa durch Organisationen wie ›Herzenssache.net‹ oder ›Die Schatzkiste e.V.‹ betrieben werden (vgl. AWO 2012, 51)

Eine sexualpädagogische Aufgabe neben der Kontaktvermittlung könnte auch darin bestehen, Work-Shops anzubieten für angemessene kommunikative Verhaltensweisen bei der Kontaktanbahnung, die Sicherheit im Umgang mit fremden Menschen geben. Schließlich ist zu bedenken, dass nicht alle freundschaftlichen Kontaktwünsche auf intime Partnerschaft und Sexualität im engeren Sinne zielen müssen, sondern auf erlebnisreiches, geselliges Zusammensein und auf Vermeidung von Einsamkeit und Langeweile.

Daneben haben sich seit etlichen Jahren auch unterschiedliche gewerbliche Angebote für eine bezahlte Sexualbegleitung und Sexualassistenz etabliert, sei es durch sog. Berührerinnen oder im Rahmen von Prostitution (vgl. Walter 2004; www.isbbtrebel.de). Da im Mittelpunkt sexualpädagogischer Reflexion das nachhaltige Wohlbefinden des behinderten Menschen im Rahmen eines gelingenden sozialintegrierten Lebens stehen sollte, sind zu diesen diversen Formen aktiver »Sexualassistenz« als »bezahlter sexueller Dienstleistung« (de Vries 2011, 138) durchaus differenzierte Überlegungen angebracht. Denn für kognitiv beeinträchtigte Personen entsteht leicht das Problem, dass sie die durch Sexualassistenz angebahnten kommerziellen Surrogatpartnerschaften nicht durchschauen, sondern sie als tatsächliche wechselseitige Freundschaft fehlinterpretieren (vgl. de Vries, 2004, 109). Auch deshalb ist mit zu bedenken, ob sich im konkreten Fall bei Personen, die Probleme haben, einen Partner zu finden, nicht Kontaktangebote durch symmetrische Partnervermittlungen von behinderten Personen als bedürfnisgerechter, befriedigender und nachhaltiger erweisen könnten.

Trotz aller Intimität des Sexuellen sind aber Eltern, Familienangehörige, Unterstützerkreise und Fachleute gefordert, beim individuellen Verstehen und beim rechten Umgang mit der Sexualität das Ihre beizutragen, ohne dabei die eigenen sexuellen Vorstellungen zum absoluten Maßstab zu machen. Dies gilt auch für einvernehmliche Beziehungen zum gleichen Geschlecht (vgl. Chicoine, McGuire 2013, 232). Daher ist eine lebenslaufbegleitende Orientierung über Sexualität im umfassenden Sinne hilfreich, zumal die Informationen, die im schulischen Kontext vermittelt werden, in der Regel in eine Entwicklungsphase fallen, in der noch eher selten aktiver partnerbezogener Geschlechtsverkehr praktiziert wird und daher die Informationen des Sexualkundeunterrichts kaum in der realen Lebenssituation angewandt werden können.

Im Zusammenhang mit der Verhütung erweist sich der Hinweis, mit einer Sterilisation (vgl. Stöppler 2008, 571) möglicherweise alle Sexualprobleme gelöst zu haben, als trügerisch. Denn es geht ja nicht nur darum, mittels einer Sterilisation eine unerwünschte Schwangerschaft zu verhüten – hierfür stehen in der Regel zahlreiche Antikonzeptionsmittel zur Auswahl, soweit sie nicht aus Gesundheitsgründen kontraindiziert sind (vgl. pro familia Singen 2009). Vielmehr besteht das Problem in der Gefährdung durch Geschlechtskrankheiten, insbesondere durch HPV und HIV/Aids. Hierdurch ergibt sich die Notwendigkeit, Verhaltensweisen aufzubauen zum Schutz nicht nur vor unerwünschter Schwangerschaft, sondern vor sexuellem Missbrauch, und zwar nicht nur von weiblichen Behinderten, sondern auch der durch homosexuellen Missbrauch gefährdeten männlichen Jugendlichen und Erwachsenen.

Es ist deshalb wichtig, eine kontinuierliche sexualpädagogische Begleitung über die Schulzeit hinaus auch im Erwachsenenalter sicherzustellen. Hierbei sollten regelmäßig Informationen zum praktischen Gebrauch eines Kondoms bei möglichen genitalen Erstkontakten erfolgen, unabhängig davon, ob eine Sterilisation besteht oder nicht (siehe: pro familia Landesverband Hessen: Aufklärungsfilm »Liebe und so Sachen« Frankfurt 2009).

Behinderte Personen benötigen wie alle Menschen gendersensible Schutz- und Freiräume für einen taktvollen Umgang mit den ihnen jeweils möglichen Gestaltungsformen ihrer sexuellen Bedürfnisse sowie ein Umfeld mit lebensbegleitenden Beratungs- und Entscheidungshilfen, das ihnen existenzielle Selbstverwirklichung und verlässliche humane Geborgenheit eröffnet, damit sie als Erwachsene ein glückliches und befriedigendes Leben führen können – zu dem eben auch Partnerschaft und Sexualität gehören dürfen.

Literatur

Achilles, Ilse (2010). »*Was macht Ihr Sohn denn da? Geistige Behinderung und Sexualität.* München.
AWO Bundesverband e.V. (Hg.) (2012). *Liebe(r) selbstbestimmt. Ein Buch über Liebe, Sexualität und Kinderkriegen für Menschen mit Behinderung.* https://awo-schwanger.de/wp-content/uploads/liebe_r_selbstbestimmt_liebe-sex-leichte-sprache.pdf
Böhm, Maika & Voß, Heinz-Jürgen (2022). Zur Thematisierung von Trans- und Intergeschlechtlichkeit in medizinisch-therapeutischen, gesundheitsbezogenen und pädagogischen Studiengängen und Berufsausbildungen. *Zeitschrift für Sexualforschung* 35, Heft 1, 5–19.
Bohnenstengel, Andreas; Holthaus, Hanni & Pollmächer, Angelika (2003). *Ich bin anders als du denkst. Menschen mit Down-Syndrom begegnen.* Würzburg.
Boos-Nünning, Ursula (2011). *Migrationsfamilien als Partner von Erziehung und Bildung.* WISO Diskurs Friedrich-Ebert-Stifung, Bonn. https://library.fes.de/pdf-files/wiso/08725.pdf
Bosch, Erik & Suykerbuyk, Ellen (2010). *Begleitung sexuell missbrauchter Menschen mit geistiger Behinderung.* Arnhem.
Brenner, Martina & Walter, Joachim (1999). Zur Lebenssituation von Eltern mit geistiger Behinderung und ihren Kindern. In Wilken, Etta & Vahsen, Friedhelm (Hg.). *Sonderpädagogik und Soziale Arbeit. Rehabilitation und soziale Integration als gemeinsame Aufgabe.* Neuwied, 223–241.
Bundesvereinigung Lebenshilfe (Hg.) (2014). *Sexualpädagogischen Materialien für die Arbeit mit geistig behinderten Menschen.* Weinheim.
Chicoine, Brian & McGuire, Dennis (2013). *Gesundheit für Jugendliche und Erwachsene mit Down-Syndrom.* Zirndorf.
de Vries, Nina (2004). Sexualbegleitung – Wie geht das? In Walter, Joachim (Hg.) (2004). *Sexualbegleitung und Sexualassistenz bei Menschen mit Behinderungen.* Heidelberg, 105–113.
de Vries, Nina (2011). Lust leben statt Leid schaffen. Ein Beitrag über Sexualassistenz für Menschen mit einer Beeinträchtigung. In Maier-Michalitsch, Nicola J. & Grunick, Gerhard (Hg.) (2011). *Leben pur – Liebe, Nähe, Sexualität bei Menschen mit schweren und mehrfachen Behinderungen.* Düsseldorf, 136–144.
Der Paritätische Gesamtverband (2022). Geschlechtliche Vielfalt in der Kinder- und Jugendhilfe. https://www.der-paritaetische.de/alle-meldungen/geschlechtliche-vielfalt-in-der-kinder-und-jugendhilfe
Fegert, Jörg M.; Bütow, Barbara; Fetzer, Anette E.; König, Cornelia & Ziegenhain, Ute (Hg.) (2007a). *Ich bestimme mein Leben ... und Sex gehört dazu – Geschichten zu Selbstbestimmung, Sexualität und sexueller Gewalt für junge Menschen mit geistiger Behinderung.* Ulm.
Fegert, Jörg M.; Bütow, Barbara; Fetzer, Anette E.; König, Cornelia & Ziegenhain, Ute (Hg.) (2007b). *Ich bestimme mein Leben ... und Sex gehört dazu – Begleitband für Mitarbeiterinnen und Mitarbeiter in Wohneinrichtungen für geistig behinderte junge Frauen und Männer, deren Eltern sowie deren gesetzliche Betreuerinnen und Betreuer.* Ulm.
Havemann, Meindert & Stöppler, Reinhilde (2014). *Gesundheit und Krankheit bei Menschen mit geistiger Behinderung.* Stuttgart.
Hochschule Luzern (o. J.). *Herzfroh, Sexualpädagogischen Materialien für Menschen mit kognitiven Einschränkungen, deren Angehörige und Fachpersonen.* https/insieme.ch/wp-inside/uploads/2021/03/herzfroh-flyer
Hösle, Vittorio (1997). *Moral und Politik – Grundlagen einer politischen Ethik für das 21. Jahrhundert.* München.
Insieme (2011). *Missbrauchsfall.* https://insieme.ch/news/gesundheit-und-lebensqualitaet/missbrauchsfall/
Klein, Alexandra & Schweitzer, Jann (2022). Zwei Seelen wohnen, ach! In meiner Brust ... – Digitalität und Sexualität in der Sozialen Arbeit. *Sozial Extra* 46, 20–25. Zwei Seelen wohnen, ach! in meiner Brust ... | SpringerLink
Liebetruth, J. (1999). Rückzug in eine Fantasiewelt. *Zusammen,* 5, 16–18.
Mahnke, Ursula (2000). Zwischen Selbstbestimmung und Identität. Psychologische Aspekte der integrativen Förderung bei geistiger Behinderung. *Geistige Behinderung,* 1, 40–48.

Mattke, Ulrike (2013). Sexuelle Gewalt und Traumatisierung. *Teilhabe*, 2, 80–88.
McGuire, Dennis & Chicoine, Brian (2008). *Erwachsene mit Down-Syndrom verstehen, begleiten und fördern*. Zirndorf.
Orthmann Bless, Dagmar (2014): SToRCH⁺. *Simulationstraining mit dem RealCare® Baby – Schweiz. Auch für Menschen mit Beeinträchtigungen*. Heilpädagogisches Institut der Universität Freiburg/Schweiz.
Orthmann Bless, Dagmar & Hofmann, Verena (2021). Schwangerschaften und Geburten bei Frauen mit einem Down Syndrom. In Orthmann Bless, Dagmar (Hg.). *Elternschaft bei intellektueller Beeinträchtigung*. Weinheim 2021, 51–65.
Pixa-Kettner, Ursula (1996). »*Dann waren sie sauer auf mich, daß ich das Kind haben wollte ...« Eine Untersuchung zur Lebenssituation geistigbehinderter Menschen mit Kindern in der BRD*. Baden-Baden.
Pixa-Kettner, Ursula (2007). Elternschaften von Menschen mit geistiger Behinderung in Deutschland. Ergebnisse einer zweiten bundesweiten Fragebogenerhebung. *Geistige Behinderung*, 4, 309–321.
pro familia – Deutsche Gesellschaft für Familienplanung, Sexualpädagogik und Sexualberatung e.V. (1998). *Sexualität und geistige Behinderung*. Frankfurt/M.
pro familia – Deutsche Gesellschaft für Familienplanung, Sexualpädagogik und Sexualberatung e.V. (2005). *Expertise Sexuelle Assistenz für Frauen und Männer mit Behinderungen*. Frankfurt/M.
pro familia Singen e.V. (2009). *Lieb(e) Haben – Sexualität und geistige Behinderung*. Reader zur Fachtagung. https://www.profamilia.de/fileadmin/beratungsstellen/singen/Liebe_haben-Sexualitaet_und_geistige_Behinderung_Fuer_Web.pdf
Rauh, Hellgard, Bahre, Steffen & Goetze, Herbert (2013). Der Umgang mit Sexualität und Familiengründungswünschen bei Jugendlichen mit Trisomie 21. Sicht der Jugendlichen selbst und ihrer Eltern. *Heilpädagogische Forschung*. Band XXXIX, Heft 3, 107–117.
Sandfort, Lothar (2008). Sieben Brücken, natürlich barrierefrei. Zur seelischen Architektur eines Weges durch Höhen und Tiefen. *Zusammen: Behinderte und nicht behinderte Menschen*. 5, 4–13.
Schmidt, Renate-Berenike; Sielert, Uwe & Henningsen, Anja (2017). *Gelebte Geschichte der Sexualpädagogik*. Weinheim.
Seefeld, Antje (1997). Sexualität bei Menschen mit geistiger Behinderung in ausgewählten empirischen Befunden. *Die neue Sonderschule*, 6, 433–439.
Sielert, Uwe (2005). *Einführung in die Sexualpädagogik*. Weinheim.
Sporken, Paul (Hg.) (1974). *Geistig Behinderte, Erotik und Sexualität*. Düsseldorf.
Stöppler, Reinhilde (2008). Selbstbestimmte Sexualität bei Menschen mit geistiger Behinderung. In: Nußbeck, Susanne; Biermann, Adrienne & Adam, Heidemarie (Hg.) (2008): *Sonderpädagogik der geistigen Entwicklung*. Band 4. Göttingen, 562–577.
Storm, Wolfgang (1995). *Das Down-Syndrom. Medizinische Betreuung vom Kindes- bis zum Erwachsenenalter*. Stuttgart.
Wacker, Elisabeth (1999). Liebe im Heim? *Geistige Behinderung*, 3, 241–250.
Walter, Joachim (Hg.) (2004). *Sexualbegleitung und Sexualassistenz bei Menschen mit Behinderungen*. Heidelberg.
Wilke, Ute (2003). Ich will mein Baby behalten. Down-Syndrom und Mutterschaft. In Bohnenstengel, Andreas; Holthaus, Hanni; Pollmächer, Angelika (2003*). Ich bin anders als du denkst. Menschen mit Down-Syndrom begegnen*. Würzburg, 81–83.
Wilken, Etta (2003). Pubertät, Sexualität und Partnerschaft. *Leben, Lachen, Lernen. Sonderausgabe des Vereins Down-Syndrom Österreich*. Leoben, 48–50.
Wilken, Etta (2009). *Menschen mit Down-Syndrom in Familie Schule und Gesellschaft*. Marburg.
Wilken, Udo (1998). Berufliche Eingliederung von jungen Menschen mit Down-Syndrom durch die Werkstatt für Behinderte. In Wilken, Etta (Hg.) (1998). *Neue Perspektiven für Menschen mit Down-Syndrom*. Erlangen, 238–249.
Wilken, Udo (1999). *Selbstbestimmt leben II – Handlungsfelder und Chancen einer offensiven Behindertenpädagogik*. Hildesheim.

Wilken, Udo (2007). Sexualerziehung als ganzheitliche Bildungs- und Kulturaufgaben (im Spiegel empirischer Daten zur Lebenssituation der jungen Generation). *Heilpädagogik online* 4/07, 4–37.

Wilken, Udo (2009). Perspektiven einer zukunftsorientierten Erziehung und Bildung bei Menschen mit geistiger Behinderung. *Heilpädagogik online* 3/09, 27–58.

Wunderlich, Christof (1999): *Nimm mich an, so wie ich bin. Menschen mit geistiger Behinderung akzeptieren.* Holzgerlingen.

Mit Behinderung altern – Risiken der Exklusion und Chancen gesellschaftlicher Teilhabe

Reinhilde Stöppler

Einleitung – »Der demographische Wandel«

In Deutschland zeichnet sich ein erheblicher demographischer Wandel ab; aufgrund einer konstant niedrigen Geburtsrate und einer steigenden Lebenserwartung wird die deutsche Gesellschaft zunehmend älter: Die Lebenserwartung liegt in der BRD aktuell im Durchschnitt bei 83,4 Jahren (Frauen) und 78,6 Jahren (Männer) (Statistisches Bundesamt 2021), während im Vergleich im Jahr 1900 Frauen 52,5 Jahre und Männer 46,4 Jahre alt wurden (vgl. Wurm et al. 2013, 4). Die Lebenserwartung hat sich demnach in den letzten Jahrzehnten kontinuierlich verlängert.

Auch Menschen mit Behinderungen sind Teil des demografischen Wandels. Der medizinische Fortschritt ermöglicht es immer mehr Menschen mit einer Behinderung, ihr Alter zu erleben bzw. alt zu werden. Gerade für Deutschland zeichnet sich im internationalen Vergleich eine signifikante Erhöhung der Anzahl alter Menschen mit Behinderungen ab.

Die vielzitierte UN-Behindertenrechtskonvention (UN-BRK) stellt einen Meilenstein in der Behindertenhilfe dar. Die Kernaussage lautet, dass kein Mensch über die gesamte Lebenslaufperspektive aufgrund der Art und Schwere seiner Behinderung von der gesellschaftlichen Teilhabe ausgeschlossen sein darf. Konkret bezeichnet dies die Phasen und Lebensbereiche der Frühförderung über Schule und Beruf, Wohnen und Alter. In den Artikeln 25 und 28 nimmt die UN-BRK ältere Menschen mit Behinderungen in den Fokus; sie haben z. B. das Recht auf gleichberechtigte Teilhabe am Gesundheitssystem und auf ›sozialen Schutz‹ und ›Armutsbekämpfung‹.

Nicht nur die in der UN-BRK genannten, sondern auch weitere Teilhabebereiche weisen hohe Exklusionsrisiken für ältere Menschen auf, die im Folgenden näher betrachtet werden sollen. Im Fokus stehen dabei vor allem ältere und alte Menschen mit geistiger Behinderung, die sich in einer besonders prekären Situation befinden. Bedingt durch die Vernichtungsaktionen des Hitlerregimes waren ältere Menschen mit geistiger Behinderung bis jetzt kaum vertreten. Erst nach der Zeit des Nationalsozialismus geborene Menschen mit geistigen und/oder psychischen Behinderungen hatten eine Chance, das siebte Lebensjahrzehnt zu erreichen. Folglich handelt es sich momentan in Deutschland um die erste Generation von Menschen mit geistiger Behinderung, die überhaupt alt werden kann, um »die heutigen Pioniere des Alterns« (Wacker 2000, 42).

Begriff und Altersbilder – »ageism versus antiageing«

Der Begriff des Alters impliziert vielfältige Bedeutungsdimensionen, abhängig von der jeweiligen Lebens- und Wissenschaftsperspektive (vgl. Haveman & Stöppler 2021, 19).

So gibt es verschiedene Altersbegriffe, z. B. das *chronologische oder kalendarische Alter* (die seit der Geburt vergangene Zeit); das *rechtliche Alter* (die dem kalendarischen Alter entsprechenden Rechte und Pflichten, z. B. das Wahlrecht ab dem 18. Lebensjahr); das *funktionale Alter* (das subjektive Altersgefühl, z. B. »Heute fühle ich mich alt«); das *biologische Alter* (der körperliche Zustand aufgrund biologischer Vorgänge wie z. B. Abbauprozesse des Körpers); das *soziale Alter* (die in der Gesellschaft altersspezifisch üblichen Rollen); das *geschichtliche Alter (Prägung durch* zeitgeschichtliche Ereignisse des Lebens, z. B. Weltkriege, 11. September) (vgl. ebd., 20).

Das Alter kann aus vielfältiger Perspektive gesehen werden und ist mit unterschiedlichen Altersbildern und Stereotypen besetzt. Altersbilder und -konzepte sind kultur- und sozialgeschichtlich beeinflusst und unterliegen einem Wandel. Insbesondere in westlich geprägten Gesellschaften überwiegen altersfeindliche Einstellungen, die zum Begriff des »Ageism« führten und von Vorurteilen, Diskriminierungen und negativen Stereotypen geprägt sind (vgl. Butler 1980). Dagegen gibt es z. B. in asiatischen und afrikanischen Kulturen eine positivere Einschätzung, die vor allem Stärken und Erfahrungen des alten Menschen mit Hochachtung begegnen (vgl. Buchka 2012a).

Mit dem demographischen Wandel entwickeln sich zunehmend positive Altersbilder sowie divergierende Konzepte und Strömungen wie »erfolgreiches Altern«, die vor allem die Potenziale und Ressourcen des Alters fokussieren. Das Bild vom Alter hat sich in den letzten Jahren zugunsten eines neuen »Kompetenzmodells« geändert, das vor allem Chancen des Alters betont (vgl. Munimus 2013, 58). Schon im 5. Altenbericht der Bundesregierung (2009) wird eine »altenfreundliche« Kultur gefordert und betont, das Alter verstärkt als Herausforderung anzunehmen. Die Generali Altersstudie (2013) stellt dar, dass sich ein großer Teil der älteren Menschen um ca. 10 Jahre jünger fühlt. Allerdings stellt die Gruppe der älteren Menschen eine sehr heterogene Gruppe dar, im Alter sind nicht alle gleich, sondern unterscheiden sich bzgl. Gesundheit, Vermögen etc. (vgl. Munimus 2013, 58).

So wird in der Gerontologie aktuell zwischen einem sogenannten »Dritten Lebensalter« und einem sogenannten »Vierten Lebensalter« differenziert. Das »Dritte Lebensalter« ist von physischen und psychischen Kompetenzen gekennzeichnet, in der die sogenannten »best ager«, die »silver society« vielfältige neue Möglichkeiten der freien Zeitgestaltung erleben (vgl. Stöppler & Thümmel 2020, 377). Dagegen wird das »Vierte Lebensalter« (ab ca. 85 Jahren) von einer erhöhten Verletzlichkeit, resultierend aus erhöhter Pflegebedürftigkeit und Prävalenz von Krankheiten etc., bei gleichzeitiger Abnahme der Kompensationsfähigkeit der Beeinträchtigungen, geprägt (vgl. Kruse 2012, 37).

Menschen mit (geistigen) Behinderungen sind von den aufgeführten positiven Trends und dem Bild der fitten jungen Alten weit entfernt; dagegen überwiegen negative und diskriminierende Bewertungen. Sie entsprechen eher der Passung für den Personenkreis des sogenannten »Vierten Lebensalters« (vgl. Dederich 2010, 109). Obgleich sie nicht anders altern als nichtbehinderte Menschen und der Alterungsprozess in vielen Dimensionen vergleichbar ist, weist das Altern bei Menschen mit Behinderungen zusätzliche Exklusionsrisiken auf, die der folgende Überblick aufzeigen soll.

Teilhaberisiken im Alter

Übergang in den Ruhestand

Der Anteil der älteren Menschen mit Behinderungen, die in den Werkstätten für behinderte Menschen (WfbM) arbeiten, hat in der BRD in den letzten Jahren zugenommen. Als Konsequenz werden immer mehr Menschen mit Behinderungen in den Ruhestand eintreten müssen. Dieser Tatbestand führt wie bei nichtbehinderten Menschen zu unterschiedlichen Reaktionen: die einen freuen sich über das Ausscheiden aus dem Arbeitsleben und den damit verbundenen Freiheiten und Optionen, die anderen fürchten sich aufgrund der damit verbundenen Veränderungen (Verlust der sozialen Kontakte, fehlende Tagesstrukturierung, Einschränkung im Gehalt etc.).

Während man bei Menschen ohne Behinderungen heute häufig vom »Unruhestand« statt vom »Ruhestand« spricht und die nachberufliche Phase als »späte Freiheit« beschreibt, werden diese Begrifflichkeiten bei Menschen mit Behinderungen nicht ansatzweise genannt. Menschen mit Behinderung scheinen nicht zu den fitten jungen Alten zu gehören, die in den »Unruhestand« gehen und z. B. zu »Silver workern« werden.

Das Ausscheiden aus dem Berufsleben, das in der Regel in der Werkstatt für behinderte Menschen stattfindet (WfbM), stellt für die Betroffenen oftmals eine besonders belastende Situation dar. Menschen mit Behinderungen verlieren plötzlich den Mittelpunkt ihres Lebens. Die besonderen Lebensumstände, vor allem ihre biografischen Erfahrungen, ihr soziales Eingebundensein und ihre materielle Lage begünstigen das Risiko einer schlechteren Bewältigung der Krisensituation (vgl. Haveman & Stöppler 2021, 117). Der individuelle Übergang in den Ruhestand ist abhängig von verschiedenen Faktoren wie Mobilität, Freizeitangebote, soziale Kontakte, Gesundheit (vgl. Gusset-Bährer 2004). Er wird besonders problematisch bei niedriger Rente, früherem und erzwungenem Pensionierungszeitpunkt, mangelndem außerberuflichem Engagement bei gleichzeitiger Fixierung auf den Beruf und nicht fortzuführenden oder ersetzbaren Sozialkontakten (vgl. Saup et al. 1995).

Freizeit

Die Verkürzung der Arbeitszeit oder das Ausscheiden aus dem Berufsleben verschafft älteren Menschen mit Behinderungen schon rein quantitativ mehr Freizeit. Die Freizeitgestaltung spielt folglich eine große Rolle, da sie den aus dem Berufsleben ausgeschiedenen Menschen eine Tagesstruktur bietet und durch die verschiedenen Aktivitäten nachberufliche Einsamkeit zu verhindern versucht (vgl. Haveman 2000, 167). Auf dem Weg zu einem reichhaltigen und auf den Personenkreis abgestimmten Freizeitangebot sind aber noch einige Hürden finanzieller, personeller, organisatorischer und rechtlicher Art zu nehmen (vgl. Haveman & Stöppler 2021, 155 ff.).

Es ist davon auszugehen, dass die von älteren Menschen mit Behinderungen gewünschten Freizeitaktivitäten sich nicht von denen nicht behinderter Menschen unterscheiden: Fernsehen, Musik hören, Spazieren gehen, Bummeln, Reisen, Essen gehen, Entspannen, Konzertbesuche, Picknicke/Grillen und Freunde/Familie besuchen (vgl. Haveman & Stöppler 2021, 162 ff.). Auch Lindmeier (2010, 284) nennt im Rahmen einer Befragung von behinderten alten Menschen ähnliche Hobbies, wie Handarbeiten, Modelleisenbahnen, Fotografieren, Verreisen, Sport, Musik hören, Fernsehen, Freunde treffen, Einkaufen, wobei besonderer Wert auf die Selbstbestimmung gelegt wird. Auch ältere Menschen mit geistiger Behinderung sind weniger bewegungsaktiv; insbesondere im Ruhestand fällt das Sportangebot der Werkstätten für behinderte Menschen weg (vgl. Stöppler 2017, 123).

Die Freizeit bei älteren Menschen mit Behinderungen unterliegt vielfältigen Einflussfaktoren bzw. Teilhaberisiken. Zu den Faktoren, die das Freizeitverhalten von älteren Menschen mit geistiger Behinderung erschweren können, sind vor allem Mobilitätseinschränkungen, gesundheitlicher Zustand und finanzielle Mittel zu zählen. Ein weiterer relevanter Faktor besteht darin, dass die jetzige Generation älterer Menschen, vor allem mit geistiger Behinderung, nie die Option hatte, den Tag selbstständig zu gestalten (vgl. Hermann 2006). Insbesondere für institutionell lebende Personen gab es kaum selbstbestimmte Freiräume, alle Aktivitäten waren fremdbestimmt und fanden in der Einrichtung vor Ort statt (vgl. Stöppler 2012, 6).

Des Weiteren können die alltäglichen Pflege- bzw. Versorgungsmaßnahmen und rehabilitative Leistungen (Therapien u. ä.) einen erheblichen Zeitaufwand erfordern, der die insgesamt zur Verfügung stehende Freizeit erheblich reduziert (vgl. Markowetz 2000, 23).

Wohnen

Die Wohnung nimmt im Alter nach Eintritt in den Ruhestand einen zentralen Bezugspunkt im Leben ein. Ältere Menschen mit geistiger Behinderung wohnen aktuell in unterschiedlichen Wohnformen, wobei grundsätzlich zwischen voll- und teilstationären Wohnformen unterschieden werden kann (vgl. Stöppler & Thümmel 2020, 381). Im Vergleich zu nichtbehinderten Menschen, die zu einem geringeren Prozentsatz in einem Heim leben (vgl. Metzler & Rauscher 2004, 119), wohnt der Großteil der Menschen mit geistiger Behinderung im Alter in besonderen Wohnformen der Behindertenhilfe. Die Anzahl der älteren Menschen in den Einrichtungen der Behindertenhilfe wird immer mehr anwachsen. Im stationären Wohnen wird der Anteil der Bewohnerinnen und Bewohner mit 60 Jahren und älter von 16 % auf 50 %, im ambulanten Wohnen wird der Anteil von 7 % auf 36 % ansteigen (vgl. Teilhabebericht 2013, 368).

Ältere Menschen mit Behinderungen verfügen bei der Bestimmung des Wohn- und Lebensortes nur über eingeschränkte Wahlmöglichkeiten, wobei das derzeitige Angebot an gemeinwesenintegrierten Wohnformen bei weitem nicht den vorhandenen Bedarf abdeckt. Mitbestimmungsrechte bei der Wahl des Wohnortes, der Zusammensetzung der Wohngruppe oder der Mitbewohner im Zimmer sind oftmals nur eingeschränkt oder überhaupt nicht vorhanden.

Soziale Netzwerke

Älterwerden geht bei Menschen mit und ohne Behinderungen häufig mit einer Abnahme der sozialen Kontakte einher (vgl. Hermann 2006, 236). Nichtbehinderte Menschen verfügen oftmals über alterstypische Netzwerke wie Partnerinnen und Partner, Kinder, Enkel, Freundeskreis, ehemalige Kolleginnen und Kollegen etc. Menschen mit Behinderungen haben diese Optionen oftmals nicht, da sie seltener eine Familie gegründet haben (vgl. Haveman & Stöppler 2021, 143).

Der Aufbau von privaten und beruflichen Netzwerken war und ist u. U. erschwert, sie hatten und haben weniger Möglichkeiten, Freundeskreise, Vereins- und Berufskontakte aufzubauen. Das ohnehin reduzierte soziale Netzwerk von Menschen mit Behinderungen verringert sich im Alter in den meisten Fällen noch mehr, insbesondere bei institutionell Lebenden, auf die beiden Gruppen der Mitbewohnerinnen und Mitbewohner und den Mitarbeiterinnen und Mitarbeitern. Bei häufigen Wechseln der Betreuerinnen und Betreuer wird keine stabile und intensive Sicherheit in diesen sozialen Kontakten gegeben (vgl. Stöppler 2006, 133).

Bildung

Das Recht auf lebenslange Bildung gilt ebenfalls für alte Menschen mit Behinderungen. Auch im Alter spielen Lernen und Bildung eine zentrale Rolle, um vorhandene Kompetenzen zu erhalten, fehlende zu kompensieren und neue Betätigungsfelder und Bewältigungsstrategien zu entwickeln. Die lebenslange Lernfähigkeit wird z. B. durch die Plastizität des Gehirns belegt, die bis in das höhere Alter hinein besteht, wenn auch nicht in dem Umfang wie in der frühen Kindheit. Auch in späteren Lebensphasen können sich neue neuronale Strukturen bilden (vgl. Speck 2009, 18; vgl. Stöppler 2017, 122).

Ein positives Beispiel für die Bildung von älteren Menschen mit geistiger Behinderung stellt der Lehrgang »Selbstbestimmt Älterwerden« (Haveman & Heller 2019) dar; es handelt sich um eine zum zweiten Mal vollständig überarbeitete deutsche Fassung des in den USA entstandenen und international erprobten Trainingsprogrammes »Person-centered planning for older adults with mental retardation« (vgl. Heller et al. 1996; Haveman et al. 2000). Ziel ist es, Menschen mit geistiger Behinderung in verschiedenen Lektionen mit den Themen ›Wählen und Entscheiden‹, ›Rechte und Pflichten‹, ›Gesundheit und Wohlbefinden‹, ›Freizeitaktivitäten‹, ›Arbeit und Ruhestand‹, ›Freundschaft und soziale Netzwerke‹, ›Wohnen‹ etc. auf das Altern vorzubereiten und eine Vorstellung davon zu entwickeln, was Alter für sie selbst bedeutet. Ergebnisse internationaler Evaluationsstudien zeigen, dass Lernerfolge vor allem in den Bereichen erzielt wurden, die auf niedrigem bis mittlerem Abstraktionsniveau ansetzen und direkt in der individuellen Lebenssituation umgesetzt werden können (vgl. Haveman & Stöppler 2021). Zum anderen sei auf die Konzepte von Rimmer (1997): »Ageing, Mental Retardation and Physical Fitness« und das Programm der Freizeit- und Bildungskonsulenten in den Niederlanden hingewiesen.

Gesundheit

Die skizzierten Teilhaberisiken erfahren durch einen schlechten Gesundheitszustand weitere Beeinträchtigungen. Mit fortschreitendem Alter nimmt das Risiko für Krankheit und Sterben zu. Vor allem chronische Krankheiten treten bei älteren Menschen mit geistiger Behinderung im Vergleich mit der allgemeinen Bevölkerung häufiger auf; dies liegt vor allem daran, dass Erkrankungen oftmals gar nicht oder erst viel später erkannt und behandelt werden, was schnell zu Multimorbidität führen kann. Zu nennen sind hier Beeinträchtigungen des Sehens und Hörens, des Stütz- und Bewegungsapparates, des Herz- und Kreislaufsystems, des Verdauungssystems, der Nieren und Blase, der Geschlechtsorgane, der Schilddrüse, des Immunsystems sowie Hepatitis und Polypharmacie (vgl. Haveman & Stöppler 2021, 70 ff.; vgl. Stöppler 2009, 2).

Erschwerend kommt hinzu, dass Kommunikationsbarrieren und Einschränkungen der Selbstwahrnehmung dazu führen können, dass Funktionsstörungen im psychischen wie im physischen Bereich gar nicht oder zu spät festgestellt werden. Häufig werden Anzeichen von Gesundheitsproblemen seitens der Angehörigen oder der Betreuer primär auf die geistige Behinderung des Menschen zurückgeführt (vgl. Ding-Greiner & Lang 2004). Dies gilt auch bei ersten Anzeichen einer Demenzerkrankung. Die Häufigkeit von psychischen Störungen bei älteren, über 65 Jahren alten Menschen mit geistiger Behinderung wird mit 25 bis 30 % angegeben (vgl. Theunissen 2000, 56 f.). Insbesondere bei Menschen mit kognitiven Einschränkungen sind entsprechende Diagnosen problematisch, denn übliche neuropsychologische Testverfahren sind bei diesem Personenkreis nicht ohne weiteres anwendbar.

Das medizinische Regelversorgungssystem wird aufgrund vielfältiger Barrieren den speziellen Anforderungen von Menschen mit geistiger Behinderung überwiegend noch nicht gerecht (vgl. Stöppler & Klamp-Gretschel 2019, 19).

Teilhabechancen im Alter

Der demografische Wandel bringt nicht nur Probleme, sondern auch Chancen mit sich, neue Wege zu gehen. Grundsätzlich gilt, dass ältere und alte Menschen mit Behinderungen die gleichen Grundbedürfnisse nach Wahrung der eigenen Identität, relativer Selbstständigkeit, der Möglichkeit einer sinnvollen Beschäftigung und Teilhabe am sozialen Leben in der Gemeinschaft wie nichtbehinderte alte Menschen auch haben. Sie haben ein Recht, in Würde unter Respektierung der Einmaligkeit ihrer Persönlichkeit alt zu werden und neue Kompetenzen zu erwerben (vgl. Stöppler 2012, 6). Das bedeutet, dass sich das System der Behinderten- und Altenhilfe in den nächsten Jahren verändern muss, um den Erfordernissen speziell dieses Personenkreises gerecht werden zu können.

Um die aufgezeigten hohen Exklusionsrisiken der »neuen Alten« zu vermindern und Chancen der Teilhabe zu verbessern, gibt es vielfältige geragogische Herausforderungen in Betreuung, Bildung, Rehabilitation und Pflege dieses Personenkreises.

Aufgrund der demographischen Entwicklung und insbesondere der Zunahme krankheitsbedingter Behinderungen sollten präventions- und gesundheitsfördernde Konzepte für ältere Menschen vermehrt fokussiert werden (vgl. Haveman & Stöppler 2021).

Zur besseren Vorbereitung auf den Ruhestand gilt es, neben individuellen und bedürfnisgerechteren Übergangslösungen, vor allem Informationen über Bedeutung, Chancen und Probleme des Ruhestandes rechtzeitig zu vermitteln, denn aus Informiertheit von Menschen mit Behinderungen über den Ruhestand resultiert eine positivere Einstellung (vgl. Gusset-Bährer 2004). Zur Vorbereitung und für den Übergang in die nachberufliche Zeit gibt es vielfältige Methoden, z. B. reduzierte Arbeitszeiten, spezielle Arbeitsgruppen sowie entsprechende Bildungsangebote (vgl. Haveman & Stöppler 2021, 120). Eine erfolgversprechende Vermittlung entsprechender Informationen kann z. B. durch Lehrgänge wie »Selbstbestimmt Älterwerden« erfolgen.

Um alten Menschen mit Behinderungen auch im Alter ein selbstbestimmtes Wohnen und Leben zu ermöglichen, müssen neue Konzeptionen geschaffen werden, die den Bedürfnissen dieses Personenkreises gerecht werden können. Vor allem geht es nicht nur um Schutz und reibungslose Organisationsabläufe, sondern um Selbstbestimmung und Teilhabe. Daher sollten individuelle Wünsche und Belange bezüglich Wohnform und Ausstattung, Wohngruppenzusammensetzung, Wohnlage und Wohnumgebung, Rückzugsmöglichkeiten, sozialen Beziehungen, Alltagsgestaltung und Freizeitaktivitäten sowie der Assistenzangebote von oberster Priorität sein. Dabei rückt die Teilhabe im Sozialraum zunehmend in den Mittelpunkt. Das Konzept der Sozialraumorientierung zielt darauf ab, Diskriminierung im Gemeinwesen abzubauen, neue Erfahrungsräume sowie regionale Unterstützungsangebote zu entwickeln, und zwar unter Berücksichtigung folgender Prinzipien: Orientierung an den Interessen und am Willen, Unterstützung von Eigeninitiative und Selbsthilfe, Konzentration auf die Ressourcen des Menschen und des Sozialraumes, Zielgruppen- und bereichsübergreifende Sichtweise, Kooperation und Koordination (vgl. Stöppler & Thümmel 2020, 384 f.).

Neuere Wohn- und Lebenskonzeptionen sollten individuelle Bedürfnisse und Wünsche, die die Wohnform, -lage, -umgebung, Freizeitgestaltung, soziale Beziehungen etc. betreffen, berücksichtigen (vgl. Stöppler 2006, 133) und eine selbstständige und -bestimmte Lebensführung ermöglichen.

Zur Gestaltung der Freizeit wäre eine Erweiterung der Programmvielfalt wünschenswert, z. B. durch Partizipation und Kooperation mit den Angeboten der regionalen Altenhilfe, u. a. mit Partnern von Gesundheits-, Sozial- und Seniorenverbänden und in neuen Settings, um ein differenzierteres Spektrum an internen und auch externen Möglichkeiten der Alltags- und Freizeitgestaltung anzubieten.

Soziale Netzwerke können durch die Vermittlung sozialer Kompetenzen (Aufbau und Aufrechterhaltung von Freundschaften), Ermöglichung der Aufrechterhaltung der Kontakte zu früheren Kolleginnen und Kollegen sowie Betreuerinnen und Betreuern aus der Werkstatt für behinderte Menschen und einer Erweiterung der Kontaktmöglichkeiten außerhalb des Wohnbereichs etc. aufgebaut und stabilisiert werden.

Da nicht alle Kinder heute Kontakt zu älteren Menschen haben, gilt es, zunehmend Projekte mit generationsübergreifenden Begegnungen zwischen jungen und alten Menschen zu fokussieren. In diesen Modellen mit Lese-, Lern-, Erzähl-, Ausflugs-, Praktikumspaten (vgl. Schuck 2012, 20 ff.) bieten z. B. ältere Menschen Vorlesestunden in integrativen Kindertagesstätten an oder Kinder aus Kindertagesstätten besuchen ältere Menschen in Seniorenheimen. Entsprechende Begegnungen der Generationen mit Vorlesen und Spielen von Gesellschaftsspielen etc. sind auch für Einrichtungen der Behindertenhilfe wünschenswert. Ziel ist es, anhand unterschiedlicher Themen, Begegnungen zwischen Jung und Alt zu fördern und generationsübergreifendes Lehren und Lernen anzubieten (vgl. Buchka 2012b, 29 ff.).

Alle genannten Teilhabechancen sollten sich vor allem den Leitideen ›Wahrung der Würde‹, ›Selbstbestimmung‹, ›Partizipation‹ und ›Inklusion‹ verpflichtet sehen, um individuelles Altern von Menschen mit Behinderung, das von Kompetenz- und Lebensqualitätsverlusten und hohen Exklusionsrisiken bedroht ist, zu stützen und zu fördern.

Literatur

Butler, Robert N. (1980). Ageism: A foreword. *Journal of Social Issues* 36, S. 8–11.
Buchka, Maximilian (2012a). Das Altersbild in der Gesellschaft. Zum Wandel der Bedeutung des Alters und alter Menschen aus sozial- und literaturgeschichtlicher Sicht. *Lernen konkret*, 1, Altersbegegnungen, 2–5.
Buchka, Maximilian (2012b): Generationsübergreifende Begegnungen zwischen Jung und Alt. *Lernen konkret*, 1, Altersbegegnungen, 29–30.
Bundesministerium für Arbeit und Soziales (2013). *Teilhabebericht der Bundesregierung über die Lebenslagen von Menschen mit Beeinträchtigungen. Teilhabe – Beeinträchtigung – Behinderung.* http://www.bmas.de/SharedDocs/Downloads/DE/PDF-Meldungen/2013-07-31-teilhabebericht.pdf;jsessionid=0502EBEC34F99EE0C235D3BF9CBDF921?__blob=publicationFile [01.10.13].
Bundesministerium für Familie, Senioren, Frauen und Jugend (2005). *Fünfter Bericht zur Lage der älteren Generation in der Bundesrepublik Deutschland. Potenziale des Alters in Wirtschaft und Gesellschaft. Der Beitrag älterer Menschen zum Zusammenhalt der Generationen.* http://www.bmfsfj.de/RedaktionBMFSFJ/Abteilung3/Pdf-Anlagen/fuenfter-altenbericht,property=pdf,bereich=bmfsfj,sprache=de,rwb=true.pdf [01.10.13].
Dederich, Markus (2010): Zur medialen Repräsentation alter behinderter Körper in der Gegenwart. In Mehlmann, Sabine & Ruby, Sigrid (Hg.). *»Für Dein Alter siehst du gut aus!« Von der Un/Sichtbarkeit des alternden Körpers im Horizont des demografischen Wandels. Multidisziplinäre Perspektiven.* Bielefeld, Transcript, 107–122.
Ding-Greiner, Christina & Lang, E. (2004). Alternsprozesse und Krankheitsprozesse – Grundlagen. In: Kruse, Andreas & Martin, Mike (Hg.). *Enzyklopädie der Gerontologie.* Bern, Huber, 182–206.
Generali Zukunftsfonds & Institut für Demoskopie Allensbach (Hg.) (2012). *Generali Altersstudie 2013.* Frankfurt am Main, 532.
Gusset-Bährer, Sinikka (2004). *»Dass man das weiterträgt, was älteren Menschen mit geistiger Behinderung wichtig ist.« – Ältere Menschen mit geistiger Behinderung im Übergang in den Ruhestand.* Dissertation an der Fakultät für Verhaltens- und Empirische Kulturwissenschaften der Ruprecht-Karls-Universität Heidelberg.
Haveman, Meindert (2000). Freizeit im Alter. Grundlagen und empirische Forschungsergebnisse. In Bundesvereinigung Lebenshilfe für Menschen mit geistiger Behinderung e.V. (Hg.). *Persönlichkeit und Hilfe im Alter. Zum Alterungsprozess bei Menschen mit geistiger Behinderung.* 2. erweiterte Auflage. Marburg, Lebenshilfe-Verlag, 164–179.
Haveman, Meindert; Michalek, Sabine; Hölscher, Petra & Schulze, Marco (2000). Selbstbestimmt älter werden. Ein Lehrgang für Menschen mit geistiger Behinderung zur Vorbereitung auf Alter und Ruhestand. *Geistige Behinderung* 1, 56–62.
Haveman, Meindert & Stöppler, Reinhilde (2021): Altern mit geistiger Behinderung. Grundlagen und Perspektiven für Begleitung, Bildung und Rehabilitation. 3., überarbeitete und erweiterte Auflage. Kohlhammer, Stuttgart.
Heller, Tamar; Factor, Alan; Stern, Harvey & Sutton, Evelyn (1996). Impact of person-centered later life planning training program for older adults with mental retardation. *Journal of Rehabilitation*, Jan./Feb./Mar., 77–81.
Hermann, Jochen (2006). Normales Altern unnormal? Ruhestand in der stationären Behindertenhilfe. *Geistige Behinderung* 3, 229–240.
Kruse, Andreas (2012). Entwicklung im sehr hohen Alter. In Kruse, Andreas; Rentsch, Thomas & Zimmermann, Harm-Peer (Hg.). *Gutes Leben im hohen Alter: Das Altern in seinen Entwicklungsmöglichkeiten und Entwicklungsgrenzen verstehen.* Heidelberg, Akademische Verlagsgesellschaft AKA, 33–62.
Lindmeier, Bettina (2010). Anders Alt? Erwartungen von Menschen mit geistiger Behinderung an ihren Ruhestand. In Schildmann, Ulrike (Hg.). *Umgang mit Verschiedenheit in der Lebensspanne.* Bad Heilbrunn, Klinkhardt, 280–287.

Markowetz, Reinhard (2000). Freizeit von Menschen mit Behinderungen. In: Markowetz, Reinhard & Cloerkes, Günther (Hg.). *Freizeit im Leben behinderter Menschen: Theoretische Grundlagen und sozialintegrative Praxis.* Heidelberg, Schindele, 9–38.

Metzler, Heidrun & Rauscher, Christine (2004). Wohnen und selbstbestimmtes Leben im Alter. In: Berghaus, Helmut C.; Bermond, Heike & Knipschild, Marcella (Hg.). *Aufeinander zugehen, miteinander umgehen, voneinander lernen.* Vorträge und Arbeitsberichte der 12. Tagung »Behinderung und Alter. Köln, «. Kuratorium Deutsche Altershilfe, 116–126.

Munimus, Bettina (2013). Ältere – Taktgeber in der alternden Gesellschaft? APuZ, 4–5, Alternde Gesellschaft, 57–62.

Rimmer, James H. (1997). *Aging, Mental Retardation and Physical Fitness.* http://www.rrtcadd.org/resources/Resources/Publications/Health-promotion/Briefs-&-Reports/500.011-agingMRphysical-fitness.pdf [01.10.13].

Saup, Winfried & Mayring, Philipp (1995). Pensionierung. In Oerter, Rolf & Montada, Leo (Hg.): *Entwicklungspsychologie.* 3. überarbeitete und erweiterte Auflage. Weinheim, Beltz.

Schuck, Heiko (2012). »Bist du nicht zu alt für die Schule!? « Begegnungen im Unterricht zwischen Jung und Alt unter freizeitperspektivischen Aspekten. *Lernen konkret,* 1, Altersbegegnungen, 20–23.

Speck, Otto (2009). *Hirnforschung und Erziehung. Eine pädagogische Auseinandersetzung mit neurobiologischen Erkenntnissen.* München, Ernst Reinhardt.

Statistisches Bundesamt (2021). *Lebenserwartung.* https://www.destatis.de/DE/Themen/Gesellschaft-Umwelt/Bevoelkerung/Sterbefaelle-Lebenserwartung/_inhalt.html

Stöppler, Reinhilde (2006). Beeinträchtigungen und Behinderung im Alter. In: Hansen, Gerd & Stein, Roland (Hg.). *Kompendium Sonderpädagogik.* Bad Heilbrunn, Klinkhardt, 126–137.

Stöppler, Reinhilde (2009). Hauptsache gesund!? Gesundheitsförderung bei Menschen mit geistiger Behinderung. *Lernen konkret,* 2, Hauptsache gesund!? Gesundheitsförderung in der Schule mit dem Förderschwerpunkt Geistige Entwicklung, 2–4.

Stöppler, Reinhilde (2012). Die »neuen Alten«. Geragogische Herausforderungen bei Menschen mit geistiger Behinderung. *Lernen konkret,* 1, Altersbegegnungen, 6–9.

Stöppler, Reinhilde (2017, 2. Aufl.). *Einführung in die Pädagogik bei geistiger Behinderung.* München, Ernst Reinhardt.

Stöppler, Reinhilde & Klamp-Gretschel, Karoline (Hg.) (2019). *Ressourcen nutzen gesund bleiben! Gesundheitsbildung bei Menschen mit geistiger Behinderung.* Verlag modernes lernen, Dortmund.

Stöppler, Reinhilde & Thümmel, Ingeborg (2020). »Da geht noch was?« – Ressourcen des Alterns bei Menschen mit geistiger Behinderung. *Sonderpädagogische Förderung heute,* 4, 377–388.

Theunissen, Georg (2000). Alte Menschen mit geistiger Behinderung und Demenz. In Bundesvereinigung Lebenshilfe für Menschen mit geistiger Behinderung e.V. (Hg.). *Persönlichkeit und Hilfe im Alter. Zum Alterungsprozess bei Menschen mit geistiger Behinderung.* 2., erweiterte Auflage. Marburg, Lebenshilfe-Verlag, 54–92.

Wacker, Elisabeth (2000). Altern in der Lebenshilfe – Lebenshilfe beim Altern. Lebenslage und Unterstützungsformen. In Bundesvereinigung Lebenshilfe für Menschen mit geistiger Behinderung e.V. (Hg.). *Persönlichkeit und Hilfe im Alter. Zum Alterungsprozess bei Menschen mit geistiger Behinderung.* 2. erweiterte Auflage. Marburg, Lebenshilfe-Verlag, 23–45.

Wurm, Susanne; Berner, Frank & Tesch-Römer, Clemens (2013). Altersbilder im Wandel. *APuZ,* 4–5, Alternde Gesellschaft, 3–8.

Begleitung in der letzten Lebensphase im Alter: Zur Rolle der Geschwister

Barbara Jeltsch-Schudel

Einleitung

Allen Lebewesen gemein ist, dass ihr Leben endlich ist, d.h. gerahmt wird vom Lebensbeginn und vom Lebensende. Sowohl beim Anfang wie auch beim Ende sind Unsicherheiten und Unklarheiten festzustellen: Die Frage, wann menschliches Leben beginnt, ist genauso umstritten, wie jene danach, wie das Ende menschlichen Lebens, der Tod, genau zu fassen sei. Mit dem Lebensbeginn und ebenso mit dem Lebensende beschäftigen sich mehrere Disziplinen und Professionen, die aus sehr differenten Perspektiven ihre Fragestellungen formulieren, was zu sehr unterschiedlichen Antworten und Aufgaben führt.

Mit seiner Endlichkeit hat sich der Mensch seit jeher auseinandergesetzt und diese wird auch in allen Kulturen (wenn auch durchaus unterschiedlich) thematisiert. Allerdings wird der Tod in unserer westlichen Gesellschaft tabuisiert, findet die Beschäftigung mit ihm zumeist in einer verdeckten Form statt. Viele Anstrengungen werden unternommen, um ein gutes Leben zu führen: ein bequemes, plan- und gestaltbares Leben nach eigenem Gusto, ohne Krankheiten, Leiden und Einschränkungen, ohne Alter und Beschwerden, und wenn möglich mit Aussicht auf ein ewiges oder mindestens sehr langes angenehmes Leben.

In diesem Beitrag wird dieses Tabu aufgegriffen. Es geht um die letzte Lebensphase, eine Phase, die mit absoluter Gewissheit mit dem Tod endet. Wie lange sie dauert, wann im Laufe des Lebens sie durchlebt wird, ist jedoch ungewiss. Ob sie gleich nach dem Lebensbeginn durchlaufen wird oder in der Blüte des Lebens, vielleicht in abrupter Weise, oder im Alter beginnt, ist letztlich ebenso unvorhersehbar wie ihre Dauer. Ob der Mensch, der stirbt, seinen Tod vorausahnt oder von ihm überrascht wird, ist ebenfalls ungewiss und nicht voraussagbar. Wann der Sterbeprozess beginnt und mit welchen Kriterien der Tod festgestellt wird, hängt auch mit der (professionellen) Perspektive der Begleitenden zusammen.

Diese Vielfalt von Themen, die mit Sterben und Tod zusammenhängt, bildet gewissermaßen den großen Rahmen dessen, worauf die folgenden Ausführungen zurückgreifen. Es geht um die letzte Lebensphase von Menschen mit Behinderungen im Alter und um ihre Angehörigen. Zunächst werden, in eher informativer Absicht, einige Begrifflichkeiten und Aspekte dargestellt, die im Zusammenhang mit Sterben, Sterbebegleitung und Tod gebräuchlich sind und alle Menschen betreffen, Menschen mit Behinderungen eingeschlossen. Die darauffolgenden Ausführungen beschäftigen sich mit der Situation Angehöriger. Die Lebenskontexte und -bedingungen von Familien mit Kindern mit Behinderungen waren anders in den 1950er-Jahren als heute, was für die Begleitung in der letzten Lebensphase im Alter wesentlich ist, gerade auch für die Kommunikation zwischen den Angehörigen und Fachpersonen (die möglicherweise einer ganz anderen Generation angehören). Da es zu diesen Themen kaum Fachliteratur und nur sehr spärliche empirische Studien gibt, greife ich auf Berichte und Geschichten zu Sterben und Tod zurück, die auf Erfahrungen »Betroffener« beruhen und einzigartig sind.

Letzte Lebensphase: Einführende Informationen

Menschen sind auf andere Menschen angewiesen, im Leben und im Sterben. Die letzte Lebensphase ist oft geprägt von Beschwerden und Krankheiten, von vermehrtem Angewiesensein auf Unterstützung, von stärker werdender Abhängigkeit in der Alltagsgestaltung. Den begleitenden Menschen (Angehörigen, Fachpersonen) entstehen damit sich verändernde Aufgaben: Die Begleitung von alternden Menschen, die relativ selbständig sind, wird immer mehr zur Betreuung wegen zunehmendem Unterstützungsbedarf und mündet schließlich in Pflege, die erst für alltägliche, dann immer mehr auch für existentielle Verrichtungen (wie Eingeben der Nahrung, Körperhygiene u. a. m.) notwendig wird.

Der Lebensraum des Menschen in der letzten Lebensphase verringert sich, zusammenhängend etwa mit motorischen Veränderungen, die weniger Bewegungsfreiheit ermöglichen, mit geringerem Interesse an Aktivitäten und mit steigendem Ruhebedürfnis.

Weitere mit dem Altern einhergehende Veränderungen wie des Seh- und Hörvermögens und des Gedächtnisses prägen auch die letzte Lebensphase, verstärken sich möglicherweise. Krankheiten und Unfälle (beispielsweise Stürze) tragen ebenfalls dazu bei, dass gewohnte Strukturen zunehmend den vorhandenen, sich wandelnden Möglichkeiten angepasst werden müssen (Haveman & Stöppler 2010, 2014, auch Stöppler in diesem Band).

In dieser für jeden Menschen herausfordernden Lebensphase, seiner letzten, ist Begleitung und Unterstützung durch andere Menschen notwendig. Diese umfasst mehrere Bereiche und setzt Kommunikation und Kooperation unterschiedlicher Personen voraus. Dazu gehören Angehörige ebenso wie Fachpersonen verschiedenster Provenienz. Borasio (2012) sieht folgende Schwerpunkte: medizinische Therapie, psychosoziale Betreuung und spirituelle Begleitung. Als erstes nennt er indes die Kommunikation. Eine Kommunikation, die für alle Begleitenden herausfordernd und schwierig ist. Dies in verschiedenen Belangen: Die Verständigung kann erschwert und ungewohnt sein, vielleicht nicht (mehr) verbal geführt werden (siehe dazu Jeltsch-Schudel: »Verständigung und Verstehen: Herausforderungen an Jugendliche in der Adoleszenz, ihre Eltern und Fachpersonen« in diesem Band). Und es gilt, sich mit existentiellen Themen zu beschäftigen, mit Themen, die einen auch selber betreffen werden und die man oft lieber von sich schiebt.

Dazu gehören nicht nur der Tod, sondern vor allem das *Sterben.* Ängste vor diesem Prozess, Schmerzen, Ungewissheit, was noch kommt, betreffen die sterbende Person und mit ihr jene, die sie begleiten und sich auf sie einzulassen bereit sind. Trauer über den Abschied, Umgehen mit dem Loslassen sind wesentliche Themen in der Begleitung, geht es doch gleichzeitig auch darum, dass Menschen, solange sie leben, zugehörig zu anderen Menschen sind.

Raupach (1999, 110–119) fasst dies so:

»Du gehörst zu uns« – Integrationsarbeit für die Sterbenden in der Gemeinschaft der Lebenden

»Du darfst gehen, musst nicht auf uns warten oder etwas für uns leisten« – Geleitarbeit für die Sterbenden hinaus aus der Gemeinschaft der Lebenden

»Wir lassen Dich los und übergeben dich dem anderen Weg« – spirituelle Aufgabe des Hinübergeleitens der Sterbenden in das ›ganz Andere‹.

Die Begleitung in der letzten Lebensphase wird auch *Sterbebegleitung* genannt. Dieser Begriff ist nicht zu verwechseln mit jenem der *Sterbehilfe.* Für die Thematik dieses Beitrages ist die Kenntnis der verschiedenen Bedeutungen von Sterbehilfe wichtig, weil er mit Entscheidungen zusammenhängt, die in der letzten Lebensphase getroffen werden. Hier werden die Definitionen des Bundesamtes für Justiz (Version 2022) aus der Schweiz zitiert. Die ebenfalls zitierten rechtlichen Konsequenzen beziehen sich auf die Schweiz, zeigen die Bedeutsamkeit des jeweiligen Begriffs. In anderen Ländern ist das Verständnis weitgehend gleich (die rechtlichen Folgen sind länderspezifisch):

Direkte aktive Sterbehilfe
Gezielte Tötung zur Verkürzung der Leiden eines anderen Menschen. Der Arzt oder ein Dritter verabreicht dem Patienten absichtlich eine Spritze, die direkt zum Tod führt. Diese Form der Sterbehilfe ist heute nach Artikel 111 (vorsätzliche Tötung), Artikel 114 (Tötung auf Verlangen) oder Artikel 113 (Totschlag) StGB (Strafgesetzbuch – BJS) strafbar.

Indirekte aktive Sterbehilfe
Zur Linderung von Leiden werden Mittel (z. B. Morphium) eingesetzt, die als Nebenwirkung die Lebensdauer herabsetzen können. Der möglicherweise früher eintretende Tod wird in Kauf genommen. Diese Art der Sterbehilfe ist im StGB nicht ausdrücklich geregelt, gilt aber als grundsätzlich erlaubt. Auch die Richtlinien über die Sterbehilfe der Schweizerischen Akademie der Medizinischen Wissenschaften (SAMW-Richtlinien) betrachten diese Form der Sterbehilfe als zulässig.

Passive Sterbehilfe
Verzicht auf die Aufnahme oder den Abbruch von lebenserhaltenden Massnahmen. (Beispiel: Ein Sauerstoffgerät wird abgestellt.) Diese Form der Sterbehilfe ist ebenfalls gesetzlich nicht ausdrücklich geregelt, wird aber als erlaubt angesehen; eine entsprechende Definition ist in den SAMW-Richtlinien enthalten.

Beihilfe zum Selbstmord (auch Suizidhilfe genannt)
Nur wer »aus selbstsüchtigen Beweggründen« jemandem zum Selbstmord Hilfe leistet (z. B. durch Beschaffung einer tödlichen Substanz), wird nach Art. 115 StGB mit Freiheitsstrafe bis zu fünf Jahren oder Geldstrafe bestraft. Bei der Suizidhilfe geht es darum, dem Patienten die tödliche Substanz zu vermitteln, die der Suizidwillige ohne Fremdeinwirkung selber einnimmt. Organisationen wie EXIT leisten Suizidhilfe im Rahmen dieses Gesetzes. Sie sind nicht strafbar, solange ihnen keine selbstsüchtigen Motive vorgeworfen werden können.

Palliativ-medizinische Betreuungsmassnahmen
Palliative Medizin und Betreuung umfassen medizinische Behandlungen, körperliche Pflege, aber auch psychologische, soziale und seelsorgerische Unterstützung des Patienten sowie seiner Angehörigen. Sie können die Lebensqualität Schwerkranker und Sterbender deutlich erhöhen und damit auch Sterbewünsche verhindern.

Für die Thematik dieses Beitrages ist eine etwas ausführlichere Darstellung der Palliativmedizin sinnvoll; gebräuchlicher und über ein medizinisches Verständnis hinausgehend ist der Begriff *Palliative Care*.

Die WHO (2002) umschreibt Palliative Care so:

»Palliativmedizin/Palliative Care ist ein Ansatz zur Verbesserung der Lebensqualität von Patienten und ihren Familien, die mit Problemen konfrontiert sind, welche mit einer lebensbedrohlichen Erkrankung einhergehen. Dies geschieht durch Vorbeugen und Lindern von Leiden durch frühzeitige Erkennung, sorgfältige Einschätzung und Behandlung von Schmerzen sowie anderen Problemen körperlicher, psychosozialer und spiritueller Art.«

Folgende Zielsetzungen werden formuliert:

- »ermöglicht Linderung von Schmerzen und anderen belastenden Symptomen
- bejaht das Leben und erkennt Sterben als normalen Prozess an
- beabsichtigt weder die Beschleunigung noch Verzögerung des Todes
- integriert psychologische und spirituelle Aspekte der Betreuung
- bietet Unterstützung, um Patienten zu helfen, ihr Leben so aktiv wie möglich bis zum Tod zu gestalten
- bietet Angehörigen Unterstützung während der Erkrankung des Patienten und in der Trauerzeit
- beruht auf einem Teamansatz, um den Bedürfnissen der Patienten und ihrer Familien zu begegnen, auch durch Beratung in der Trauerzeit, falls notwendig
- fördert Lebensqualität und kann möglicherweise auch den Verlauf der Erkrankung positiv beeinflussen
- kommt frühzeitig im Krankheitsverlauf zur Anwendung, auch in Verbindung mit anderen Therapien, die eine Lebensverlängerung zum Ziel haben, wie z. B. Chemotherapie oder Bestrahlung, und schließt Untersuchungen ein, die notwendig sind, um belastende Komplikationen besser zu verstehen und zu behandeln.«

Der Wechsel von einer kurativen zu einer palliativen Behandlung erfordert eine Entscheidung. Wer diese zu fällen hat, ist nicht immer ganz klar, denn letztlich ist der Wille des Patienten, der Patientin ausschlaggebend. Die Willenskundgebung hängt von verschiedenen Faktoren ab: es muss verstanden werden, worum es geht, und die Konsequenzen abgeschätzt werden können, und diese Entscheidung muss so mitgeteilt werden, dass sie verstanden wird. Rechtliche Voraussetzung, um überhaupt entscheiden zu können, ist die Urteilsfähigkeit. Was darunter verstanden wird, ist unterschiedlich, jedoch in Hinblick auf die Entscheidungen in der letzten Lebensphase von Menschen mit geistiger Behinderung relevant (siehe hierzu Ritzenthaler-Spielmann 2017).

Im Praxisleitfaden zur Hospizkultur (Bundesgesundheitsagentur Österreich 2018) werden Situationen schwieriger Entscheidungsfindung genannt, bei der unter andern die »begrenzte Urteilsfähigkeit von Menschen mit Behinderung« erwähnt wird. In der Schweiz ist jede Person urteilsfähig, »der nicht wegen ihres Kindesalters, infolge geistiger Behinderung, psychischer Störung, Rausch oder ähnlicher Zustände die Fähigkeit mangelt, vernunftgemäss zu handeln«! (SAMW, 2019).

Ist Urteilsfähigkeit nicht oder nicht mehr gegeben, ist eine direkte Willensbekundung nicht möglich, kommt der mutmaßliche Wille ins Spiel. Diesen zu eruieren ist mit Rückgriff auf verschiedene Quellen möglich. Patientenverfügungen spielen dabei eine Rolle: Sie werden von Menschen, die als urteilsfähig gelten, verfasst oder in »assistierter Selbstbestimmung« (siehe hierzu Graumann 2011) von Menschen mit Behinderungen und vertrauten Betreuungspersonen (oder auch rechtlichen Stellvertreter:innen) gemeinsam erarbeitet.

Liegt in einer Notfallsituation keine Patientenverfügung oder die Kenntnis des Reanimationsstatus vor, haben Ärztinnen und Ärzte in der Schweiz ihre Handlungen an den Richtlinien der SAMW zu Reanimationsentscheidungen (2021b) auszurichten. Stellvertretende Entscheidungen werden wichtig, auch bei weniger akuten Situationen, bei denen die Kenntnis des mutmaßlichen Willens eine Rolle spielt. Als Stellvertreter fungieren einerseits Angehörige und – im Fall von Menschen mit kognitiven Beeinträchtigungen – ihre rechtlichen Stellvertreter:innen, bei älteren Menschen sind dies oft Geschwister.

In der Entscheidungsfindung und in den Entscheidungen selber lassen sich zwischen Angehörigen und Fremdbetreuenden Unterschiede feststellen. Basierend auf seinen Erkenntnissen aus der Forschung zu verschiedenen Themen zur letzten Lebensphase wies Rolf Jox am Symposium 2014 an der Universität Freiburg/Schweiz auf folgende Unterschiede hin (siehe auch Jox et al. 2012):

Tab. 3: Unterschiede je nach Vertreter (dargestellt nach der Folie der Power-Point-Präsentation; Jox: Mutmaßlicher Wille, 06.05.2014)

Unterschiede je nach Vertreter	
Fremdbetreuer	**Angehöriger**
Entscheidung braucht Zeit	Intuitive Entscheidung
Distanziert	Bezug zu eigenen Werten

Tab. 3: Unterschiede je nach Vertreter (dargestellt nach der Folie der Power-Point-Präsentation; Jox: Mutmaßlicher Wille, 06.05.2014) – Fortsetzung

Unterschiede je nach Vertreter	
Fokus: Patientenautonomie	Fokus: Patientenwohl
Absprache mit Arzt	Absprache im Familienkreis
Oft Anfrage ans Gericht	Keine Anfrage ans Gericht
↓	↓
Professionelle Rolle	Existentielle Rolle

Die professionelle Rolle der Fremdbetreuenden ist also charakterisiert durch größere Distanz und interdisziplinäre Interaktionen, während die Rolle der Angehörigen als existenziell bezeichnet eine höhere Subjektivität und Einzigartigkeit aufweist. Die Unterschiede können zu differenten Auffassungen darüber führen, was als Weiteres getan werden soll bzw. kann. Nicht zuletzt mag dabei auch mitspielen, was die einzelnen Angehörigen und Fremdbetreuer unter Tod verstehen.

Welche Entscheidungen letztendlich gefällt werden, sie beeinflussen die Lebensqualität in der letzten Phase und diese führt unausweichlich zum Tod.

Im medizinischen Bereich sind zur Bestimmung des Todes messbare Kriterien festgelegt (was hinsichtlich Transplantationen höchst relevant ist); in der psychosozialen Fachliteratur sind zumeist dieselben Aspekte zu finden, die eine »reife Vorstellung vom Tod« charakterisieren. Es sind dies:

- Nonfunktionalität
- Kausalität
- Irreversibilität
- Universalität
- Inevitabilität

Reif wird die Vorstellung genannt, weil sich diese Konzeption entlang der kognitiven Entwicklungsphasen das Wissen um die einzelnen Aspekte allmählich entwickelt. Somit wird deutlich, dass die Grundlage dieser Konzeption verbunden ist mit Kognition.

Zum Verständnis der Todesvorstellung von Menschen mit einer kognitiven Beeinträchtigung allerdings genügt diese Konzeption nicht. Denn eine Ineinssetzung von kognitivem Entwicklungsalter und Lebensalter ist unzulässig. Vielmehr bringen ältere Menschen Lebenserfahrungen mit, gerade auch Erfahrungen von Verlusten (dazu Jeltsch-Schudel 2008b), von schweren Erkrankungen, von Todesfällen. Der Tod von Elternteilen etwa – die längere Lebenserwartung auch bei Menschen mit Behinderungen führt dazu, dass sie oft ihre Eltern überleben – ist eine tiefgreifende Erfahrung und ein Einbruch im Leben. Wird dieser adäquat begleitet, etwa indem der Todesfall thematisiert und eine Teilnahme an den Abschiedsritualen gewährt wird, ist davon auszugehen, dass sich eine Todesvorstellung entwickelt hat, die beispielsweise um die Endgültigkeit weiß. Ein Verständnis aller Aspekte ist vielleicht vorhanden, auch wenn es nicht verbal ausgedrückt werden kann und die Trauerreaktionen nicht genau den von Erwachsenen in unserer Gesellschaft erwarteten entsprechen.

Die letzte Lebensphase muss nicht ausschließlich geprägt sein vom Warten auf den Tod, vielmehr sind verschiedene Formen der Gestaltung und Begleitung möglich (dazu Kostrzewa, 2013; Bruhn & Strasser 2014). In einer Fallstudie beschreiben Lindmeier und Oermann (2017) die »biographiesensible Alltagsbegleitung« einer dementiell erkrankten Frau mit Down-Syndrom in einer Einrichtung. Begleitungs- und später Pflegehandlungen orientieren sich an der Lebensgeschichte von Sarah Miller (so der Name der Frau) und an ihren sich im Verlauf der Zeit verändernden Kompetenzen. Von Mitarbeitenden der Einrichtung, in der Sarah Miller lebte, sind in einer Dokumentation über einen Tag genaue Beobachtungen und Interaktionen festgehalten. Diese ermöglichen es, die Kompetenzbereiche einzuschätzen und die Angebote an Sarah Miller entsprechend anzupassen. Gerade in Bezug auf die eigene Lebensgeschichte spielen Angehörige eine wichtige Rolle. »Auch in der letzten Lebensphase von Frau Miller war der enge Kontakt zwischen Familie und Mitarbeiterinnen und Mitarbeiter (sic) immens wichtig, um Frau Miller und ihrer Familie ein Abschiednehmen zu ermöglichen« (Lindmeier & Oermann, 2017, 186).

Geschwister eines alternden Menschen mit einer Behinderung

Die Situation von Kindern und Jugendlichen, die in einer Familie mit einem Geschwister mit einer Behinderung aufwachsen, ist in der Sonderpädagogik ein Thema, das – im Gegensatz zu anderen wie sonderpädagogischen Angeboten (Sonderschulung/Inklusive Schulung u.a.m.) – weniger beachtet und erst später aufgegriffen wurde. Für den deutschen Sprachraum sind die Studien von Monika Seifert (1989) und Waltraud Hackenberg (insbesondere 2008) als wegweisend zu betrachten (siehe auch Achilles 2005).

In letzter Zeit sind verschiedene Publikationen zur »Geschwisterthematik« erschienen. Vieles ist lesens- und bedenkenswert; es ist jedoch zu bedauern, dass nur von »Geschwistern eines behinderten Kindes« die Rede ist, diese also auf ihre Geschwister-Rolle reduziert werden. In erster Linie sind es doch Kinder und Jugendliche, welche – wie alle anderen Kinder und Jugendlichen auch – in verschiedenen Kontexten leben, verschiedene Rollen zu erfüllen haben und somit die für das Existieren in unserer Gesellschaft wichtigen Teilidentitäten entwickeln können.

Es wird nicht bestritten, dass das Aufwachsen in einer Familie, in der auch ein Geschwister mit Behinderung lebt, schwierig und belastend sein kann, aber – wie die erwähnten und weitere Studien zeigen – auch für die eigene Entwicklung positive Erfahrungen gemacht werden können. Zudem ist zu bedenken, dass Kinder heute in verschiedensten Familienformen aufwachsen, mit deren jeweiligen Chancen und Risiken.

Die Situation des familiären Aufwachsens von Menschen mit Behinderungen, die heute in der Lebensphase Alter oder Hochaltrigkeit stehen, wurden bislang kaum untersucht. Die damaligen Familien unterschieden sich jedoch in manchem von den heutigen (siehe hierzu Jeltsch-Schudel 2008a). In der Familiensoziologie findet sich für jene Zeit, die 1950er Jahre, folgende Umschreibung: »Die Familie wird als grundlegende und natürliche Einheit der Gesellschaft betrachtet. Sie trägt die erste Verantwortung für die Erziehung des Menschen zum vollwertigen Glied der Gesellschaft und zum künftigen Träger neuer, gesunder Familien« (Lüscher et al. 1972, 14). Familien hatten verschiedene *Reproduktionsaufgaben* zu erfüllen, die letztlich auf eine Reproduktion bestehender gesellschaftlicher Strukturen abzielten. Innerhalb der als individuelle Systeme gegen außen abgegrenzten Familien, die sehr oft kinderreich waren, waren die elterlichen Rollen festgelegt: Die Mutter hatte für Haushalt und Kinder zu sorgen, dem Vater oblag die Ernährerrolle. Diese Zuordnung unterschiedlicher familiärer Aufgaben zu den beiden *Geschlechtern* beeinflussten die Identitätsentwicklung der Kinder.

Mädchen wurden bereits stärker in Haushalt- und Betreuungsarbeiten einbezogen (heute unter dem Begriff Care-Arbeit subsummiert), um sie auf ihre künftigen Aufgaben als Mutter vorzubereiten. Für die Mädchen ohne Behinderung in der Familie konnten sich vermehrt Fürsorgepflichten ergeben, indem sie sich stärker um das Geschwister mit Behinderung zu kümmern hatten. Es sei dazu angemerkt, dass dies für Mädchen mit Behinderungen, für die künftige Mutterschaft nicht vorgesehen war, bedeutete, keine rollenkonformen Zukunftsperspektiven zu haben, was gewissermaßen eine Neutralisierung ihrer Weiblichkeit und eine Infragestellung ihres Erwachsenenstatus nach sich zog.

Entsprechend des Geschlechterverständnisses hatten *Knaben* sich Verhaltensweisen anzueignen, die den damaligen Männlichkeitswerten entsprachen; dies auch bei ihnen, um sie auszurüsten mit den notwendigen Voraussetzungen, eine Familie zu gründen und zu erhalten. In Knaben ohne Behinderung wurden weniger Erwartungen gesetzt bezüglich Beziehungsgestaltung mit dem Geschwister mit Behinderung. Für Knaben mit Behinderungen fiel die Ausrichtung auf die Ernährerrolle in einer Familie dahin, jedoch standen ihnen mehr Möglichkeiten von Arbeit und Beschäftigung offen als den Mädchen mit Behinderung.

In diesem Familiengefüge, in dem vieles vorgegeben und die *Erziehung* auf Anpassung und Gehorsam ausgerichtet war, waren Werte, die heute als wesentlich erachtet werden wie Individualisierung und Selbstbestimmung, nicht gefragt, sondern wurden eher unterdrückt. Die Zukunftsplanung war an der *Normalbiographie* ausgerichtet, gekennzeichnet durch Lebensphasen des Lernens in Kindheit und Jugend, von Arbeit (im gleichen Beruf) und Familie im Erwachsenenalter und des Ruhestandes im Alter (bei einer kürzeren Lebenserwartung). Ausbildungsmöglichkeiten für Jugendliche mit einer geistigen Behinderung wurden erst in den 1970er Jahren geschaffen.

Es wird deutlich, dass in den 1950er Jahren der Umgang mit der *Behinderung* eines Kindes ein völlig anderer war: Angebote im pädagogisch-therapeutischen Bereich waren kaum vorhanden, Vorstellungen über Zukunftsaussichten noch weniger; Familien mit Kindern mit Behinderungen waren sehr stark auf sich selber gestellt. Daher mögen die Erwartungen an die »nichtbehinderten Geschwister« hoch gewesen sein. Rücksichtsnahme war gefragt, Unterstützung in der Betreuung des behinderten Geschwisters. An die Töchter richtete sich vermutlich die Hoffnung oder Erwartung der Eltern stärker, dass sie die Sorgepflicht für das Geschwister mit Behinderung übernähmen, wenn die Eltern dies nicht mehr können, als an die Söhne. Denn betagte Eltern müssen wegen der gestiegenen Lebenserwartung ihrer Söhne und Töchter mit Behinderung an deren Zukunftsplanung denken (Achilles 2016).

Für die heutige Situation alter und alternder Menschen mit lebenslanger Behinderungserfahrung ist zu bedenken, dass von ihnen in ihrer Kindheit ganz anderes verlangt wurde – Anpassung, Gehorsam – als das, was basierend auf den heutigen sonderpädagogischen Prinzipien wie Selbstbestimmung und Partizipation, von ihnen heute, in ihrem Alter, erwartet wird. Die Möglichkeit oder Gelegenheit, einen eigenen Willen zu entwickeln und diesen auch mitzuteilen, war für viele kaum oder nicht vorhanden. Daher kann sich in der Sterbebegleitung die Aufgabe, den mutmaßlichen Willen zu eruieren, für Aussenstehende als fast unlösbar erweisen. Angehörige, die ihre Familienmitglieder mit Behinderung seit langem kennen und deren Entwicklungen und Veränderungen miterlebt haben, können oft besser erahnen, was sich diese in der letzten Lebensphase wünschen würden. Deshalb ist die Zusammenarbeit mit Angehörigen eine unschätzbar wertvolle Ressource für die Erfüllung der professionellen Aufträge.

Erfahrungen in der Begleitung eines Familienmitgliedes mit Behinderung in seiner letzten Lebensphase

Die eigene Lebensgeschichte in enger Verknüpfung mit einem Geschwister mit Behinderung zu reflektieren, lässt nach Bedeutungen fragen: nach Einflüssen, die dieser besondere Bruder, die besondere Schwester auf die eigene Entwicklung, das eigene Leben hat. Margrith Lin (2021) drückt es mit ihrem Buchtitel so aus: »Ein Bruder lebenslänglich«.

Die gestiegene Lebenserwartung von Menschen mit Behinderungen (siehe Stöppler in diesem Band) führt dazu, dass nicht mehr die Eltern (wie bislang in allen Lebensphasen) die wichtigsten Bezugspersonen ihrer Söhne und Töchter mit Behinderungen sind. Denn diese können älter werden, die Eltern also überleben. Dies erfordert es, dass Andere die Begleitung übernehmen. Die Bedeutung der elterlichen Liebe, die oft durch ihre Unbedingtheit charakterisiert wird (siehe dazu Jeltsch-Schudel: »Verständigung und Verstehen: Herausforderungen an Jugendliche in der Adoleszenz, ihre Eltern und Fachpersonen« in diesem Band), kann von niemandem übernommen werden. Aber eine lebenslange Verpflichtung, so wie Lin sie beschreibt, kann dazu führen, dass der Bruder eben lebenslänglich ein Bruder bleibt, um den sich die Schwester kümmert, zu kümmern hat.

Wird der Kontakt zum Geschwister mit Behinderung auch lebenslang gepflegt, so erhält auch für später dazukommende Familienmitglieder, wie etwa Partner:innen der Geschwister und deren Kinder und Enkel, dessen Lebensspur eine Bedeutung (Jeltsch-Schudel 2020 a und b).

Im Folgenden ist beabsichtigt, die bislang dargestellten Aspekte der komplexen Thematik mit Beispielen zu veranschaulichen. Dies anhand verschiedener Perspektiven, die zum einen der Literatur mit (auto-)biografischen Inhalten entnommen sind und zum andern aus Projektteilen der Langzeituntersuchung zur »Entwicklung von Menschen mit Down-Syndrom im Kontext« stammen, die seit 2006 von mir durchgeführt wird unter Mitarbeit wechselnder Studierendengruppen der Klinischen Heilpädagogik und Sozialpädagogik an der Universität Freiburg/Schweiz (Jeltsch-Schudel 2021, S.7).

Es geht nicht um Verallgemeinerungen, sondern darum, einen Einblick in subjektive und damit einzigartige Erfahrungen zu erhalten.

Eine wesentliche Thematik ist die Frage des *Umgangs mit dem Tod*. Was bedeutet es, den Tod anderer mitzuerleben, was bedeutet der eigene Tod?

Dagmar B. (der ganze Name bleibt unbekannt), eine Frau mit Down-Syndrom mit längerer Lebenserfahrung, hält in ihrem Tagebuch ihre Erlebnisse fest. Zum Tod ihres Vaters schreibt sie: »*Am 12. Juli 1983 verstarb unser sehr sehr lieber Papa um 18:30 im Städt. Krankenhaus in Osnabrück. Wir sind alle sehr, sehr traurig um unseren Papa, der von uns nun auch Abschied genommen hat. Alles hat seine Zeit, die wir mit unserem Papa verbracht haben (...).*« Später notiert sie: »*Am 15. Juli war die Beerdigung von unserem Papa mit sehr vielen Blumen, Kränzen und Gestecken*« und hält fest, wer alles an der Beerdigung teilgenommen hat (Fohrmann 2005).

Im Erinnerungsbuch zum besonderen Leben von Peter Nef sind verschiedene Formen von Erinnerungen an den mit 47 Jahren verstorbenen Mann mit Down-Syndrom festgehalten.

Seine Cousine Angela Häfliger schreibt: »*Der Tod hatte für Peter eine grosse Faszination. Starb jemand im Umfeld, löste dies bei ihm sowohl Interesse als auch Ängste aus. Er hatte jedoch das Bedürfnis, den Tod sinnlich zu erfahren, einen Menschen zu berühren, dies mit einer grossen Natürlichkeit und Zuwendung. (...) Karin (Peters Mutter – BJS) erzählte mir, dass er auch sein eigenes Sterben im Voraus gespürt und sogar darüber gesprochen habe*« (Reiner & Pabst 2017, 42).

Peters Mutter erzählt in einem Gespräch über das Leben von Peter. Auch sie hatte beobachtet, dass Peter sich mit dem Tod beschäftigt hatte: »*Peter hatte eine ganz eigene Beziehung zum Tod. Meine war wohl ursprünglich eine andere. Ich wollte z. B. kein eigenes Grab. Ich dachte an das Gemeinschaftsgrab. (...) Peter war es wichtig, einen Ort zu haben, wo er für die Verstorbenen beten konnte. (...) Auch im Wohnheim hat er Verstorbene, die aufgebahrt wurden, immer lange besucht. Erinnerungsorte waren ihm wichtig. Seine Haltung hat meine grundsätzlich verändert*« (ebd. S. 30).

Mit dem Tod seiner Mutter hatte sich der Bruder (in Margrith Lins Buch »Ein Bruder lebenslänglich«) auseinanderzusetzen. Seine Schwester schreibt: »*Ich hatte das Hinterhuus (die Einrichtung, in der der Bruder lebt – BJS) informiert. Nun wollte ich persönlich beim Bruder vorbeischauen. Als ich kam, sassen die Mitbewohnerinnen und -bewohner um den Küchentisch, philosophierten über das Sterben, spekulierten, wie das wohl sei und wohin man dann gehen würden. Der Bruder sass ganz still daneben. Auch jetzt sagte er mir, dass er nicht zur Mutter gehen möchte«* (Lin, 2021, 195–196).

So unterschiedlich der Umgang mit dem Tod in diesen Zitaten sich zeigt, wird dennoch deutlich, dass eine persönliche Auseinandersetzung stattgefunden hat, dass eine eigene Haltung zum Tod gefunden wurde.

Zusammenhängend mit dem Wissen darüber, was Tod bedeutet, ist auch die Kenntnis davon, dass *Krankheiten* zum Tode führen können.

In der Männer-WG, in der Bobby Brederlow (ein Schauspieler mit Down-Syndrom) mit seinem Bruder Gerd und dessen Partner Udo zusammenlebte, war schon über schwere Krankheiten, Notfallsituationen und Tod diskutiert worden. *»Eine Schlaganfall-Schwuchtel nennt Bobby mich jetzt manchmal. Er darf das, schliesslich war er es, der mir das Leben gerettet hat. (…) Den ganzen Nachmittag fühlte ich mich schon nicht so wohl (…) an der rechten Seite spürte ich Lähmungserscheinungen und ging deshalb – mehr schlecht als recht – an Bobbys Hand rüber in unsere Wohnung. Dort angekommen, brach ich zusammen. Bobby lief wieselschnell zu Udo (…) und sagte völlig abgeklärt: ›Der Bredi hat einen Schlaganfall. Du musst sofort kommen. Wir brauchen einen Notarztwagen‹«* (Brederlow, 2003, 175).

In ihrem Forschungsprojekt untersuchte Anne Junk-Ihry (2008) Sichtweisen und Ausdrucksformen Erwachsener mit geistiger Behinderung zu Trauern und Tod. Sie beschreibt, wie in den Interviews, die sie in verschiedenen Einrichtungen durchführte, ihr von Kenntnissen über Todesursachen und -umstände berichtet wurde. Frau G erzählt: *»Ja und noch was ganz Schlimmes habe ich erlebt. Ich bin 14 gewesen und meine Mutter ist ganz ganz schwer krank gewesen, sie hat Krebs gehabt. (…) Und sie ist am 23. Dezember 66 gestorben, 53-jährig gekommen«* (Junk-Ihry, 2008, 170). Zu ihrem Umgang mit dem Tod einer Freundin hält eine weitere befragte Frau fest: *»Ich habe eine Freundin. Sie heisst Maria. Sie ist im Dezember gestorben. Sie ist in meinem Herzen«* (ebd. S. 169).

Die aus sehr verschiedenen Quellen gewonnenen Eindrücke zeigen, welch differenzierte Erfahrungen nicht nur gemacht, sondern auch mitgeteilt werden von Menschen, denen irrtümlich zugeschrieben wird, dass sie davon nichts verstehen und sie deshalb ausgeschlossen werden vom Wissen über den Tod und vom gemeinsamen Umgehen mit einem Verlust. Welche Belastung diese Missachtung bedeutet, hat Käthy Stauber (2008) auf dem Hintergrund ihrer langjährigen Arbeit mit Erwachsenen mit geistiger Behinderung eindrücklich beschrieben.

Ein Teilprojekt meiner Langzeituntersuchung beschäftigt sich mit der »Lebensspur von Nick Gerber«, einem Mann mit Down-Syndrom, der im Alter von 64 Jahren im Januar 2019 verstarb (Jeltsch-Schudel 2020 a und b; die Namen sind geändert). Nick Gerber entstammte einer Familie mit 10 Kindern (er hatte 7 Brüder und 2 Schwestern). Seine Lebensgeschichte ist im Anhang angefügt und gibt auch einen Einblick in die Situation von Familien zu jener Zeit.

Der Ehemann einer Tochter wurde, als Nick volljährig wurde, von den Eltern gebeten, dessen gesetzliche Vertretung zu übernehmen, eine Aufgabe, die dieser während mehr als vier Jahrzehnten auch sehr engagiert innehatte.

Ein Jahr nach seinem Tod bot sich die Möglichkeit, mit mehreren Angehörigen (Geschwistern, deren Ehepartner:innen, Neffen und Nichten) Gruppengespräche über ihre Erinnerungen an Nick Gerber zu führen. Die Kontakte der Geschwister zu ihrem Bruder waren regelmäßig, da Nick seine Wochenenden (vorgegeben von der Behinderteneinrichtung, in der er lebte) abwechselnd in den Familien seiner Geschwister verbrachte. Aus seiner letzten Lebensphase erzählten alle besonders von den Veränderungen, die sie beobachteten und begleiteten.

In ihren Erinnerungen berichteten drei Gesprächsteilnehmer:innen eindrücklich von den letzten Lebensstunden Nicks, die sie miterlebten. Sie waren gemeinsam an Nicks Bett, wussten, dass es ihm nicht gut ging. Sie sangen gemeinsam, denn in der Familie wurde oft gesungen; Nick kannte viele Lieder und liebte das Singen und Musik sehr. Nick Gerber sei während des Singens friedlich gegangen, erzählten alle drei, bewegt und dankbar darüber, dass sie dies miterleben durften. Dankbar auch, dass sein Sterben so friedlich und kampflos stattfand und dass er nicht allein sterben musste.

In diesen Gesprächen wurde deutlich, dass Nick bei seinen Angehörigen eine Spur hinterlassen hatte, dass er von allen als Bereicherung erlebt wurde. Denn er brachte in das Leben seiner Geschwister Herausforderungen, die sie ohne ihn nicht gehabt hätten. Dadurch, dass die Kontakte im Erwachsenenalter und Alter regelmäßiger wurden, war er für seine Neffen und Nichten (und später deren eigene Familien) ein Familienmitglied, das dazu gehörte und ein bisschen besonders war – wie ein Neffe schmunzelnd erzählte.

Seine regelmässigen Aufenthalte bei allen seinen Geschwistern, deren eigene Familiensituationen sich durchaus unterschieden, erforderten einen engeren Kontakt auch von den Geschwistern untereinander aus organisatorischen Gründen. Die Begleitung in der letzten Lebensphase, in der Nick nicht mehr zu den Geschwistern gehen konnte, sondern von ihnen besucht wurde, erwies sich nicht nur als einfach, weil der mutmaßliche Wille nicht von allen übereinstimmend vermutet wurde. Dennoch fanden sie immer wieder zusammen, insbesondere, weil die institutionellen Bedingungen, in denen Nick Gerber zuletzt lebte, oft suboptimal bis sehr schwierig waren.

Margrith Lin (2020) hält in ihrem Buch fest: »Der Bruder war seit unseren Kindertagen unser aller Problem, sozusagen unser ›Familienproblem‹. Man könnte auch von einem ›Familienprojekt‹ sprechen, denn es schien uns allen selbstverständlich, dass wir uns auch in unserem späteren Leben in unterschiedlicher Form um ihn kümmerten oder noch kümmern« (S. 323).

Begleitung vom Leben in den Tod

Den letzten Schritt des Sterbens, vom Leben in den Tod, muss jeder Mensch allein machen. Aber ob andere dabei anwesend sind oder nicht, ist unterschiedlich. Wie am Anfang unseres Lebens sind wir Menschen auch in der letzten Lebensphase auf

Begleitung und Sorge anderer Menschen angewiesen. Diese bleiben nach dem Tod zurück mit Erinnerungen. Wenn sie mit dem Verstorbenen ein Stück gemeinsam gegangen sind, wird seine Spur bleiben. Dies gehört zum spirituellen Teil der Sterbebegleitung, wie auch immer man ihn für sich selber versteht

Literatur

Achilles, Ilse (2005, 4. Aufl.). *...und um mich kümmert sich keiner. Die Situation der Geschwister behinderter und chronisch kranker Kinder.* München, Ernst Reinhardt.
Achilles, Ilse (2016). *Betagte Eltern – behinderte Kinder. Die Zukunft rechtzeitig gestalten.* Stuttgart, Kohlhammer.
Borasio, Gian Domenico (2012, 8. Aufl). *Über das Sterben. Was wir wissen, was wir tun können, wie wir uns darauf einstellen.* München, C.H. Beck.
Brederlow, Gerd (2003). *Bobby, Herr Bredi und Mister Herr Bendel.* München, Pieper.
Bruhn, Ramona & Strasser, Benjamin (Hg.) (2014). *Palliative Care für Menschen mit geistiger Behinderung. Interdisziplinäre Perspektiven am Lebensende.* Stuttgart, Kohlhammer
Bundesamtes für Justiz (2022). *Die verschiedenen Formen der Sterbehilfe und ihre gesetzliche Regelung. Version 2022.* https://www.bj.admin.ch/bj/de/home/gesellschaft/gesetzgebung/archiv/sterbehilfe/formen.html
Bundesgesundheitsagentur Österreich (2018). *Hospizkultur und Palliative Care für Erwachsene in der Grundversorgung. Praxisleitfaden zur systematischen Umsetzung von Hospiz- und Palliative Care in der Grundversorgung.* Wien.
Fohrmann, Petra (2005). *Ein Leben ohne Lügen. Die Tagebücher der Dagmar B.* Swisttal, Fohrmann-Verlag.
Fraas, Christine (1999). *ICH kann schreiben. Briefe, Bilder und Geschichten von Hermine.* Zirndorf, Daniel Gessnitzer und Stefan Städtler-Ley Verlag GbR.
Graumann, Sigrid (2011). *Assistierte Freiheit. Von einer Behindertenpolitik der Wohltätigkeit zu einer Politik der Menschenrechte.* Frankfurt und New York, Campus.
Hackenberg, Waltraud (2008). *Geschwister von Menschen mit Behinderung. Entwicklung, Risiken, Chancen.* München, Reinhardt.
Haveman, Meindert & Stöppler, Reinhilde (2010, 2. Aufl.). *Altern mit geistiger Behinderung. Grundlagen und Perspektiven für Begleitung, Bildung und Rehabilitation.* Stuttgart, Kohlhammer.
Haveman, Meindert & Stöppler, Reinhilde (2014). *Gesundheit und Krankheit bei Menschen mit geistiger Behinderung.* Stuttgart, Kohlhammer.
Jeltsch-Schudel, Barbara (2008a). *Identität und Behinderung – Biografische Reflexionen von Menschen mit Seh-, Hör- und Körperbehinderung.* Oberhausen, Athena-Verlag.
Jeltsch-Schudel, Barbara (2008b). Verlusterfahrungen: Themen im Leben geistig behinderter Menschen. In Fässler, Peter & Jeltsch-Schudel, Barbara (Hg.) (2008). *Wer weiss denn, dass ich traurig bin? – Trauern mit geistig behinderten Menschen.* Freiburg, Paulus Verlag/Verlag zum Ziel, S. 236–248.
Jeltsch-Schudel, Barbara (2020a). Die Lebensspur von Nick Gerber. Erste Eindrücke in ein angelaufenes Forschungsprojekt. *Menschen, Zs. für gemeinsames Leben, Lernen und Arbeiten* 43(2), S. 27–32.
Jeltsch-Schudel, Barbara (2020b): Lebensspur eines Mannes mit Down-Syndrom. *Sonderpädagogische Förderung heute* 65(4), S. 390–403.
Jeltsch-Schudel, Barbara (2021): Alter und Altern mit Down-Syndrom. In Universität Freiburg, Departement für Sonderpädagogik: Jahresbericht 2020, S.17.

Jox, Ralf J.; Denke, Eva; Hamann, Johannes; Mendel, Rosmarie; Förstl, Hans & Borasio, Gian Domenico (2012). Surrogate decision making for patients with end-stage dementia. *Int J Geriatr Psychiatry* 27, S. 1045–1052.

Junk-Ihry, Anne (2008). »… und wer stirbt, kommt in den Himmel« – Sichtweisen und Ausdrucksformen Erwachsener mit geistiger Behinderung zu Trauern und Tod. In Fässler, Peter & Jeltsch-Schudel, Barbara (Hg.) (2008). *Wer weiss denn, dass ich traurig bin? – Trauern mit geistig behinderten Menschen*. Freiburg, Paulus Verlag/Verlag zum Ziel, S. 164–187.

Kostrzewa, Stephan (2013). *Menschen mit geistiger Behinderung palliativ pflegen und begleiten. Palliative Care und geistige Behinderung*. Bern, Huber.

Lin, Margrith (2020). *Ein Bruder lebenslänglich – Vom Leben mit einem behinderten Geschwister*. Zürich, Limmat.

Lindmeier, Bettina & Oermann, Lisa (2017). *Biographiearbeit mit behinderten Menschen im Alter*. Weinheim, Beltz/Juventa.

Lüscher, Kurt; Ritter, Verena & Gross, Peter (1972). *Vorschulbildung – Vorschulpolitik*. Aarau, Benziger/Sauerländer.

Raupach, Matthias (1999). Pädagogische ›Herausforderung‹ in der Begegnung mit unheilbar kranken und sterbenden Kindern und Jugendlichen. Zs.f.Heilpäd., 3, S. 110–119.

Reiner, Karin & Pabst, Tamara (2017). *Ich bi unterwägs! Das besondere Leben von Peter Nef.* Wallisellen: Karin Reiner.

Ritzenthaler-Spielmann, Daniela (2017). *Lebensendentscheidungen bei Menschen mit einer kognitiven Beeinträchtigung. Eine qualitative Studie*. Bad Heilbrunn, Klinkhardt.

SAMW: Schweizerische Akademie der Medizinischen Wissenschaften. Empfehlungen und Richtlinien. Hier verwendet: Medizinische Behandlung und Betreuung von Menschen mit Behinderung (2008, aktualisiert 2013); Betreuung und Behandlung von Menschen mit Demenz (2018); Urteilsfähigkeit in der medizinischen Praxis (2019); Umgang mit Sterben und Tod (2018, angepasst 2021a); Reanimationsentscheidungen (2021b). https://www.samw.ch/de/Publikationen/Richtlinien.html

Seifert, Monika (1989). *Geschwister in Familien mit geistig behinderten Kindern: eine praxisbezogene Studie*. Bad Heilbrunn, Verlag Julius Klinkardt.

Stauber Käthy (2008). Geistig behinderte Menschen trauern – anders? In Fässler, Peter & Jeltsch-Schudel, Barbara (Hg.) (2008). *Wer weiss denn, dass ich traurig bin? – Trauern mit geistig behinderten Menschen*. Freiburg, Paulus Verlag/Verlag zum Ziel, S. 152–163.

WHO: World Health Organization (2002, deutsche Übers.). *Definition of palliative care*. https://www.dgpalliativmedizin.de/images/stories/WHO_Definition_2002_Palliative_Care_englisch-deutsch.pdf

Anhang

Lebensgeschichte von Nick Gerber

Nick Gerber wurde im Dezember 1954 als neuntes von zehn Kindern geboren. Seine Familie, eine Arbeiterfamilie, war arm, lebte in ländlicher, etwas abgelegener Gegend in der Schweiz, eingebettet in Hügel und Berge. Die Geschwister – bei Nick Gerbers Geburt eine Schwester und sieben Brüder – wurden zwischen 1944 und 1953 geboren, 1960 dann die jüngste Schwester. Wie aus den Berichten des Vormundes hervorgeht, verlebte Nick Gerber, ein lebhaftes Kind, die ersten Lebensjahre in seiner Familie. 1961 wurde der siebenjährige Nick aus seiner Familie herausgenommen und in ein Schulheim eingewiesen. Diese Einweisung scheint darin begründet zu sein, dass die Mutter überfordert gewesen sei, bislang eine sonderpädagogische Förderung fehlte und mit Erreichen des Schulalters unausweichlich wurde. Die Heimplatzierung wurde von Fürsorgebehörden verfügt. Dort lebte Nick Gerber sieben Jahre, wegen seiner Lebhaftigkeit ruhiggestellt mit Medikamenten und nicht gefördert, bis er als Vierzehnjähriger 1968 – ohne Rücksprache mit seinen Eltern – in ein anderes Heim umplatziert wurde. In diesem Heim, das in einem Alters- und Pflegeheim angegliedert war, verbrachte er – ebenfalls ohne Förderung, aber unter massiver Sedierung – die nächsten beiden Jahre. Diese Jahre, in denen Nick Gerber kaum Anregungen für seine Entwicklung erfuhr, haben wohl dazu beigetragen, dass er nur sehr wenige Worte lernte und seine Kommunikationsmöglichkeiten weitgehend nonverbal blieben.

Mangels gezielter Förderung wurde 1972 auf Initiative eines Berufsberaters der Invalidenversicherung ein Wechsel in eine anthroposophische Einrichtung vorgenommen, wo Nick Gerber erstmals schulische Anregungen zur Entwicklung einer artikulierten Sprache erhielt. 1974 wurde diese Einrichtung in einem Konflikt aufgeteilt und der eine Teil in eine Stiftung übergeführt, deren Zweckbestimmung es war, erwachsene Menschen mit geistiger Behinderung zu betreuen, zu begleiten, zu pflegen und ihnen eine berufliche Grundbildung zu vermitteln. In dieser Stiftung lebte Nick Gerber bis 2013, also fast 40 Jahre seines Lebens. 1975 wurde Nick Gerber entmündigt und 1976 übernahm Christoph Walder [der Ehemann von Nick Gerbers Schwester] auf Wunsch der Eltern die Vormundschaft für seinen Schwager, deren Beginn von einem schweren Verkehrsunfall mit nachhaltigen Verletzungen und sprachlichen Einschränkungen geprägt war.

Während anfänglich in der Stiftung eine ganzjährige Betreuung angeboten wurde, änderte sich 1978 die Wochenend-Regelung. Jedes zweite Wochenende sowie Ferien und Feiertage verbrachte Nick Gerber fortan zunächst von seiner Familie, bei seinen Eltern, solange sie die Betreuung übernehmen konnten. In den letzten Jahren ihres Lebens wurden sie gelegentlich von den Geschwistern Nick Gerbers darin unterstützt. Der Vater verstarb 1979 und die Mutter 1988. Zunehmend übernahmen die Geschwister abwechselnd die Wochenendbetreuung von Nick Gerber, d. h. er verbrachte seine Wochenenden in ihren Familien. Zusammen mit einer anderen Klientin der Stiftung wurde Nick Gerber überdies ab 1993 regelmäßig von einer ehemaligen Mitarbeiterin zu Wochenenden, Ferien und Ferienreisen eingeladen oder verbrachte die Zeit, während der die Stiftung ferienhalber geschlossen war, in Lagerwochen der Elternvereinigung »insieme«. Die Koordination dieser verschiedenen Aktivitäten, die für Nick Gerber außerhalb der Stiftung organisiert und geregelt werden musste, übernahm in stetigem Engagement sein Vormund.

Die Stiftung, in der Nick Gerber die meiste Zeit seines Lebens verbrachte, richtete sich neu aus und beschränkte ihr Angebot auf die Betreuung und Anleitung erwachsener Menschen mit Behinderung. Somit wurden alternde Menschen, deren gesundheitliche Veränderungen einen höheren Pflegebedarf auswiesen, ausgeschlossen. Daher wurde der Vormund vor die Tatsache gestellt, eine weitere Umplatzierung vornehmen zu müssen. In einem Wohnheim, weitgehend eingerichtet für Erwachsene mit schweren Behinderungen, fand er 2013 einen neuen Platz. Während der beiden nächsten Jahre, die Nick Gerber in diesem Wohnheim ver-

brachte, veränderte er sich. Zum einen lebte er in einer von Unruhe geprägten Umgebung, wo er weniger Anregungen erhielt als vorher in der Stiftung, und zum anderen machten ihm zunehmende gesundheitliche Einbrüche zu schaffen, die auch verschiedene medizinische Interventionen erforderten. Alterungsprozesse wurden beobachtbar und damit verbunden ein erhöhter Unterstützungs- und Pflegebedarf. Das Wohnheim konnte dies nicht in erforderlichem Maß anbieten, weshalb 2015 erneut eine Umplatzierung vorgenommen werden musste – in ein Alters- und Pflegeheim. Dort verschlechterte sich der Gesundheitszustand auch unter dem Einfluss mangelnder Aktivierung und Mobilisierung zunehmend. Phasen, in denen Aktivitäten möglich waren, wechselten mit zunehmend längeren Phasen, in denen Nick Gerber bettlägerig war. Er starb in diesem Pflegeheim, begleitet von Familienangehörigen, im Januar 2019. (Jeltsch-Schudel 2020b, S. 28)
Ich danke der »Familie Gerber« für die Autorisierung dieses Textes.

III Lebenslaufbezogene Selbsthilfe, Elternbildung und soziale Schutzrechte

Eltern und Fachpersonen. Gedanken zu einer sensiblen Beziehung

Ursula Beck & Albert Meier

Für ein gelingendes Empowerment von Eltern eines behinderten Kindes fällt den sonderpädagogischen Fachpersonen eine entscheidende Rolle zu. Sie sind von Beginn an eine wichtige Orientierungshilfe, bieten Fachwissen, Erfahrung und Unterstützung in unterschiedlichen Lebensbereichen. Gerade weil zu ihnen oft über mehrere Jahre hinweg eine enge Beziehung besteht und beidseitig das Interesse für das Wohl des behinderten Menschen das zentrale Anliegen bleibt, erweist sich diese Beziehung als besonders sensibel und herausfordernd. Die Autoren dieses Beitrags, selber Eltern einer mittlerweile erwachsenen Tochter mit Down-Syndrom, versuchen im Folgenden Spannungsfelder zu umschreiben, die sich in der Zusammenarbeit mit Fachleuten immer wieder ergeben können. Der Austausch mit anderen betroffenen Eltern – die Autorin betreute einige Jahre die Kontaktstelle EDSA Schweiz –, Erfahrungsberichte sowie Fachliteratur bestätigen, dass solche Ambivalenzen nicht nur in unserer persönlichen Wahrnehmung existieren. Sie treten offenbar in der Triade Eltern – behindertes Kind – Fachperson gehäuft auf. Mit dem vorliegenden Artikel möchten wir dazu beitragen, die Beziehung zwischen Eltern und Fachleuten unter diesem Aspekt kritisch zu diskutieren und beide Seiten daraufhin zu sensibilisieren.

Die besondere Situation von Eltern eines Kindes mit Behinderung

Eltern, die ein behindertes Kind auf die Welt bringen, stellen sich besondere Herausforderungen. Schon mehrere Autoren haben darauf hingewiesen, dass sich diese im Rahmen von Spannungsfeldern und Widersprüchen manifestieren (z. B. Grond 1995).

Bereits bei der Konfrontation mit einer ärztlichen Diagnose müssen sich Eltern zunächst auf einer persönlichen Ebene mit ihrer Reaktion auf die oft unerwartete neue Situation und deren Bewertung auseinandersetzen. Je nach biographischem Hintergrund der Eltern, z. B. den persönlichen Erfahrungen in bisherigen Begegnungen mit behinderten Menschen, kann diese Auseinandersetzung durch ein klares, Orientierung gebendes Wertegerüst geprägt sein oder sich eher durch eine große Verunsicherung hinsichtlich der Bewertung der neuen familiären Situation auszeichnen (vgl. z. B. Eckert 2012). Gesellschaftliche Haltungen und Wertvorstellungen gewinnen plötzlich an Bedeutung und erscheinen zum Teil als widersprüchlich. Ermutigend ist da zum einen die öffentlich breit geführte Diskussion um Teilhabe und das vielfältige Angebot an Unterstützung oder die zunehmend positiv konnotierte mediale Präsenz von behinderten Menschen in den sozialen Medien, Film und Fernsehen. Die ebenso breit geführte Diskussion um die Verhinderung von behindertem Leben am Beispiel der pränatalen Diagnostik und ein zunehmend leistungsorientiertes Gesellschaftsbild, in dem wenig Platz für behinderte Menschen zu befürchten ist, verunsichern andererseits.

Wie Eltern eine derartig spannungsgeladene Krisensituation bewältigen, wurde verschiedentlich wissenschaftlich analysiert und systematisiert. Manche Fachleute unterscheiden verschiedene Stufen im Bewältigungsprozess hin zu einer gelingenden oder misslingenden Akzeptanz.

Wie Menschen auf ungünstige bedrohliche Nachrichten reagieren, beschreibt beispielsweise Schuchardt (1985, 1988) als ein Phasenmodell, das einen idealtypischen Verlauf der elterlichen Bewältigung postuliert. Auf der Basis von Berichten betroffener Personen beschreibt sie die Krisenverarbeitung als Lernprozess in acht Phasen. Auch wenn neuere Ansätze vermehrt auch gesellschaftliche Bedingungen bei Krisenverarbeitungsprozessen miteinbeziehen, dient dieses Modell doch Eltern und involvierten Personen dazu, um eventuell befremdliche, irritierende eigene Reaktionen und Gefühle als »normal« einzuordnen oder für Betroffene Verständnis aufzubringen. Vor allem werden Gefühle und Verunsicherungen genannt, die Eltern nur allzu gut kennen: Ungewissheit, Verunsicherung, Schuldgefühle, Nichtwahrhaben-Wollen, Angst, Aggression, Depression u. a.

Es gibt aber durchaus auch Eltern, die unmittelbar nach der Erkenntnis, dass ihr Kind behindert ist, eine nüchterne, realistische und positive Haltung entwickeln und aufrechterhalten (vgl. Wilken, U. 2003, 156). Andere Eltern brauchen dafür länger. Gelingt dieser Wachstumsprozess, wird es möglich, das Kind mit seiner Behinderung »anzunehmen«, sich mit ihm solidarisch zu fühlen und proaktiv auf seinem Weg zu unterstützen. Die Eltern haben dann ihre Rolle als »Eltern eines behinderten Kindes« übernommen, fühlen sich stark genug, um unangemessene Reaktionen auf die Behinderung wegzustecken oder zu ignorieren und sind bereit, sich motiviert und aktiv für ihr Kind einzusetzen. Sie sind dann in der Lage, ihre Wünsche und Ansprüche gegenüber Behörden und Institutionen geltend zu machen (vgl. Kern et al. 2012, 212 ff.). Im gelingenden Fall entsteht so weitgehend ein neues Gleichgewicht: Die Behinderung gehört zum normalen Alltag, tritt sogar oft in den Hintergrund.

Dank der Vernetzung mit anderen betroffenen Eltern, der breit zugänglichen Informationen rund um die Behinderung und deren Bedingungen sowie vieler medial aufbereiteter Erfolgsgeschichten aus dem In- und Ausland werden sie zudem immer mehr zu Experten und Expertinnen in eigener Sache und dadurch zu Anwälten für die Bedürfnisse ihres behinderten Kindes. Menschenrechts- und Behindertenkonventionen der UNO werden gleichermaßen wahrgenommen und einforderbare Rechte für Behinderte daraus abgeleitet. Eltern argumentieren zunehmend – explizit oder implizit – im Rahmen des Normalisierungsprinzips (vgl. Thimm 2005), nach dem das künftige Leben des Kindes sich, außer in seinen spezifischen Bedürfnissen, kaum mehr vom Leben anderer Menschen unterscheiden soll.

Beispielhaft zeigte sich dies das erste Mal deutlich im Rahmen der Sensibilisierungskampagne von Pro Infirmis Schweiz, einer Organisation für behinderte Menschen, zwischen 2001 und 2008 unter dem Slogan »Wir lassen uns nicht behindern«. Mit Plakaten und in Inseraten mit ungewohnt direkten Bildern forderte diese zur Auseinandersetzung mit der Situation behinderter Menschen in der Schweiz und ihren Eltern auf. Auf einigen Fotografien stellten sich Mütter wie Väter und ihr behindertes Kind nüchtern, ohne romantisierendes Pathos oder einer aufgesetzten Ästhetisierung dem Betrachter. Die Bilder sollten in den Köpfen der Öffentlichkeit ein neues, gewandeltes Verständnis von selbständigen, selbstbewussten und eigenverantwortlichen Menschen mit einer Behinderung und ihren Eltern verankern.

Im gelingenden Fall entwickeln Eltern so ein zunehmendes selbst erarbeitetes Kohärenzgefühl (vgl. z.B. Antonovsky 1997) im Zusammenhang mit ihrem behinderten Kind und werden dabei von fortschrittlichen gesellschaftlichen Einflüssen bestärkt.

Dieser »Zustand« — ist er denn erreicht – bleibt labil. Es treten immer wieder irritierende Situationen auf bzw. neue oder wieder auftretende erschwerende Bedingungen zwingen zu einer ständigen Auseinandersetzung. Bewältigungsprozesse sind selten eine einmalige Sache und der Erfolg hängt von vielen Faktoren ab.

Die Art und Schwere der Behinderung mit ihren auftretenden Komplikationen wird wohl eine Rolle spielen, ebenso die vorhandenen Ressourcen und bereits ausgebildeten Kompetenzen zur Problemlösung und Stressbewältigung, Erfahrungen mit ähnlichen Situationen, spezielle familiäre und partnerschaftliche Konstellationen, das nahe familiäre Umfeld, die vorhandenen Unterstützungsangeboten u.a.m. (vgl. Neuhäuser 2003, 82 ff.).

Auslöser für Destabilisierungen kommen, in der Wahrnehmung der Betroffenen, oft von außen. Es sind vor allem erlebte Dissonanzen mit gesellschaftlichen Forderungen und Anforderungen, Werten und Rahmenbedingungen.

Eine Personengruppe hat dann als Ressource und Bewältigungshilfe, aber auch als Quelle von Irritationen besondere Bedeutung. Es sind dies Fachleute aus dem Behindertenbereich – also Personen, die den Eltern als ein wichtiger Teil der »Gesellschaft« begegnen. Was sie mit Empathie, Freundlichkeit, Wohlwollen und Fachwissen zu einem gelingenden Prozess beitragen (was sehr oft vorkommt), können sie gleichsam durch unsensibles Auftreten oder unachtsame Kommunikation auch schwächen. Sie sind ganz besonders in der Lage, Krisenbewältigungsprozesse zu fördern und zu stützen, aber auch zu destabilisieren. Dies erstaunt kaum: Denn Fachpersonen begegnen Eltern als durch ihre Ausbildung, ihre Berufserfahrung und ihre Funktion legitimierte Expertinnen und Experten. Sie werden als viel zentraler und relevanter betrachtet als andere oft genannte Außeneinflüsse wie bspw. empörte oder herablassende Blicke von außenstehenden Menschen. Dies kann zwar kränken – aber selten wirklich schwächen.

Eltern und Fachpersonen: Eine durch Spannungsfelder charakterisierte Beziehung

In Expertinnen und Experten suchen Eltern Verbündete und sind gegebenenfalls entsprechend verunsichert, empört oder abwehrend, wenn sich dies aus ihrem Erleben heraus nicht verwirklicht.

Einige dieser Spannungsfelder, basierend auf Berichten und Erzählungen von Eltern von Kindern mit einer geistigen Behinderung, aber auch aus eigenem Erfahrungshintergrund, möchten wir hier beispielhaft darstellen. Je nachdem, wie Eltern sich darin erleben und das Zusammenspiel mit Fachpersonen dabei empfinden, wirkt dies auf sie hilfreich, stützend und vertrauensstärkend, in schlechteren Fällen aber auch verunsichernd, verletzend und trennend.

Dies hat unseres Erachtens das Potential – je nach Erlebensqualität, Massierung und Häufung –, Bewältigungsprozesse zu stützen und abzusichern, aber auch das errungene Gleichgewicht zu destabilisieren sowie Widerstand in der Zusammenarbeit oder gar Abwehr und Empörung zu bewirken.

Zu diesem Zweck haben wir Aussagen von Fachpersonen oder Eltern beigezogen, welche ihren Ursprung in realen Begebenheiten haben, von uns aber sprachlich sinngemäß angepasst wurden. Wir versuchen, diese in ihrem Gehalt und ihrer Wirkung auf Eltern zu beschreiben, so, wie uns Eltern davon berichtet haben oder wir es selber erlebten.

Haltungen zu Inklusion und Separation

Es ist aus Elternsicht oft unverständlich, dass sie nicht wie selbstverständlich auf Fachleute treffen, deren Vision die Inklusion ist – auch wenn sie separierenden Institutionen angehören. In der Regel wollen Eltern ihr Kind so weitgehend wie möglich an der Gesellschaft teilhaben lassen und haben sich mittlerweile entsprechend ins Bild gesetzt. Sie wissen, dass pädagogisch kaum etwas gegen Inklusion spricht. Sie kennen entsprechende Resultate, Postulate, Menschenrechtserklärungen und Positionspapiere. Nun suchen sie in Fachleuten Mitstreitende in Richtung dieser gemeinsamen Zielsetzung.

> »Unser sonderpädagogisches Verständnis zielt auf dezentrale Förderung und unterstützt alle integrativen Bemühungen. Wo Hindernisse entstehen, suchen wir mit allen Beteiligten gemeinsam nach einer individuellen Lösung, die der Förderung des Kindes am besten dient, dazu gehört auch eine separierte Schulung« (Statement einer Schulleitung einer Sonderschule).
>
> »Nach der erfolgreichen schulischen Integration gab es für uns keinen Grund, diese Integration nicht auch auf dem Arbeitsmarkt zu suchen – mit Erfolg« (Schulleiterin einer Sonderpädagogischen Einrichtung).

> »Wir haben in unserem Kanton bereits 30 Integrationsklassen eröffnet, die Stelle eines Integrationsbeauftragten geschaffen. Lehrkräfte von Sonder- wie Regelschulen sind hochmotiviert« (Behindertenbeauftragter eines Schweizer Kantons).

Solche Statements lassen das Herz von vielen Eltern höher schlagen. Sie finden Verbündete in einem zentralen Anliegen, nämlich dass ihr Kind inmitten seiner vertrauten Umgebung und innerhalb der Gesellschaft aufwachsen kann und soll, sich darin entwickelt und Beachtung findet. Man spricht dieselbe Sprache und hat dieselben Visionen. Ergeben sich Hindernisse und sind diese Visionen noch nicht realisierbar, werden pragmatische Lösungen gesucht. Das Ziel wird aber dabei nicht aus den Augen verloren. Die Fachpersonen – beispielsweise Pädagoginnen und Pädagogen in Regel- und Sonderklassen – sehen darin neue, interessante berufliche Herausforderungen auf sich zukommen, die sie motiviert angehen, umsetzen und bewältigen möchten. Diese Grundhaltung stärkt Eltern, auch wenn sich Inklusion nicht immer als einzige Lösung abzeichnet.

Uns ist aber ebenso bewusst, dass auch viele Eltern die Zeit für noch nicht reif empfinden, ihr Kind den rauen gesellschaftlichen Bedingungen bspw. im Rahmen einer Regelschule oder eines Arbeitsplatzes im freien Markt auszusetzen. Sie bevorzugen eher einen speziell geschaffenen Schonraum, wie dies beispielsweise eine Sonderschule oder eine Beschäftigungswerkstatt darstellen. Nachhaltig aber bleibt die wohltuende Sicherheit, die Fachpersonen auf ihrer Seite zu haben, gleichwohl welche Ziele verfolgt werden.

> »Ihre Tochter wird sich in einer integrativen Schulung immer als die Schwächste erfahren und das kann ihre Entwicklung und ihr Selbstbewusstsein bleibend schädigen« (Schulleiter einer Sonderschule).
>
> »Die anderen Schülerinnen und Schüler werden sie ausschließen, sie wird nie dazugehören« (Leiter einer Regelschule).
>
> »Eltern werden um die ausreichende Förderung ihrer nicht behinderten Kinder fürchten und bei uns protestieren« (Mitglied einer Schulkommission).
>
> »Bei uns findet sie sich unter Ihresgleichen« (Lehrerin einer Sonderschule).

Mit solchen und ähnlichen Vermutungen und Thesen werden Eltern, die sich um Inklusion ihres Kindes bemühen, oft konfrontiert. Sie sind ja nicht generell unbegründet und als Eltern wägen wir solche Befürchtungen ebenfalls ab.

Die Haltung, die dahinter zu vermuten ist, zeugt jedoch von einer prinzipiellen Skepsis, dass sich gesellschaftliche Einstellungen nachhaltig verändern werden und können – ja gar, dass Inklusion dem behinderten Kind und den Andern eher schaden könnte. Zudem scheint eine Angst durchzuschimmern, das Erreichte – zum Beispiel die in den letzten Jahren teilweise errichteten Zentren für sonderpädagogische Förderung – nicht durch noch weitergehende Forderungen fahrlässig zu gefährden.

Schließlich wurden solche Fortschritte im letzten Jahrhundert engagiert erkämpft. Dass auch damals vor allem Eltern die Motoren zu diesen Innovationen waren, wird dabei häufig vergessen. Es ist, als ob spezialisierte Institutionen um ihre Zukunft Angst haben und in Eltern und deren Forderungen eine Gefahr für ihr Bestehen sehen – beziehungsweise ihre bisher geleistete Arbeit dadurch entwertet würde.

Tatsache bleibt: Eltern wollen das Beste für ihr Kind. Wenn man zum Schluss kommt, dass dies über ein inklusives Modell gegeben wäre, brauchen sie Stütze und Solidarität in ihrem Bestreben. Treffen sie auf Fachpersonen, die diesen Plan nicht mittragen, irritiert das. Ein großes und wichtiges, persönliches, aber auch gesellschaftliches und selbstverständliches Ziel wird ausmanövriert.

Die Machbarkeit ist etwas anderes. Gelingt eine Umsetzung nach gemeinsamen Anstrengungen nicht, ist das verkraftbar. Kämpfen aber nur die Eltern, wirkt ein Misserfolg auf sie lähmend, kränkend und verunsichernd. Eltern schauen mit Neid auf die zahlreichen gelingenden Integrationsprojekte im In- und Ausland, die für ihr Kind so nicht möglich sein sollen. Wir, die wir diesen Text schreiben, kennen Eltern, die enttäuscht sogar einen Umzug in einen andern Kanton in Kauf nahmen, weil sich dort bessere Möglichkeiten abzeichneten.

Rollenverständnis der Begleitenden von Menschen mit einer geistigen Behinderung

Elternschaft ist eine anspruchsvolle und lebenslange Aufgabe. Sie verändert sich mit dem Alter des Kindes und entwickelt sich von einer engen Beziehung mit viel Verantwortung zu einer lockeren, in der Regel aber verlässlichen Verbundenheit. Neue Einflüsse von außen schmälern dies kaum. Die Eltern-Kind-Beziehung bleibt eine durchgehende Konstante im Leben. Kinder wünschen sich dies von ihren Eltern, und das ist bei Kindern mit einer Behinderung nicht anders. Die Sorge der Eltern um das, »was ist, wenn ich nicht mehr bin«, verlangt natürlich eine etwas umsichtigere Planung der Zukunft.

Für Familien mit einem behinderten Kind steht dafür eine breite Palette an zusätzlicher Unterstützung bereit, die sich bereits in den ersten Lebensjahren anbietet und genutzt werden kann. Früh entsteht so in der Regel eine Zusammenarbeit von Eltern mit Fachpersonal – als Team zum Wohle des Kindes mit seinen speziellen Bedürfnissen. Es stellt sich bald die Frage nach Kompetenzen und Zuständigkeiten. Die Bandbreite reicht von »Wir übernehmen ihr Kind« bis zu zurückhaltenden, die Eigenverantwortung stärkenden und gezielten familienergänzenden Dienstleistungen, welche professionelle Fachkenntnisse erfordern oder von den Eltern nicht selbst geleistet werden können oder wollen. Zwischen den speziellen Bedürfnissen des Kindes, den Möglichkeiten der institutionellen Angebote sowie den Ressourcen der Eltern muss fein justiert werden. Dieses Ineinandergreifen gelingt oft, aber nicht immer.

> »Wir konnten mit der Institution aushandeln, dass unser Sohn erst ein Zimmer in der Institution bezieht, wenn er selber davon überzeugt ist, dass dies für ihn schön und gut ist – obwohl es dort eigentlich üblich ist, sofort bei Arbeitsbeginn einzuziehen« (Eltern eines behinderten Jugendlichen).

> »Sie bleiben für uns die wichtigsten Bezugspersonen für ihre Tochter. Natürlich ist ein Kontakt mit ihnen jederzeit möglich. Darüber entscheiden Sie und ihr Kind eigenständig« (Leiterin einer Wohngruppe für behinderte Jugendliche).
>
> »Wir möchten gerne von ihnen als Eltern wissen, was sie zu diesem Problem für Erfahrungen gemacht haben. Vielleicht finden wir gemeinsam einen Weg« (Lehrerin einer Ausbildungsstätte für behinderte Jugendliche).

Eltern, die uns berichten, dass sie mit gefundenen Lösungen, was ihre behinderten Kinder betrifft (Schule, Ausbildung, Arbeit, Wohnsituation u. a.), und der Art der Zusammenarbeit zufrieden sind, erzählen von Mitarbeitenden und Leitungen von Institutionen oder Beratenden sehr positiv. Sie erlebten einen paritätischen Umgangsstil und eine gemeinsame Suche nach den besten Varianten. Ihre Anliegen wurden ernst genommen. Mehr noch: Sie erzählen, wie man sich gemeinsam auf den Weg machte, nochmals Gesuche stellte, nochmals das Gespräch mit Vorgesetzten suchte, gemeinsam Erfolge erlebte oder Misserfolge verarbeitete. Mit diesem Erfahrungshintergrund seien sie und ihr Kind manchmal auch mit der »zweitbesten« Lösung zufrieden gewesen. Die Zusammenarbeit habe sie sicher gemacht. Diese Eltern haben im Zusammenspiel mit einer von ihnen geschätzten Institution nie das Gefühl, man greife in die eigene Familienkonzeption ein. Sie bleiben maßgeblich zuständig, tragen Verantwortung und ihr Streben nach dem Besten für ihr Kind wird ernst genommen. Sie erfahren die Institution als Dienstleistung, welche die Aufgaben übernimmt, bei denen sie selbst überfordert wären. Die Schule, das Heim oder die Beschäftigungsstätte ergänzen und führen das Kind allmählich und ohne Druck in eine zunehmende Selbstständigkeit, die später vielleicht auch ohne Eltern funktionieren muss. Dem Kind gefällt es dort. Freundliche Erwachsene sind präsent. Sie kümmern sich um seine Anliegen und nehmen es ernst. Zuhause – so weiß das Kind – ist da immer noch die Familie.

> »Bitte begleiten sie ihr Kind nicht mehr auf dem Weg in die Institution. Es ist üblich, dass unsere Schülerinnen den Weg alleine bewältigen« (Lehrer einer Sonderschule).
>
> »Wir müssen jetzt auch noch das Gewicht ihres Kindes ansprechen. In unserer Schule essen wir ausgewogen und gewichtsbewusst« (Schulleiterin einer Sonderschule).
>
> »Mütter sollten sich bei ihrem behinderten Kind der Ablösungsproblematik immer bewusst sein« (Schulleiter).
>
> »Ich wurde bereits bei meiner vierjährigen Tochter von einem Schulleiter auf die bevorstehende Ablösung angesprochen« (Mutter).
>
> »Haben sie sich schon nach einem Platz in einer Institution umgeschaut? Von anderen Eltern wissen wir, dass sie das bereits getan haben!« (Lehrerin einer Sonderschule).
>
> »Frau XY ist jetzt die Bezugsperson für ihre Tochter. Sie muss nun lernen, sich bei Problemen an Frau XY zu wenden – nicht mehr an die Eltern« (Leiterin einer Wohngemeinschaft für Jugendliche).
>
> »Unsere Bewohner können jedes dritte Wochenende nach Hause zu ihren Familien. Sie sollen sich an ihr neues Leben in unserer Umgebung gewöhnen.«

Aus eigener Erfahrung und aus zahlreichen Berichten von anderen Eltern wissen wir, dass es in der Zusammenarbeit immer wieder zu irritierenden Vorstellungen über Zuständigkeiten kommen kann. Schwierig wird es beispielsweise, wenn Eltern eine besondere Herausforderung für ihre Tochter oder ihren Sohn nach eigenen Vorstellungen zu unterstützen versuchen. So möchten sie diese beispielsweise anfänglich auf dem Schulweg begleiten oder sie regelmäßig am neuen Wohnort besuchen. Oft müssen sie erfahren, dass diesen Anliegen – aus pädagogischen, finanziellen oder anderen Gründen – engere Grenzen gesetzt werden. Wenn Eltern erkennen, dass in so wichtigen Fragen ihre Zuständigkeit zur Disposition steht oder ihr Engagement unerwünscht ist, wird eine vertrauensvolle Zusammenarbeit schwierig. Ebenso befremdlich kann es wirken, wenn ausgesprochen familieninterne Themen angesprochen werden, die ihrer Meinung nach nicht zum schulischen bzw. sonderpädagogischen Kontext gehören. Man stellt sich dann jeweils die Frage, ob solche Eingriffe bei den nichtbehinderten Familienmitgliedern ebenfalls denkbar wären.

Ein zentrales Thema ist die Frage nach Zeitpunkt und Art und Weise der Ablösung vom Elternhaus. Seitens der sonderpädagogische Fachpersonen wird die Frage der Ablösung im Zusammenhang mit behinderten Kindern und Jugendlichen oft gestellt und vielfach viel früher als bei »normalen« Kindern – noch bevor die Problematik den Eltern überhaupt akut erscheint (vgl. Haltiner 2006). Wir wissen, dass die Vorstellung, die Verantwortung für ihr Kind abgeben zu müssen, Eltern sehr stark unter Druck setzen und belasten kann. Gerade beim behinderten Familienmitglied gehen sie eigentlich eher von einer länger dauernden Aufgabe aus. Es scheint absurd, dass sich die 18-jährige Tochter von zuhause verabschieden soll, wenn der 25-jährige Sohn noch im Elternhaus wohnt. Auch wenn neue Bezugspersonen im Leben des behinderten Menschen Bedeutung erhalten, bleiben diese Beziehungen letztlich unverbindlicher als die Beziehung der Eltern und sind jederzeit austauschbar.

Seitens von Institutionen wird die möglichst schnelle Ablösung und in der Folge die Übernahme der Zuständigkeiten in allen Bereichen vielleicht als erwünschte Entlastung der Eltern verstanden. Dieses Ansinnen kann vielleicht einigen Eltern entsprechen. Die meisten aber reagieren irritiert und empfinden die Forderung als letzten Schritt einer definitiven Separierung. Sie wünschten sich, dass ihr Kind diesen Entwicklungsschritt zu einem selbst gewählten Zeitpunkt und mit der nötigen Unterstützung selber einleiten kann, wie ihre anderen Kinder auch.

Tatsache ist auch, dass viele Eltern und erwachsene Behinderte eher nach neuen, integrativen, selbstbestimmten, begleiteten oder betreuten Wohnformen suchen, die aber leider nicht in genügendem Maß zur Verfügung stehen. Die »Persönliche Assistenz« wäre für sie der Schlüssel – leider aber ist diese Art der Unterstützung in der Schweiz Menschen mit einer physischen Behinderung vorbehalten.

Vorstellung über den Förderbedarf und die Erreichbarkeit von Zielen

Besonders bei der Geburt eines Kindes mit Down-Syndrom wird schnell klar, wie viele fertige Bilder bereits in den Köpfen existieren – in den eigenen wie in den andern. Man wird als Eltern bereits in den ersten Tagen schonend oder weniger schonend darauf aufmerksam gemacht, was eventuell nie erreicht werden kann, welche Grenzen zu akzeptieren sind und womit man rechnen muss.

Diese Grenzen nicht als absolut zu verstehen, ist eine ganz besondere Herausforderung. Viele Eltern berichteten uns, dass diese Einsicht für sie ein ganz zentraler Schritt war. Sie lernten ihr Kind allmählich als ein Individuum kennen, welches viele und manchmal überraschende Kompetenzen entwickelt und sich dadurch oft unerwartete Perspektiven eröffneten.

Auch Fachpersonen aus dem sonderpädagogischen Bereich haben Vorstellungen über eine Behinderung. Sie haben dazu Fach- und oft ein breites Erfahrungswissen. Gegenüber Eltern, die vielleicht euphorisch Berichte von neuen und innovativen Möglichkeiten der Förderung oder herausragenden Leistungen von Behinderten verfolgen, machen sie es sich häufig zur Aufgabe, zu hohe Erwartungen zu dämpfen. Spannungsfelder entstehen dann, wenn in der Folge diese Vorstellungen über das Mögliche und Erreichbare zu stark divergieren.

>»Wir werden einen Weg finden, ihren Sohn am Englischunterricht teilnehmen zu lassen. Ich kenne da ein interessantes neues Lehrmittel« (Lehrerin einer Regelschule).
>»Ihr Sohn möchte gerne mit Tieren arbeiten. Wenn Sie einen geeigneten Arbeitsplatz kennen, werden wir dafür sorgen, dass alle Beteiligten gut begleitet und unterstützt werden« (Berater der Invalidenversicherung).

Zufriedene Eltern berichten gerne, wie Lehrerinnen und Lehrer ihrer Kinder – in integrativen Projekten wie auch in andern – sich um Fortschritte ihrer Kinder bemühen. Für Eltern scheint uns diese Erfahrung zentral wichtig und vertrauensfördernd. Sie selbst sind ja der Überzeugung, dass es nicht richtig ist, Grenzen bereits festzulegen. Sie schätzen es sehr, wenn die Ursachen für das Nichterreichen von Lernzielen nicht in erster Linie oder sogar ausschließlich durch die Behinderung erklärt werden. Die Methode, der noch nicht optimale Zugang, die fehlenden zeitlichen oder personellen Ressourcen sollen ebenso als mögliche Gründe in Betracht fallen. Unter neuen Bedingungen und mit anderen Ansätzen könnten vielleicht weitere Fortschritte erzielt werden. Eltern fällt es gegenüber Fachpersonen mit dieser Grundhaltung leichter, sich zunehmend und vertrauensvoll aus der Verantwortung für die Förderung ihres Kindes zurückzunehmen.

Im Erwachsenenleben bestehen zum Glück ebenfalls immer mehr Angebote, die ein lebenslanges Lernen und neue Kompetenzen fördern sollen – ganz im Sinne von: »Man hat nie ausgelernt«. Menschen mit einer geistigen Behinderung muss man optimistisch und ergebnisoffen begegnen. Nur dadurch werden Möglichkeiten eröffnet, die noch vor kurzem schwer denkbar waren. Arbeit im ersten Arbeitsmarkt, ausgedehnte Reisen, selbständiges Wohnen, Elternschaft u.a. All dies wird zumindest nicht ausgeschlossen.

>»Dass ihre Tochter keine Uhr tragen will und die Uhrzeit nicht lernen will ist verständlich, sie kennt ihre Grenzen selber am besten« (Lehrerin einer Sonderschule).
>»An unserer Schule betrachten wir Lesen nicht als wichtigsten Inhalt, wir wollen unsere Kinder nicht überfordern« (Leiter einer Sonderschule).
>»Dass sich die Sonderpädagogik künftig am normalen Volksschullehrplan orientieren soll, können wir uns einfach nicht vorstellen. Da geraten die Schüler ja nur unter Leistungsdruck und unter die Räder« (Leiterin einer Sonderschule).
>»Ein Referat im Geogeographieunterricht von einem geistig Behinderten – schwer vorstellbar!« (Lehrer einer Regelschule).

»Für einige von Ihnen sollten wir unsere Dienstleistung inhaltlich noch intensivieren ... wir bemühen uns tagtäglich darum. Für andere arbeiten wir hoch motiviert und oftmals im Grenzbereich des Zumutbaren« (aus einem Elternbrief einer Sonderschule).

Was kann ein Kind mit geistiger Behinderung erreichen? Wie viel Investition lohnt sich? Eltern berichten uns, wie sie oft über »Grenzen« ihres Kindes informiert wurden und ihnen nahegelegt wurde, ihren Ehrgeiz auf der Basis »realistischer« Ziele zu zügeln. Implizit oder explizit erlebten sie die Unterstellung, sie hätten die Behinderung des Kindes noch nicht genügend akzeptiert. Sie mussten lernen, dass es einen Unterschied gibt zwischen einer praktischen Bildungsfähigkeit und einer schulischen Bildungsfähigkeit – das eine ihrem Kind eher entspreche und nütze als das andere.

Eine Forderung, die Eltern in unserer Umgebung immer wieder umtrieb, war der dringende Wunsch, die Fähigkeit zu lesen besonders intensiv zu fördern. Als einen wichtigen Zugang zur Gesellschaft und als eine wichtige Bedingung zur Teilhabe ist eine Vernachlässigung dieser Kulturtechnik für sie unverantwortlich. Erfolge in der Sonderpädagogik in diesem Bereich bestätigen, dass ihre Vorstellungen nicht unrealistisch sind oder gar zu Überforderungen führen. Für sie ist die oft erlebte einseitige Betonung der Förderung in musischen Fächern – ohne diese abwerten zu wollen – zu einseitig. Einigen blieb nichts anderes, als die von ihnen gewünschte schulische Förderung anderweitig, so die finanziellen Ressourcen vorhanden waren, mit Privatlektionen zu ermöglichen.

Unzufriedene Eltern berichten uns von Fachpersonen, die ihnen kommunizieren, dass diese alles Menschenmögliche bereits tun oder unternommen haben und jetzt an Grenzen des Kindes und an die eigenen gestoßen sind. Eltern merken, wie eher Dank von ihnen erwartet wird, als weiter Forderungen zu stellen. Eine Zusammenarbeit wird schwierig.

Schlussbetrachtung

Die Sicht von Eltern auf ihr Kind ist naturgemäß eine subjektive. Dass sie ihrem Kind optimale Bedingungen für eine gelingende Entwicklung wünschen, ist nachvollziehbar. Geht es um ein behindertes Kind, gilt dies im Besonderen. Durch die eigene Bewältigung der Situation, durch die breite Vernetzung mit anderen betroffenen Eltern und durch ihr zunehmendes Expertentum in eigener Sache erfahren sie ein eigentliches Empowerment und spüren Aufbruchstimmung. Nach ihrer Meinung wird zunehmend gefragt. Auch auf politischer Ebene nehmen sie vermehrt, einzeln oder mit großen Lobbyverbänden im Hintergrund, teil an Diskussionen zum Thema Behinderung, an der Erarbeitung von neuen Konzepten im Umgang mit speziellen Bedürfnissen und innovativen Möglichkeiten der Teilhabe. Sie werden dabei zunehmend über soziale Medien, von neuen Erkenntnissen und Forschungsresultaten beflügelt. Parallelwelten werden breit in Frage gestellt und es entsteht der Eindruck eines zunehmenden Konsenses. Eine optimale Teilhabe ihres Kindes am gesellschaftlichen Leben wird als Ziel aller Maßnahmen und Bemühungen als selbstverständlich verstanden. Viele Eltern begegnen in diesem Selbstverständnis der außerfamiliären Bezugswelt ihres Kindes.

Fachpersonen sind ein entscheidender Teil dieser außerfamiliären Bezugswelt. Ihre Haltungen, ihr Menschenbild, ihr Berufsverständnis und ihre Empathie werden seitens der Eltern auf sensible Art interpretiert und können zur Stärkung, aber auch zur Destabilisierung von Kohärenzgefühlen und Ressourcen beitragen.

Literatur

Antonovsky, Aaron (1997). *Salutogenese. Zur Entmystifizierung der Gesundheit.* Deutsche Herausgabe von Alexa Franke. Tübingen, dgvt-Verlag.
Eckert, Andreas (2012). *Familie und Behinderung. Studien zur Lebenssituation von Familien mit einem behinderten Kind.* Hamburg, Verlag Dr. Kovac.
Grond, Jörg (1995). *Verletzungen. Zur Sozialisierung des Sozialen.* Zizers, Z-Verlag.
Haltiner, Ruedi (2006) in einem Interview in »*Insieme*«. *Zeitschrift über Fragen der geistigen Behinderung.* Schweiz. Frey, Urs. Eine Institution ist kein Gefängnis. 1/06, S. 8–11.
Kern, Maja; Sodogé, Anke & Eckert, Andreas (2012). Die Sicht der Eltern von Kindern mit besonderem Förderbedarf auf die Zusammenarbeit mit heilpädagogischen Fachpersonen. *Schweizerische Zeitschrift für Heilpädagogik.* 18. 10/12. S. 36–42.
Neuhäuser, Gerhard (2003). Diagnose von Entwicklungsstörungen und Coping-Prozesse in der Familie als ärztliche Aufgabe. In Wilken, Udo & Jeltsch-Schudel, Barbara (Hg.) (2003): *Eltern behinderter Kinder. Empowerment – Kooperation – Beratung.* Kohlhammer. Stuttgart., Kohlhammer, S. 73–89.
Pro Infirmis Schweiz (2013). »Wir lassen uns nicht behindern« http://www.proinfirmis.ch/de/proinfirmis/siemoechten/hintergruende/kampagnen.html. 04.09.2013
Schuchardt, Erika (1985). *Krise als Lernchance – Eine Analyse von Lebensgeschichten.* Düsseldorf: Patmos.
Schuchardt, Erika (1988). Krisenverarbeitung als Lernprozess. aktuell 21. EDSA-Schweiz. 3/98.
Thimm, Walter (Hg.) (2005). *Das Normalisierungsprinzip. Ein Lesebuch zu Geschichte und Gegenwart eines Reformkonzepts.* Marburg, Lebenshilfe-Verlag.
Wilken, Udo (2003). Der Beratungsbedarf von Eltern bei der Begleitung und Betreuung ihrer volljährigen behinderten Kinder. In Wilken, Udo & Jeltsch-Schudel, Barbara (Hg.) (2003). *Eltern behinderter Kinder. Empowerment – Kooperation – Beratung.* Stuttgart, Kohlhammer.

Eltern stärken. Förderung von Empowermentprozessen durch Elternseminare

Etta Wilken

Entwicklung der Elternseminare

Seminare für Eltern mit behinderten Kindern werden von mir als ein ergänzendes Angebot neben anderen Formen der Elternarbeit angesehen und seit den 1970er Jahren durchgeführt. Diese überregionalen Elternseminare ermöglichen zeitlich und inhaltlich intensive Formen der Zusammenarbeit und des Erfahrungsaustausches und haben das Ziel, aktuelle Informationen über spezielle Themenbereiche zu vermitteln. Dabei ermöglichen Diskussionen und Gespräche einen intensiven Erfahrungs- und Informationsaustausch.

In den ersten Jahren richteten sich diese Seminare an Eltern mit unterschiedlich behinderten Kindern. Da jedoch die Fragen und Probleme sehr verschieden sind, hat sich eine behinderungsspezifische Orientierung bewährt. Deshalb biete ich diese Seminare seit den 1980er Jahren Familien an, die ein Kind mit Down-Syndrom haben. Seitdem werden regelmäßig jedes Jahr dreitägige Seminare von der Bundesvereinigung Lebenshilfe in Marburg durchgeführt u. z. mit einer altersbezogenen thematischen Orientierung. So richtet sich eine Veranstaltung an Eltern, die ein Baby oder Kleinkind mit Down-Syndrom haben, eine andere an Eltern, deren Kind im Kindergarten- oder Schulalter ist, und eine weitere an Eltern, deren Kinder in die Pubertät kommen, oder manchmal auch an Eltern mit Jugendlichen.

Mit diesen Seminaren sollen die Eltern unterstützt werden, durch differenzierte Informationen zu aktuellen altersbezogenen Fragen, aber auch aufgrund gemeinsamer Diskussionen, kompetente Entscheidungen für ihr Kind zu treffen und ihren Familienalltag selbstbestimmt zu regeln.

Im Zusammensein mit vielen Kindern, die die gleiche Beeinträchtigung aufweisen, kann zudem erlebt werden, wie unterschiedlich die sich daraus ergebende Behinderung sein kann und wie verschieden der damit bedingte Förder- und Hilfebedarf ist.

Seminare für Eltern mit Kleinkindern

Für Eltern bedeutet die Mitteilung, dass bei ihrem Kind eine Behinderung oder eine gravierende Entwicklungsabweichung vorliegt, immer eine traumatische Situation, die meistens nach Jahren noch schmerzhaft erinnert wird. Die meisten Eltern, bei deren Kind erst im Laufe der Entwicklung die sich ausprägenden Beeinträchtigungen erkennbar werden, haben dadurch die Möglichkeit, eine unbelastete Beziehung zu ihrem Kind aufzubauen und müssen sich erst allmählich mit der sich abzeichnenden veränderten Lebensperspektive auseinandersetzen. Eltern von Kindern mit Down-Syndrom erfahren dagegen oft unmittelbar nach der Geburt oder wenige Tage danach die Diagnose. Die Freude über das neugeborene Kind kann dadurch genommen werden, oft stellen sich Sorgen und Ängste ein und viele Eltern geraten in eine emotionale Krise.

Die meisten Berichte von betroffenen Eltern zeigen deshalb Verzweiflung, Fassungslosigkeit und Schock, den die Diagnosemitteilung ausgelöst hat. Die traumatischen Erfahrungen bei der Diagnosemitteilung und das Erleben, wie über das Kind gesprochen wird, wenn z. B. typische Merkmale des Down-Syndroms wie eine Mängelliste aufgezählt werden, erinnern die Eltern oft nach Jahren noch schmerzhaft. Auch unangemessene Kommentare oder Fragen, ob sie das denn nicht vorher gewusst hätten, sind oft schmerzhafte Erfahrungen. Es ist deshalb wichtig, den Eltern die Diagnose einfühlsam und mit angemessenen Begriffen über das Down-Syndrom zu vermitteln und dabei erkennbar eine wertschätzende Haltung gegenüber einem Leben mit Behinderung zu zeigen. Die von den Eltern zu leistenden Bewältigungsprozesse werden oft von diesen ersten Erfahrungen geprägt und beeinflussen nachhaltig ihre Möglichkeiten, neue Lebensperspektiven mit dem Kind aufzubauen, andere Wertvorstellungen zu entwickeln und das eigene Familienleben entsprechend zu reorganisieren. Hilfreich sind dabei auch die gemeinsamen Diskussionen und der Erfahrungsaustausch in den mehrtägigen Seminaren.

Aus den Berichten der Eltern von Kleinkindern mit Down-Syndrom geht hervor, dass in den letzten Jahren allgemein eine bessere Information der Eltern erfolgt und dass problematische Erfahrungen erheblich abgenommen haben. Jedoch führen die neuen Diagnosemöglichkeiten zunehmend auch zu veränderten Einstellungen und zu kritischen Bemerkungen über die Vermeidbarkeit von Behinderung. Dabei zeigt sich, dass die Diskussion vor allem zum nicht invasiven Pränataltest (NIPT) für manche Eltern bedeutet, sich rechtfertigen zu müssen, wenn sie auf eine solche Untersuchung verzichten oder sich bewusst für ihr Kind mit Down-Syndrom entschieden haben.

In jedem Seminar sind einige Eltern, die schon vor der Geburt vom Down-Syndrom ihres Kindes erfahren haben. Manche Eltern nehmen sogar bereits vor der Geburt ihres Kindes an einem Seminar teil, um andere Eltern und Babys kennen zu lernen, ein klareres Bild über die Situation zu bekommen, die auf sie zukommt und wichtige Erstinformationen zu erhalten. Allgemein gültige Tendenzen über die Akzeptanz einer Schwangerschaft mit einem Kind, das das Down-Syndrom hat, können allerdings aus den Erfahrungen in diesen Seminaren nicht abgeleitet werden, da Eltern, die daran teilnehmen, oft besonders motiviert sind und ihre Einstellungen deshalb nicht verallgemeinerbar sind.

Als positiv wird von vielen Eltern mittlerweile erlebt, dass durch ein erweitertes Informationsangebot in Form von Broschüren, Filmen und Internetaustausch sowie durch eine offensivere Öffentlichkeitsarbeit der Verbände und Medien sie heute früher Zugang zu wichtigen Informationen bekommen. Zudem ermöglichen

Kontakte zu Selbsthilfegruppen neu betroffenen Eltern, von den Erfahrungen anderer Eltern zu lernen.

Für viele Eltern ist in den Seminaren wichtig, ihre bisherigen Erfahrungen zu diskutieren und sich darüber auszutauschen, wie mit den zahlreichen Problemen und Herausforderungen im Alltag umgegangen wird, aber auch, wie Verwandte und Freunde auf die Behinderung des Kindes reagiert haben und wie man sich selbst jetzt mit der neuen Situation arrangiert hat. Die gemeinsame Teilnahme von Mutter und Vater an den Seminaren ist im letzten Jahrzehnt deutlich gestiegen und mittlerweile eher die Regel. Dabei bringen sich Mütter und Väter mit je eigenen Fragen und Überlegungen ein. Es hat sich deshalb als sinnvoll ergeben, auch getrennte Diskussionsgruppen für die Eltern anzubieten, um ihnen eine durchaus unterschiedliche Reflexion ihrer veränderten Rolle in der Familie zu ermöglichen.

Ein Vater eines fünf Monate alten Jungen begründete sein Interesse an der Seminarteilnahme: »Ich möchte sehen, wie die anderen damit fertig werden. Ich find alles so mies. Und wenn ich dann meine Frau so mit dem Kind turnen sehe, krieg ich manchmal zu viel. Was soll das alles? Die *turnt* das doch nicht *weg*!« Ein Vater meinte, er würde sich zwar gerne mehr in Therapie und Förderung seines Sohnes einbringen, weiß aber nicht, wie er eine Vereinbarkeit von Beruf und Familie anders regeln kann. Diese Frage wird auch von Müttern zunehmend diskutiert, da für viele Frauen die eigene Berufstätigkeit wichtig ist. Der Austausch zu Erfahrungen mit Tagesmüttern und mit Krippen oder Kitas ist deshalb oft hilfreich, auch wenn es durchaus unterschiedliche Ansichten dazu gibt.

Viele Fragen der Eltern zur Behinderung ihres Kindes und zu den verschiedenen syndromspezifischen Therapien machen immer wieder deutlich, wie wichtig gerade in der Anfangsphase der Auseinandersetzung mit den veränderten und unklaren Entwicklungsperspektiven des Kindes Beratung und Begleitung der Eltern ist. Neben Informationen über die Behinderung des Kindes und über Ziele und Möglichkeiten der Förderung ist deshalb auch die Unterstützung familienspezifischer Kompetenzen bei der Alltagsbewältigung wichtig. Aber auch Hinweise auf mögliche konkrete Hilfen für die Familie sind nötig sowie Informationen, wie und wo solche Hilfen angeboten werden (Teilhabeberatung, UETB) und welche Rechtsansprüche bestehen (Pflegegrad, Pflegegeld, Versicherung). Zudem sind medizinische Aspekte und Ernährungsfragen oft wichtig. Gerade für solche speziellen Themen haben sich online zugeschaltete Experteninformationen bewährt.

Die gemeinsamen Erfahrungen und das Kennenlernen vieler anderer Eltern und ihrer Kinder ermöglichen in den Seminaren intensive Gespräche. Manchen Eltern gelingt es dadurch, ihre bisherige sprachlose Betroffenheit zu überwinden und sich über ihre Schwierigkeiten auszutauschen, die bisherige Lebensplanung den veränderten Bedingungen anzupassen und eine neue Orientierung zu finden. So stellten Seminarteilnehmer in einer abschließenden Auswertung fest: »Es war mein erster Kontakt mit Eltern, die dasselbe Problem wie ich haben. Das hat mir sehr geholfen, über alles zu reden.« »Für mich war die Erfahrung wichtig: Ich bin nicht allein! Der Austausch mit den anderen Eltern gibt Mut und neue Motivation.«

Ein zentrales Thema in den Seminaren für Eltern behinderter Kinder in den ersten Lebensjahren bezieht sich auf Möglichkeiten, mit verschiedenen Therapien und Behandlungen die Entwicklung des Kindes optimal zu fördern und mit speziellen Maßnahmen die vorliegenden Beeinträchtigungen zu vermindern. Deshalb sind differenzierte Informationen über die verschiedenen Therapieangebote und Fördermöglichkeiten und ein offener Austausch der Eltern über ihre bisherigen Erfahrungen wichtig. Gerade diese an Themen orientierten Gespräche ermöglichen den Eltern, die verschiedenen Therapien im Hinblick auf die speziellen Bedürfnisse des eigenen Kindes und die individuellen Möglichkeiten und Fähigkeiten der eigenen Familie zu reflektieren und undifferenzierte Vorstellungen über die Beeinflussung von Entwicklung und einen naiven Förderoptimismus zu hinterfragen.

Ein wichtiges Ziel der Seminare ist deshalb, nicht nur die Auswirkungen von speziellen Maßnahmen zu diskutieren, sondern auch, wie durch eine ›Gestaltung der Lebenswelt‹ im gemeinsamen Lebensalltag förderliche Bedingungen zu erreichen sind. Dadurch können Eltern von dem oft empfundenen Förderdruck entlastet werden und es wird möglich, ein besseres Verständnis der individuellen Fähigkeiten und Schwierigkeiten des Kindes in seinem Lebensumfeld zu entwickeln und die Selbstgestaltungskräfte des Kindes und die in der Familie vorhandenen Ressourcen zu fördern. Dagegen können Maßnahmen, die sich vorwiegend an Störungen ausrichten, für Kinder und Eltern zu einer Belastung der natürlichen Interaktionen führen, weil sie den Fokus zu sehr auf das Nicht- bzw. Noch-Nicht-Können richten. Gerade der ungebremst wachsende Therapiemarkt verstärkt häufig die Veränderungs- und Normalisierungshoffnung und die Erwartung, dass es für jede Störung bzw. Behinderung eine entsprechende Maßnahme gibt. In den Elternseminaren werden deshalb immer die aktuellen Trends auf dem ›Therapie-Markt‹ gesammelt und besprochen. Dabei wird deutlich, welche Schwierigkeit die Eltern haben, sich bei der gegebenen Angebotsvielfalt zu orientieren und für das eigene Kind die richtige Entscheidung zu treffen, wie viel und was tatsächlich wichtig ist.

In gemeinsamen Diskussionen und im Erfahrungsaustausch werden die Erwartungen der Eltern an die jeweilige spezielle Förderung und die erhofften Ziele thematisiert. Durch solche unterstützte Reflektion gelingt es den Eltern dann meistens, eine kritische Distanz zu ›Therapietourismus‹ und überzogenen ›Normalisierungsversprechen‹ zu gewinnen und die tatsächliche Effektivität der verschiedenen Maßnahmen nüchterner einzuschätzen.

In gemeinsamen Gesprächen während der Seminare wird erarbeitet, wie Förderung in alltagsorientierte familienbezogene Situationen integriert werden kann und wie dadurch eine Entlastung vom Förderungsdruck erreicht wird. Diese Auswirkung zeigen viele schriftliche Kommentare der Eltern zu den für sie besonders wichtigen Seminarergebnissen: »Mehr Ruhe und weniger Sorge, eine therapeutische Maßnahme zu versäumen«, »Mir selber weniger Druck machen, nicht ständig das schlechte Gewissen, nicht genug zu tun«, »Mischung aus Gelassenheit und neuem Schwung, aber keine ›Jagd‹ mehr nach Therapie«, »Für mich nicht mehr den Stress, für meine Tochter zu wenig zu tun«. Auch die Wiedergewinnung eigener Kriterien wird deutlich: »Dass man immer für sich persönlich entscheiden muss, was und wie viel man in Anspruch nimmt und fördert, und dass man sich nicht verrückt machen sollte« oder »Mut zur eigenen Meinung«. Die Folgen aus den veränderten Einstellungen werden auch für die Kinder gesehen: »Ich werde meinem Kind weniger Druck machen bei den Übungen«, »Meinen Sohn wird' ich jetzt mehr wie seinen Bruder erziehen und nicht immer nur nach Therapien für seine Probleme suchen«.

Die Diagnose Down-Syndrom bewirkt bei vielen Eltern auch erhebliche Verunsicherungen im Umgang mit ihrem Kind, und die empfundene Abhängigkeit von Expertenwissen und der forcierte Einsatz von Therapien zur Veränderung spezieller Probleme kann die normalen Interaktionen von Eltern und Kind nachhaltig belasten. Es ist deshalb wichtig, die Eltern bei der Rückgewinnung von Kontrolle über den eigenen Alltag zu unterstützen. Von einigen Seminarteilnehmern wurde festgestellt, dass sie sich aufgrund der Informationen und Gespräche sicherer fühlen. Als besonders bedeutsam nehmen sie aus dem Seminar mit: »Neue Energie, den Alltag mit seinen Problemen zu meistern«, »Ich habe neue Perspektiven« und »Ich habe jetzt den richtigen Weg für die ganze Familie gefunden«.

Mehrtägige Elternseminare können durch ihre zeitliche Organisation intensive Kontakte ermöglichen und fachliche Begleitung bieten. Dadurch werden familienspezifische Kompetenzen gestärkt und nachhaltige Veränderungen für das Zusammenleben mit dem behinderten Kind ermöglicht. Die Fähigkeit der Eltern, selbstbestimmt Entscheidungen zu treffen, ermöglicht auch eine größere Gelassenheit und bewirkt, dem Kind im Familienalltag seinen individuellen Kompetenzen entsprechend mehr Normalität zuzutrauen. Gerade für die Mütter entstehen dadurch größere Freiräume. Indem sie sich nicht mehr allein verantwortlich fühlen für die Entwicklung ihres Kindes, können sie Betreuung und Förderung delegieren. Auch deshalb entscheiden sich heute immer mehr Mütter selbstbewusst, ihr kleines Kind mit Down-Syndrom zur Tagesmutter oder in die Krippe zu geben, um wieder berufstätig sein zu können. Der Erfahrungsaustausch in den Seminaren, wie und mit welchen Hilfen dann der Familienalltag geregelt wird, ist ein ganz wichtiger Aspekt besonders in den Diskussionen der Mütter.

Seminare für Eltern mit Kindergarten- und Schulkindern

Eltern von Kindern mit Down-Syndrom im Kindergarten- und Schulalter haben im Zusammenleben mit ihrem Kind meistens die Schwierigkeiten der ersten gemeinsamen Zeit überwunden. Viele berichten, wie sie durch die Auseinandersetzung mit der Behinderung neue Wertmaßstäbe gewonnen haben und zunehmend lernten, »die Welt mit anderen Augen zu sehen«. Indem es den Eltern gelingt, ihre bisherigen Lebensentwürfe, Einstellungen, beruflichen und familiären Pläne den veränderten Bedingungen anzupassen, wird es möglich, das Zusammenleben mit ihrem Kind nicht nur als schwierige Aufgabe, sondern auch als sinnstiftende Erfahrung zu sehen. Dieser Wertewandel und die positive Einstellung der meisten Eltern zeigten sich in vielen entsprechenden Untersuchungen in den unterschiedlichsten Ländern. Eine deutsche Befragung ergab, dass »Eltern, die über entsprechende Sinndefinitionen und Ressourcen zur Lebensführung verfügen, das Kind mit Down-Syndrom, wie jedes andere Kind und wie jede andere Lebensaufgabe auch, sinnstiftend und in diesem Sinne bereichernd für die persönliche Lebenssituation empfinden« (Klatte-Reiber 1997, 189).

Eine positive Bewältigung des Zusammenlebens mit dem behinderten Kind hängt auch von der Familienstruktur ab. Geschwisterkinder sind für die Sozialisation aller Kinder von Bedeutung; für behinderte Kinder sind sie zudem wichtige nicht behinderte Spielpartner und erleichtern oft auch den natürlichen Kontakt zu anderen Kindern im außerfamiliären Bereich. Für die Familiensituation von Kindern mit Down-Syndrom heute ist festzustellen, dass nur wenige Unterschiede zu anderen durchschnittlichen Familien bestehen, und auch die Altersstruktur der Eltern zeigt keine deutlichen Abweichungen. Durch die normale Einbindung der Kinder mit Down-Syndrom in ihre Geschwisterreihe – selbst wenn sie die Jüngsten sind, besteht meistens kein übergroßer Altersabstand zu den anderen Kindern – sind sie auch in die Spielaktivitäten und Freundschaften ihrer Geschwister stärker einbezogen. Sie erhalten so vielfältigere Anregungen und dadurch wird ihre Integration gefördert. Meistens nehmen auch die Geschwisterkinder an den Familienseminaren teil. Ihnen wird ein eigenes Spiel- und Freizeitprogramm geboten. Es ist aber für sie auch hilfreich, andere Geschwisterkinder und deren Familien kennen zu lernen und sich spontan auszutauschen.

Für die Eltern bedeutet Erfahrung mit dem gemeinsamen Aufwachsen ihrer Kinder, dass sie für ihr behindertes Kind die erlebte Integration im Familienalltag und in normale soziale Bezüge auch im Kindergarten und in der Schule erhalten wollen. Sie möchten deshalb für ihr Kind überwiegend inklusive Förder- und Lebensbedingungen im Kindergarten und in der Schule.

Ein zentrales Thema in dieser Altersgruppe sind deshalb Informationen über die Möglichkeiten der schulischen Förderung und über die unterschiedlichen Rahmenbedingungen für den Unterricht in den verschiedenen Bundesländern. Einige Eltern wünschen sich für ihr Kind weiterhin eine sonderpädagogische Förderung in speziellen Schulen, weil sie kleinere Lerngruppen und eine differenzierte Förderung für ihr Kind als günstiger ansehen, als es oftmals die Rahmenbedingungen beim gemeinsamen Unterricht bieten. Die meisten Eltern bevorzugen jedoch eine inklusive Schule und möchten vielfältige Informationen, was vor der Einschulung zu bedenken ist, aber auch, wie man mit speziellen Problemen im schulischen Alltag umgehen kann. Ein sehr kritisch diskutiertes Thema ist dabei die Schulassistenz und ihre Aufgabe in der Zusammenarbeit mit den Lehrern, den Eltern und dem Kind.

In den Elternseminaren ist deshalb ein wichtiges Ziel, in Gesprächen die bisherigen Erfahrungen gemeinsam zu diskutieren und aufzuarbeiten. Dann jedoch ist es nötig, unter den jeweils gegebenen Bedingungen Lösungen zu finden, die den elterlichen Zielen für ihr Kind möglichst nahekommen. Zugleich müssen Möglichkeiten für solidarisches Handeln aufgezeigt werden, um deutlich zu machen, wie bestehende Einschränkungen und schulische Strukturen gemeinsam verbessert werden können. Die veränderten Einstellungen der Eltern zu ihrem Kind mit Behinderung und das kritische Engagement für eine angemessene schulische Förderung bewirkt oft eine intensive Auseinandersetzung mit Organisation, Lerninhalten und Zielen der schulischen Förderung von Kindern mit Down-Syndrom. Insbesondere wird eine überwiegende Ausrichtung an so genannten ›lebenspraktischen‹ Fähigkeiten unter Ausblendung weiterer schulischer Lernziele wie Lesen und

Rechnen kritisch gewertet. Die Eltern wollen differenzierte Angebote in den verschiedenen Lernbereichen und eine Förderung, die sich an den individuellen Möglichkeiten ihres Kindes orientiert – unabhängig vom schulischen Lernort. Sicherlich nehmen an den Seminaren besonders engagierte Eltern teil, aber es ist festzustellen, dass insgesamt die Ansprüche an eine differenzierte schulische Förderung gestiegen sind. Die Eltern wollen ihre Rechte kennen und sie wollen ihre Möglichkeiten der Mitbestimmung in der Schule wahrnehmen und sich in eine Zusammenarbeit mit den Lehrkräften einbringen. Ein Vater stellte deshalb fest: »Wir lassen uns jetzt nicht mehr so einfach abspeisen. Wir stehen mit unseren Beschwerden ja nicht allein. Mal sehen, welche anderen Eltern wir finden, die mitziehen.« Ein Elternpaar kommt zu dem Schluss: »Wir wollen in unserer Schule stärker mitbestimmen und nicht mehr nach einer anderen Schule suchen.«

Mit dem Heranwachsen der Kinder werden allerdings auch behinderungsspezifische Schwierigkeiten in unterschiedlichem Umfang und individuell sehr verschiedener Ausprägung deutlich. Daraus ergeben sich vielfältige Fragen nach Möglichkeiten der speziellen Förderung und Hilfe. So haben viele Kinder mit Down-Syndrom Probleme bei der Sprachentwicklung und beim Sprechen, oft bereitet das Weglaufen große Sorgen. Manchmal ist die Sauberkeitserziehung recht mühsam, auch Schlafstörungen werden oft angesprochen. Abweichende Verhaltensweisen insbesondere Verweigerungs- und Ausweichverhalten können zu besonderen Problemen zu Hause und in der Schule führen. In der Pubertät verursachen körperliche und psychische Veränderungen oft spezielle Irritationen und es fällt manchmal schwer zu akzeptieren, wie das Kind nun als Jugendlicher seine Selbständigkeit und Unabhängigkeit zum Ausdruck bringt. Auch spezielle medizinische oder rechtliche Aspekte werden oft angesprochen und diskutiert.

Es hat sich bewährt, dass die Eltern im Verlauf des Seminars die Möglichkeit haben, ihre Fragen aufzuschreiben und der Seminarleiterin abzugeben. Die Fragen werden dann thematisch gebündelt und versucht, zu beantworten.

Die von den Eltern beschriebenen Schwierigkeiten zeigen, dass differenzierte Informationen zwar unbedingt erforderlich sind, aber um eigenständig kind- und familienbezogene Lösungen zu finden, ist für die Eltern der gemeinsame Erfahrungsaustausch wichtig, um dadurch eine familienbezogene Reflexion der erhaltenen Informationen zu ermöglichen. Zudem ergeben sich in diesen Gesprächen oft auch zahlreiche Anregungen, wie andere Eltern trotz ähnlicher Probleme zu durchaus verschiedenen Lösungen gefunden haben. Ein wichtiger Aspekt ist dabei die Diskussion, wie durch gemeinsames solidarisches Handeln Lösungen für aktuelle Probleme zu finden sind, um als wichtig erkannte Ziele für das eigene Kind und für andere Mitbetroffene offensiv durchsetzen zu können. Dabei sind auch die Bedürfnisse des Kindes zu berücksichtigen, damit ihm zunehmend ermöglicht wird, seinen individuellen Fähigkeiten entsprechend in Entscheidungen einbezogen zu werden.

Seminare für Eltern und für Jugendliche mit Down-Syndrom

Eltern von Jugendlichen und jungen Erwachsenen haben vielfältige Fragen, die sich nicht nur auf aktuelle Themen, sondern auch auf die zukünftige Lebensgestaltung ihrer Söhne und Töchter beziehen. Aber auch für die Jugendlichen selbst gilt, dass sie sich mit ihrer eigenen Situation auseinandersetzen und Vorstellungen über ihre Zukunft entwickeln.

Das Selbständigwerden ist gerade bei Menschen mit kognitiven Beeinträchtigungen ein schwieriger Prozess. Es ist abzuklären, welche individuellen Kompetenzen sie haben, um eigene Entscheidungen zu treffen und selbständig Aktivitäten durchzuführen, ohne dass Gefährdung oder Missbrauch ein zu hohes Risiko für sie darstellen. Gleichzeitig ist jedoch zu bedenken, dass nur durch eine aufbauende Vermittlung entsprechender Fähigkeiten die Voraussetzungen geschaffen werden können, damit eine Ablösung von kontrollierender Fürsorge gelingt und Selbstvertrauen sowie weitgehende Selbständigkeit erreicht wird.

In Alltagshandlungen und im Umgang mit den beeinträchtigten Kindern sind deshalb immer wieder Gelegenheiten zu geben für eigene Entscheidungen. Dazu gehört bei Jugendlichen mit Down-Syndrom – wie bei anderen Jugendlichen auch – eigene Vorstellungen über Kleidung, Frisur oder Essen haben zu dürfen. Auch wenn den Jugendlichen nicht alles erlaubt werden kann, was sie wünschen, geht es doch darum, nicht einfach für sie zu bestimmen, sondern geäußerte Wünsche ernst zu nehmen und elterliche Kriterien zu begründen. Das bezieht sich auch auf Freizeitbeschäftigungen, auf den Fernseh- und Internetkonsum und auf das Bedürfnis nach Nichtstun. Wie viel Fähigkeiten Jugendliche erlangen, hängt nicht zuletzt auch davon ab, wie viel Möglichkeiten sie bekommen, Kompetenzen zu erwerben. Auch Alleinbleiben können und etwas allein unternehmen können, setzt aufbauende Lernerfahrungen voraus, dann aber auch ein Zutrauen von den Eltern und ein Selbstvertrauen bei den Jugendlichen.

In den gemeinsamen Seminaren von Eltern und behinderten Jugendlichen werden verschiedene Themen oft unabhängig voneinander in Gruppen diskutiert. Fragen zum Wohnen, Arbeiten und zur Freizeitgestaltung, zum Führerschein, zu Sexualität, Liebe und Partnerschaft, aber auch Fragen nach der eigenen Beeinträchtigung und zum Down-Syndrom werden mit den Jugendlichen in angemessener Form mit Hilfe von Bildern, Filme oder Collagen bearbeitet. Oft werden von den Jugendlichen Texte selbst geschriebenen oder von ihnen diktiert (Wilken 2009, 149 ff). Auch im Rollenspiel und in Gesprächen kann eine Auseinandersetzung mit den verschiedenen Themen erfolgen. Die Eltern beschäftigen sich oft in Gruppenarbeit parallel mit den gleichen Themen. Im späteren gemeinsamen Austausch der Ergebnisse aus den Elterngruppen und den Jugendgruppen ergibt sich dann die Möglichkeit, die eigenen Sichtweisen der Söhne und Töchter im Vergleich zu den elterlichen Vorstellungen zu erkennen und zu diskutieren.

Nachdem Eltern in einem Seminar aufgeschrieben und teilweise mit Bildern ergänzt haben, über welche Fähigkeiten ihrer Söhne und Töchter sie sich freuen, haben sie die erstellten Plakate ihren Jugendlichen gezeigt und vorgelesen. Ein 17-Jähriger meinte darauf: »Mama, noch mal, das geht runter wie Sahne!« Diese Aufzählung ihrer Fähigkeiten war vielen Jugendlichen oft neu und sehr wichtig. Deshalb bat ein anderer junger Mann einen Tag später seinen Vater, ihm am Abend noch einmal vorzulesen, was er schon gut kann.

Aus den von den Jugendlichen erstellten Collagen, Zeichnungen und ihren Kommentaren dazu wurde deutlich, dass einige sich bereits recht konkrete Vorstellungen über ihr künftiges Wohnen machen. Selten wollen die Jugendlichen alleine wohnen, die meisten wünschen sich ein Zusammenleben mit einem Freund oder einer Freundin, ein Wohnheim wird dagegen nur von wenigen als Möglichkeit gewählt. Ein spezielles Problem wird deutlich, wenn die Jugendlichen ihre bisherigen Lebensbedingungen bei ihren Zukunftsplänen zugrunde legen. So sagte eine 18-Jährige: »Nach der Schule heirate ich meinen Freund. Dann kaufen wir ein schönes Haus. Da haben wir zwei Kinder.« Die Eltern waren von den Überlegungen ihrer Töchter und Söhne und von den geäußerten Vorstellungen über ihr zukünftiges Leben oft überrascht und es wurde ersichtlich, wie wichtig eine angemessene Einbeziehung des Jugendlichen in elterliche Zukunftsplanungen ist.

Die beruflichen Vorstellungen der Jugendlichen waren zumeist vage und oft von Fernseherfahrungen oder von anderen Medien beeinflusst und meistens wenig realistisch. So wurden als Berufswünsche Polizist, Lehrerin, Krankenschwester, Brummi-Fahrer, Sängerin, Schauspieler genannt. Nach positiver Erfahrung während eines Praktikums wollte ein junger Mann gern »mit Holz arbeiten« und eine Jugendliche im Kindergarten. Viele möchten gern »in einer Küche arbeiten«. Manche Collagen verdeutlichen auch überraschende Vorlieben. So zeigte ein junger Mann mit der Auswahl seiner bevorzugten Tätigkeiten, dass er gerne »draußen« etwas macht. Sowohl in den Gesprächen mit den Jugendlichen als auch in den Diskussionen mit den Eltern ergab sich, dass vielfach Wünsche durch Berichte in Medien entstanden sind, dagegen wurden die eher realisierbaren Vorstellungen meistens durch konkrete Erfahrungen entwickelt. Es ist deshalb wichtig, nicht nur über verschiedene berufliche Tätigkeiten zu informieren, sondern auch Möglichkeiten für unterschiedliche Erfahrungen anzubieten. Wichtig sind zudem die Reflektion der jeweils nötigen Basiskompetenzen (vgl. Wilken, U. 1997, 247) sowie verschiedene Angebote zur berufsvorbereitenden Förderung. Pauschale Abwertungen mancher Tätigkeiten nach Maßstäben, die die Eltern haben, die aber so nicht für alle behinderten Menschen zutreffend sind, können in offenen und manchmal sehr kontroversen Gesprächen in der Seminargruppe dazu führen, dass Eltern zu neuen Ansichten kommen und differenziertere Perspektiven gewinnen. Eine realistische und möglichst selbstbestimmte berufliche Tätigkeit können die Jugendlichen nur finden, wenn wir sie unterstützen, eigene Vorstellungen zu entwickeln und Erfahrungen zu machen ohne bevormundende Bewertung. Aber auch Informationen zu den verschiedenen rechtlichen Aspekten bezogen auf die Altersgruppe der über 18-Jährigen sind für die Eltern sehr wichtig.

Informationen zu Sexualität, Liebe, Partnerschaft und Kinderwunsch erfolgen für alle Eltern gemeinsam, aber die Diskussionsgruppen werden meistens getrennt nach Eltern von Töchtern und Eltern von Söhnen gebildet, da die angesprochenen Fragen und Probleme unterschiedlich sind. Bei den Söhnen wird häufig über

Selbstbefriedigung und schwieriges Verhalten gesprochen, aber auch möglicher Missbrauch der Jungen ist zunehmend ins Bewusstsein der Eltern gerückt. Den Eltern von Töchtern bereitet vor allem die oft unkritische Kontaktaufnahme zu Fremden und die daraus folgende Gefährdung für Missbrauch, aber auch eine mögliche Schwangerschaft Sorgen.

Zwar sehen viele Eltern im offenen vertrauensvollen Verhalten ihrer Söhne oder Töchter gegenüber anderen Menschen eigentlich eine positive Grundhaltung, aber sie befürchten, dass dadurch eine erhöhte Gefährdung gegeben sein kann. Deshalb wird es als Problem angesehen, dieses zugewandte Verhalten ihrer Kinder angemessen zu verändern, ohne die positiven Aspekte zu beeinträchtigen.

Insgesamt gibt es in den verschiedenen Elterngruppen bei diesen Seminaren eine hohe Übereinstimmung, was die Akzeptanz von Sexualität und Partnerschaft betrifft. Eine Elternschaft aber wird für Menschen mit Down-Syndrom fast immer von den Eltern abgelehnt. Dabei kommt auch den besonderen genetischen und gesundheitlichen Problemen bei Frauen mit Down-Syndrom eine wesentliche Bedeutung zu.

Den meisten Jugendlichen ist sehr wichtig, einen ›richtigen‹ Freund bzw. eine ›richtige‹ Freundin zu haben, zu heiraten und Kinder zu kriegen. Die Wunschvorstellungen über das Aussehen von Freundin bzw. Freund sind – wie bei vielen Gleichaltrigen – oft geprägt von den Medien und die Wünsche beziehen sich oftmals auf bestimmte Sänger, Schauspieler oder Fußballer. Deshalb sind für sie auch bei diesen Themen Gespräche und die Erfahrung in der Gruppe mit gleich Betroffenen hilfreich.

Ein schwieriges Thema ist oft die Auseinandersetzung mit der Behinderung Down-Syndrom. Vielfach gehen die Eltern davon aus, dass ihre Kinder diesbezügliche Informationen nicht verstehen können, oder sie finden es eher positiv, wenn die Jugendlichen sich selbst nicht als behindert wahrnehmen. Zur Identitätsentwicklung gehört jedoch auch eine Auseinandersetzung mit der eigenen Behinderung und mit den Ursachen für erlebte Einschränkungen. Viele Jugendliche merken, dass sie manche Dinge nicht so können wie ihre Geschwister oder andere Gleichaltrige und dass ihnen vieles nicht möglich ist oder nicht erlaubt wird, z. B. ihren Führerschein zu machen und ein Auto zu kaufen.

Wenn den Jugendlichen bei dem Prozess der Auseinandersetzung mit der eigenen Behinderung geholfen wird, kann es gelingen, dass sie ein positives Selbstbild *mit* Down-Syndrom entwickeln. Auch wenn sie vielleicht nicht in der Lage sein werden, darüber zu sprechen, ermöglicht ihnen eine angemessene Information, manche schwierige Situation besser zu verstehen. Hilfreich ist dabei, geeignetes Bild- und Filmmaterial einzusetzen. So kann die DVD zur Broschüre »Down-Syndrom und ich« (DS InfoCenter, 2011) eine positive Auseinandersetzung mit den Merkmalen des Down-Syndroms erleichtern.

Allerdings ist die Fähigkeit, sich mit der eigenen Behinderung differenziert auseinanderzusetzen, bei den einzelnen Jugendlichen sehr verschieden. Deshalb werden im Seminar mit den Eltern Anregungen diskutiert, wie im Alltag mit dem Kind in entsprechenden Situationen solche Verarbeitungsprozesse unterstützt werden können, um damit zur Entwicklung eines positiven Selbstbildes *mit* Behinderung beizutragen. Den Jugendlichen selbst soll Gelegenheit gegeben werden, in Gesprächen miteinander, bei der Gestaltung von Bildern und Collagen und im Rollenspiel Möglichkeiten zu finden, sich ihren Fähigkeiten entsprechend mit dieser Thematik zu beschäftigen.

Das Ziel der Seminare für Eltern mit ihren heranwachsenden Söhnen und Töchtern ist, sich nicht nur mit aktuellen Fragen zu beschäftigen, sondern sich auch vorbereitend mit der Zukunft auseinanderzusetzen und die jeweils eigenen Sichtweisen auszutauschen. Eltern und Jugendliche sollen befähigt werden, die anstehenden Fragen miteinander zu lösen, damit Möglichkeiten gesehen werden, die Heranwachsenden auf dem Weg zu einer eigenbestimmten Lebensführung zu unterstützen.

»Wir sind nicht allein«. Empowerment und Selbsthilfe

In den Seminaren erleben die Eltern, dass gerade im gemeinsamen Erfahrungsaustausch die Bewältigung vieler Fragen gelingt und eine offensivere Auseinandersetzung mit der eigenen Lebenssituation möglich wird. Diese Erfahrung veranlasst viele Eltern nach den Seminaren, sich einer Selbsthilfegruppe anzuschließen oder eine eigene regionale Selbsthilfegruppe zu gründen. Einige Eltern engagieren sich zudem in der Öffentlichkeitsarbeit und bieten Beratung und Unterstützung neu betroffener Eltern an. Dafür sind von vielen Gruppen auch eigene Informationsmaterialien entwickelt worden.

Durch die eigenen Erfahrungen in den Seminaren und in den Selbsthilfegruppen sowie durch begleitende Beratung wird es den Eltern eher möglich, die Ansprüche ihrer heranwachsenden Söhne und Töchter nach weitgehender Selbstbestimmung besser wahrzunehmen und anzuerkennen und die behinderungsbedingten Schwierigkeiten nicht als Begründung für bevormundende Umgangsformen zu rechtfertigen. Dazu ist es nötig, dass die Eltern den Jugendlichen Erfahrungen zutrauen und zumuten, die für eine Selbständigkeitsentwicklung notwendig sind. Die großen Unterschiede in den individuellen Kompetenzen der Jugendlichen und Erwachsenen mit Down-Syndrom erlauben allerdings keine pauschalen Aussagen über den Grad der erreichbaren Selbständigkeit.

Auch wenn Eltern und Professionelle oftmals zu wissen glauben, was für den behinderten Menschen richtig ist, wird von den Betroffenen eine bevormundende Haltung mit Entscheidungen für sie statt mit ihnen zunehmend abgelehnt. Sie möchten nach ihren Möglichkeiten mitbestimmen und selber entscheiden dürfen. Dazu müssen jedoch Bedingungen für die Ermöglichung von Lernprozessen gefördert werden, damit die entsprechenden Kompetenzen sich überhaupt entwickeln können.

Eltern, die gelernt haben, ihre eigenen Kompetenzen weiterzuentwickeln und durch Selbsthilfe zu Selbstbewusstsein und Selbstbestimmung gekommen sind, können auch ihre Töchter und Söhne angemessen unterstützen, selbstbewusst ihre

Lebensgestaltung den individuellen Bedürfnissen und Fähigkeiten entsprechend mitzubestimmen.

Die Seminare für Eltern, die ein Kind mit Down-Syndrom haben, bieten die Möglichkeit, sich mit den altersspezifischen Fragen beginnend mit der Verarbeitung der Diagnosemitteilung, über das Heranwachsen des Kindes bis zu seinem Selbständigwerden auseinanderzusetzen und im Erfahrungsaustausch mit anderen betroffenen Familien Verständnis und Solidarität zu erleben. Den Eltern wird damit ein begleitendes Angebot gemacht, um sie zu unterstützen bei der Wiedergewinnung von Zutrauen in die eigenen Fähigkeiten und Problemlösungskompetenzen und um Hilfen aufzuzeigen für einen gelingenden gemeinsamen Lebensalltag mit dem Kind.

Literatur

Deutsches Down-Syndrom InfoCenter (2011). *Down-Syndrom und ich.* Lauf.
Klatte-Reiber, Monika (1997). Elterliche Vorstellungen zum eigenen Wertewandel und zur schulischen Förderung ihres Kindes mit Down-Syndrom. In Klöpfer, Siegfried (Hg.) (1997). *Sonderpädagogik praktisch.* Reutlingen, 187–189.
Wilken, Etta (1991). Interdisziplinäre Elternseminare in der Frühförderung. In Vereinigung für interdisziplinäre Frühförderung (Hg.) (1991). *Familienorientierte Frühförderung: Dokumentation des 6. Symposiums Frühförderung,* München; Basel, 114–116.
Wilken, Etta (1999). Elternarbeit als Empowermentprozess. In Wilken, Etta & Vahsen, Friedhelm G. (Hg.). *Sonderpädagogik und Soziale Arbeit.* Neuwied, 106–131.
Wilken, Etta (2004): Förderung und Therapie – alles zum Wohl des Kindes? In Lebenshilfe. *»Das Gras wächst nicht schneller, wenn man daran zieht«. Therapiemethoden und Förderansätze für Menschen mit Behinderungen.* Marburg, Lebenshilfe-Verlag, 49–59.
Wilken, Etta (2009): *Menschen mit Down-Syndrom in Familie, Schule und Gesellschaft.* Marburg, Lebenshilfe-Verlag.
Wilken, Udo (1997): Berufliche Eingliederung von jungen Menschen mit Down-Syndrom durch die Werkstatt für Behinderte. In Wilken, Etta (Hg.) (1997): *Neue Perspektiven für Menschen mit Down-Syndrom,* Erlangen, 238–249.

Rechtliche und gesellschaftspolitische Rahmenbedingungen für Familien von Kindern mit Behinderungen in den Ländern Österreich, der Schweiz und Deutschland

Barbara Jeltsch-Schudel

Einleitung

Das Leben von Familien mit Kindern mit Behinderung ist eingebettet in die jeweilige Gesellschaft und wird von vielen verschiedenen Faktoren beeinflusst. Diese spielen ineinander und beinhalten individuelle und soziale Aspekte ebenso wie gesellschaftliche, politische und rechtliche Rahmenbedingungen. Die Spielräume, die den Familien für die Gestaltung ihres Alltages und die Bewältigung ihrer verschiedenen Aufgaben und Funktionen zur Verfügung stehen, werden maßgeblich von diesen Rahmenbedingungen geprägt.

Diese zu skizzieren, ist Inhalt dieses Beitrages. Die folgenden Ausführungen werden strukturiert von verschiedenen heterogenen Elementen, die diese Rahmenbedingungen bestimmen. Als Unterlagen dienen Dokumente von der WHO oder der UNO, die länderübergreifende Gültigkeit besitzen, und Dokumente jeweils spezifisch aus den drei deutschsprachigen Ländern. Aus der Fachliteratur werden sie ergänzt bzw. kommentiert.

Zum Verständnis von Behinderung

Da es um Familien mit Kindern mit Behinderung geht, genauer um eine Beschreibung von deren Situation, wird eine kurze Begriffsklärung des Begriffs *Behinderung* an den Anfang gestellt, die im Kontext der rechtlichen und politischen Rahmenbedingungen steht. Im Behinderungsmodell der WHO, der Internationalen Klassifikation der Funktionsfähigkeit, Behinderung und Gesundheit, ICF (DIMDI, 2005), ist eine Konzeptualisierung geschaffen worden, die auf internationalem Konsens beruht.

Die Konzeptualisierung beruht auf einem Gefüge verschiedener Dimensionen.

In der grafischen Darstellung (Abb. 4) wird deutlich, dass sich in diesem Bedingungsgefüge die einzelnen Dimensionen gegenseitig beeinflussen, also in Wechselwirkungen stehen. Dies bedeutet, dass mit der Explizierung bei jeder Di-

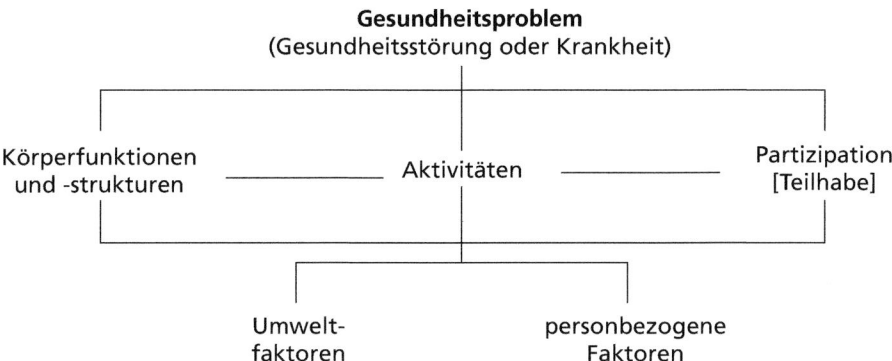

Abb. 4: Wechselwirkung verschiedener Dimensionen

mension begonnen werden kann, also keine einzelne als die anderen verursachend betrachtet wird. So sind verschiedene Lesarten möglich. Das individuelle Behinderungsmodell, das die Vorgängerin der ICF, die ICIDH von 1980 (deutsch ICIDH-2, 1998) in Form einer Kette kausal miteinander verbundener Elemente kennzeichnete, ist somit überwunden. Diese grundlegenden Veränderungen des Ansatzes, in denen auch menschenrechtliche Aspekte mitberücksichtigt sind, sind Menschen mit Behinderungen zu verdanken, die ihre Betroffenheit als Expertise in die Konzeptualisierung der ICF einbrachten.

Im Hinblick auf die Thematik dieses Beitrages wird vor dem Hintergrund dieses Konzeptes *Partizipation* als Schlüsselbegriff fokussiert. In der deutschen Übersetzung der ICF (DIMDI, 2005) wird für Partizipation der Begriff Teilnahme verwendet

Partizipation von Familien mit Kindern mit Behinderung

Ein differenzierteres Verständnis von Partizipation ermöglicht es, die Rahmenbedingungen besser einordnen und zu verknüpfen. Es werden in Anlehnung an Ernst von Kardoff (2014, bezugnehmend auf Klaus Dörner), vier Aspekte unterschieden (siehe auch Blum et al., 2023, im Druck).

- *Teilsein*
  Mit Teilsein ist die Zugehörigkeit aller Menschen zur Gesellschaft gemeint. Diese basiert auf der Menschenwürde, die in verschiedenen politischen und rechtlichen Dokumenten festgehalten ist, von denen später die Rede sein wird. Qua Menschsein wird jedem Menschen Menschenwürde zugeschrieben, was mit ihm zustehenden Rechten sowie dem Schutz vor Diskrimination verbunden ist. Die

Zugehörigkeit, Partizipation als Teilsein, ist somit voraussetzungslos, also nicht mit Voraussetzungen oder Kriterien verbunden, die ausschliessen könnten.
- *Teilhabe*
Die allen Menschen offenstehenden Möglichkeiten des Einbezugs in die Angebote unserer Gesellschaft lässt sich mit *Teilhabe* umschreiben. Diese muss für alle Menschen realisiert werden können, indem – auch bei unterschiedlichen Voraussetzungen – Verfügbarkeit und Zugänglichkeit gesichert werden. Dies erfordert eine rechtliche Verankerung, die gewährleistet, dass diese gesellschaftlich akzeptiert ist und dass allfällig erforderliche Anpassungen vorgenommen werden (und gegebenenfalls eingeklagt werden können). Zu beachten ist dabei die Spezifizierung in die vier A »availability – accessibility – acceptability – adaptility« (UNESCO, 2011)
- *Teilnahme*
Die selbstverständliche Zugehörigkeit und die bei Bedarf zu adaptierenden Angebote sind gewissermaßen Voraussetzung für die eigene Aktivität des Individuums. *Teilnahme*, verstanden als Aktivität, bedeutet beides: Inanspruchnahme und Verweigerung. Vorhandene Möglichkeiten zu nutzen oder abzulehnen, steht also jedem Mitglied der Gesellschaft offen, dies im Sinne von Selbstbestimmung. Dabei spielen die Wahrnehmung und der Ausdruck der eigenen Interessen eine konstitutive Rolle. Denn es muss eine Passung geschaffen werden zwischen Befähigung (durch Teilsein und Teilhabe) und eigenen Fähigkeiten. Es muss also ein Zusammenspiel zwischen dem Individuum und seiner Umgebung zustande kommen, welches in der Lage ist, den Menschen zu befähigen, seine Fähigkeiten zum Ausdruck zu bringen (wie dies im Capability-Ansatz von Sen, 2009, und Nussbaum, 2010, erarbeitet wurde).
- *Teilgabe*
Als vierte Dimension der Partizipation steht die *Teilgabe*, die die Zugehörigkeit des Menschen zu einer auf Reziprozität ausgelegten Gesellschaft hervorhebt. Dies bedeutet, dass Leistungen nicht nur empfangen, sondern auch Beiträge an die Gesellschaft von jedem Mitglied erwartet werden. Jedem Menschen wird zugetraut und zugemutet, dass er dazu in der Lage ist. Im Zusammenspiel mit den drei bereits skizzierten Dimensionen der Partizipation ist auch diese vierte für alle Menschen nicht nur wesentlich dafür, Mitglied der Gesellschaft zu sein, sondern auch realisierbar.

Ein Verständnis von Partizipation in dieser Differenzierung, mit passiven (Teilsein und Teilhabe) und aktiven (Teilnahme und Teilgabe) Dimensionen, die in einem komplexen Gefüge aufeinander bezogen sind, ermöglicht es, die Zugehörigkeit aller Menschen zu unserer Gesellschaft zu konkretisieren und damit stärker zu verankern.

Die Skizzierung der Dimensionen von Partizipation beziehen sich auf »den Menschen«. Dass eine solche Konzeptualisierung auch Implikationen für seine nächste soziale Umgebung, also seine Familie, hat, liegt auf der Hand.

Die folgenden Ausführungen fokussieren auf *Familien* (in einem allgemeineren Sinn) sowie den Schwerpunkt Familien mit *Kindern* mit Behinderung. Als Basis zur Skizzierung der *Rahmenbedingungen der Situation von Familien mit Kindern mit Behinderung*, insbesondere in den drei deutschsprachigen Ländern (Deutschland, Österreich, Schweiz), dienen entsprechende Unterlagen wie Verfassungen, internationale Konventionen und Papiere zu deren Umsetzung.

Zum Begriff Familie

Zunächst muss geklärt werden, was denn überhaupt unter »Familie« verstanden wird (siehe hierzu auch Olbrecht & von Kardoff in diesem Band). Es ist hier nicht der Ort, die Frage zu diskutieren, ob Familie ein auslaufendes Modell sei, oder Definitionen aus verschiedenen wissenschaftlichen Disziplinen aufzulisten. Vielmehr werden nur die erwähnten Dokumente als Grundlage verwendet.

In der *Allgemeinen Erklärung der Menschenrechte*, die von den Vereinten Nationen 1948 verabschiedet wurde (also vor über 70 Jahren), wird »Familie« in verschiedenen Artikeln erwähnt:

Art. 16
3. Die Familie ist die natürliche Grundeinheit der Gesellschaft und hat Anspruch auf Schutz durch Gesellschaft und Staat.
Art. 23
3. Jeder Mensch, der arbeitet, hat das Recht auf gerechte und befriedigende Entlohnung, die ihm und der eigenen Familie eine der menschlichen Würde entsprechende Existenz sichert, gegebenenfalls ergänzt durch andere soziale Schutzmaßnahmen.
Art. 25
1. Jeder Mensch hat das Recht auf einen Lebensstandard, der Gesundheit und Wohl für sich selbst und die eigene Familie gewährleistet, einschließlich Nahrung, Kleidung, Wohnung, ärztliche Versorgung und notwendige soziale Leistungen gewährleistet sowie das Recht auf Sicherheit im Falle von Arbeitslosigkeit, Krankheit, Invalidität oder Verwitwung, im Alter sowie bei anderweitigem Verlust seiner Unterhaltsmittel durch unverschuldete Umstände.

Familie wird also als natürliche Grundeinheit der Gesellschaft verstanden, der als solcher, aufgrund der menschlichen Würde, verschiedene Rechte wie Arbeit zur Existenzsicherung, Gesundheit und Wohl, zustehen, auch in besonderen Fällen wie Behinderung (hier: Invalidität genannt). Besonders erwähnt wird der Schutz, der sowohl der Familie wie auch dem einzelnen Menschen gewährt wird.

In der *Europäischen Sozialcharta* (Council of Europe, 1996) ist dies folgendermaßen festgehalten:
Art. 16
Die Familie als Grundeinheit der Gesellschaft hat das Recht auf angemessenen sozialen, gesetzlichen und wirtschaftlichen Schutz, der ihre volle Entfaltung zu sichern vermag.

Auch hier wird – fast ein halbes Jahrhundert später – der Schutz für Familien hervorgehoben, der insbesondere der Sicherung der vollen Entfaltung der Familie dienen soll.

Eine Definition von Familie bleibt in diesen Dokumenten vage; Grundeinheit der Gesellschaft besagt lediglich, dass es sich offenbar um eine Form des Zusammenlebens von mehreren Menschen in unserer Gesellschaft handelt, die eines besonderen Schutzes bedarf.

Familie in den Verfassungen der deutschsprachigen Länder

Nun wird ein Blick in die Verfassungen der drei deutschsprachigen Staaten geworfen.

Wird »Familie« überhaupt erwähnt und wenn ja in welchen Zusammenhängen?

- Österreich:
In der Fassung vom 6. Juni 2022 der »*Gesamten Rechtsvorschrift für das Bundesverfassungsgesetz*« (Rechtsinformationssystem des Bundes, 2022) findet sich der Begriff Familie nicht mehr; er wurde in der aktuellen Fassung im Vergleich zu früheren gestrichen. Lediglich »Eltern« werden erwähnt im Zusammenhang mit Schul- und Erziehungswesen (Art. 14, Abs. 5a) und der Befugnis des Bundespräsidenten, »uneheliche Kinder zu ehelichen auf Ansuchen der Eltern« zu erklären (Art. 65, Abs. d).
- Deutschland:
Das *Grundgesetz für die Bundesrepublik Deutschland* (Deutscher Bundestag, 2022) hält dagegen fest:
Art 6
Ehe und Familie stehen unter dem besonderen Schutze der staatlichen Ordnung.
Das Recht auf Schutz der Familie wird hier nicht nur gesellschaftlich verankert, sondern als Aufgabe des Staates deklariert, und gehört zu den Grundrechten. Zudem werden Ehe und Familie durch die gemeinsame Nennung in einen Zusammenhang gestellt, insofern als beiden ein besonderer Schutz gebührt.
- Schweiz:
In der *Bundesverfassung der Schweizerischen Eidgenossenschaft* (Bundeskanzlei, 2022) wird »Familie« in mehreren Artikeln erwähnt, die den Grundrechten zugeordnet sind:
Art. 8 – Rechtsgleichheit
[3] *Mann und Frau sind gleichberechtigt. Das Gesetz sorgt für ihre rechtliche und tatsächliche Gleichstellung, vor allem in Familie, Ausbildung und Arbeit. Mann und Frau haben Anspruch auf gleichen Lohn für gleichwertige Arbeit.*
Art. 13 – Schutz der Privatsphär
[1] *Jede Person hat Anspruch auf Achtung ihres Privat- und Familienlebens, ihrer Wohnung sowie ihres Brief-, Post- und Fernmeldeverkehrs.*
Art. 14 – Recht auf Ehe und Famili
Das Recht auf Ehe und Familie ist gewährleistet.
Die Zuordnung von »Familie« zu den Grundrechten zeigt den hohen Stellenwert, welcher dieser Art des Zusammenlebens gezollt wird. In den drei zitierten Artikeln sind zum einen Rechte angesprochen: die Rechtsgleichheit der Geschlechter und das Recht auf Ehe und Familie, und zu andern der Schutz der Privatsphäre, der sich in Achtung des Familienlebens ausdrückt.
In weiteren Kapiteln der *Bundesverfassung der Schweizerischen Eidgenossenschaft* werden wesentliche Aspekte des Zusammenlebens genauer ausgeführt und dabei auf die Rechte von Familien Bezug genommen. So etwa in folgenden Artikeln:
Art. 41
(Zu den Sozialzielen wird gezählt, dass)

c) Familien als Gemeinschaften von Erwachsenen und Kindern geschützt und gefördert werden;
(Zu den Zuständigkeiten gehören)
Art. 108 Wohnbau- und Wohneigentumsförderung
[4] Er berücksichtigt dabei namentlich die Interessen von Familien, Betagten, Bedürftigen und Behinderten.
Art. 116 Familienzulagen und Mutterschaftsversicherung
[1] Der Bund berücksichtigt bei der Erfüllung seiner Aufgaben die Bedürfnisse der Familie. Er kann Massnahmen zum Schutz der Familie unterstützen.

Somit wird deutlich, dass auch hier der Schutz der Familie und deren Interessen und Bedürfnisse als wesentliche Aspekte der vielfältigen staatlichen Verpflichtungen festgeschrieben werden.

In all den bislang erwähnten Unterlagen geht es zunächst darum, welche Rechte Familien haben, was ihnen zusteht. Familien haben aber auch Verpflichtungen. Diese werden im *Grundgesetz für die Bundesrepublik Deutschland* mit den Rechten verknüpft.
Art 6
(2) Pflege und Erziehung der Kinder sind das natürliche Recht der Eltern und die zuvörderst ihnen obliegende Pflicht. Über ihre Betätigung wacht die staatliche Gemeinschaft.
 In den Verfassungen der beiden anderen Länder sind die Verpflichtungen der Eltern bzw. der Familien gegenüber ihren Kindern nicht explizit festgehalten.
 Zu staatlichen Aufgaben werden des Weiteren in allen drei Verfassungen die Organisation der Angebote für Schule und Ausbildung von Kindern und Jugendlichen gezählt. Für die Situation von Familien mit Kindern mit Behinderung sind diese Angebote wesentlich, haben sie doch einen erheblichen Einfluss auf die Entwicklungschancen des Kindes und auf die Aufgaben bzw. Pflichten der Eltern. In der österreichischen und der deutschen Verfassung ist lediglich von Schule die Rede, während in der schweizerischen auch das Angebot einer Sonderschulung zusätzlich erwähnt wird.
 Es bleibt festzuhalten, dass in allen Verfassungen hauptsächlich von staatlichen Aufgaben die Rede ist und dass eine genaue Umschreibung dessen, was unter Familie genau verstanden wird, nicht zu finden ist. Direkte Bezugnahmen zu *Familien mit Kindern mit Behinderungen* finden sich in den Verfassungen nicht; indirekte dort, wo die Gleichberechtigung in aller Diversität festgehalten wird, wie etwa in der *Bundesverfassung der Schweizerischen Eidgenossenschaft*:

Art. 8 Rechtsgleichheit
1 Alle Menschen sind vor dem Gesetz gleich.
2 Niemand darf diskriminiert werden, namentlich nicht wegen der Herkunft, der Rasse, des Geschlechts, des Alters, der Sprache, der sozialen Stellung, der Lebensform, der religiösen, weltanschaulichen oder politischen Überzeugung oder wegen einer körperlichen, geistigen oder psychischen Behinderung.

Familien in Berichten der deutschsprachigen Länder

Von allen drei Ländern liegen unterschiedliche Dokumente vor, die über Ergebnisse statistischer Erhebungen verschiedener, rechtlich und politisch relevanter Aspekte über die Situation von Familien informieren. In Familienberichten, welche in allen drei Ländern periodisch erscheinen, sind Grundlagen, Analysen und Empfehlungen zu lesen; in den jeweils aktuellsten Berichten mit bestimmten Schwerpunkten:

- Familienbericht Schweiz 2004: Strukturelle Anforderungen an eine bedürfnisgerechte Familienpolitik (Eidgenössisches Departement des Innern, 2004);
- Österreichischer Familienbericht 2009–2019 (2021): Neue Perspektiven – Familien als Fundament für ein lebenswertes Österreich (Bundeskanzleramt/Frauen, Familie, Jugend und Integration, 2021);
- Neunter Familienbericht 2021: Eltern sein in Deutschland – Ansprüche, Anforderungen und Angebote bei wachsender Vielfalt (Bundesministerium für Familie, Senioren, Frauen und Jugend, 2021).

Das Verständnis von Familie wird unterschiedlich formuliert, so sehr offen und vage: « …, als Zusammenleben von Erwachsenen mit von ihnen abhängigen Kindern unter 25 Jahren» (S. 23 Familienbericht der Schweiz, 2004). Dies aus verschiedenen Gründen: Insbesondere wird in allen drei Berichten hervorgehoben, dass eine hohe Diversität von Familienformen zu beobachten sei.

Dazu kommt: »Die Definition des *Familienbegriffs* ist (…) bestimmend für die Ausrichtung und inhaltliche Gestaltung der Familienpolitik« (6. Österreichischer Familienbericht, S.39, Hervorh.i.Orig).

Diese Ausrichtung hängt mit der Bedeutung zusammen, die der Familie in den drei Ländern zugeschrieben wird. Im Statistischen Bericht »Familien in der Schweiz« von 2021 (Bundesamt für Statistik 2021) ist etwa festgehalten: »Der Familie kommt als wichtige soziale Einheit und als erster Ort der Sozialisierung eine zentrale Rolle für die Gesellschaft zu. Innerhalb der Familie werden – namentlich durch Betreuung von Kindern sowie Unterstützung und Pflege von älteren Menschen – unersetzliche Beiträge für das gesellschaftliche Zusammenleben und das Funktionieren der Wirtschaft erbracht« (S.7).

Dass dies gerade heute wesentlich ist, stellt die österreichische Bundesministerin für Frauen, Familie, Jugend und Integration fest: »Die Corona-Pandemie zeigt einmal mehr, dass Familien Eckpfeiler der Gesellschaft sind, die Halt geben, Schutz und Zuversicht bieten und einander in schwierigen Lebenslagen helfen. Familien als Orte der Liebe und Geborgenheit verdienen in jeder Konstellation Unterstützung und benötigen daher die bestmöglichen Rahmenbedingungen« (Vorwort, 6. Österreichischer Familienbericht).

Allerdings sind nicht nur die Rahmenbedingungen wichtig, sondern es werden auch Anforderungen und Pflichten der Eltern formuliert. Diese sind komplex, verweisen darauf, »dass Eltern ihre Kinder in unterschiedlichen Familienformen und Lebensmodellen erziehen, bilden und betreuen. Es existieren diverse, zum Teil auch widersprüchliche Vorstellungen davon, was gute Eltern und ein gutes Aufwachsen von Kindern ausmacht sowie darüber, wie sozialer Aufstieg gelingen und Abstieg vermieden werden kann« (Neunter Familienbericht von Deutschland, S. V).

Diese Herausforderungen stellen sich selbstredend auch Eltern von Kindern mit Behinderung.

In den drei Berichten wird die Thematik von *Familien mit Kindern mit Behinderung* unterschiedlich aufgegriffen und ausgearbeitet. Im Familienbericht der *Schweiz* finden sich bei der Forderung nach Lastenausgleich Hinweise darauf, dass Leistungen von Familien, also »die Übernahme von Verantwortung für Kinder, Pflege und Erziehung, Führung des Familienhaushalts, Vermittlung zwischen Arbeit und Erholung, Fürsorge für pflegebedürftige, behinderte und ältere Angehörige« im Sinne eines horizontalen Ausgleichs abgegolten werden sollen (S. 93).

Im Neunten Familienbericht von *Deutschland* wird Elternschaft – entsprechend der Thematik dieses Berichts – in verschiedenen Schwerpunkten dargestellt und analysiert, ausmündend in Empfehlungen. Im ganzen Bericht wird der Heterogenität von Familien Rechnung getragen, indem deren spezifische Herausforderungen differenziert und in Bezug auf alle Schwerpunkte dargestellt werden. Insbesondere im Schwerpunkt Eltern-Kind-Beziehungen und Erziehung in unterschiedlichen Familienkontexten wird Elternschaft im Zusammenhang von Krankheit und Behinderung ausführlich thematisiert. Eingebettet wird dies folgendermaßen: Es seien bereits wesentliche Regelungen geschaffen worden, »die für Menschen mit Beeinträchtigungen auch jenseits der medizinischen Versorgung die Teilhabe am gesellschaftlichen Leben, in Familie, Bildung und Beruf, unter Gleichaltrigen, in Kultur und Politik ermöglichen und gewährleisten sollen. Dies betrifft Kinder mit Beeinträchtigungen, auf deren Familiensituation im Folgenden zunächst eingegangen wird, ebenso wie Eltern mit Beeinträchtigung, die anschließend ausführlicher in den Mittelpunkt gestellt werden« (S. 234). Deutlich wird zweierlei: Behinderung (oder synonym verwendet: Beeinträchtigung) wird im Sinne der ICF verwendet, und Behinderung kann alle Familienmitglieder betreffen. Nicht nur ältere Menschen oder Kinder mit Behinderung also, sondern auch Eltern mit Behinderung. Diese Thematik ist bislang wenig untersucht worden und diesem Defizit (auch Informationsdefizit) trägt der Bericht ausführlich Rechnung, geht es doch umfassend um »Eltern sein in Deutschland« (dazu siehe auch Orthmann Bless in diesem Band).

Familien mit Kindern mit Behinderungen werden in diesem Bericht als ebenso heterogene Familien gezeigt wie andere Familien auch. Auch für Familien mit Kindern mit Behinderungen können aus verschiedenen Gründen weitere Belastungen erwachsen, so aus ihrer Migrationsgeschichte (dazu siehe auch Merz-Atalik in diesem Band), aus Armut (dazu siehe auch Weiss in diesem Band), Einelternfamilien, was zusammenwirkend die soziale Teilhabe beeinträchtigen und zu Diskriminierung führen kann. Gefordert wird eine Entlastung von Familien mit beeinträchtigten Kindern durch passgenaue und integrierte Angebote. »Bedarfsgerechte Unterstützung für Eltern mit einem von Beeinträchtigung betroffenen Kind ist jedoch nicht nur auf die fachliche Koordinierung von Angeboten, sondern im Vorfeld auf Erkenntnisse zu Bedarfen aus Sicht von Eltern angewiesen. Die Situation betroffener Eltern wurde bislang nur unzureichend in den Blick genommen« (S. 237). Gefordert wird auch eine Stärkung der Familienorientierung im Teilhaberecht. Insgesamt werden als Ziele für eine nachhaltige Familienpolitik formuliert: Eltern entlasten, Familien befähigen, Verantwortungspartnerschaften stärken.

Im umfangreichsten Bericht, jenem von *Österreich*, ist im Teil »Herausforderungen für Familien« ein ausführliches Kapitel »Familienleben mit beeinträchtigten, behinderten oder pflegebedürftigen Familienmitgliedern« gewidmet. Es geht hier nicht nur um Kinder mit Behinderungen, sondern um pflegebedürftige Familienangehörige allen Alters. Das Behinderungsverständnis entspricht nicht der komplexen Konzeptualisierung von Behinderung der ICF; es geht mehr um die Anforderungen an betreuende und pflegende Angehörige. Dennoch wird festgehalten: Behinderung »wirkt sich unmittelbar auf das Beziehungsgefüge innerhalb der Familie aus und bringt Veränderungen mit sich« (S. 549). Dies betreffe auch Geschwister von Kindern mit Behinderungen und beeinflusse das soziale Netz der ganzen Familie. Drei Gruppen pflegender Angehöriger werden als besonders vulnerabel angesehen: »pflegende Kinder und Jugendliche (Young Carers); Personen, die rund um die Uhr pflegen; und pflegende Angehörige von Kindern und Jugendlichen. Zudem stellen Angehörige, die alleine für Pflege verantwortlich sind, und pflegende Angehörige von Menschen mit Demenz Gruppen dar, die aufgrund der potenziell hohen Belastungen, denen sie ausgesetzt sind, besondere Aufmerksamkeit verdienen« (S. 559).

Für Angehörige, die Kinder mit Behinderungen pflegen, wird der Unterstützungsbedarf als besonders hoch eingeschätzt, sind doch neben der Pflege noch weitere Aufgaben zu erfüllen. »Hinzu kommen soziale und schulische Herausforderungen, die von Eltern und (körperlich oder intellektuell) beeinträchtigten Kindern zu bewältigen sind, sowie in vielen Fällen auch gesellschaftliche Stigmatisierung. In den meisten Fällen geben pflegende Angehörige an, rund um die Uhr für das betroffene Kind da zu sein, insbesondere bei intellektuellen Behinderungen« (S. 561).

In den diesen Bericht abschließenden Empfehlungen, die sich auf alle Bereiche des Berichtes beziehen und die dazu dienen sollen, dass Familien das Fundament für ein lebenswertes Österreich bilden können, werden verschiedene Schwerpunkte erwähnt. Es wird deutlich, dass das Wohl des Kindes dabei eine wichtige Rolle spielt und zu dessen Sicherung verschiedene Maßnahmen getroffen werden. Dabei werden bereits vorhandene verstärkt (so etwa die finanzielle Familienhilfe sowie Beratungsangebote) oder ausgebaut (so etwa das Erwachsenenschutzrecht, das für erwachsen werdende Kinder mit Behinderungen von hoher Relevanz ist). Deutlich wird, dass Rechte von Kindern und Erwachsenen als wesentlich erachtet werden; die Empfehlungen enthalten deshalb euch Inhalte, die in den UN-Konventionen zu finden sind.

Alle drei Länder haben die UN-Kinderrechtskonvention (UN-KRK, 1989) und die UN-Behindertenrechtskonvention (UN-BRK, 2006) ratifiziert, was zur Verpflichtung zu derer Umsetzungen führt. Beide Konventionen enthalten Artikel zu Kindern mit Behinderungen und zu Familien.

Familien mit Kindern mit Behinderung in den UN-Konventionen UN-KRK und UN-BRK

Die *UN-Kinderrechtskonvention* wurde von den Vereinten Nationen 1989 ratifiziert. Sie enthält wesentliche Artikel über die Rechte von Kindern, insbesondere was den Kindeswillen und das Kindeswohl betrifft.

In der Präambel ist zu lesen:

unter Hinweis darauf, dass die Vereinten Nationen in der Allgemeinen Erklärung der Menschenrechte verkündet haben, dass Kinder Anspruch auf besondere Fürsorge und Unterstützung haben, überzeugt, dass der Familie als Grundeinheit der Gesellschaft und natürlicher Umgebung für das Wachsen und Gedeihen aller ihrer Mitglieder, insbesondere der Kinder, der erforderliche Schutz und Beistand gewährt werden sollte, damit sie ihre Aufgaben innerhalb der Gemeinschaft voll erfüllen kann, in der Erkenntnis, dass das Kind zur vollen und harmonischen Entfaltung seiner Persönlichkeit in einer Familie und umgeben von Glück, Liebe und Verständnis aufwachsen sollte.

Die Bedeutung der Familie wird verbunden mit dem Anspruch auf eine harmonische Entfaltung des heranwachsenden Kindes, wobei staatliche Institutionen bei Bedarf ebenfalls Pflichten zu übernehmen haben bzw. einspringen müssen, um die notwendigen Voraussetzungen zu gewährleisten.

Art. 3 – (2) Die Vertragsstaaten verpflichten sich, dem Kind unter Berücksichtigung der Rechte und Pflichten seiner Eltern, seines Vormunds oder anderer für das Kind gesetzlich verantwortlicher Personen den Schutz und die Fürsorge zu gewährleisten, die zu seinem Wohlergehen notwendig sind.

Nicht nur Schutz und Fürsorge jedoch sind wesentlich, sondern auch Möglichkeiten der Partizipation. Damit ist eine adäquate Berücksichtigung des Kindeswillen gemeint:

Art. 12
(1) Die Vertragsstaaten sichern dem Kind, das fähig ist, sich eine eigene Meinung zu bilden, das Recht zu, diese Meinung in allen das Kind berührenden Angelegenheiten frei zu äussern, und berücksichtigen die Meinung des Kindes angemessen und entsprechend seinem Alter und seiner Reife.
(2) Zu diesem Zweck wird dem Kind insbesondere Gelegenheit gegeben, in allen das Kind berührenden Gerichts- oder Verwaltungsverfahren entweder unmittelbar oder durch einen Vertreter oder eine geeignete Stelle im Einklang mit den innerstaatlichen Verfahrensvorschriften gehört zu werden.

Kindesvertretung wird in allen drei Ländern – entsprechend den jeweiligen gesetzlichen Regelungen etwas unterschiedlich – praktiziert. Besondere Herausforderungen ergeben sich dabei dann, wenn der kindliche Wille schwierig zu erfassen ist. Dies kann bei kleinen Kindern und bei Kindern mit Behinderungen, die sich ungewohnter Ausdrucks- und Verständigungsformen bedienen bzw. nicht verbale Sprache benutzen, der Fall sein (siehe Blum et al., 2023).

Kindern mit Behinderung ist in der UN-KRK ein besonderer Artikel gewidmet:

Art. 23
(2) Die Vertragsstaaten erkennen das Recht des behinderten Kindes auf besondere Betreuung an und treten dafür ein und stellen sicher, dass dem behinderten Kind und den für seine Betreuung Verantwortlichen im Rahmen der verfügbaren Mittel auf Antrag die Unterstützung zuteil wird, die dem Zustand des Kindes sowie den Lebensumständen der Eltern oder anderer Personen, die das Kind betreuen, angemessen ist.
(3) In Anerkennung der besonderen Bedürfnisse eines behinderten Kindes ist die nach Absatz 2 gewährte Unterstützung soweit irgend möglich und unter Berücksichtigung der finanziellen Mittel der Eltern oder anderer Personen, die das Kind betreuen, unentgeltlich zu leisten und so zu gestalten, dass sichergestellt ist, dass Erziehung, Ausbildung, Gesundheitsdienste, Rehabilitationsdienste, Vorbereitung auf das Berufsleben und Erholungsmöglichkeiten dem behinderten Kind tatsächlich in einer Weise zugänglich sind, die der möglichst vollständigen sozialen Integration und individuellen Entfaltung des Kindes einschliesslich seiner kulturellen und geistigen Entwicklung förderlich ist.

Dies verweist darauf, dass offenbar Kindsein und Behinderung schon jeweils allein und vor allem in Kombination besonders beachtet werden muss, also als besonders vulnerable Gruppe betrachtet wird. Behinderung wird in der KRK nicht im Sinne der ICF verstanden, sondern entsprechend dem individuellen Modell der ICIDH. Dies deshalb, weil die ICF erst nach der Ratifizierung der UN-KRK entwickelt wurde.

Anders ist dies bei der UN-BRK.

Die UN-Behindertenrechtskonvention wurde 2006 von der Generalversammlung der UNO verabschiedet. In ihrer Einleitung ist zu lesen:

c) bekräftigend, dass alle Menschenrechte und Grundfreiheiten allgemein gültig und unteilbar sind, einander bedingen und miteinander verknüpft sind und dass Menschen mit Behinderungen der volle Genuss dieser Rechte und Freiheiten ohne Diskriminierung garantiert werden muss; (...)
e) in der Erkenntnis, dass das Verständnis von Behinderung sich ständig weiterentwickelt und dass Behinderung aus der Wechselwirkung zwischen Menschen mit Beeinträchtigungen und einstellungs- und umweltbedingten Barrieren entsteht, die sie an der vollen, wirksamen und gleichberechtigten Teilhabe an der Gesellschaft hindern; (...)
x) in der Überzeugung, dass die Familie die natürliche Kernzelle der Gesellschaft ist und Anspruch auf Schutz durch Gesellschaft und Staat hat und dass Menschen mit Behinderungen und ihre Familienangehörigen den erforderlichen Schutz und die notwendige Unterstützung erhalten sollen, um es den Familien zu ermöglichen, zum vollen und gleichberechtigten Genuss der Rechte der Menschen mit Behinderungen beizutragen.

Es geht also um Menschen mit Behinderungen, wobei Behinderung nicht individuell, sondern aus Wechselwirkungen entsteht (was der Konzeptualisierung der ICF entspricht). Von der UN-BRK wird der Familie ein hoher Stellenwert zugemessen. Interessant ist, dass in Art. 8 erwähnt wird, dass Maßnahmen zu ergreifen seien (von den Vertragsstaaten):

a) in der gesamten Gesellschaft, einschließlich auf der Ebene der Familien, das Bewusstsein für Menschen mit Behinderungen zu schärfen und die Achtung ihrer Rechte und ihrer Würde zu fördern;

Wie in der UN-KRK »Kinder *mit Behinderungen*« besonders erwähnt werden, findet sich in der UN-BRK ein besonderer Artikel zu »*Kinder* mit Behinderungen«.

Art. 7 Kinder mit Behinderungen
(1) Die Vertragsstaaten treffen alle erforderlichen Maßnahmen, um zu gewährleisten, dass Kinder mit Behinderungen gleichberechtigt mit anderen Kindern alle Menschenrechte und Grundfreiheiten geniessen können.
(2) Bei allen Maßnahmen, die Kinder mit Behinderungen betreffen, ist das Wohl des Kindes ein Gesichtspunkt, der vorrangig zu berücksichtigen ist.
(3) Die Vertragsstaaten gewährleisten, dass Kinder mit Behinderungen das Recht haben, ihre Meinung in allen sie berührenden Angelegenheiten gleichberechtigt mit anderen Kindern frei zu äußern, wobei ihre Meinung angemessen und entsprechend ihrem Alter und ihrer Reife berücksichtigt wird, und behinderungsgerechte sowie altersgemässe Hilfe zu erhalten, damit sie dieses Recht verwirklichen können.

Offenbar ist es nicht selbstverständlich, dass Kindern mit Behinderungen die gleichen Rechte zustehen wie Kindern ohne Behinderungen. Deshalb wird dies in diesem Artikel 7 ebenso betont wie die Aspekte des Kindeswohls und des Rechts, dass der Kindeswille adäquat berücksichtigt wird. Um die Partizipation zu gewährleisten, ist der Anspruch auf altersgemässe Unterstützung festgehalten zur Verwirklichung dieses Rechts. Dies ist ein bemerkenswerter Zusatz, der in der Kindesvertretung umgesetzt werden muss in Form von transdisziplinärer Zusammenarbeit zwischen juristischen und (sonder-)pädagogischen bzw. psychologischen Fachpersonen wie beispielsweise Tandemvertretungen (siehe Blum et al. 2023). Die UN-BRK ist gegenüber der UN-KRK auch insofern den gesellschaftlichen Entwicklungen angepasster, als erst in der UN-BRK das Kind mit Behinderung explizit als Rechtssubjekt betrachtet wird.

In beiden Konventionen indes ist das Recht auf *Partizipation* für Kinder mit Behinderungen und ihre Familien wesentlich, und es gilt, Anstrengungen zu unternehmen, diese auch realisierbar zu machen.

Zum Schluss: Rahmenbedingungen der Situation von Familien mit Kindern mit Behinderung

Die Rahmenbedingungen, in denen Familien mit Kindern mit Behinderungen ihren Alltag gestalten und ihr Leben bewältigen, beziehen sich auf Deutschland, Österreich und die Schweiz. Im Vergleich zu diesen drei Ländern haben das angloamerikanische, skandinavische und niederländische Recht »vor einiger Zeit auf die gesellschaftlichen Veränderungen mit entsprechenden Reformen des Familienrechts« reagiert (Schwenzer 2014); die deutschsprachigen Länder sind in ihrer Entwicklung des Familienrechts weniger weit.

Aber auch in diesen drei Ländern sind international anerkannte Verständnisse über die Bedeutung der Familie in all ihren differenten Formen als wesentliche Umgebung für die kindliche Entwicklung grundlegend. Angestrebt wird die Zugehörigkeit aller, wie divers auch immer sie seien, was sich im Stellenwert der

Partizipation zeigen lässt. Mit Teilsein und Teilhabe als Möglichkeiten und Rechte zusammen mit Teilnahme und Teilgabe als Aktivitäten und Pflichten lassen sich die Rahmenbedingungen abstrakt umschreiben. Verbindlicher werden sie in den Konventionen der Vereinten Nationen ebenso wie in den Empfehlungen in den Familienberichten der einzelnen Länder. Konkretisiert werden sie auf der Basis der Verfassungen der einzelnen Staaten und den (gesetzlichen) Regelungen und Vorgaben der einzelnen Bundesländer bzw. Kantone. Wirksam schließlich werden sie in den engeren politisch-gesellschaftlichen Kontexten der einzelnen Familien.

Literatur

Blum, Stefan; Brunner, Sabine; Grossniklaus, Peter; Herzig, Christophe A.; Jeltsch-Schudel, Barbara & Meier Susanne (2023). *Kindesvertretung. Konkret, partizipativ, transdisziplinär.* Bielefeld: transcript (in press).

Bundesamt für Statistik (2021). *Familien in der Schweiz. Statistischer Bericht.* Bern

Bundeskanzleramt/Frauen, Familie, Jugend und Integration (BKA/FFJI) (2021). *6. Österreichischer Familienbericht 2009–2019. Neue Perspektiven – Familien als Fundament für ein lebenswertes Österreich.* Wien.

Bundesministerium für Familie, Senioren, Frauen und Jugend (2021). *Neunter Familienbericht. Eltern sein in Deutschland – Ansprüche, Anforderungen und Angebote bei wachsender Vielfalt.* Drucksache 19/27200, 03.03.2021.

Bundeskanzlei (2022). Bundesverfassung der Schweizerischen Eidgenossenschaft (1999. Stand 2022). https://www.fedlex.admin.ch/eli/cc/1999/404/de

Council of Europe (1996). *Europäische Sozialcharta 1996.* https://rm.coe.int/168007cf92

Deutscher Bundestag (1949. Stand 2022). *Grundgesetz für die Bundesrepublik Deutschland.* https://www.bundestag.de/gg

Eidgenössisches Departement des Innern (EDI) (Hg.)(2004). *Familienbericht 2004: Strukturelle Anforderungen an eine bedürfnisgerechte Familienpolitik.* Bern.

ICF: Deutsches Institut für Medizinische Dokumentation und Information (DIMDI) (2005). *Internationale Klassifikation der Funktionsfähigkeit, Behinderung und Gesundheit, WHO, Version 2005.* https://www.dimdi.de/static/de/klassifikationen/icf/icfhtml2005/

ICIDH-2 (deutsch 1998). *Internationale Klassifikation der Schäden, Aktivitäten und Partizipation. Ein Handbuch der Dimensionen von gesundheitlicher Integrität und Behinderung.* WHO Genf (Hg.). Stand September 1998.

Kardoff, Ernst v. (2014), Partizipation im aktuellen gesellschaftlichen Diskurs – Anmerkungen zur Vielfalt eines Konzeptes und seiner Rolle in der Sozialarbeit. *Archiv für Wissenschaft und Praxis der sozialen Arbeit (2)*, S. 4–15.

Nussbaum, Martha (2010). *Grenzen der Gerechtigkeit. Behinderung, Nationalität und Spezieszugehörigkeit.* Frankfurt, Suhrkamp.

Rechtsinformationssystem des Bundes (2022).*»Gesamten Rechtsvorschrift für das Bundesverfassungsgesetz (Österreich)« 2022.* https://www.ris.bka.gv.at/GeltendeFassung.wxe?Abfrage=Bundesnormen&Gesetzesnummer=10000138

Schwenzer, Ingeborg (2014). *Familienrecht und gesellschaftliche Veränderungen. Gutachten zum Postulat 12.3607 Fehr »Zeitgemässes kohärentes Zivil- insbesondere Familienrecht«.* August 2013; https://www.bj.admin.ch/bj/de/home/publiservice/publikationen/externe/2013-08-01.html

Sen, Amartya (2009). *Die Idee der Gerechtigkeit.* München, dtv.

UN-BRK (2006). *UN-Behindertenrechtskonvention 2006.* https://www.fedlex.admin.ch/eli/cc/2014/245/de

UN-KRK (1989). *Übereinkommen über die Rechte des Kindes 1989.* https://www.fedlex.admin.ch/eli/cc/1998/2055_2055_2055/de

UNESCO (2011). *The Review of Legal Protection Indicators in Early Childhood. Adem Arkadas-Thibert, International Children's Center Finalized in 30 September 2011.* Published in March 2012.

Vereinte Nationen (1948). *Allgemeine Erklärung der Menschenrechte.* https://www.edi.admin.ch/edi/de/home/fachstellen/ebgb/recht/international0/menschenrechte.html

Verzeichnis der Autorinnen und Autoren

Ilse Achilles, Journalistin und Buchautorin, München

Dr. Laurenz Aselmeier, Lebenshilfe Braunschweig

Ursula Beck, lic.phil., Psychologin, Insieme Region Bern

Dr. Vera Bernard-Opitz, Assoc. Prof. (NUS), Zentrum für Autismus-spezifische VerhaltensTherapie Hildesheim

Prof. Dr. Gerd Grampp, Agentur für Forschung, Entwicklung, Beratung und Schulung in der Rehabilitation, Memmelsdorf

Cora Halder, Gründerin des Deutschen Down-Syndrom InfoCenters, Lauf a. d. Pegnitz

Prof. Dr. Barbara Jeltsch-Schudel, Universität Freiburg, Schweiz

Prof. Dr. Ernst von Kardorff, Humboldt-Universität zu Berlin

Prof. Albert Meier, lic.phil., Pädagogische Hochschule Zürich

Prof. Dr. Kerstin Merz-Atalik, Pädagogische Hochschule Ludwigsburg

Prof. Dr. Heike Ohlbrecht, Otto-von-Guericke-Universität Magdeburg

Prof. Dr. Dagmar Orthmann Bless, Universität Freiburg, Schweiz

Dr. Ines Schlienger, Praxis für Beratung, Supervision und Coaching Zürich

Prof. Dr. Andreas Seidel, Fachhochschule Nordhausen

Dr. Monika Seifert, ehem. Gastprofessorin an der Katholischen Hochschule für Sozialwesen Berlin

Prof. Dr. Reinhilde Stöppler, Justus-Liebig-Universität Gießen

Prof. Dr. Hans Weiß, Pädagogische Hochschule Ludwigsburg

Prof. Dr. Etta Wilken, Leibniz Universität Hannover

Prof. Dr. Udo Wilken, Hochschule für angewandte Wissenschaft und Kunst Hildesheim